Heli Ihlefeld

Auf Augenhöhe

Heli Ihlefeld

Auf Augenhöhe

oder
Wie Frauen begannen,
die Welt zu verändern

Herbig

Textnachweis:

Zitat S. 170 aus: Willy Brandt: Erinnerungen.
© Ullstein/Propyläen Verlag, Berlin-Frankfurt/M. 1989, S. 320.
Zitat S. 171 aus: Brigitte Seebacher: Willy Brandt.
© Piper Verlag, München 2004, S. 276.

*Meinem Mann, dem Journalisten
Hermann Otto Bolesch gewidmet.*

Besuchen Sie uns im Internet unter:
www.herbig-verlag.de

© 2008 by F. A. Herbig
Verlagsbuchhandlung GmbH, München
Alle Rechte vorbehalten
Umschlaggestaltung: Wolfgang Heinzel
Umschlagbild: ullstein-bild, Berlin
Herstellung und Satz: VerlagsService Dr. Helmut Neuberger
& Karl Schaumann GmbH, Heimstetten
Gesetzt aus der 11/13 Punkt Minion
Druck und Binden: GGP Media GmbH, Pößneck
Printed in Germany
ISBN 978-3-7766-2555-4

Inhalt

Zu diesem Buch

Denn Gott bin ich, und kein Mann.

Hosea 11,9

Als Kinder haben wir manchmal ein Geldstück genommen, ein dünnes Papier darübergelegt und die Rückseite eines Bleistiftes darauf hin und her bewegt, bis sich das Bild der Münze durch das Papier abzeichnete.

Dieses Buch musste ich schreiben, weil es mir ähnlich mit meinem scheinbar von Zufällen bestimmten Leben erging. Wie bei dieser Münze erkenne ich nach und nach die Konturen, finde schließlich das Muster, den Sinn.

Das Leben wird vorwärts gelebt und rückwärts verstanden, sagt Kierkegaard.

Ja, so war es!

Das Muster, das ich zunächst erkannte, als ich noch mitten im Prozess steckte, in meinem Lebenslauf, war das System.

Früh schon beschäftigte mich das Thema Gleichberechtigung von Männern und Frauen. Dabei dachte ich nicht vordergründig über die Bösartigkeit oder Unfairness der Männer Frauen gegenüber nach. Auch nicht über die Feigheit der Frauen, die sich so wenig dagegen zu wehren schienen, überall nur die zweite Geige zu spielen. Ich glaube natürlich nicht, dass Frauen die besseren Menschen sind. Vielmehr sehe ich, dass Männer und Frauen gleichwertige Menschen sind. Nein, es ist das System, das mächtig und konsequent die Welt in zwei Hälften teilt: die männliche und die weibliche. Männlich sein heißt, durch Geburt zum Herren und Erben bestimmt zu sein, weiblich sein zur Dienerin und Nebensache.

7

Das, was Frauen durch ihre Kreativität und ihre Arbeit der Welt schenkten, das, was zweifellos auch unsere Welt prägte, wurde bis heute gering geachtet, hingenommen und in unserer Geschichtsschreibung kaum erwähnt. Das, was Männer schufen, »schrieb Geschichte«.

Es begann in meiner Kindheit, dass ich mich innerlich dagegen auflehnte und nach außen dagegen protestierte, dass Jungen und Mädchen verschieden sein sollten, Mädchen weniger klug, begabt, kreativ, stark und tapfer, freiheitsliebend, selbstbestimmt als Männer, von der Gesellschaft oft in einen engeren Lebensraum gezwungen.

Wie so viele Frauen spürte ich als Mädchen in mir die Sehnsucht, die Welt zu erobern. Aber meine Selbstzweifel drängten sie zurück. Erst das Leben selbst öffnete mir später die Tore. Ich verwirklichte sie nun, indem ich meine Kraft und Kreativität mehr und mehr – zunächst unbewusst und schließlich bewusst – für eine Veränderung des Systems einsetzte. Was das System ist, beschreibe ich in diesen Erinnerungen.

Aber noch viel mehr erkenne ich beim Erscheinen des Münzenabbildes: Ich habe im Krieg meine Kindheit verloren und durfte nicht um sie trauern. Es gab so vieles, was den Eltern nach Kriegsende wichtiger erschien. So konnte ich kein Selbstvertrauen gewinnen. Es sollte noch lange dauern, bis ich beginnen konnte zu staunen. Staunen über das Bild meines Lebens.

Das Staunen begann in den Jahren meines politischen Journalismus von 1959 an, in den Gründerjahren der Bundesrepublik, als ich eindrucksvolle Persönlichkeiten wie Konrad Adenauer, Thomas Dehler, Carlo Schmid, Gustav Heinemann, Willy Brandt, Helmut Schmidt und Annemarie Renger kennenlernte. Und als ich dann mehr unbewusst als bewusst begann, mich für die Überwindung das männlichen Systems einzusetzen, indem ich für die protokollarisch erste Frau im Staate arbeitete und indem ich in der Wählerinitiative von Günter Grass für einen Bundeskanzler Willy Brandt warb.

Rückblickend sehe ich, nachdem die Münze meines Lebensbildes im

Ganzen erscheint, warum ich nicht anders konnte, als meine Kräfte und strategischen Fähigkeiten im Management eines großen Bundesunternehmens zu erkennen und zu schulen, um schließlich bei der Deutschen Telekom eine hoffnungslos scheinende Aufgabe zu übernehmen und damit den Weg zur Freiheit und Gleichstellung der Frauen zu bahnen und so meinen Beitrag zur Veränderung der Welt zu leisten.

Denn die Welt verändert sich heute für uns Frauen. Ihre Ebenbürtigkeit wird mehr und mehr anerkannt. So las ich gerade in einem langen Artikel in der *Frankfurter Allgemeinen Sonntagszeitung* über das Segelschulschiff Gorch Fock, dass 18 Prozent der Kadetten, die beim Auslaufen in die hohen Masten kletterten, um die Segel zu hissen, Kadettinnen waren. Junge Frauen vollführten selbstverständlich wie die jungen Männer die halsbrecherischen Manöver. Stolz dachte ich beim Lesen: Wie weit wir doch schon gekommen sind! Vor ein paar Jahren noch war so etwas reine Männersache – wie so vieles.

Die Welt verändert sich für die Frauen, aber noch ist der Weg, der zurückgelegt werden muss, noch immer weit, wenn auch die Wegstrecke, die bereits hinter uns liegt, beträchtlich ist. Was Frauen vor allem lernen müssen, damit dieser Weg einfacher wird: Solidarität untereinander. Sie sollten lernen, sich gegenseitig zu unterstützen, sich zu loben, sich auch für anspruchsvolle und verantwortungsvolle Tätigkeiten gegenseitig zu empfehlen. Kurz: zu netzwerken.

Was Frauen auf diesem Weg brauchen, ist Selbstvertrauen. Das heißt in erster Linie, sich selbst ernst zu nehmen, um dadurch fähig zu werden, auch andere Frauen ernst nehmen zu können. Um das zu lernen, brauchen sie weibliche Vorbilder. Der Weg in eine friedlichere Welt wird nur gemeinsam mit den Frauen gefunden werden. Davon bin ich überzeugt. Und dafür brauchen sie Vorbilder in allen Lebensbereichen, die ihnen helfen, ihren eigenen Weg zu finden.

Ich muss dabei an das indische Sprichwort denken: »Hänge dein Seil an einen Stern, dann kannst du gerade Furchen ziehen.«

Diese Vorbilder müssen in eine Geschichtsschreibung aufgenommen werden, die noch bis vor Kurzem einseitig männlich geprägt war.

Das war das Muster, das ich, im Rückblick, erkannte. Und als es sich vollständig abzeichnete, staunte ich.

Berlin, im Januar 2008 Heli Ihlefeld

I
Silberfische im Meer
Verlorene Kindheit

Il pleure dans mon cœur
Comme il pleut sur la ville,
Quelle est cette langueur
Qui pénètre mon cœur?

Paul Verlaine

Der Zug rollt über die Gleise. Die Schwellen ächzen unter seiner Last im Rhythmus der Räder. Das Rollen und dieser Rhythmus, als wären sie in mir wie mein Herzschlag! Ich bin acht Jahre alt. Neben mir sitzt mein zwei Jahre jüngerer Bruder Andreas mit seinen blonden Locken. Er ist ganz still. Ich spüre ihn. Immer weiter rollt und rollt und rollt der Zug in die Nacht. Es ist, als hätte dieses Geräusch die Frage nach dem Wohin ausgelöscht. Der Zug kennt sein Ziel – immer weiter fort von Papa und Mama und dem kleinen Bruder Hermann, dem Baby. Fort aus Paris.

»Du bist die Älteste«, hatte Mama beim Abschied auf dem Bahnsteig gesagt. »Pass du auf Andreas auf!«

Ich glaube, er versteht gar nicht, was gerade geschieht. Er weint nicht einmal. Aber ich, ich habe Angst. Doch der Rhythmus und das Rollen lenken mich ab, beruhigen mich.

Es ist Krieg. Ich weiß nicht wirklich, was das heißt. Irgendwie hängt diese Zugfahrt mit den Amerikanern zusammen. Amerikanische Soldaten sind nach Frankreich gekommen. Deshalb müssen sich die deutschen Familien in Sicherheit bringen. Die Kinder zuerst, wir größeren jedenfalls. Wir kommen in eine Kinderlandverschickung in den Schwarzwald. Wo ist das? Wie lange wird diese Reise dauern? Der Zug ist voller Kinder.

Papa ist auch Soldat. Er arbeitete an der deutschen Botschaft, daher konnten wir in Paris mit ihm zusammen sein. »Als Verbindungsoffizier, weil er französisch spricht und weil er verwundet wurde«, sagte Mama. Wegen der Amerikaner muss er nun auch wieder aus Paris fort. »An die Front«, sagen die Erwachsenen.

Und deshalb hat Papa diesmal den Zug nicht angehalten, so wie damals in Markwartstein. Wir wollten aus den Ferien nach Hause fahren. Papa hatte Andreas und mich in den Zug gehoben und wollte nun mit Mama zusammen das Gepäck vom Bahnsteig holen. Plötzlich ein Ruck. Und noch ein Ruck. Und dann rollte der Zug. Wir standen an der offenen Tür. Und als der Zug rollte ohne die Eltern, da schrien wir. »Der rangiert nur«, hörte ich meinen Vater noch rufen. Aber der Zug rollte aus dem Bahnhof heraus. Es war Krieg. Und die Eisenbahn richtete sich nach höheren Gesetzen als dem Fahrplan. Wir schrien und weinten. Die offene Zugtür pendelte hin und her.

Dann quietschten die Bremsen. Wir flogen gegen die Rückwand. Der Zug stand, mitten auf den Gleisen. Und dann – nach ein paar Augenblicken und bevor ich zur Besinnung kam – erschien Papa durch die Schiebetür des nächsten Wagens, ganz außer Atem. Er schloss uns in die Arme. Nach einer ganzen Zeit kam auch Mama. Sie weinte vor Schreck. Menschen umringten uns. Männer in Uniform kamen und diskutierten erregt mit Papa. Schließlich durften wir uns in unser Abteil setzen. Dann fuhr der Zug wieder an.

Folgendes war geschehen: Mein Vater hatte neben meiner Mutter auf dem Bahnsteig gestanden, als sich der Zug in Bewegung setzte. Als der dann immer schneller wurde und es nicht mehr so aussah, als würde er nur rangieren, sprang mein Vater geistesgegenwärtig auf das Trittbrett des letzten Waggons, öffnete die Tür und griff nach der nächsten Notbremse. Dann eilte er durch den ganzen Zug bis zu seinen verstörten Kindern. Wie mutig er ist und wie stark, dachte ich, und wie lieb ich ihn habe.

Diesmal hatte Papa die Notbremse nicht gezogen. Wir mussten alleine fahren. Voller Kummer und Einsamkeit weinte ich mich in den Schlaf.

Dieses Gefühl der Einsamkeit sollte mich fast ein Leben lang begleiten. Es war etwas, das zu mir gehörte. Es war da, auch, wenn ich es
manchmal vergaß. Und es überwältigte mich, als ich in die Pubertät
kam.

Später fand ich folgende Zeilen in meinem Tagebuch, nicht lange
nach meiner Konfirmation geschrieben: »Ich bestreite entschieden
die Behauptung von der glücklichen Jugend.« Kurz nach diesem Satz
fuhr ich poetischer fort: »Ich fühle mich wie in einer Wildnis, bestehend aus Menschen. Einzelne Blumen leuchten im Dickicht, aber ich
gelange nie ganz zu ihnen hin; oder, wenn ich sie einmal erfasst habe,
stechen sie und sind dazu noch hässlich geworden. Ab und zu ringelt
sich eine giftige Schlange über den Weg. Nur die Kleider und eine
Waffe, von den Eltern mitgegeben, schützen mich vor den Stichen
der Moskitos oder dem Biss der Schlange. Und, wenn man die nicht
hat im Dickicht dieser Menschheit, muss man wunderbare, großartige Kräfte besitzen, um zu überleben. Aber allein ist man immer!«

Aber es ereignete sich auch etwas in dieser Zeit, das mich in die Arme
nahm. Ich kann es anders nicht beschreiben. Es war etwas, das mich
immer wieder umhüllte und das lastende Gefühl der Einsamkeit er-
leichterte.

Es geschah, als ich mich wieder einmal mit meiner Schulklasse im
Landschulheim Hambühren bei Celle aufhielt. Kahle Schlafräume
mit bis zu acht Betten in einem alten Haus. Die Mädchen bilden
Cliquen und treffen sich nachts, wenn sich die beiden Lehrer zurückgezogen haben, in einem der größeren Räume und produzieren sich
auf verschiedene Weise. Eine kann perfekt die gerade aktuellen Schla-
gersängerinnen imitieren. Ich schaue meistens nur zu. Eines Abends,
es war schon dunkel, gehe ich noch einmal hinaus, dorthin, wo ich
die dunklen Schatten der Bäume sehe.

Die Nacht ist klar und die Sterne leuchten und ich stehe in einem
kleinen Wald mit Tannen und Birken. Ich spüre die Stille körperlich,
das Atmen der Bäume, und ich umarme einen schlanken Stamm.
Dessen Rinde leuchtet im Mondlicht an manchen Stellen weiß auf.
Als ich dieser Lichtspur mit den Augen nach oben folge, die Wärme
des Baumes spüre und der Himmel sich wie ein Zelt über uns wölbt,

über mich und den Bäumen, bin ich umfangen, nicht mehr allein. Heute würde ich sagen: Ich war all-ein.

Meine Kindheit ist so tief in mir versunken. Mein Leben damals war durch den Krieg so zerbrochen und wechselhaft, ohne ein festes Zuhause, ohne Angelpunkte im Fluss der Zeit, dass ich mich heute nur noch an einzelne Szenen erinnern kann wie an aufblitzende Silberfische im Meer. So wie ich mich an diese Fahrt in die Nacht, das Rollen der Räder und das Ächzen der Schwellen erinnere und danach erstmal an nichts weiter.

Es war Krieg. Aber das war mir nicht wirklich bewusst, nicht klar, was das heißt: Krieg! Krieg war ein Zustand, der zum Leben gehört. Ich musste als Kind das tun, was meine Eltern für mich entschieden. Es geschah einfach. Die Alliierten landeten am 6. Juni 1944 in der Normandie – am 33. Geburtstag meiner Mutter. Man sagt ja, was am Geburtstag geschieht, das wird das ganze folgende Jahr bestimmen. Für meine Mutter begann an diesem Tag ein langer Leidensweg, auf dem ich sie lange begleiten musste. Die Kinder der in Paris während der deutschen Besatzungszeit dort lebenden deutschen Familien sollten vorsichtshalber, trotz des immer noch propagierten »Endsiegs«, aus der Gefahrenzone gebracht werden. Meine Mutter also blieb mit dem Baby, meinem im Krieg in Paris geborenen Brüderchen, in der französischen Hauptstadt. Es war nach dem jüngsten Bruder meiner Mutter auf den Namen Hermann getauft worden, der 21-jährig, gleich zu Beginn des Russlandfeldzugs, gefallen war. Onkel Hermann, Nachzügler in der Familie, hatte meiner Mutter, die bis dahin das Nesthäkchen gewesen und von den älteren Geschwistern und den Eltern gehätschelt worden war, ganz plötzlich »die Schau gestohlen«. Mit einem Mal wurde sie nicht mehr beachtet und von ihren wilden älteren Geschwistern Hans und Elli nur noch gehänselt. Ihr Selbstwertgefühl fiel in sich zusammen. Ich glaube, dass meine Mutter, getauft auf den Musen-Namen Cäcilie, sich davon ihr ganzes Leben lang nicht mehr hat erholen können.

Heute macht mich dieser Gedanke traurig. Denn mir wird klar, warum meine Mutter so wenig Selbstbewusstsein hatte, dass es ihr nicht gelang, in ihrer Ehe ihre Position zu behaupten. Sie übernahm wie so viele Frauen die Opferrolle in der Familie, obwohl sie im Kern eine starke Persönlichkeit war. Und mich, als Älteste, machte sie in ihrem Leid zu ihrer Vertrauten. Die aber »als Mädchen« zu einem ähnlichen Schicksal verdammt sein musste. Dadurch kam es, dass ich mich früh aus meinem Gerechtigkeitsgefühl heraus auflehnte. Und meine Überzeugung, dass Mädchen genauso gut sind wie Jungen, machte mich widerständig in allen entsprechenden Situationen.

Meine Mutter blieb also mit dem Baby in Paris. Der Feind würde hoffentlich bald zurückgeschlagen sein. Dafür musste ja schließlich mein Vater wieder an die Front. Ich weiß nicht, ob meine Eltern daran glaubten. Ich kann mich nicht erinnern, von ihnen je Propagandaparolen gehört zu haben. Und meine Mutter strahlte nie eine besondere Zuversicht aus. Sie und ihre Schwester, unsere geliebte Tante Elli, hassten den Krieg. Und das nicht nur wegen des Todes ihres jüngsten Bruders.

»Kinderlandverschickung«, so hieß unser zukünftiger Aufenthalt in der Nazisprache. Wir wurden tatsächlich aus dem Kinderland verschickt, aus unserer Kindheit. In einem Kinderland aber würden wir nicht wieder ankommen.

Ist es möglich, dass diese unerklärliche, unterschwellige Traurigkeit, die mich begleiten sollte, ihren Urgrund hatte in dieser plötzlichen Trennung von unseren Eltern in einer unruhigen, unbehausten Zeit? Wir drei, Andreas, Hermann und ich, waren Kriegskinder, gehören zu einer Generation, deren Schicksal angesichts der Schrecken, die Deutsche anderen Menschen zufügten, nie betrachtet, nie ernst genommen wurde. *Die vergessene Generation* nannte sie die Journalistin Sabine Bode in ihrem Buch. Sie ist ein Nachkriegskind gewesen und wollte ihre Mutter, ein Kriegskind, besser verstehen. Daher sammelte sie Gespräche mit Kriegskindern. Auch meine Geschwister und ich gehören zu dieser Generation, die beim Bearbeiten der jüngsten Vergangenheit durch ein Raster gefallen ist. Es gibt die Täter-Generation. Sie wurde gefragt, auf welcher Seite sie während der Naziverbrechen gestanden hat – aber wir waren noch zu klein, um uns für eine Seite entscheiden zu können. Und es gibt die Nachkriegs-Generation, die fassungslos vor dieser Kriegsvergangenheit stand. Die Fragen stellte, aber sie nicht befriedigend beantwortet bekam.

Aber wohin gehören wir? Wir, die im »Dritten Reich« Geborenen, wurden weder gefragt, noch verstanden wir, was da geschah, noch wurden uns Fragen beantwortet oder nicht beantwortet, weil wir sie noch nicht stellen konnten. Wir litten und erlitten, ohne zu wissen, dass wir litten. Wer hat nach den in Bombenkriegen, auf der Flucht und in Unsicherheit erlittenen Traumata von uns geforscht. Nicht einmal wir selbst. Eine der interviewten Frauen sagte zu Sabine Bode: »Mir ist aufgefallen, dass ich gerade die Kriegserlebnisse, die ich fast täglich hatte, vergessen habe.« Und: »Dazu kommt, dass ich mich schon sehr viel länger frage, warum ich ein so merkwürdig schlechtes Gedächtnis habe.« Ich bin also nicht die Einzige aus dieser Generation, die kaum noch etwas aus ihrer Kindheit weiß, nicht die Einzige mit einer verlorenen Kindheit! Erst heute begreife ich, dass das, was mir ein Leben lang zu schaffen machte, hier wohl seine Erklärung findet.

Der Maler und Bildhauer Georg Baselitz hat etwas Ähnliches erfahren. Er sagte in einem Interview: »Ich habe den Krieg überlebt in einer ganz unglücklichen Situation. Auf meine Generation kam wahnsinnig viel Dreck zu. Wir, die wir damals Kinder waren, hatten große Probleme, und die haben wir heute noch. Wir waren nicht beteiligt, wir waren betroffen. Mit diesen Geschichten lebt man. Die kann man nicht verdrängen.«

Beim Blättern in der *Tageszeitung* fand ich eine kleine Notiz über eine Studie der Universität Leipzig aus dem Jahre 2005. Danach ist die dauerhafte Abwesenheit des Vaters eine traumatisierende Erfahrung. Vaterlos aufgewachsene Kinder leiden jahrzehntelang unter erheblichen psychosozialen Belastungen. Mediziner hatten Menschen befragt, die zwischen 1930 und 1945 geboren wurden. Bei den meisten war der Vater, wie bei mir, im Krieg oder gefallen. Diese neigten deutlich stärker zu Depressionen, Misstrauen gegen andere Menschen und Ermüdung. Frauen, die ohne Vater aufwuchsen, litten verstärkt unter Erschöpfung, Mattigkeit und Kreislaufbeschwerden. Untersuchungsleiter Elmar Brähler stellte bei dieser Generation eine geringere Lebenszufriedenheit und vermehrt Panikattacken fest. Der Mediziner hielt die Ergebnisse dieser Studie vor allem für aktuelle und zukünftige Kriege für relevant: »Von Krieg und Vertreibung betroffene Kinder und Jugendliche bedürfen sowohl kurzfristig materieller und psychosozialer Unterstützung als im Bedarfsfall längerer begleitender Hilfestellung.« Davon war nach dem verheerenden Zweiten Weltkrieg niemals die Rede.

Ich und mein Bruder waren plötzlich nicht nur ohne meine Eltern, sondern ich verlor auch meine beste Freundin Sonja, die ich nicht vergessen konnte und erst viele Jahre später wieder traf. Nie wieder sollte ich eine so enge Freundschaft erleben. Ich verlor auch meinen ersten Klassenlehrer, Herrn Götte. Mama erzählte mir, dass ich ihn sehr liebte und dass ich ihn beim Abschied umarmt und dabei bitterlich geweint hätte. Auch er musste an die Front und soll sehr bald gefallen sein. Wie oft habe ich versucht, diese schattenhaften Erinnerungen in ein klareres Licht zu heben. Vergebens.

Wibke Bruhns, der ich später als Journalistin in Bonn als Kollegin begegnete, Kriegskind wie ich, schreibt in ihrem erschütternden Buch *Meines Vaters Land* auch: »Sechs Jahre sind weg. Ich weiß nichts von mir!«

Wie gut, dass ich damals in meinem kindlichen unbewussten Trauern nicht wusste, dass das Geräusch des rollenden Zuges für mich eine Schicksalsmelodie war. Denn mein Leben in Paris war heiter, für eine besonnte Kindheit jedoch viel zu kurz gewesen. Der zweite Teil meiner Kindheit war so zerrissen, dass sich ihn nur wie einen zerfetzten Flickenteppich vor mir sehe. Und später sollte ich mir darauf keinen Reim machen können. Was zunächst gut und richtig war: Hitler, die Soldaten-Parade auf den Champs-Élysées, mein Vater im Krieg, meine Mutter in Tränen, war plötzlich falsch gewesen, ein Verbrechen, umsonst.

Es gibt ein kleines Schwarz-weiß-Foto, auf dem ich neben dem Kinderwagen meines kleinen Bruders an den Champs-Élysées stehe, als die deutschen Soldaten als Besatzungsmacht dort paradierten. Um uns andere deutsche Zuschauer. Wenn es Franzosen in der Nähe gab, dann müssen sie die Faust in der Tasche geballt haben. Für uns aber war das ein großartiges Schauspiel: der Stechschritt der Soldaten in Stahlhelmen und die Marschmusik.

Für mich hatte das Leben in Paris damals nichts vom Gefühl eines Lebens im Feindesland. Das wurde uns Kindern auch in keiner Weise vermittelt. Das lag sicher daran, dass meine Eltern schon vor dem Krieg dort gelebt hatten und glücklich gewesen waren. Meine Mutter sollte später immer wiederholen: »Das war die glücklichste Zeit meines Lebens!« Mein Vater war Journalist. Nachdem er in Hannover als außenpolitischer Redakteur des *Hannoverschen Kuriers* gearbeitet hatte, ging er nach Paris als Korrespondent des Blattes und unterhielt dort ein eigenes Pressebüro.

Meine Mutter war durch Paris gestreift, hatte Museen und Galerien besucht. Ihre Begeisterung galt vor allem den französischen Impressionisten, die mit ihren Bildern ihrer Liebe zur Natur entgegenkamen. Sie wurden für sie zur Offenbarung und mich beeinflusste ihre Begeisterung ein Leben lang. Mama liebte diese Stadt und hatte das französische Leben genossen, den Louvre besucht, besonders natürlich die Ausstellung der Impressionisten im Jeu de Paumes. Sie liebte die bildenden Künste. Die Liebe zur Malerei verdanke ich ihr, ebenso wie die Liebe zur Natur. Sie hatte ein Auge für das Echte, für die wahre Schönheit, die von innen leuchtet. Wenn wir bei einem Spaziergang später in Hannover, im nahe gelegenen Dorf Isernhagen, an einem blühenden Bauerngarten vorbeikamen, brach sie vor Begeisterung in Jubel aus. Als Teenager fand ich diesen Überschwang eher etwas peinlich. Heute jubele ich selbst. Ich sehe Schönheit mit ihren Augen. Von den Pariserinnen hatte sie den sprichwörtlichen Schick gelernt, den sie selbst in ihren späteren schweren depressiven Phasen behielt. Sie verstand es, sich mit wenig Geld elegant zu kleiden. Von ihr lernte ich also auch die Regeln der Eleganz zu beachten und bestimmte Fauxpas unbedingt zu vermeiden. Man trug Ton in Ton, niemals hellere Schuhe als die Farbe des Kleides, leger und sportlich und wenig dezenten Schmuck. Modeschmuck war erlaubt, aber niemals Imitate. Eine Perlenkette zum Beispiel hatte echt zu sein. Tante Elli und ihre Freundinnen in Hannover lernten auch von Mama. Sie erkannte die wesentlichen Dinge, die das Leben mit Ästhetik und Poesie erfüllen. Die Poesie! Auch sie wurde zu einem wichtigen Teil meines Lebens.

Mama wusste so viel – und schätzte sich selbst so wenig!

Meine Erinnerung an meine Zeit mit Papa beschränkt sich auf das unbewusste Kleinkindalter in Garge, einem Vorort von Paris, wo wir vor dem Krieg wohnten. Papa und ich müssen damals eine sehr zärtliche Beziehung gehabt haben. Wenn ich Fotos von uns beiden im Garten unseres Hauses sehe, berührt mich das heute noch so sehr, dass mir Tränen in die Augen treten. Ich hege ein ganz kleines Bild: Mein Vater, einen Strohhut auf dem Kopf, sitzt auf einem Gartenstuhl. Eine Zeitung liegt auf seinem Schoß, er blickt liebevoll auf ein kleines Mädchen, mit einer weißen Schleife im dunklen, glatten Haar, das mit seinem Köpfchen an seinen übereinandergeschlagenen Beinen lehnt und offenbar mit ihm spricht.

Während der Kriegszeit in Paris fand mein Leben im Wesentlichen schon ohne ihn statt. Ich weiß, dass er mich sehr geliebt hat. Und ich? Ich liebte ihn sehr, aber er blieb mir fremd. Denn zeigen konnten wir uns das später, vor allem nach dem Krieg, nicht mehr. Befangenheit war zwischen uns getreten.

Unsere französischen Kindermädchen ermöglichten es uns, Französisch zu lernen. Wir lernten französische Kinderlieder, die ich heute noch kann:»Frère Jacques, frère Jacques, dormez vous, dormez vous« oder»Malbrough s'en va-t-en guerre« oder»Sur le pont d'Avignon«. Renée allerdings, die uns vor Madeleine betreute, sprach so gut Deutsch, dass wir uns mit ihr nicht auf Französisch verständigen mussten. Sie ging mit einem deutschen Soldaten. Das hatte einen gewissen unangenehmen Beigeschmack, den wir Kinder aus dem Verhalten der Erwachsenen heraushörten. Renée ging und Madeleine kam, eine mütterliche, blondlockige junge Frau mit weichen Formen, die wir Kinder trotz der Sprachbarriere sehr mochten. Auch Andreas, oder von Madeleine französisch André genannt, probierte französisch zu sprechen. Als er eines Tages auf der Toilette saß und Madeleine signalisieren wollte, dass er fertig war und sie ihm beim Weiteren nun behilflich sein konnte, rief er laut: »Madeleine, ça y est!« Wo er das wohl aufgeschnappt hatte? Das war Argot, Straßenfranzösisch, und hieß so viel wie:»Madeleine, da ist es.«

Renée oder Madeleine gingen mit uns regelmäßig in den Tuilerien spazieren, von denen wir nicht sehr weit entfernt wohnten. Ein Teil der Botschaftsangehörigen war in dem von den deutschen Besatzern beschlagnahmten Hotel Quai d'Orsay untergebracht. Das Haus in Garge hatten meine Eltern bei Kriegsbeginn aufgeben müssen. Der Quai d'Orsay war einer der Pariser Bahnhöfe und damals noch in Betrieb. Heute beherbergt er ein großes Kunstmuseum. Nachts hörte ich beim Einschlafen die Züge ein- und ausfahren, was die hohen Wände des Hotels immer in leise Schwingungen versetzte. Manchmal, wenn meine Eltern abends eingeladen waren, hatte ich als Älteste die Verantwortung. Und auch, wenn mein Bruder fest schlief, hatte ich Angst. Hotelzimmer haben etwas Anonymes, Verschwiegenes und Geheimnisvolles. Sie bieten keinen wirklichen Schutz. Mein Kinderherz klopfte in dem großen Raum, wenn mich die Züge geweckt hatten. Und ich schlief so lange nicht wieder ein und lauschte, bis ich das vertraute Geräusch der heimkommenden Eltern hörte.

Mag sein, dass das Unwohlsein, das mich heute noch nachts in großen Hotels beschleicht, aus diesen schlaflosen Nächten mit den Geräuschen großer Züge, gezogen von Dampflokomotiven, herrührt. Ich übernachte nicht gerne in anonymen»Luxusschuppen« und fahre oder fliege lieber noch am Abend zum Beispiel nach einem Kongress wieder nach Hause.

Die Tuilerien waren uns vertraut. Wir kannten alle Statuen. Auf der Löwengruppe turnten wir herum, bis es Madeleine zu langweilig wurde und sie uns zum Weitergehen aufforderte. Wir spazierten immer bis zum Louvre, dem großen Schloss der französischen Könige. Es gab zwei kleine, kreisrunde Teiche im Park. Auf dem einen, der weiter weg vom Eingang gegenüber der Place de la Concorde lag, durften Besucher Schiffchen schwimmen lassen. Es schwammen dort kleine und große Segelschiffe und einige ferngesteuerte Motorboote. Ein Franzose ließ sogar ein ferngesteuertes Wasserflugzeug auf dem Wasser landen. Stundenlang konnten wir da zuschauen. Wir machten auch schon mal Spaziergänge im Jardin du Luxembourg. Dort kannten wir das alte Karussell mit den Holztieren, das sich immer drehte, aber sehr langsam, sodass auch die kleinen Kinder auf den Pferdchen, Elefanten und Löwen reiten konnten. Dieses kleine Karussell hatte den Dichter Rainer Maria Rilke zu seinem bekannten Gedicht angeregt, dessen Strophen mit dem Refrain enden: »Und dann und wann ein weißer Elefant«. Das jedenfalls hat mir meine Mutter erzählt. Ich habe später dieses Gedicht auswendig gelernt.

Die Tochter des deutschen Botschafters war meine Freundin. Otto Abetz (1903–1958), der Kunsterzieher an einer Mädchenschule in Karlsruhe gewesen war, hatte eine Französin geheiratet. Das war sicher ein Grund, warum er nach dem Sieg über die Franzosen nach Paris geschickt wurde. Von 1940 bis 1944 war er Botschafter in Frankreich, wurde aber von Hitler in seinem Bemühen um eine deutsch-französische Verständigung nicht unterstützt. 1945 wurde Abetz von den Alliierten verhaftet und 1949 zu 20 Jahren Zwangsarbeit verurteilt. Seine französische Frau schaffte es, dass er 1954 vorzeitig entlassen wurde. Vier Jahr später kam er mit seiner Frau bei einem Autounfall in der Nähe von Düsseldorf, wo die Familie damals lebte, ums Leben. Sonja und ihr Bruder Bernhard, die ich inzwischen wiedergesehen hatte, waren nun Waisen. Unsere Freundschaft konnte sich nicht wieder festigen und verlor sich, nachdem Sonja sich verlobt hatte, für viele Jahre. Im Alter schließlich fanden wir uns wieder und zu einer nahen Beziehung.

Ich jedenfalls konnte durch die Freundschaft mit Sonja damals in Paris zum Spielen ins Palais Beauharnais gehen. Dieses elegante Schlösschen mit viel Stuck und Malereien und kostbaren Empire-Möbeln hatte einst Napoleons Frau Josefine gehört. Josefine – dieser Name gefiel mir. Eigentlich hätte ich später meine Tochter gerne Josefine getauft, aber mit meinem Mann konnte ich mich nur auf den Namen Katharina einigen. Meine Erinnerungen an Sonjas Kinderzimmer sind nur noch ganz verschwommen. Ich habe die Farben Weiß, Gold und Blau im Kopf und das Gefühl, als wäre ich im Königsschloss. Ich sehe Engelsfiguren vor meinem geistigen Auge. Aber meine Freundschaft zu Sonja war real und tief. Ich liebte sie.

Vorbei: Schlösser und Park und der Klang der französischen Sprache. Wo waren Papa und Mama? Der Zug rollte mit einem lauten gleichmäßigen Geräusch in die Nacht.

Am nächsten Morgen kam der Zug in Furtwangen im Schwarzwald an. Dort gab es ein großes Kinderheim, das nun geschlossen worden war, um für die Kinder aus Frankreich Platz zu haben. Ich blieb immer mit Andreas zusammen, wie ich es meiner Mutter versprochen hatte. Wir aßen in einem sehr großen Speisesaal, erinnere ich mich ganz dunkel. Aber ich weiß heute, dass Raumgrößen sich für einen erwachsenen Menschen verändern. Ansonsten: Blackout. Aber wir blieben ja auch nur ganz kurz in diesem Heim.

Nach wenigen Tagen brach Scharlach aus. Bei den Mahlzeiten erfuhren wir, welches Kind gerade wieder ins Krankenhaus gekommen war. Bald darauf bekam ich rote Flecken am Körper. Ein älterer, feister Doktor untersuchte mich. Ich glaube, er hatte schon länger nicht mehr praktiziert, aber die jüngeren Ärzte waren alle im Krieg. Vielleicht war er in Wirklichkeit auch Tierarzt, Kinderarzt war er auf jeden Fall nicht. Ich kann mich noch an ihn erinnern – während ich von dem Kinderheim so gut wie nichts mehr weiß – und an das komische Gefühl, das er mir vermittelte. Kinder haben feine Antennen. Seine Diagnose lautete: Scharlach. Und das bedeutete damals sechs Wochen Quarantäne. Ich kam in die abgeschlossene Abteilung eines von Furtwangen weit entfernt liegenden Nonnen-Krankenhauses. Wohin die anderen Scharlach-Kinder aus unserem Heim gekommen waren, weiß ich nicht. Hier jedenfalls traf ich sie nicht wieder. Ich wurde in einen Raum zu ein paar frechen Jungen gesteckt, die ebenfalls Scharlach hatten. Die Quarantänestation war in einem kleinen, spitzgiebeligen Haus. In einem Raum unter uns lagen Kinder, die Diphtherie hatten.

Ich kann mich nicht erinnern, dass ich geweint hätte, aber an ein Gefühl der Verlassenheit und an die Sorge um meinen jüngeren Bruder André. Nun konnte ich nicht mehr auf ihn aufpassen. Ich bekam nie Besuch. Ab und zu erhielt ich einen Brief von Mama.

Drei Tage nach meiner Ankunft hatte der für das Krankenhaus zuständige Arzt endlich Zeit für mich. Er stellte fest: Ich hatte keinen

Scharlach, sondern irgendeine harmlose Kinderkrankheit. Aber nun musste ich sechs Wochen in Quarantäne bleiben, weil ich mich mit ziemlicher Sicherheit inzwischen bei den Jungen angesteckt hatte und die Krankheit zumindest weiter übertragen konnte. Ich bekam dann tatsächlich Scharlach, jedoch in einer leichten Form.

Die Erinnerung ist ein merkwürdiges Phänomen. Diese Details weiß ich noch, aber von den Jungen, mit denen ich sechs Wochen abgeschlossen in einem Zimmer verbrachte, habe ich keinerlei Vorstellungen mehr, weder erinnere ich mich an ihre Namen, ihre Zahl, die Art ihrer Spiele, ihr Aussehen. Auch die Nonnen in ihrer Tracht haben keine Gesichter für mich. Nicht eine. Von ihnen ging offenbar weder Wärme noch Trost aus. Ich war allein.

Aber die Nonnen haben etwas bei mir erreicht, was mir viele Jahre später erst bewusst werden sollte: Ich wurde überzeugt davon, dass man zum lieben Gott beten muss, je länger, desto besser! Beziehungsweise, desto wirkungsvoller. Ich stamme aus einer protestantischen Familie, aber meine Eltern gingen nicht in die Kirche. Der Heilige Abend war die Ausnahme.

Es muss etwas mehr als zwei Jahre nach meinem Krankenhausaufenthalt gewesen sein – wir wohnten inzwischen in Hannover –, als Tante Elli abends an dem Kinderzimmer, in dem ich und mein Bruder André schliefen, vorbeikam und ein eintöniges Gemurmel vernahm. Sie lauschte einen Augenblick, konnte sich nicht erklären, was da vor sich ging, öffnete die Kinderzimmertür und fragte, warum wir nicht schliefen. »Wir müssen doch erst beten«, antwortete ich. Ich betete ein Vaterunser und ein Ave Maria nach dem anderen, eines für Papa, eines für Mama, Tante Elli, Opa und so weiter. Andreas hatte ich in diese Exerzitien einbezogen. Ein einsichtiges Sandmännchen befreite ihn allerdings stets früher als mich von dieser mir von den Nonnen eingeimpften Fron. Ich war dabei ziemlich gewissenhaft.

Bei den Nonnen hatten wir jeden Abend den Rosenkranz beten müssen. Ich hatte gelernt, dass für jeden Wunsch, den ich hatte, ein Vaterunser und ein Ave Maria fällig waren. Für jede Perle im Rosenkranz konnte man sich etwas wünschen. In Hannover hatte ich keinen Rosenkranz. Und so nahm es mir der liebe Gott sicher nicht übel, dass ich bald meine Wünsche in Gruppen sortierte, zum Beispiel nicht je ein Vaterunser und ein Ave Maria für Papa und Mama, sondern nur eins für meine Eltern. Tante Ellis Verwunderung und Andreas' Langeweile brachten mich nach und nach dazu, die Wunsch-Gruppen immer mehr zu vergrößern und die Zahl der Vaterunser und der »Gebenedeit seist Du unter den Weibern …« immer kleiner werden zu lassen. Bis wir schließlich bei einem Vaterunser für alle Wünsche landeten, womit ich dann wieder bei meinem evangelischen Glauben angekommen war. Der sollte mir eines Tages dann von meiner zweiten großen Liebe nach dem Lehrer Götte, von Pastor Stier, im Konfirmandenunterricht tiefer ins Herz gesenkt werden. Doch zurück zu den Nonnen. Der einzige Trost in den endlosen Wochen dort waren der liebe Gott und die langen innigen Briefe von Mama mit den Geschichten über mein Brüderchen. Von André hörte ich nichts. Vom Kinderheim kam keine Post. Oder doch? Ich erinnere mich nur an ein Ereignis in dieser Zeit: Ich bekam Besuch aus Stuttgart. Onkel Hans, mein Lieblingsonkel, der ältere Bruder meiner Mutter, war auf Heimaturlaub gekommen. Er machte sich sogleich mit seinem ältesten Sohn Otto auf, um mich zu trösten. Otto ist drei Jahre älter als ich und war daher von früher Jugend an mein großer, bewunderter Vetter.

Eine Schwester sagte mir eines Morgens, ich solle mal aus dem Fenster schauen. Ich traute meinen Augen nicht. Ich sah Onkel Hans, einen stattlichen Mann in Uniform, strahlend und voller Humor, und den hoch aufgeschossenen Bengel Otto! Da unten standen diese beiden und lachten und freuten sich, mich zu sehen. Und ich erst! Näher allerdings durften sie wegen der Ansteckungsgefahr nicht an mich heran. Onkel Hans rief mir die Grüße von allen Verwandten herauf und berichtete, wie es Opa und Tante Elli in Hannover ging und Tante Hedi und Vetter Jochen in Stuttgart. Otto spielte mir lustige Pantomimen vor. Und ich hing am Fenster des ersten Stockwerks unserer Quarantänestation und lachte und lachte.

Zum Glück war nun die längste Zeit meines Weggesperrtseins vorüber. Onkel Hans brachte auch die gute Nachricht mit, dass meine Mutter mich nun bald aus dem Krankenhaus abholen würde, auch meinen Bruder André aus Furtwangen, und uns mit in die Vogesen nehmen würde. Denn dort waren die Mitglieder der deutschen Familien, die noch in Paris ausgeharrt hatten, inzwischen vor der näher rückenden Front in Sicherheit gebracht worden.

Und so kam es. Endlich hatte ich meine Mutter und meine Geschwister wieder! Aber wir blieben nicht lange in den Vogesen. Der Schwarzwald wurde zur nächsten Etappe auf dem Rückzug vor den Truppen der Alliierten. In dem kleinen Ort Hinterzarten wurden wir bei der Witwe des Ortsfotografen einquartiert. Sie lebte allein in einem Einfamilienhaus und hatte also Platz. Sie war bestimmt nicht gefragt worden, ob sie eine Mutter mit drei kleinen Kindern aufnehmen wollte.

Weihnachten 1944 stand vor der Tür. Die Kinder in Hinterzarten wurden ins Pfarrhaus geholt, um ein Krippenspiel einzuüben und Weihnachtslieder zu singen. Wir sind in diese frommen Tätigkeiten vertieft, als urplötzlich der ohrenbetäubende Lärm herunterstürzender Tiefflieger einsetzt und fast im selben Augenblick eine Explosion dröhnt, Scherben klirren und wir Kinder schreiend, viele blutend, die Treppe hinunter in Richtung Keller laufen.

Einen Tag vor Heiligabend überfielen Tiefflieger Hinterzarten so plötzlich, dass die Sirenen uns nicht mehr warnen konnten. Auf dem Bahnhof stand ein Zug mit Munition. Hätten sie den getroffen, wäre von uns allen wohl nichts übrig geblieben. Im Haus neben dem Pfarrhaus schlug ein Volltreffer ein. Wir Kinder hatten einen, nein, viele Schutzengel gehabt.

So schnell wie der Spuk gekommen war, war er auch wieder vorbei. Die unverletzten Kinder wurden nach Hause geschickt. Auf das Haus der Fotografen-Witwe sei ein zweiter Volltreffer niedergegangen, hörten wir noch im Aufbruch in der allgemeinen Verwirrung. Schreiend lief ich mit André an der Hand durch den Schnee. Auf halbem Weg kam uns Mama mit dem Baby auf dem Schlitten entgegengelaufen, voller Schrecken auch sie. Sie war mit »Menne« auf einem Spaziergang gewesen, als der Angriff einsetzte. Sie hatte danach gehört, dass das Pfarrhaus von einer Bombe getroffen worden sei. Die Freude, als wir vier uns wiederhatten!

Wir waren nun ausgebombt. Und so kam es, dass wir auch an diesem Ort nicht mehr bleiben konnten. Die nächste Station im Flickenteppich meiner Kindheit lag in Baden-Württemberg. In der Nähe der Kreisstadt Öhringen wurden wir in einem Ort mit fünf großen Bauernhöfen, im Orbachshof, in einem Zimmer einquartiert.

Hier, so erscheint es in meiner fadenscheinigen Erinnerung aus der Kriegs- und Wanderzeit, setzte meine mir aufgezwungene Tätigkeit als Vertraute, Trösterin und Klagemauer für meine in dieser Situation völlig überforderte Mutter ein. Die Klagemauer blieb ich bis zu meiner Flucht von zu Hause nach dem Abitur. Immer wieder versuchte ich später versöhnende Worte zu finden für meinen Vater. »In vielen Familien spielt ein Kind die Rolle der Eltern oder des Friedenshüters, der sich um die Harmonie der inneren Familie kümmert«, erklärt die spirituelle Lehrerin Chris Griscom. War ich das? Später jedenfalls musste mein jüngster Bruder Hermann die Trösterrolle bis zum frühen Tod meiner Mutter übernehmen. Auch er litt sehr unter Mamas Leid. Ich wurde in dieser Aufgabe später in Hannover von Mamas Schwester, unserer Tante Elli, entlastet. Jedenfalls so lange, bis sie einen komplizierten Künstler heiratete, den Konzertmeister an der hannoverschen Oper Max Ladscheck.

Über Tante Elli gibt es nur Gutes zu berichten. Sie liebte uns Kinder wie ihre eigenen – die sie nicht hatte. Und sie wurde von uns von ganzem Herzen wiedergeliebt. Sie war der lebende Beweis dafür, welch große Hilfe, Schutz und Zuflucht Familienangehörige in schwerer Zeit geben können. Hier in Baden-Württemberg war sie leider weit weg. Und als neunjähriges Mädchen und auch später noch war ich – durch die Aufgabe, die sich mir nun durch meine Mutter stellte – hoffnungslos überfordert.

Auch hierzu finde ich eine Passage bei Wibke Bruhns, die meinen Erfahrungen entspricht: »Die Verstörung der Eltern ist immer eine Bedrohung. Jahrzehnte später begriff ich, dass sie (ihre Mutter) ihr ganzes Elend abgeladen hatte bei meiner älteren Schwester.«

Mama litt so sehr bei den Bauern, die genug zu essen hatten und ihr mit den kleinen Kindern nichts abgaben. Der Bauer stellte ihr nach und die Bäuerin rächte sich. Wir alle bis auf unser kleines Brüderchen wussten, dass wir hier nicht willkommen waren. Mama weinte jeden Tag, und ich versuchte sie zu trösten. Nur unser zweijähriger »Menne« oder »Hermännele«, wie er dort gerufen wurde, mit seinen blonden Locken, den strahlenden großen blauen Augen und den knubbeligen Ärmchen fand auf dem Orbachshof Anhänger. Immer wieder erschien er mit einer großen Scheibe Bauernbrot, bestrichen mit Butter und Marmelade in unserer Einraumbehausung. Obwohl André und ich oft hungrig waren, hatten wir ihn viel zu lieb, als dass wir es ihm hätten abnehmen können.

In dieser Zeit verstand ich wohl, dass Krieg etwas Schlimmes sein musste. Eine weinende Mutter ist für ein Kind eine schwere Erfahrung. Seine Sicherheit, sein Selbstvertrauen und das Vertrauen ins Leben sind mit ihr verbunden. Das alles wird nachhaltig erschüttert, wenn es erfährt, dass dieser Fels wackelt. Ich wusste von ihr, dass sie sich ohne meinen Vater schutzlos fühlte. Für mich aber war Papa einfach nicht mehr da und keine Größe mehr, mit der ich rechnen konnte.

Nicht regelmäßig, weil es zu gefährlich war, wenn Tiefflieger gemeldet wurden, ging ich mit Andreas vom Orbachshof nach Wohlmutshausen – oder war es Tiefensall? – zur Schule. Wir mussten durch offene Felder laufen und unsere Mutter hatte uns eingeschärft, so wie ein Flugzeugmotorengeräusch zu hören war, im Straßengraben unter einem Baum in Deckung zu gehen. Das taten wir und hörten oft Maschinengewehrgeratter, aus den Flugzeugen, die im Sturzflug herunterkamen. Uns haben sie wohl nie gesehen, aber wir waren immer froh, wenn wir den Wald mit den hohen Laubbäumen erreichten, durch den das letzte Stück unseres Schulwegs führte.

Ich kann mich jedoch nicht erinnern, wirklich Angst gehabt zu haben. Aber die Tatsache, dass ich mich wohl an den Schulweg mit den Tieffliegern, nicht aber an die Schule oder Lehrer erinnern kann, spricht eher dafür. Und ein paar Tage, nachdem ich diese Zeilen hier niedergeschrieben hatte, träumte ich:

Tiefflieger fielen vom Himmel. Ich hatte große Angst und verkroch mich im Haus in einer Ecke und sagte dabei den anderen: »Ich habe das schon mal erlebt.« Dann war der Krieg plötzlich zu Ende. Fahrzeuge mit Truppen zogen vorbei. Ich versteckte mich und wollte, dass meine Familie das auch tat. Und als das nicht geschah, war mir klar: Es ist vorbei! Die Menschen in dem Haus – da waren auch Fremde dabei – fingen an zu feiern. Es begann ein wildes Fest, das in Grölen ausartete. Es waren viele Menschen, auch Feinde bei uns. Ich beobachtete ein Paar. Der Mann versuchte die Frau zu lieben, zwang ihr seinen Willen auf. Sie gehörte zu ihm, war aber nun vom ihm abgestoßen. Ich zog mich von den laut grölenden Feiernden zurück, suchte Stille, einen Platz nur für mich. Aber überall waren Menschen. Dieser Traum beantwortet für mich zumindest die Frage, ob ich vor Tieffliegern Angst gehabt habe.

Das also waren unsere letzten Kriegstage. Als wir später in Hannover von den Bombennächten im Bunker, einem Erdloch im Garten von Opas Haus, erfuhren, wussten wir, dass unser Schrecken vergleichsweise gering gewesen war. Die Grund- oder Volksschule aber haben Andreas und ich durch den Krieg und unser Nomadenleben selten von innen gesehen. Wir sollten daher später auch einiges nachzuholen haben, bevor wir aufs Gymnasium kamen.

Die Schulbesuche wurden in Baden-Württemberg ganz abgebrochen, als die amerikanische Besatzung anrückte, die ja auch in meinem Traum vorkommt. Sie brachte uns Kindern mehr Spaß als Bedrückung. Vor allem die farbigen Soldaten waren bei uns Kindern auf dem Hof beliebt, weil sie uns Süßigkeiten schenkten. Ich hatte mich mit der Tochter unseres Bauern, Hedwig mit den blonden Zöpfen, angefreundet und Andreas hatte auch Spielgefährten gefunden, mit denen er die letzte Bastion der deutschen Soldaten untersuchte und gefährliche Spiele mit liegen gebliebener Munition spielte.

Wir sammelten die Kippen von den Zigaretten, die die Amis nur bis zur Hälfte rauchten. Wir hatten gesehen, dass sie von den Erwachsenen, auch meiner Mutter, oft aufgehoben und danach gierig geraucht wurden. Das hatte uns neugierig gemacht. Wir versteckten uns mit unserer Beute in der großen Scheune, um es ihnen nachzumachen. Da wurde uns zum ersten und wohl letzten Mal vom Rauchen kotzübel. Die Erwachsenen kamen schnell auf unsere gefährlichen Spiele. So musste zum Glück nicht erst eine Scheune abbrennen.

Der Krieg, der weltweit beinahe 60 Millionen Menschen das Leben gekostet hatte, ging also zu Ende. Das war für mich kein sensationeller Augenblick, etwas, was sich auf irgendeine Weise als ein riesiger Glücksmoment in meinem Gedächtnis eingeprägt hätte. (Nach meinem gerade zitierten Traum kann das Kriegsende allerdings auch – verdrängter – Schrecken gewesen sein.) Wir hatten ein wenig Schießen gehört in den Wäldern ringsum und dann waren plötzlich die Amerikaner da. Für meine Mutter gab es neben den Aufregungen mit uns beiden älteren Kindern noch die Erfahrung der Plünderung. Sie hatte im nächsten Hauptort, Wohlmutshausen, eine große Kiste untergestellt, die noch ein wenig gerettetes Hab und Gut aus Paris enthielt. Diese wurde aufgebrochen und ausgeraubt. Bemerkenswert dabei war, dass sie die ledernen Reitstiefel meines Vaters einige Tage später an den Beinen eines Großbauern wiedersah und einen Gardinenstoff, als Kleid verarbeitet, an einer Bauersfrau.

Diese Erfahrung hat wohl nicht nur mich kaum beeindruckt. Ich kann mich nicht erinnern, dass sie den Kummer meiner Mutter sehr vergrößert hätte. Aber sie wollte unbedingt vom Orbachshof weg. Und mit Hilfe eines einsichtigen Gemeindevertreters gelang es ihr, eine kleine Wohnung im Kreisort Wohlmutshausen zu bekommen. Leider wurde dieser geräumigere Platz unsere kürzeste Bleibe.

Der Mai kam und der Krieg wurde als beendet erklärt. Die Bäume waren braun von den vielen Maikäfern, die uns mit lautem Brummen um die Ohren flogen und uns Kinder erschreckten. Wir fingen sie trotzdem. Wir steckten sie in Streichholzschachteln, in die wir kleine Löcher bohrten, damit die Maikäfer Luft bekamen. Haben wir dabei das traurige Lied vom Maikäfer aus Pommern gesungen? Das wir damals gar nicht traurig fanden. »Maikäfer flieg, dein Vater ist im Krieg, deine Mutter ist in Pommerland, Pommerland ist abgebrannt. Maikäfer flieg.«

Ich vermute, dass wir es damals sangen, denn warum sollte es sich sonst so fest in mein Gedächtnis eingeprägt haben?

29

Die ersten Kriegsheimkehrer kamen. Meine Mutter schickte mich und Andreas auf Betteltour, weil wir nichts mehr zu essen hatten. Sie meinte, wenn zwei Kinder vor den Haustüren stünden, würden die Herzen der wohlhabenden Bauern eher weich werden. Wir erhielten in der Tat hier ein Ei und dort ein Ei, mal ein Stück Brot, bis wir an einer Tür anlangten, wo der Hoferbe gerade heil aus dem Krieg zurückgekommen war. Die glückliche Bäuerin schenkte uns ein Dutzend Eier auf einmal. So kehrten auch wir erfolgreich und glücklich heim.

Die kleine Wohnung aber wurden wir bald darauf los. Auch hier kehrte der Eigentümer aus dem Krieg zurück. Wieder wurden wir bei einem Bauern einquartiert. Diesmal im Dorf Tiefensall. Ich kann mich noch an die vielen Obstbäume dort mit den großen rotbackigen Äpfeln erinnern. Das Fallobst half, die magere Zeit zu überbrücken. Wir Kinder aßen unentwegt Äpfel und bissen die schlechten Stellen mit den dicken Maden einfach heraus und spuckten sie dann aus. Wir und alle anderen Kinder im Dorf mussten in diesem Spätsommer von den Kartoffelfeldern Kartoffelkäfer sammeln. Wir ekelten uns besonders vor den weichen, dicken, rosa Larven. Ganze Nester von ihnen fanden und vernichteten wir.

Wenn ich an Tiefensall denke, sehe ich die Reihen der Apfelbäume vor mir und die große Dorfkirche. Alle im Dorf gingen sonntags in die Kirche, so auch wir Flüchtlinge. Wir beiden älteren Kinder sangen in einem Chor oben auf der Empore. Als ich später einmal mit meinem Mann in Baden-Württemberg unterwegs war, verließen wir die Autobahn, als wir an einem Hinweisschild mit der Aufschrift »Öhringen« vorbeifuhren. In der Nähe dieser Kreisstadt würde ich die Dörfer von damals finden, die ich noch einmal sehen wollte. Als ich in Tiefensall die große Dorfkirche suchte, standen wir vor einem kleinen, alten Kirchlein, das auch innen schmal wirkte. Wo war das stattliche Gotteshaus meiner Erinnerung geblieben? So verändern sich im Leben die Perspektiven!

Eines Tages erhielt meine Mutter eine vom 25. Oktober 1945 datierte, knappe Postkarte: »Liebste, ich bin zu Hause!« Mein Vater schrieb, er wolle noch einiges regeln und uns dann nach Hannover holen.

Und dann stand er eines Tages wirklich vor der Tür. Er trug einen verschlissenen Anzug. Aber auch an dieses Bild kann ich mich nicht mehr erinnern.

Papa war früh aus amerikanischer Kriegsgefangenschaft freigekommen und hatte sich gleich nach Hannover, wo mein Großvater und Tante Elli in einem großen Haus, einer Villa, zusammen mit einigen »Ausgebombten« wohnten, entlassen lassen. Das Haus in der Richard-Wagner-Straße 24 hatte die Bombennächte bis auf einige kleine Schäden gut überstanden.

Auch die Reise nach Niedersachsen entzieht sich meiner Erinnerung. Reisen waren damals eine unbequeme, langwierige Angelegenheit in überfüllten Zügen, verglichen mit den heutigen Reisemöglichkeiten kaum auszuhalten. Waren die Strapazen für mich durch die Freude der Ankunft bei Opa und Tante Elli überstrahlt, dass ich davon nichts mehr in meinem Gedächtnis finde? Vielleicht gibt es noch eine andere Erklärung.

»Der Krieg hat mir die schönsten Jahre meines Lebens geraubt«, wiederholte Mama immer wieder in ihrer endlosen Klage. Dieser Satz blieb für mich der schwerwiegendste über den nun vergangenen Krieg. Heute erst weiß ich: Der Krieg hat mir und meinem Bruder Andreas die schönsten Jahre unserer Kindheit geraubt und sie zu einem »Patchwork« gemacht. Ich konnte durch den Krieg keine Wurzeln schlagen und kein Urvertrauen gewinnen. Spätere depressive Phasen müssen darauf zurückzuführen sein. In meinen ersten naiven Malereien erschienen Bäume mit Kronen, aber ohne Wurzeln. Aber wie viel besser ist es uns dennoch ergangen als vielen anderen Kriegskindern!

In dem Buch *Die vergessene Generation* von Sabine Bode fand ich ein Zitat der Traumatherapeutin Luise Reddemann, selbst ein Kriegskind, das mir half, mehr von dem, was uns geschah, und dessen Auswirkungen zu verstehen. Für diese Kinder gab es einen entscheidenden Aspekt, so schreibt sie, der zu tun habe mit »Verlassenwerden, mit Verlust der Heimat, mit Bomben, mit Hunger, mit Not, mit Scham, ein Flüchtling, also ein Außenseiter zu sein, mit der Verunsicherung der Eltern und dass sie keinen Halt geben können«. Der Traumatisierung entgehen Kinder entweder dadurch, dass sie sich gegen die Erinnerung abschotten – was mir offenbar geholfen hat – oder dass sie ständig darüber reden.

Das merkwürdig Wurzellose, war das ein Kennzeichen für meine Übergangsgeneration zwischen den Jahrgängen 1930 bis 1945? Für die der Krieg normal war und das Leben im Frieden noch begriffen werden musste? Diese Frage hat mich später verfolgt. So sehr, dass ich bei einer Abiturfeier im Jahr 2006 in einer Rede darüber und über unsere Generation gesprochen habe.

»Wegen der unvorstellbaren Verbrechen, die Deutsche an anderen Menschen begangen haben, durfte sich diese Generation auch nach dem Krieg nicht über das, was sie erlitten hat, unbewusst in den meisten Fällen, beklagen«, sagte ich den Abiturienten. »Anderen geht es viel schlechter als dir«, wurde uns immer wieder gesagt. Meine Schulfreundin Bärbel erlebte im Luftschutzkeller die schweren Bombenangriffe auf Hannover. Das kleine Mädchen hatte dann immer einfach aufgehört zu atmen. So blieb ihren Eltern nichts anderes übrig, als es zu Freunden aufs Land zu bringen. »So habe ich dann doch noch eine schöne Kindheit gehabt«, meinte Bärbel auf meine Frage, wie es ihr damals ergangen sei.

Schuld! Was ist Schuld? Die Leiden, unbewusst bei einem Kind, dürfen nicht sein, werden nicht akzeptiert, all die Traumata, die in dieser Zeit entstanden, wurden auf andere Ursachen zurückgeführt. Wegen der größeren Schuld, die eine Gruppe von Menschen einer anderen zugefügt hat. Was aber fügt es dem Unbewussten des Kindes zu? Kindern, die vielleicht gerade erst geboren wurden. Was bedeutet das für diese Menschen, diese Nation, deren Schicksal? Und was bedeutet das schließlich für alle Menschen auf unserer Erde?

Ich habe mich immer rein gefühlt von dieser Schuld, die sich die Deutschen durch die Nazis aufgeladen haben. Ein ehemaliger Bundeskanzler nannte dieses Gefühl »die Gnade der späten Geburt«. Ich habe mit Entsetzen und später, als ich bewusster geworden war, fassungslos auf das geschaut, was geschah. Ich mochte meine Eltern und ihre Generation nicht verurteilen. Sie wurden in das Entsetzen hineingezogen, meinte ich, und haben mit ihrem Schicksal dafür gebüßt. Ich selbst aber sah mich als ein Wesen, das nichts damit zu tun hatte. Welch ein Irrtum!

Spät und auch widerstrebend habe ich mich mit Bert Hellinger beschäftigt. Durch seine bahnbrechende Therapie der Familienaufstellung wurde er bekannt, berühmt, berüchtigt. In einem Gespräch mit der Journalistin Gabriele TenHövel äußerte er sich aus seiner Erfahrung mit Familiengruppen über die Themen Schuld, Moral und Gewissen.

Die schlimmste Schulderfahrung, so Hellinger, sei »Ausschluss« und somit die intensivste Unschuldserfahrung die »Zugehörigkeit«. Verbundenheit ist die Sehnsucht von uns Menschen. »Das Gewissen ist immer ein Gruppengewissen, kein persönliches. Die Gruppe bestimmt, was ich persönlich fühle … Das Gewissen steht immer im Dienst der Bindung. Das Gewissen ist ein Wahrnehmungsorgan, mit dem wir sofort und jederzeit erfahren, ob wir dazu gehören … zur Familie zum Beispiel« – der ersten Gruppe, die zum Überleben wichtig ist. Hellinger nennt das Gewissen daher einen »Trieb«. Das Gewissen ist je nach Gruppe verschieden. Ich habe in der Familie, im Beruf, in der Kirche ein anderes Gewissen.

Moral, so folgert Hellinger weiter, fängt da an, wo eine große Gruppe einem Glauben anhängt und jeden, der davon abweicht, ausschließt. Moral kommt dann ins Spiel, wenn ich mich über andere erhebe. Eine Gruppe erhebt sich über eine andere, von der sie sich zum Beispiel bedroht fühlt. Und Moral mobilisiert die Aggression: »Moral ist gekoppelt mit einem Vernichtungswillen.«

Mir war in diesem Zusammenhang die Schuld wichtig, die aus dem Bindungsgewissen, der Zugehörigkeit zu einer Gruppe, entsteht – nicht die Schuld aus dem Ungleichgewicht des Gebens und Nehmens.

Nach Bert Hellinger ist Schuld unausweichlich aus unserem Bedürfnis und der Notwendigkeit der Zugehörigkeit heraus. Was immer ein Mensch tut, er wird schuldig. In der Politik sieht man das deutlich. Als Helmut Schmidt als Kanzler sich nicht erpressen lassen wollte und Hanns Martin Schleyer ermordet wurde, hat er das wohl empfinden müssen. »Viele, die meinen, sie folgten einer guten Sache, wachen plötzlich auf«, sagt Hellinger. Hier also liegt unsere Verantwortung, die besagt, dass wir die Konsequenz unseres Handelns nicht anderen zuschieben dürfen.

In der Familienaufstellung kann man sehen, dass derjenige, der aufgrund des Gewissens des Verbandes ausgeschlossen wurde, später von einem anderen Familienmitglied vertreten wird, das seine Rolle, sein Schicksal übernimmt. Die Individualisierung in der Gruppe ist daher wichtig im Zeichen der Entwicklung. In der Aufstellung wird klar, wenn jemand in die Blindheit des moralischen Gewissens verstrickt war. Etwas Verdrängtes wird bewusst und das ermöglicht die Erkenntnis, »dass jemand unfrei ist, weil er eingebunden ist«, und ermöglicht damit die Entwicklung in Richtung Frieden.

Die Deutschen waren im Feld des Nationalsozialismus eingebunden. Dadurch gab es nach dem Krieg die Kollektivschuldthese. Und Hellinger sieht diese »Kollektivschuld« durch die Zugehörigkeit bei jedem, der damals in diesem Konfliktfeld gelebt hat. Darum sollten wir uns neben die Opfer und Täter stellen und spüren: »Ich sehe ein, ich bin auch beteiligt.« Wir sollten auf das schauen, was auf allen Seiten angerichtet wurde: »Er schaut auf den toten Juden, auf Zigeuner, auf alles, was in den Ländern passiert ist, auf die toten Soldaten und auf unsere eigenen Opfer (also uns selbst auch), die Flüchtlinge, die Bombenopfer, also ohne Vorwurf, einfach so … Man überlässt sich einer tiefen Trauer, die allen verbunden ist.« Das habe eine lösende Wirkung: »Dann kann Vergangenes vorbei sein.«

Hellinger registrierte: »Die Deutschen bekennen sich ja gar nicht dazu, dass sie Deutsche sind.« So heiße es immer wieder staunend in anderen Ländern. Sie tun es deshalb nicht, weil sie nicht zugegeben haben, dass sie beteiligt waren. »Wenn sie das täten, könnten sie sagen: Auch ich bin ein Deutscher. Aber nicht stolz, nein einfach: Ich bin ein Deutscher. Das ist eine ganz andere Ebene.« Patriotismus ginge völlig ins Leere. »Solange wir uns dem Ganzen nicht gemeinsam gestellt haben, können wir den anderen nicht gemeinsam in die Augen schauen und sie können uns nicht in die Augen schauen.«

Auf dieser tiefen Ebene fängt die Versöhnung an. So empfunden zu haben, so glaube ich, das war die Größe Willy Brandts.

Das hat nichts damit zu tun, ob ich mich schuldig fühle. Ich fühle mich nach wie vor nicht schuldig. Der Begriff Schuld passt hier nicht. Es ist ein tiefer Vorgang von Verbindung, etwas tief Menschliches.

Wenn ich sagen würde: »Ich gehöre nicht dazu« und daraus schlösse: »Ich bin besser als ihr«, so wäre das Heuchelei. Ich zeige dann auf die anderen mit dem Finger, und so setzt sich der Konflikt endlos fort.

Seitdem ich das verstanden habe, kann ich sagen: »Ich bin eine Deutsche«. Und das ist vor allem auch deshalb wichtig, weil ich, als ich begann, mich mit meiner Kindheit zu beschäftigen, plötzlich das Gefühl hatte, ganz ungerecht behandelt worden zu sein. Niemand wollte sehen, so beklagte ich mich innerlich, dass ich – und viele mit mir – auch ein Opfer war. Ein Opfer? Von wem? Von den Nazis? Nein, das wäre zu kurz gegriffen.

Etwas anderes noch konnte ich in den darauffolgenden Jahren nicht verstehen: Dass Mädchen- oder Frausein weniger wert sein sollte als Junge- und Mannsein. Dass Ersteres Abhängigkeit und Einschränkung bedeutete. Dagegen sträubte sich alles in mir, aber es verunsicherte mich auch. Mein späterer Einsatz für Gleichberechtigung und Anerkennung muss hier seine Wurzeln haben. Dieses Bedürfnis nach Veränderung der Situation von Frauen entspringt meinen Erfahrungen mit meiner Mutter und einer tiefen Sehnsucht nach Gerechtigkeit.

Wahrscheinlich beschäftigt mich erst heute, sehr viel später, das oftmals eigentümliche, wie in einer anderen Realität lebende Verhalten der Kinder von Nazi-Verbrechern. Ich kann durch sie besser verstehen, was mit mir geschehen ist. Die Kinder von Speer lebten zum Beispiel in einer sogenannten heilen Familienwelt, bis plötzlich vor ihnen brutal ein Vorhang aufgerissen wurde, der den Schrecken enthüllte. Es muss für sie ganz schwer gewesen sein, nicht die Augen fest zu schließen.

Ähnlich, wenn auch nicht so brutal, erging es uns. Ich mochte unsere Eltern damals auch nicht fragen: »Wie konnte das geschehen? Warum habt ihr in diesem verbrecherischen Krieg mitgemacht?«

Wir konnten das nicht fragen, weil unsere Koordinaten noch nicht stimmten. Uns wurde zu der Zeit auch keinerlei Hilfe angeboten. Unsere Eltern konnten sich ja vielleicht selbst kaum begreifen. Sie waren keine Hitler-Anhänger gewesen, aber Mitläufer. Papa war Parteimitglied.»Das musste ja jeder sein«, hieß es. Da war Schweigen die einfachere Alternative. Aber als ich Mama zum»Muttertag« ein Geschenk machte, sagte sie ablehnend und entschieden:»Muttertag, das ist eine Nazi-Erfindung. Ihr könnt mir immer eine Freude machen, nur nicht wegen des Muttertags!« So hielt ich es übrigens später auch mit meinen eigenen Kindern.

Und in der Schule wurde für meine Generation das Kapitel der jüngsten Geschichte einfach ausgeklammert mit der Begründung:»Dieser Teil der Geschichte ist noch nicht objektiv zu betrachten. Wir sind noch zu nahe dran!« Unser Geschichtsunterricht und die sogenannte Gegenwartskunde endeten mit der Weimarer Republik. Aber auch diese Zeit wurde nur ganz kurz gestreift. Dafür beschäftigten wir uns ausgiebig mit dem Mittelalter, auch mit Napoleon und Friedrich dem Großen.

Frau Dr. Elfriede Büchsel, meine Klassenlehrerin, die mich zum Abitur führte, war bei Kriegsende eine blutjunge Referendarin. Sie erzählte mir später:»Am letzten Tag vor den Osterferien 1945 saß ich mit drei Kollegen zusammen. Von uns vieren glaubten zwei noch immer an den Sieg, an die Wunderwaffe.« Und sie ergänzte über die Zeit gleich nach Kriegsende:»Damals kamen die ersten Zeitungen heraus und brachten Berichte über KZs und Judenvergasungen. Ein Abgrund tat sich auf. Ich hatte niemanden, mit dem ich darüber sprechen konnte.« Wie konnte sie da einem in dieser Zeit orientierungslosen Menschen Orientierung geben!

Frau Büchsel hatte damals auch in ihrem Tagebuch notiert, dass die Nazis Frauen fast durchgehend aus höheren Stellen vertrieben hatten. Professorinnen wurden zurückgestuft, Oberschulrätinnen und Ministerialrätinnen vorzeitig pensioniert. Der Leiterin einer gynäkologischen Abteilung eines Krankenhauses wurde ein Oberarzt vor die Nase gesetzt. Nach dem Krieg wurden diese hoch gebildeten Frauen in den Schuldienst zurückgeholt.

Meine Lehrerin wurde 1947 an die Sophienschule berufen. Für die Entnazifizierung war sie noch zu jung, aber sie wurde zur »Umerziehung« in die Schweiz und nach England geschickt. Sie schrieb: »Ich staunte nur über das Maß an Unverständnis, das mir bei Ausländern begegnete. In der Schweiz begegneten moralische Verurteilungen den jungen Deutschen, die durch den Krieg aus der Ordnung geworfen waren. Das Leben in Deutschland mit seinen elementaren Problemen forderte uns ganz. Zu selbstständigen Erwägungen über den politischen Kurs, über Alternativen im Wiederaufbau des Schulwesens waren wir Jungen kaum fähig … In der Regel respektierten wir die älteren Kollegen und Kolleginnen ganz selbstverständlich. Aber wir wollten auch aufholen in den geistigen Bewegungen der Zeit, von denen uns der Nationalsozialismus in Deutschland abgeschnitten hatte. Dazu gehörte natürlich auch der Feminismus.« Die meisten Gymnasiallehrerinnen waren damals unverheiratet. Frau Büchsel: »Es war noch nicht lange her, dass eine Lehrerin, die sich verheiratet, ausscheiden musste.«

Die Nachkriegszeit, voller Trümmer, Hunger und Mangel, in der sichtbaren Notwendigkeit anpacken zu müssen und wiederaufzubauen, um wenigstens ein Dach über dem Kopf zu schaffen, ließ keine Zeit für Grundsatzdebatten. Die Menschen, so auch meine Eltern und danach wir selbst, taten das Vordringliche und arbeiteten uns immer tiefer hinein in den Materialismus und in das Wirtschaftswunder, wie in ein Maulwurfsloch.

In Hannover wohnten wir zunächst in der schönen Villa meines Großvaters mütterlicherseits am Eilenriede-Stadtwald. Sie war nach dem Ersten Weltkrieg, bevor die Inflation ausbrach, gebaut worden von Karl Siebrecht, einem bekannten hannoverschen Architekten, den meine Mutter sehr schätzte. Sie hatte ein geräumiges Treppenhaus, eine große Bibliothek, Wohn- und Esszimmer, Veranden und Terrassen. Die Schlafzimmer waren im ersten Stock. Im zweiten Stock war die Wohnung von Tante Marie, der ältesten Schwester meiner verstorbenen Großmutter. Auch sie starb bald nach dem Krieg. Die Küche war für »Gesinde« angelegt, das es nicht mehr gab. Dafür konnten in diesem Haus lange Zeit andere Menschen, die ausgebombt

waren, Zuflucht finden. Aber auch diese Zeit im Hause meines Großvaters, in dem wir uns geborgen fühlten, sollte nur kurz sein.
Es macht mich noch heute traurig, dass ich mich so wenig an den von
Mama herbeigesehnten Tag der Erlösung durch Papa erinnere. Er
brachte uns in das Haus des Vaters meiner Mutter. Meine Großmutter Elise, geborene Hammerstein, war schon vor dem Krieg an Krebs
gestorben. Elise, eine zarte und sehr schöne Frau, stammte aus einer
Familie des Großbürgertums. Sie waren acht sehr begabte Geschwister gewesen. In den letzten Jahren ihres Lebens hatte Elise Depressionen gehabt. Der Grund: Ihr Lieblingsbruder Richard, der kein
Leben nach normalen bürgerlichen Maßstäben führte, hatte sich das
Leben genommen. Er wäre wohl besser auch Künstler geworden wie
seine Schwester Martha, die Opernsängerin mit ihrer dunkellocki-
gen Löwenmähne. Richard lebte bei seiner Schwester Elise. Damals
bewohnten meine Großeltern einen alten, restaurierten niedersächsischen Bauernhof in Isernhagen bei Hannover. Als die Zeiten
schlechter wurden, wollte Großonkel Richard niemandem mehr zur
Last fallen. Meine Großmutter fühlte sich schuldig und konnte seinen Tod nie verwinden.

Als wir Ihlefelds nach Hannover kamen, führte die älteste Tochter,
die wie ihre Mutter Elise hieß, aber Elli genannt wurde, den Haushalt
meines Großvaters. Vormittags – auch damals gab es also schon Teilzeitarbeit für Frauen – arbeitete sie als Buchhalterin in der Firma
Runte in der Nähe des Hauptbahnhofes. Wenn ich später in der Stadt
zu tun hatte, habe ich Tante Elli immer bei »Runte« besucht. Dann
hämmerte sie jedes Mal Zahlenkolonnen in ihre mechanische
Rechenmaschine, während sie sich gleichzeitig mit mir unterhielt.
Tante Elli war meine Lieblingstante. Und sie war auch meine Patentante. Sie war rundlich und weich, voller Humor. Ihr grau werden-
des Haar trug sie immer hochgesteckt und rings um den Kopf in eine
große runde Locke gelegt. Sie lachte viel und half uns Kindern, wo
sie nur konnte. Vor dem Krieg hatte sie uns einmal für längere Zeit
in Garge besucht. Und ich liebte es als kleines Kind, morgens früh in
ihr Bett zu kriechen und bei ihr zu kuscheln. Ich hatte gerade meine
ersten Backenzähne bekommen und probierte sie aus, indem ich mit

ihnen knirschte. Dieses Geräusch konnte Tante Elli nicht gut ertragen und sie drohte: »Wenn du mit den Zähnen knirschst, bellt der Hund!« Natürlich musste ich das testen, indem ich ganz besonders deutlich mit den Zähnen knirschte. Und tatsächlich bellte in diesem Moment der Hund des Nachbarn. Erschrocken hörte ich sofort mit dem Zähneknirschen auf. Das ist so eines der ganz wenigen Spotlights der Erinnerung auf meine Klein-Kinderzeit. Ganz schwach nur, eher wie ein warmes, glückliches Gefühl, erscheint mir die Zweisamkeit mit meinem Vater in unserem schönen besonnten Blumengarten in Garge.

Nachdem nun Papa in unser Leben zurückgekehrt war, kümmerte er sich um den beruflichen Wiederanfang. Für ihn war es wichtig, etwas darzustellen. Zunächst wurde er Pressechef der Industriemesse Hannover. Bald nach der Währungsreform gründete er seinen eigenen Verlag. Die alte Vertrautheit zwischen uns beiden konnte nicht wieder entstehen. Sicher lag es auch daran, dass ich langsam in die Pubertät kam. Aber vor allem standen die Schwierigkeiten, die meine Eltern miteinander bekamen, zwischen uns. Und so blieb meine große Liebe zu meinem meistens freundlich heiteren, aber auch schweigsamen Vater mit den schönen blauen Augen – die wir Kinder geerbt haben –, mit den buschigen Augenbrauen und dem energischen sinnlichen Mund für mich schmerzlich unerfüllt.

Bis heute weiß ich nicht, welche Erfahrungen des schrecklichen Krieges ihn so schweigsam gemacht hatten und manchmal jähzornig und aufbrausend. Er war in Russland verwundet worden: Oberschenkel-Durchschuss. Von seiner Verwundung wurde in der Familie nur als einem Glück gesprochen. Denn sie hatte ihm wahrscheinlich das Leben gerettet. Sie bewahrte ihn vor dem Winterfeldzug mit den ungeheuren Verlusten an der Ostfront. Er kam zunächst nach Hause und dann nach Paris. Erst nach der Landung der Alliierten musste er an die Front zurück, diesmal an die Westfront. So kam er in amerikanische Kriegsgefangenschaft, durch die ihm sicher viel erspart wurde. Der Krieg relativiert eben vieles im Leben eines Menschen, auch einen Russlandfeldzug und eine Verwundung. Was aber ging in ihm vor? Über die Schmerzen meiner Mutter war ich gründlich informiert. Von den Schmerzen meines Vaters habe ich keine Ahnung.

Während ich meine zerfranste Kindheit und die Beziehung zu meinen Eltern betrachte, träume ich eines Nachts, ich sei eine Kriminalbeamtin und hätte zusammen mit einem Kollegen einen schwierigen Fall zu lösen. Weil mich der Fall so belastet, berührt mich mein Kollege tröstlich leicht am Unterarm. Das tut mir so gut, dass ich etwas später zu ihm sage, die menschliche Nähe zu ihm hätte mir bei meiner Arbeit gut getan. Er antwortet: »Mir auch.« Ich wache mit einer inneren Freude auf.

Als ich über diesen Traum nachdenke, habe ich das Gefühl, dass es die Nähe zu meinem Vater sein muss, die für mich menschliche Wärme bedeutet und die nicht da war, als ich Kind war, und dann verloren ging, als ich zum Teenager heranwuchs, gestört vom Schmerz meiner Mutter. Je fremder er mir wurde, umso tabubesetzter wurde unser Verhältnis für mich. Er war mir manchmal unheimlich und scheu hielt ich mich von ihm fern.

Ich bin in Hannover geboren ebenso wie Andreas, weil meine Mutter zur Niederkunft »nach Hause« fuhr. Weil mein kleiner Bruder Hermann im Krieg geboren wurde, als es sich nicht mehr so einfach reiste, kam er in Paris auf die Welt. Für Hannover hege ich so etwas wie Heimatgefühle. Bei Chris Criscom las ich etwas über die Bedeutung des Geburtsorts, das mir richtig erscheint. Wir spürten, so heißt es darin, dass das »unser nährender und hegender Ort war, der uns hier auf Erden willkommen hieß« und der »unserem Emotionalkörper das Gefühl aufprägte, akzeptiert, erwünscht, Teil von etwas zu sein«. »Wenn du dich sehnst, mit dem Leben verbunden zu sein, geh dahin zurück und verbinde dich erneut mit deinem Geburtsort!« Bin ich in Hannover wieder mehr mit dem Leben verbunden worden, konnte ich einen Teil der verlorenen Kindheit nachholen?

Für meinen Bruder und mich hatte es keinen Sinn, die verlorene Grundschulzeit in Hannover nachzuholen. Die Lücken waren so nicht mehr altersgemäß aufzuholen. Zusammen mit zwei Geschwistern aus der Nachbarschaft, Jülf und Wiebke Schwenke, bekamen wir von einer jungen Referendarin täglich Nachhilfeunterricht, der uns für die Aufnahme ins Gymnasium vorbereiten sollte. Wir vier spielten dann auch zusammen. Wiebke wurde meine neue Freundin. Sonja blieb in den Nachkriegswirren verschollen.

Wenn ich unsere Spiele aus dieser Zeit betrachte, wird mir klar, dass meine Träume und Fähigkeiten damals an die Oberfläche drängten. Nur, dass mir das noch nicht bewusst wurde, oder mir half, als es einige Jahre später darum ging, mich für einen Beruf zu entscheiden. Ich schrieb Märchen. Das Märchen vom Fliegenpilz. Auch das von der kleinen Schneeflocke und andere. Unsere Lehrerin tippte sie mit der Schreibmaschine ab. Ich verteilte die Rollen in den Geschichten an Wiebke, Jülf, André und mich. Die kleinen Stücke führten wir, nachdem wir sie eingeübt hatten – unsere Lehrerin half uns bei der Kostümierung – dann im Familienkreis auf. Ich phantasierte und schrieb gerne, und auch Theaterspielen machte mir Freude. Andreas dagegen benutzte seine Phantasie, indem er mit seinem Tuschkasten unentwegt Indianer- und Urwaldbilder malte. Ich träumte auch davon Tänzerin zu werden, und etwas später dann Schauspielerin. Aber drückten sich meine strategischen und organisatorischen Fähigkeiten, von denen ich lange Zeit nichts ahnte, nicht damals schon in der Regieführung kleiner märchenhafter Stücke aus?

Das war eine schöne, viel zu kurze Zeit, die nicht ausreichte, eine verlorene Kindheit nachzuholen. Gerade waren die letzten Kriegsschäden am Haus in der Richard-Wagner-Straße ausgebessert, da erschienen Vertreter der englischen Besatzung bei uns und beschlagnahmten das Haus meines Großvaters für die Ärzte ihres Armeehospitals. Wir zogen erst einmal in eine einigermaßen erhaltene Wohnung eines im Übrigen von Bomben zertrümmerten Mietshauses in der Gretchenstraße. Wir schliefen alle zusammen, Großvater, Tante Elli, meine Eltern, meine beiden Brüder und ich. Als der Frühling begann, zogen wir in eine notdürftig hergerichtete Baracke. Dort hatten im Krieg Fremdarbeiter gewohnt – das weniger freundliche Wort lautete »Zwangsarbeiter«, auf das ich mir damals keinen Reim hätte machen können. Deren Unterkünfte lagen auf dem Fabrikgelände der Stahlbaufirma Hermann Rüter in Langenhagen bei Hannover. Diese Firma war von meinem Urgroßvater gegründet und von Otto Rüter, meinem

Großvater, weitergeführt worden. Während der Inflation in Deutschland, bevor Hitler an die Macht kam und Opa seine Leute nicht mehr bezahlen konnte, verkaufte er die Firma ans Peiner Walzwerk. Großvater leitete die Fabrik aber weiter bis zu seiner Pensionierung. Als die englischen Ärzte in unser schönes Haus ziehen wollten, wurden dem Patchwork meiner zerrissenen Kindheit und Jugend einige weitere Flicken hinzugefügt. Mit unserem Wegzug aus der Richard-Wagner-Straße ging die kleine Theatergruppe auseinander und es zerbrach auch diese Kinderfreundschaft.

Dem Trümmer-Notquartier in der Gretchenstraße folgte also der Aufenthalt in Langenhagen. Obwohl der nur einen Sommer lang dauerte, kann ich mich noch gut an ihn erinnern: das Leben in einer Baracke, die Raum genug für uns alle bot. Es war eine zufriedene Zeit. Und ich – ich war einen Sommer lang glücklich. Ich habe nie jemanden aus der Familie jammern oder klagen hören über den Verlust der Richard-Wagner-Straße, am wenigsten meinen schwerhörigen Großvater. Wenn wir mit ihm redeten, mussten wir sehr laut werden. Um uns zu zeigen, dass er etwas nicht verstanden hatte, legte er die rechte Hand ans rechte Ohr und schob die Ohrmuschel etwas nach vorne.

Auf dem Land um die Baracke herum, das trocken und steinig war, legten meine Eltern und Tante Elli einen Garten an mit Gemüse, Stangenbohnen, Radieschen, Tomaten, Salat und Kartoffeln. Es gab auch Blumen. Aber vor allem setzte mein Vater rings um das flache Gebäude kleine Tabakpflanzen. Zigaretten und Tabak gab es nur im Schwarzhandel. Mein Opa war süchtig nach Brasilzigarren und meine Mutter wünschte sich Zigaretten. Als wenn mein Vater das geahnt hätte: Der Tabak gedieh auf dem sandigen, mit Kohlestaub durchsetzten Boden von allen Pflanzen am besten. Sie wurden übermannshoch. Es gibt noch Fotos aus dieser Zeit, auf denen der stolze Züchter umringt von den ihn überragenden großblättrigen Pflanzen steht, mit hoch erhobenem Arm, um so die Größe des Tabaks zu demonstrieren. Als er reif war, wurden die Blätter rings um das Barackendach zum Trocknen aufgehängt. Und danach drehten Elli und Mama für Opa unfermentierte Zigarren. Auch mein Vater rauchte von Zeit zu Zeit eine selbst gebastelte Zigarre. Nur meine Mutter, Zeit ihres Lebens Zigarettenraucherin, vertrug den unbehandelten Tabak nicht so gut.

Wir hatten auch einen Stall mit Kaninchen für den Festtagsbraten. Aber wir Kinder liebten diese niedlichen lebenden Kuscheltiere und machten oft die Stalltüren auf, damit sie im Garten herumhoppeln konnten. Wir gaben ihnen auch Namen. Als der dicke Hans als Sonntagsbraten ausersehen worden war, entwischte er aus dem Garten, über die Straße und verschwand unter einem großen Getreidespeicher. Denn der war auf kleinen Stelzen aus Stein gebaut, um so das gelagerte Getreide trocken zu halten. Wir versuchten mehrere Stunden mit Papas Hilfe den Ausreißer wieder einzufangen, aber zur Erleichterung von uns Kindern ohne Erfolg.

Langenhagen brachte uns gut durch den Sommer. Wir lebten sparsam, aber ich kann mich nicht erinnern, dort einmal richtig Hunger gehabt zu haben. Isernhagen, das Nachbardorf, brachte uns durch den Winter und die Zeit danach bis zur Währungsreform. In Isernhagen lebte die Jugendfreundin meiner Mutter, Tante Ate, mit ihren vier Kindern Renate, Rolf, Sybille und Doris. Sie war Kriegswitwe und war nun bei ihren Eltern, den alten Kesselhuts, auf deren kleinem Obstgut untergekommen. Ihr half ihre jüngere Schwester. Der Bruder bewirtschaftete den Hof, zu dem auch etwas Landwirtschaft gehörte. In der Nachkriegszeit war so ein Stück Land mehr als Gold wert und wir Ihlefelds und Rüters bekamen von den Freunden etwas zu essen ab und halfen ihnen dafür bei der Ernte.

Andreas hatte sich mit Tante Ates Sohn Rolf angefreundet. Aber obwohl Renate in meinem Alter war, interessierte ich mich mehr für Brigitte. Brigitte war die Tochter von Tante Ates älterer Schwester Elisabeth, die mit ihrem Mann, dem General a.D. Karl Wagner, und ihren beiden Kindern in einem Gartenhaus auf dem gleichen Grundstück lebte. Schon damals regte sich offenbar mein Führungsgeist. Brigitte konnte ich besser beherrschen als Renate.

Ich hatte ein japanisches Fahrrad »geerbt«, das kleiner war als die deutschen Räder und daher für mich gerade die richtige Größe hatte. Es sollte mich durch meine ganze Schulzeit begleiten und mir immer wieder die Flucht in die Natur ermöglichen, nach Isernhagen, Langenhagen und Altwarmbüchen, drei schmucke Bauerndörfer. Von Langenhagen aus radelte ich oft über die Landstraße zum fünf Kilometer entfernten Isernhagen, um mit Brigitte zu spielen.

Als der Sommer vorbei war, zogen wir wieder in die Stadt. Inzwischen war eine Etagenwohnung in der Liebigstraße für uns renoviert worden. Die Liebigstraße liegt in der Liststadt im gleichen Viertel wie Opas Haus. Ich musste ja aufs Gymnasium, für das ich dank unserer Nachhilfelehrerin inzwischen die Aufnahmeprüfung bestanden hatte. Wir lebten in der Liebigstraße, bis Papa die Erlaubnis bekam, auf dem großen Grundstück meines Großvaters ein zweites, kleineres Haus zu bauen. Tante Elli hatte, bevor wir es beziehen konnten, den Konzertmeister an der hannoverschen Oper, Max Ladscheck, geheiratet und unsere Wohngemeinschaft verlassen.

Auch die Schule wurde in den ersten Jahren mehr Qual als Vergnügen für mich. Damals wurden Mädchen und Jungen noch in verschiedenen Schulen getrennt unterrichtet. Ich wurde auf die strenge Sophienschule geschickt, weil die Elisabeth-Granier-Schule, auf die meine Mutter und Tante Elli gegangen waren, keinen Platz mehr frei hatte. Am Eingang des roten Sandsteingebäudes blickte die Büste der hoch geschnürten Kurfürstin Sophie streng auf uns herab. Die Leibnizschule, das Gymnasium meiner Brüder, war liberaler. Sport spielte dort eine wichtige Rolle. Und Sport spielte auch in unserer Familie eine wichtige Rolle. Onkel Hans war deutscher Meister im Hochsprung gewesen. Andreas folgte seinem Beispiel und wurde immerhin niedersächsischer Jugendmeister im 75-Meter-Hürdenlauf. Mein Lieblingssport war Korbball.

Für eine schüchterne, verträumte Schülerin wie mich war es sicher besser, dass es damals noch kaum Koedukationsschulen gab. Hätten wir vorlaute Jungens in der Klasse gehabt, wäre meine Beteiligung am Unterricht wohl noch schwächer ausgefallen. Als erste Fremdsprache bekamen wir Englisch. Das fiel mir schon schwer. Aber wie enttäuscht war ich erst, als ich mich trotz meiner Zeit in Frankreich nicht einmal in Französisch hervortun konnte. Die französischen Kindermädchen hatten uns ja auch keine Grammatik beigebracht.

Richtig verkannt aber fühlte ich mich, als die Lehrerin nicht einmal meine Aussprache lobte und dafür, dass mir der französische Nasallaut überhaupt keine Schwierigkeiten machte. Im ersten Gymnasialjahr schrieben wir auch noch keine Aufsätze, sodass ich auch nicht mit meiner Phantasie auffallen konnte. Bei den Diktaten machte ich viele Flüchtigkeitsfehler. Es kränkte mich übrigens, dass keiner meiner Lehrer meinen seltsamen Namen Helegine richtig aussprechen konnte, aber in Lehrermanier auch nicht die von allen benutzte Abkürzung Heli gebrauchte. Sie riefen mich Hegelinde oder Hedwig oder Helgin oder Heligine oder was weiß ich sonst. Eine Großtante meiner Mutter, die beim russischen Zaren als Gouvernante gearbeitet hatte, hieß so mit Zweitnamen. Meiner Mutter gefiel er. Ich begegnete ihm, außer an einem Haus auf Sylt, nie wieder. Ich kann bis heute nicht sagen, woher er stammt und was er bedeutet. Kommt er vielleicht aus dem Nordischen? Am besten gefiel mir bisher die Erklärung eines Studienfreundes. Der meinte, der Name müsse aus dem Griechischen stammen und von »helio gene« kommen und so viel wie »die Sonnengeborene« bedeuten. Heute liebe ich die »sonnengeborene Helegine« im Gegensatz zur Zeit meiner Kindheit und Jugend.

Ich war also keine gute Schülerin in den ersten Schuljahren und wurde von den Lehrern nie mit Aufmerksamkeit bedacht. So wurde ich zu einem einsamen und frustrierten Schulkind. Nur meine erste Englischlehrerin liebte ich, und ich wäre wohl in dieser Fremdsprache viel besser geworden, hätten wir sie nur etwas länger behalten. Sie war rund und mütterlich und hatte ein schönes Gesicht. Notgedrungen, weil andere sich nicht für mich zu interessieren schienen, schloss ich mich einer Clique von drei eher unbegabten und uninteressierten Mädchen an. Wir nannten uns etwas ordinär die »Pullen« und zankten uns mehr, als dass wir uns vertrugen. Mal verbündete sich die lange ungeschlachte Edda mit der kleinen rundlichen Ruth, die als erste »Pulle« von uns gerufen wurde. Dann waren Rosi und ich die dickeren Freundinnen. Mal liefen die Verbindungslinien in anderer Konstellation. Besonders schlimm für mich war, wenn sich drei gegen eine verbündeten, denn das traf meistens dann mich.

Zu Hause vergrub ich mich in der großen Bibliothek meines Großvaters und meiner Eltern und las alles, was mir in die Finger kam und besonders gerne die verbotenen Bücher. Das kontrollierte auch niemand. Nur die politische Literatur ließ ich links liegen, sodass ich mich auch nicht in alter, noch übrig gebliebener Nazi-Literatur verfangen konnte. Ich verschlang zunächst sämtliche Karl-May-Bände, aber auch *Nesthäkchen* und *Trotzkopf* und andere Mädchenbücher. Bücher wurden schon damals zu einem Teil meines Lebens.

Ich war vier Jahre alt gewesen, als der Krieg ausbrach. Krieg also war Alltag und die Nazis waren das auch. Kurz vor Kriegsende freute ich mich noch insgeheim, weil ich nun bald zehn Jahre alt sein würde und dann zum BdM gehen durfte. Das war das Pendant zur Hitlerjugend, denn dort durften ja Mädchen nicht hin. Als wir nun in Hannover waren, herrschte etwas für uns Unbekanntes: Frieden. Wir kamen noch nicht darauf, Recht und Unrecht zu hinterfragen und uns zu wundern, warum das, was vorher Recht nun Unrecht war. Und niemand brachte uns darauf. Juden kannten wir nicht. Bei den Bauern waren wir keinen begegnet. Langsam nur sickerte in mein Bewusstsein, dass Hitler ein Verbrecher war. Aber dass meine Eltern – mein Vater – womöglich etwas damit zu tun hatten, Mitschuld trugen, kam mir nicht in den Sinn. Während des Krieges hatte ich Roosevelt den Tod gewünscht, sogar bei meinen Rosenkranzlitaneien den lieben Gott darum gebeten. Als der amerikanische Präsident tatsächlich starb, glaubte ich, das sei meine Schuld. Lange hatte ich später deswegen ein schlechtes Gewissen. Schließlich hatte ich ja im Religionsunterricht die Zehn Gebote gelernt mit dem Gebot »Du sollst nicht töten!«.

Das neue Leben im Frieden machte mich jedenfalls nicht wirklich glücklicher. In der Liebigstraße fühlte ich mich all die Jahre todunglücklich. Ich war ja nicht an das Leben in einer Steinwüste gewöhnt, mit dem Blick auf Mauern, ohne ein bisschen Grün und ohne den Himmel über mir. So flüchtete ich auf meinem roten Fahrrad oft nach Isernhagen zu meiner Freundin Brigitte.

Auf dem Obstgut gab es für uns immer etwas zu essen. Mein Lieblingsgericht war »Apfel und Kartoffel«. Davon aß ich so viel, dass ich anschließend mit einem dicken Bauch erschöpft unter einem Apfelbaum lag.

Mit Mama und Tante Elli arbeiteten wir in den Hungerjahren nach dem Krieg in der Landwirtschaft mit und bekamen dafür Steckrüben und dicke Bohnen. Diese Gemüse gab es bei uns fast jeden Tag, manchmal wurde die Reihenfolge unterbrochen von einer Graupensuppe. Nach dem Tag der Währungsreform 1948, als es wieder andere Dinge zu essen gab, rührte ich alle drei Gerichte nicht mehr an – bis heute. Vor allem aber halfen wir bei der Zuckerrübenernte, putzten die Rüben, schnipselten sie und sahen zu, wie aus ihnen der dunkelbraune, dickflüssige, süße Sirup wurde. Wir süßten Speisen und Getränke mit Sirup und schmierten ihn auch aufs Brot. Auch Sirup rühre ich heute nicht mehr an.

Nach der Ernte stand ein Steingutfass mit Sirup, unser Vorrat für den ganzen Winter, im Keller der Liebigstraße, wo auch die Steinkohle gelagert war für unsere Zentralheizung, einen Kohleofen. Der Heizungsofen stand in der Küche. Im Keller hackte mein Vater oft Holz zu Spänen, um damit das Feuer im Ofen in Gang zu bringen. Eines Tages rutschte ihm das Beil ab und zerschlug den Steinguttopf. Ich kann mich an kein größeres Drama aus dieser Zeit erinnern als an dieses. Ich half Mama und Tante Elli, Reste der klebrigen Kostbarkeit, die noch nicht mit Kohlestaub verdreckt war, mühsam zu retten. Beim Kellerreinigen, also beim Wegspülen des Sirups, flossen dann Tränen.

Einmal die Woche fiel einer Partei des Etagenmietshauses das Treppenputzen zu, und zwar bedeutete das Putzen der gesamten Treppe vom Speicher bis in den Keller. Diese Aufgabe wurde immer mir zugeteilt. Andreas konnte so etwas nicht, meinte meine Mutter, und Menne war sowieso noch zu klein dafür. Im Haushalt zu helfen fiel eben damals den Mädchen zu und darum mir, der Ältesten. Mädchen heirateten und so hatten Elli und Cilli, die beiden Mädchen unter den vier Kindern meines Großvaters, keine richtige Ausbildung bekommen. Elli lernte Buchhaltung und Cilli – sie würde ja bald heiraten – wurde auf die Nazi-Frauenfachschule nach Reifenstein-Eichsfeld, wo die Maiden – die zukünftigen »deutschen Mütter« – Hühner schlachten und sparsam zu kochen lernten. Mama gefiel Reifenstein. Hätte sie dazu an der Haushaltsführung mehr Spaß gehabt, vielleicht wäre auch ich durch sie zu einer besseren Köchin geworden. So spürte ich in mir nur Widerstand und protestierte, wenn ich in die Küche gerufen wurde und mein älterer Bruder nicht. Zu Weihnachten ja, das sah ich gerade noch ein. Deshalb kann ich auch richtigen Heringssalat machen, den es bei uns immer Heiligabend gab.

Der Keller war für mich der schlimmste Teil des Treppenputzens, nicht nur, weil es dort am dreckigsten war. Ich fürchtete mich vor der Dunkelheit. Wenn ich ein Stück im Kellergang, an dem die einzelnen, mit Brettertüren verschlossenen Abstellräume der Mieter lagen, vorangekommen war, ging das Flur- und Kellerlicht aus. Dann hatte ich große Angst davor, den nun dunklen Gang bis zur Treppe zu laufen, um den Knopf für das Etagenlicht zu drücken. Es lauerten nämlich mörderische Gesellen im Dunkeln auf mich, die sich vorher bei Licht in einem der Abstellräume versteckt hatten. Woher kam wohl diese Angst vor der Dunkelheit und dem Keller? Ich habe sie heute noch.

Als ich ein ganz kleines Mädchen war, besuchten meine Eltern und ich den Bruder meines Vaters in Dalliendorf bei Schwerin. Mein Vater stammte aus Mecklenburg. Mein Großvater väterlicherseits hatte dort ein Obstgut durchgebracht. Übergeblieben war eine Ziegelei, die Papas ältester Bruder, Onkel Hans-Andree, betrieb. Seine Mutter war früh gestorben. »Opa Ihlefeld« hatte zunächst deren Schwester und nach deren Tod eine Pastorenwitwe geheiratet, die auch drei Kinder mit in die Ehe brachte, die Töchter Helen und Maria und den Sohn Hans. Was ist aus diesen sechs Kindern geworden? Viele Spuren verlaufen im Sande. Maria Bard wurde eine bekannte Schauspielerin und heiratete den berühmten Werner Kraus, den sie wegen eines jüngeren Mannes verließ. Der fiel im Krieg und Maria nahm sich das Leben. Helen heiratete einen Ägypter und Hans emigrierte nach Amerika. Papas zweiter – auch älterer – leiblicher Bruder Heimbert wurde Berufsoffizier und fand nach dem Krieg einen Job im Spielsalon von Baden-Baden.

In Dalliendorf gab es einen russischen Kriegsgefangenen als Fremdarbeiter. Eines Morgens lockte er mich in seine Werkstatt, einen lang-
gestreckten Raum, in dem sein Werkzeug ordentlich an der Wand
befestigt war. Ich sah Messer, Sicheln und andere Geräte. Plötzlich
bekam ich schreckliche Angst, konnte aber in dem schmalen Raum
nicht hinauslaufen, ohne an dem Mann vorbei zu müssen. In diesem
Moment erschien meine Cousine Martelies, eine junge Frau, die
nach mir suchte. Ich weiß bis heute nicht, was geschehen ist und was
mir so plötzliche Angst machte. Gibt es hier vielleicht einen Zusammenhang mit meiner Furcht in dunklen Kellern? Warum erinnere ich mich ausgerechnet an diese Geschichte?

Im Winter flüchtete ich aus der Liebigstraße statt nach Isernhagen in
den Harz. Ein großes Sportgeschäft bot Busfahrten nach Braunlage
oder Andreasberg an. Mein Bruder Andreas und ich hatten irgend-
woher uralte Skier mit ziemlich lockeren Bindungen und alte Ski-
stiefel geerbt. In aller Herrgottsfrühe ging es sonntags los. Wir lernten es, die Holzbretter fachmännisch zu wachsen, und rauschten
dann die verschneiten Hohlwege zwischen den Tannen hinunter.
Andreas brachte meistens noch einen Freund mit. Die Wege waren
zu schmal, um zu schwingen, was wir im Übrigen auch noch nicht
konnten und auf diesen Brettern wohl auch unmöglich war. Wir
stellten uns auf die Skier und los ging es. Ich lief, da ich die Ängst-
lichste war, aber dabei ehrgeizig, immer hinter den beiden Jungens
her. Ich wollte es ihnen unbedingt gleich machen, keinesfalls hinter
meinem jüngeren Bruder zurückstehen. Wenn wir im freien Feld
waren, benutzten die beiden Jungens kleine Schneehügel als Schan-
zen, um Skispringen zu üben. Dabei aber schaute ich lieber zu.

Eines Tages fragte mich Mama, ob ich konfirmiert werden wollte.
Wir gingen eigentlich nur Weihnachten in die Kirche, wenn Mama
den Tannenbaum schmückte, oder – als wir noch daran glaubten –
den Weihnachtsmann traf. Dann spazierte Papa mit uns dreien in die
Markuskirche am Listenplatz. Es war dann immer schon dunkel. Wir
spielten mit ihm das Spiel »Tannenbäume entdecken« oder »Wo sind
die Kerzen schon angezündet«. Wir blickten in die hell erleuchteten
Fenster an unserem Weg und hielten nach geschmückten Tannen-

bäumen Ausschau. Später konnten wir Mama, Großvater und Tante Elli erzählen, was wir gesehen hatten.

Ja, ich wollte konfirmiert werden, aber nicht in der Markuskirche, zu deren Gemeinde wir gehörten und in der meine Mutter getraut worden war, sondern von einem Pfarrer, von dem ich gehört hatte, in einer anderen Gemeinde nicht weit von uns, der »prima« sein sollte. Pastor Gerhard Stier enttäuschte meine Erwartungen nicht. So fand mein Teenagerherz seinen ersten großen Schwarm.

Da mein Vater nie Zeit für uns hatte, meine Mutter meistens müde und deprimiert und Tante Elli berufstätig war und geheiratet hatte, mein Großvater zu schlecht hörte, um uns verstehen zu können, und den ganzen Tag an einem Marmortischchen saß und Patiencen legte und dicke Zigarren rauchte, die Schule mir keinen Spaß machte, die Lehrer kein besonderes Interesse an mir hatten, war dieser junge Pastor, Vater von sieben Kindern, die Offenbarung für mich. Ich blühte auf. Eifrig lernt ich alle Kirchenlieder und Liturgien, die er uns aufgab, von Martin Luther bis Paul Gerhard, die Zehn Gebote samt Erläuterung. Ich beschloss, Diakonisse zu werden und mein Leben Jesus zu weihen und Kranken und Verwundeten in Krisengebieten zu helfen. (Ich sollte mir diese Ideen allerdings bald wieder aus dem Kopf schlagen.) Der Fleiß, der mir in der Schule fehlte, wurde nun durch den immer fröhlichen, lockenhaarigen Pastor mit dem schönen Tenor geweckt. Noch heute kenne ich alle alten Kirchenlieder auswendig. Da ich ein verträumtes junges Mädchen war, das den Blick oft in die Ferne richtete, nannte das Pastor Stier meinen »Mignon-Blick«. Ich kannte Mignon aus der Literatur damals noch nicht. Aber diese Beschreibung gefiel mir.

Zur Konfirmation gab mir Pastor Stier den Spruch »Selig sind, die reinen Herzens sind, denn sie werden Gott schauen«. Diese Worte Jesu haben mich begleitet. Ein weiterer Wegweiser in meinem Leben wurden mir die Worte meines Lieblingsschriftstellers Antoine de Saint-Exupéry aus dem *Kleinen Prinzen*: »Man sieht nur mit dem Herzen gut. Das Wesentliche ist für das Auge unsichtbar.«

Die »Pullen« verschwanden mehr und mehr aus meinem Leben. Mit Rosi verstand ich mich noch am besten. Ich lebte in der Natur in Isernhagen, im Konfirmandenunterricht und in den vielen Büchern zu Hause. Es gab dort ja auch noch andere Bücher als *Trotzköpfchen*, zum Beispiel die Abenteuerbücher von C. S. Forester. Schon damals hatte es mir die Poesie angetan. Ich liebte die Kinderlieder von Christian Morgenstern wie »Kätzchen ihr der Weiden, ihr aus grauer Seide, ihr aus grauem Samt« oder »Herr Winter, geh hinter, der Frühling kommt bald, das Eis ist geschwommen, die Blümelein kommen, und grün wird der Wald«, »In einem leeren Haselstrauch sitzen drei Spatzen Bauch an Bauch«.

Und die *Biene Maja*! Da ihr Schöpfer Waldemar Bonsels eine Nazi-Vergangenheit hatte, konnte ich dieses wunderbare Buch nicht mehr für meine Kinder kaufen. Ich hätte es ihnen so gerne vorgelesen. Mein eigenes Exemplar war mir irgendwann abhanden gekommen. So wie mir meine Kindheit abhanden gekommen war …

Der schwarzblaue Sternenhimmel überwölbte mich in meinem Strohhaufen, in dem ich wie Robinson auf seiner Insel lag – weit weg von meiner Gruppe. Sternschnuppen fielen. Und ich fühlte mich aufgehoben.

Ich trage ein grünes Kleid mit einem symmetrischen Blumenmuster. Das Kleid hat einen viereckigen Ausschnitt, der mit Rüschen dekoriert ist, ebenso wie der Saum des glockig geschnittenen Bahnenrockes. Die Erinnerung ist ein merkwürdiges Phänomen. Ich kann mich an diese Nacht und diese Einzelheiten noch so gut erinnern, aber an nichts sonst an diesem Ausflug. Ich erinnere mich, obwohl nichts Besonderes geschehen ist. Ich bin auch nicht verliebt. Dieser Sternenhimmel ist das Besondere, Unglaubliche …

Pastor Stier war nach unserer Konfirmation mit uns in ein Ferienlager auf einer alten Burg gefahren. Ich weiß genau, dass ich dieses Kleid trug, das mir Mamas Schneiderin, Frau Gruber, genäht hatte und das ich so liebte. Und dass ich in dieser dunklen Nacht immer wieder Sternschnuppen beobachtete und mir bei jeder etwas wünschte. Und dass ich allein, aber glücklich war. Die Verbindung von Natur mit Alleinsein ist also eine Schlüsselerfahrung für mich. Sie hat mir immer wieder geholfen, meine vielen Phasen der Depression und der Trauer zu überstehen.

Während ich mich beim Schreiben dieser Erinnerungen bemühe, immer tiefer in meine Vergangenheit zurückzugehen, erkenne ich, dass dieser Schatten, der über dem größten Teil meines Lebens hing, wohl auf die Heimatlosigkeit, die Zerrissenheit meiner Kindheit zurückzuführen ist. Auch auf die Trostlosigkeit, denn bei den Erwachsenen fand ich keine Hilfe. Stattdessen musste ich meine Mutter trösten und war damit überfordert und verunsichert. Meine Schulzeit schleppte sich so dahin bis in die Oberstufenzeit, als ich im Deutschunterricht durch meine Klassenlehrerin Elfriede Büchsel Bestätigung und Herausforderung fand. Das gab mir einen Grund, auf dem ich bauen konnte. Und das machte mich glücklicher.

Der Krieg und das Unglück meiner Mutter verletzten meine Seele. Letzteres wurde mir bald bewusst, ersteres wird mir erst heute – 60 Jahre nach Kriegsende – klar. Ich denke, dass es Sinn macht, mich mit dem Wunder meines Lebens näher zu befassen. Einmal, weil der Spannungsbogen Krieg und Frieden für die nachfolgenden Generationen von Interesse sein könnte, zum anderen, weil die Antipoden Freiheit und männliches System zur grundlegenden, bestimmenden Erfahrung für mich wurden. Beide Gegensätze speisten den Fluss, den ich heute »mein Leben« nenne.

Die Liebe zur Natur und die fast mythische Verzückung, die ich in ihrer Stille empfand – sicher ein Erbteil meiner Mutter –, gaben mir die Fähigkeit, mich in Krisenzeiten immer wieder meditativ zurückziehen zu können. Die kontemplative Ruhe fand ich, ohne dass mir das damals jemand beigebracht hätte. Das kam erst sehr viel später. Ich schöpfte dann neue Energien, die mich befähigten, weiterzugehen.

»Ich muss mich hinlegen! Ich habe wieder die ganze Nacht kein Auge zugetan.« Dieser Satz meiner Mutter kam immer nach dem Familienmittagessen. Er wird niemals aus meinem Gedächtnis verschwinden. Ich empfand ihn als vorwurfsvoll, wohl weil ich mich immer in der Verantwortung sah, wenn es um meine Mutter ging. Es kümmerte sich sonst niemand aus der Familie um ihren Kummer. Weder mein Großvater noch mein Vater noch meine beiden Brüder. Dazu war ich da. Diese Verpflichtung ging, nachdem ich das Elternhaus verlassen hatte, wohl auf meinen jüngsten Bruder Hermann über.

Ich sehe noch den runden Mittagstisch im sonnendurchfluteten Wohnzimmer vor mir, in unserem neuen Haus in der Richard-Wagner-Straße 24 a, das mein Vater neben dem noch immer für englische Ärzte beschlagnahmten großen Haus auf dem gleichen Grundstück hatte bauen dürfen.

Endlich bewohnte ich mein eigenes Zimmer, mit rosa Wänden und einer wunderhübschen hellblau gestreiften Biedermeiersitzecke. Meine Brüder mussten sich ein Zimmer teilen. Wir hatten es jetzt eigentlich schön. Als Familie waren wir am Ziel unserer Wünsche angekommen: Wir waren alle wieder zusammen, wohnten in einem eigenen Haus mit Garten, hatten nach der Währungsreform wieder genug zu essen.

Es war ein ästhetisch schönes Haus, ebenfalls entworfen von dem bekannten hannoverschen Architekten Siebrecht, der auch das große Haus meines Großvaters gebaut hatte. Mein Vater verschickte Postkarten mit dem Foto unseres neuen Hauses mit der stolzen Bildunterschrift »Haus Ihlefeld«.

Die Richard-Wagner-Straße wurde zum wirklichen Zuhause für uns Flickenteppich-Kinder Heli, Andreas und Hermann, ob es das große oder das neue kleinere Haus war, hell und gemütlich mit einem kleinen Garten und den Blumenrabatten vor der Terrasse, mit dem Blick in die hohen Baumwipfel des Nachbargartens und der Eilenriede, dem hannoverschen Stadtwald.

Das Ziel der Wünsche bedeutet für uns Menschen nicht zugleich Glück. Diese Erfahrung ließ mich nach und nach verstummen. Denn meine Mutter war todunglücklich. Das lag wohl daran, dass sich mein Vater nichts mehr aus ihr zu machen schien. So muss es wohl gewesen sein. Aber ich kenne ja nur ihre Version. Ihn interessierte seine Arbeit und dass er wichtig genommen wurde. Ich beobachtete mit Sorge, dass die beiden Ehebetten nicht dicht nebeneinander standen, sondern einen breiten Spalt frei ließen. Ging mein Vater tatsächlich fremd mit seinen von Zeit zu Zeit wechselnden, immer sehr hübschen Sekretärinnen? Ich wollte es nicht glauben. Zu sehr liebte ich meinen Vater. Die Eifersucht meiner Mutter war groß. Der Verdacht reichte, dass ich Papa gegenüber befangen wurde.

Dabei war er viel zu Hause. Er hatte sein Büro gleich links neben dem Hauseingang. Mittags und abends wurde immer gemeinsam mit meinem Großvater an dem runden Mahagonitisch, der jetzt bei mir zu Hause steht, gegessen. Opa lebte bei uns, seit meine Patentante geheiratet hatte.

Onkel Max hielt immer etwas auf Distanz zur unserer Familie. Wenn ich Tante Elli besuchte, musste ich aufpassen, dass ich den Künstler nicht störte. Heiligabend aber kamen die beiden zu uns in die Richard-Wagner-Straße, Tante Elli rund und fröhlich, Onkel Max hager und empfindlich. Er lauschte unserem Weihnachtsgesang vor dem mit Wachskerzen, Zimt- und Strohsternen und roten Äpfeln geschmückten Tannenbaum. Zum Schluss meinte der Musiker mit dem absoluten Gehör einmal: »Die Einzige, die ›Oh du fröhliche, oh du selige, Gnaden bringende Weihnachtszeit‹ richtig gesungen hat, war Heli.« Damit hatte ich nun überhaupt nicht gerechnet. Denn Mama, die glaubte, sie sei unmusikalisch, hatte immer zu mir gesagt: »Wir sind leider unmusikalisch.« Was dazu führte, dass ich mich im Musikunterricht scheu zurückhielt und auch nichts lernte. Diese Kindheitserfahrung führte dazu, dass ich meine Tochter zum Klavierunterricht schickte. Leider mit mäßigem Erfolg.

Wie gut kann ich mich noch an jede Einzelheit unseres Wohn- und Esszimmers erinnern. Die kleine Mahagonikommode neben dem Esstisch mit der Landschaft von Renoir darüber. Mama hatte das kleine Ölbild bei ihren herrlichen Streifzügen vor dem Krieg in Paris in einer kleinen Galerie gefunden – bezahlbar damals. Immer schon war sie imstande gewesen, Schönes auch im Verfallenen zu erkennen. Sie sah Farben, Formen und Motive. Eine Jugendfreundschaft von ihr und ihrer Schwester Elli mit dem Maler Freddie Kayser hatte diese Fähigkeit gefördert. Sie hatte ein sicheres Urteil und verstand gute Malerei von schlechter oder missglückter zu unterscheiden. Ich habe auf diesem Gebiet viel von ihr gelernt.

»Der Krieg hat alles zerstört«, pflegte sie zu sagen. »Er hat mir meine besten Jahre genommen.« Ich verstand das damals noch nicht, weil ich noch nicht gelernt hatte, wie die Welt ohne Krieg ist. Nur glaubte ich, dass nun alles gut sein musste: Wir waren alle wieder zusammen in einem schönen Haus mit einem eigenen Zimmer für mich. Aber nichts war gut! Ich konnte das nicht begreifen. Ich war, wenn ich auch langsam ins Teenageralter kam, noch ein Kind. Kinder möchten ihr heiles Nest haben. Alle sollten gut miteinander sein, vor allem aber die Eltern, von denen ja der Schutz kam, das Vertrauen ins Leben. Nur waren für mich die Rollen falsch verteilt. Ich sollte Mama trösten und war damit völlig überfordert und daher bestimmt auch ungerecht ihr gegenüber.

Ich fand damals schon, sie müsse auch ein eigenes Leben haben, wenn Papa so wenig Zeit für sie hatte, weil er seinen Verlag aufbaute. Ich sagte ihr das auch. »Wie soll ich das denn machen? Bei drei Kindern?«, klagte sie. Wenn sie wenigstens zur Doris-Reichmann-Schule, die wenige Minuten von unserem Haus entfernt lag, ginge und tänzerische Gymnastik machen würde, wie sie es sich so oft wünschte. Aber sie hatte nicht einmal dazu die Kraft: »Ich bin zu müde.« Sie erwartete ihre Lebensfreude von meinem Vater. Für mich war diese Trostlosigkeit ein ewiger Kreislauf. Sie klagte mir ihr Leid. Ich wollte ihr helfen und sagte, sie müsse etwas tun, sich etwas suchen, was ihr Freude machte. Ich wünschte so sehnlich, dass das Glück endlich bei uns einkehrte, ich gemeinsam mit Papa lachen durfte. Aber sie brauchte eigentlich nur eine Klagemauer.

Papa hatte damals meistens eine heitere optimistische Ausstrahlung. Er brachte immer etwas nach Hause mit, um uns allen eine Freude zu machen. Mal einen Korb mit Erdbeeren oder Mirabellen oder Schokolade. Mama aber konnte sich nicht darüber freuen, befürchtete, dass er zu viel Geld ausgab, und blieb deprimiert.

Warum, fragte ich mich, kann sie nicht einmal etwas allein unternehmen? Warum kann sie sich nicht freuen? Einmal nur hatte ich das erlebt. Als mein Vater ganz zu Beginn der Industriemesse Hannover dort Pressechef geworden war, hatte er ihr und einer Freundin, der Schauspielerin Luscha Wendt, dort einen Job bei der Betreuung ausländischer Gäste verschafft. Mama sprach ja perfekt Französisch. Sie hat diese Arbeit, bei der sie mit interessanten Menschen zu tun hatte, vor allem auch Männern, denen sie – gut aussehend, wie sie war – mit Sicherheit gefiel, genossen. Es gibt aus dieser Zeit ein Foto von ihr zusammen mit Luscha, beide strahlend und elegant.

Sie begann, Contergan zu nehmen, um schlafen zu können. Am nächsten Tag war sie umso müder, erschöpfter und verzweifelter. Sie schlief mittags immer länger mit der Folge, dass sie nachts erst recht nicht einschlafen konnte.

Heute denke ich, dass sie diese Niedergeschlagenheit schon aus ihrer Kindheit mitbrachte. Als meine Mutter vier Jahre alt war, begann der Erste Weltkrieg. Eine der Geschichten, die in unserer Familie immer wieder erzählt wurde, um dann die jeweilige Runde zu unterhalten, handelte von meiner Mutter als kleines Mädchen. Als die kleine Cilli wieder einmal nicht beachtet wurde und ihren Wunsch nicht erfüllt bekam, stampfte sie schließlich mit dem Fuß auf und drohte: »Dann gehe ich auf den Balkon und erkälte mich!«

Wir lachten immer wieder über diese Geschichte und Mama mit uns. Heute kommen mir eher die Tränen bei dem Gedanken an diese kleine Kinderseele, die nicht mehr behütet wurde. Ihre Mutter konnte ihr damals offenbar auch nicht helfen. Meine Großmutter war schon als junge Frau leidend.

Als meine Tochter Katharina erwachsen war, erzählte sie mir, dass sie als kleines Mädchen auch einmal versucht hatte, auf sich aufmerksam zu machen. Während ich mit ihrem jüngeren Bruder Sebastian schmuste, habe sie beschlossen auszuziehen und ihre Puppensachen gepackt. Es sei aber niemand hinter ihr hergekommen, um sie zurückzuhalten. Ratlos habe sie sich schließlich, von uns anderen nicht sichtbar, auf die Stufen des Kücheneingangs gesetzt. Auch dann habe sie niemand gesucht. Irgendwann sei sie zu der Familie, die auf der Terrasse saß, zurückgekehrt. Ich war bestürzt, als ich das viel später von ihr erfuhr.

Wie sich alles wiederholt! Meine Mutter blieb als Kind allein, denn es war Krieg und ihre Mutter krank und depressiv, und ihre größeren Geschwister kümmerten sich nicht um sie. Ich blieb allein, weil meine Mama während und nach dem Krieg traurig war und ich es als meine Aufgabe ansah, ihr zu helfen. Kathi blieb allein, weil ich zu einer tüchtigen jungen Frau geworden war, die für ihre Familie arbeitete, für Haus, Garten und Auto, aber es nicht gelernt hatte, mit ihren Kindern zu spielen, denn auch mit ihr hatte niemand gespielt. Ich kann mich noch gut erinnern, dass ich fast trotzig dachte: »Mich langweilt es einfach, mich mit Kind und Kinderspielzeug auf dem Teppich niederzulassen. Ich bin eben so. Dafür habe ich andere Fähigkeiten.« Dass ich es einfach nicht konnte, dieser Gedanke kam mir damals nicht. Das mag viele Gründe haben. Aber ich denke heute: Es wiederholt sich einfach alles, bis wir bereit sind, etwas zu begreifen.

Langsam erkenne ich, was der Krieg aus uns Menschen macht. Wir können Liebe nicht mehr zeigen, verlieren den Zugang zu unseren Gefühlen. So geschah es mit der Kriegsgeneration. Sie verhärtete, betäubte sich durch Arbeit und fand eine Ersatzbefriedigung im Materialismus. Unsere Kinder wiederum lernen von uns nicht, wie man liebt. Dieser Weg zurück zu meinen Eltern ist ein trauriger. Aber ich muss ihn gehen, um die Liebe zurückzuholen.

Die Erfahrung, dass sich alles wiederholt, gilt für die meisten Menschen. Krieg, Zerstörung, Verlust von Vertrauen in die Existenz, Angst und Unglück. Wie lange werden diese Kettenreaktionen noch ausgelöst? Sie fußen auf einem System, das mich schon sehr früh beschäftigte, ohne dass ich wusste warum: die Einteilung der Menschen in Geschlechter.

Die schöne Zeit mit Pastor Gerhard Stier ging zu Ende: Jugendfreizeiten im Weserbergland, Schnitzeljagden, Räuber und Gendarm spielen, Lieder singen. Pastor Stier hatte selbst sieben Kinder und eine zierliche Frau, die wie eines ihrer sieben Kinder aussah. Und er hatte einen wunderschönen Tenor. Ich glaube, aus dieser Zeit stammt meine Vorliebe für Männer mit wohlklingenden Stimmen.

Die Tanzstunde war bald das große Ereignis für uns. Wir tanzten mit den Gymnasiasten vom Kaiser-Wilhelm-Gymnasium, dem KWG. Ich tanze unglaublich gerne. Noch heute liebe ich vor allem rhythmische Musik aus Südamerika und Afrika. Zu Hause durfte ich ein paar Mal, wenn wir Gäste hatten, im Garten nach afrikanischen Rhythmen improvisieren. Es hieß dann »wie Cilli!«. Meine Mutter hatte das als junges Mädchen auch gemacht. Es liegt uns wohl im Blut. Ein dunkelhäutiger Mann spukt in den Genen unserer Fami-

lie, kein Zweifel. Meine Mutter und meine Brüder hatten das Kraus-
haar geerbt, meine Tante Hanna, Cousine meiner Mutter, hatte die
dunklen, großen, leicht hervortretenden Augen und die vollen Lippen. Eine Urgroßmutter aus der Familie Hammerstein stammte aus
dem Rheinland. Ihr wurde dieses Erbteil zugesprochen. Es stammt
von einem römischen Negersklaven, behaupteten Mama und Tante
Elli.

Als mein Bruder Andreas klein war, leuchtete sein Lockenkopf blond
wie ein Strahlenkranz um seinen Kopf, dazu große leuchtend blaue
Augen. Später wurden seine Haare ganz dunkel, so wie meine glatten. »Es ist ungerecht«, pflegte meine Mutter oft zu sagen, »dass ausgerechnet das Mädchen keine Locken geerbt hat.« Mein jüngster
Bruder Hermann hatte nicht diese dichte Krause, aber auch lockiges
blondes Haar, das auch sein Sohn Moritz erbte.

Was die Locken anging, war ich meinen Brüdern gegenüber im
Hintertreffen. Dafür hatte ich starkes dunkles Haar, das zu zwei
dicken Zöpfen geflochten wurde. Aber Mama hatte in Paris gelernt,
dass Locken für Mädchen die richtige Haartracht seien, und versuchte mir dort schon als kleines Mädchen eine Dauerwelle machen
zu lassen. Es stand mir überhaupt nicht. Mein Haar wuchs zum
Glück schnell wieder.

Die Einstellung meiner Mutter beeinflusste mich so stark, dass ich
mir in der Tanzstunde die Zöpfe abschneiden ließ. Mit der Dauerwelle sah ich wieder schrecklich aus. Und diesmal war es mit meiner
Haarpracht vorbei. Nie wieder wurde sie so wie vorher. Darum habe
ich auch immer meine Tochter Katharina, die mein kräftiges, dunkles glattes Haar geerbt hat, angefleht: »Lass bloß nie deine Haare
abschneiden!«

Und meine Tochter hat auch den Rhythmus im Blut. Meine Mutter
hatte einst Tänzerin werden wollen und bei Mary Wigman, der
Erfinderin des Ausdruckstanzes, Unterricht genommen. Aber sie
fand sich dann zu groß für die Bühne und fällte dieses abschließen-
de Urteil auch über mich. Dagegen gab es kein Argument mehr,
als ich dann den Tänzerinnen-Traum zu träumen begonnen hatte.
Beim Abschlussball hielt ich die Herrenrede. Ich weiß nicht mehr,

wie ausgerechnet ich zu dieser Ehre kam, und nicht zum Beispiel unsere Klassenbeste Helga Otto, von uns »Ottilie« genannt. Unsere Tanzstundenlehrerin Helga Meseke lobte mich sehr und alle waren mit mir zufrieden, daran erinnere ich mich. Ich habe in meinem Leben noch viele Ansprachen halten müssen. Und manchmal denke ich, dass die Tanzstundenrede die beste von allen war.

In der Schule beschloss ich – anders als meine drei Freundinnen, die »Pullen« – Abitur zu machen, trotz meiner schlechten Zensuren in Englisch und Französisch und der Tatsache, dass ich die Schule eigentlich hasste und mich die Lehrer jetzt einmal sitzen bleiben ließen. Vor dem Einstieg in die Oberstufe sollte ich einen Denkzettel bekommen.

Obwohl ich nicht wusste, was ich einmal werden wollte, wusste ich, dass mir das Abitur die Freiheit der Wahl geben würde. Meine Eltern – vor allem Papa – waren langmütig und erfüllten meine Wünsche. Er war eigentlich immer stolz auf mich – sein ganzes Leben. Nur meinte auch er damals, Mädchen brauchten nicht zu studieren, weil sie eines Tages heirateten.

Die Zeit in der Oberstufe war der wirklich gute Teil meiner Schulzeit. Ich liebte den Deutschunterricht und mochte auch meine Deutschlehrerin Elfriede Büchsel, wenn auch wir Schülerinnen sie damals etwas altjüngferlich und pastoral fanden. Sie gab mir gute Zensuren für meine Aufsätze. Ihr gefiel wohl meine Nachdenklichkeit und meine Liebe zu Büchern und Gedichten. Noch heute kann ich viele klassische Sätze der Literatur zitieren und viele Gedichte rezitieren. Ich habe sie damals gelesen und immer gelernt, wenn uns das nahegelegt wurde – auch freiwillig. Die guten Aufsatz-Zensuren ergänzte Büchsel oftmals mit der Bemerkung »Auf die Gliederung achten!« oder so ähnlich. Das störte mich.

Aus dem Konfirmandenunterricht kannte ich einen Jungen, mit dem ich mich gut über Literatur und Geschichte unterhalten konnte und der auf das Ratsgymnasium ging. Er war ein sehr guter Schüler und eine Klasse über mir, weil er ja nicht sitzen geblieben war. Ihn fragte ich, ob er mir bei meinem Problem helfen könnte. »Utz« brachte mir bei, wie man einen Stoff strukturiert. Mit Erfolg! Mein ganzes Leben half mir seine Methode, den Stoff für einen längeren Artikel oder Aufsatz zu gliedern und diese dadurch schlüssig zu verfassen. Ich liebte den Geschichtsunterricht – Jahreszahlen konnte ich zwar nicht behalten – und den Religionsunterricht, denn in der Oberstufe bestand der vor allem aus Religionsgeschichte. Aber auch Mathematik lag mir nun. Im Gegensatz zum Kopfrechnen verstand ich das logische Denken. Ich fand die richtigen Ansätze für diffizile mathematische Aufgabenstellungen. Auch die Fremdsprachen bereiteten mir nun keine besonderen Probleme mehr.

Von den Nazis und ihrer Machtergreifung erfuhren wir in der Schule so gut wie nichts. Kurze Zeit gab es noch ein Fach, das sich Gegenwartskunde nannte, wo uns einige wenige Fakten bis zur Weimarer Republik beigebracht wurden. Wir wanderten in Geschichte in der Zeitachse immer weiter zurück, von Friedrich dem Großen zu Karl dem Großen. Mit dem, was die Nazis angerichtet hatten, wurden wir in der Schule nicht konfrontiert. Das schwebte nur wie eine unerklärliche düstere Wolke im Hintergrund. Keines von uns Mädchen fragte danach, weder in der Schule noch zu Hause. Und das, obwohl wir bald einen Fernseher hatten und die ersten großen Bundestagsdebatten in Schwarzweiß buchstäblich über die Mattscheibe flimmerten. Redner wie Carlo Schmid, Thomas Dehler, Heinrich von Brentano, Konrad Adenauer und Kurt Schumacher kamen so in unser Haus.

Und Willy Brandt natürlich. Damals bald Regierender Bürgermeister von Berlin. Ich schwärmte für ihn. Wie alle Teenager hatte ich meine Idole. Außer Brandt gehörten die amerikanischen Filmstars Errol Flynn und Sabu zu ihnen. Sabu war ein indischer Junge. Er war auf einem Panther in dem Film *Dschungelbuch* nach Rudyard Kipling in meine Träume geritten.

In meiner Schulklasse in der Sophienschule fand ich eine neue Freundin, Bärbel Mahrenholz, Tochter eines Kirchenrates. Auch sie war so gut wie elternlos, weil ihr Vater sich seinen kirchlichen Ämtern widmete und ihre Mutter all die Jahre krank und bettlägerig war.

Dann kamen mein erster Bühnenerfolg und meine erste Liebe. Es gab eine Theaterarbeitsgemeinschaft in der Schule, an der ich natürlich teilnahm, denn Theater war meine große Leidenschaft. Wir führten ein Komödie von Goldoni auf. Ich habe nicht vergessen, wie unsere strenge Direktorin Bernecker mich nach dem letzten Vorhang in die Arme nahm und sagte: »Na, meine schöne Julia!« Ich spielte bei dieser Schulaufführung die schöne Tochter Julia eines reichen Kaufmannes, die selbst nicht viel zu sagen hatte, aber um die der ganze Handel ging. Ich verliebte mich bei den Proben mit Schülern des Ratsgymnasiums heftig in den, der meinen Vater spielte: Christian Grube. Der Ausgang dieser kurzen Liebesgeschichte kann man für ein Leitmotiv meines Lebens halten: die unglückliche Liebe zu meinem Vater.

Denn Christian, mein Bühnenvater, schmuste zwar zunächst etwas mit mir, um mir dann aber eines Abends auf einer Bank im nahe gelegenen Stadtwald Eilenriede zu gestehen, dass er mich nicht genug liebe, um unsere Beziehung fortzusetzen. Wir trennten uns also. Wahrscheinlich ist man dem Unglück der ersten Liebe am schutzlosesten ausgeliefert. Ich verkroch mich in mein Zimmer mit den hellblau gestreiften Biedermeiermöbeln, warf mich aufs Bett und weinte ohne Ende.

Meine Mutter, etwas beunruhigt, kam schließlich zu mir und fragte mich, was los sei. Sie nahm mich auch diesmal nicht in die Arme. Vielleicht wollte ich das auch gar nicht mehr. Ich weiß es nicht. Und so sagte sie als Trost, was mein ganzes Leben in meiner Seele haften blieb: »Denk doch daran, dass es anderen Kindern noch viel schlechter geht als dir!« Dieser Satz ist das Leitmotiv der Kriegskinder. Von da ab wusste ich endgültig, dass ich zwar meiner Mutter in ihrem Kummer zuhören sollte, aber niemals selbst von ihr Trost erwarten durfte. Und eigentlich hatte ich das schon tief innen in meiner ganzen Kindheit und Jugend gewusst.

Heute weiß ich, das derartige Sätze dazu gedient haben, eine ganze Generation und noch mehr Opfer von Wahnsinnigen und deren Kriegen zum Schweigen zu bringen. Nach dem Krieg war es vor allem der Holocaust, das Unrecht an den Juden, das meine Generation dazu zwang, das eigene Leid, die eigenen Traumata »als nicht so schlimm« hinzunehmen und das eigene Weinen zu unterdrücken.

»Stell dich nicht so an!« Auch das war so eine Bemerkung, die wir als Kinder zu hören bekamen, wenn wir weinten.

Es klingt so einfach: Ich bin so und so geworden, weil meine Mutter oder mein Vater mich so und so behandelt haben. Aber wenn ich weiter frage: Warum ist das in meiner Kindheit mit mir geschehen? Wie war es, als meine Eltern noch klein waren? Dann begreife ich besser, dass meine Mutter als Kind kein Selbstvertrauen entwickeln konnte. Sie glaubte ihr ganzes Leben nicht, dass sie schön und einmalig war, sondern sie fand, dass sie einfach zu nichts taugte.

Und was war mit ihrer Mutter gewesen? Meine schöne, viel zu früh an Krebs verstorbene Großmutter wurde in den letzten Jahren ihres Lebens schwermütig. Sie stammte aus einer großen und begabten Familie. Einer ihrer Brüder wurde Maler, ihre Schwester Martha Opernsängerin. Immer wieder sahen wir Kinder uns die Bühnen-fotos von Tante Martha an, als Walküre mit ihrer gewaltigen Mähne aus naturkrausem Haar oder in anderen großen Rollen. Eine tolle Frau! Sie heiratete einen Sänger, bekam einen Sohn und musste auf Wunsch ihres Mannes die Bühne verlassen. Auch sie wurde nicht glücklich. Stammte von ihr unser Hang zur Bühne? Meine Mutter wollte Tänzerin werden. Ich hatte auch einige Zeit diese Idee und träumte auch danach weiter von der Bühne.

Jeder und jede ist – welche Fehler Mutter oder Vater auch gemacht haben mögen – für das eigene Leben verantwortlich. Wir wachsen durch unsere Handicaps zu einem bewussten Leben heran. Letztlich ist niemand außer wir selbst »schuld« daran, dass wir so geworden sind, wie wir sind. Aber wir können lernen, indem wir erkennen, was mit uns in unserer Kindheit geschehen ist. Es hilft uns, zu verstehen und unser Leben dann in die eigenen Hände zu nehmen.

Es war die Prägung meiner Eltern, die sie als erwachsene Menschen nicht zueinander finden ließ. Meine Mutter erwartete den Ausgleich für ihre Defizite in der Kindheit von meinem Vater, wie auch ich später von meinem Mann. Und was erwartete mein Vater von ihr? Warum waren sie außerstande, in Liebe über sich zu sprechen?

Es macht mich traurig, wenn ich darüber nachdenke. Denn damals sprachen die Menschen noch weniger über ihre Gefühle als heute.

Mein Vater schon gar nicht. Stets trug er in der Familie eine heitere Miene zur Schau. Wenn jemand sich beklagte, zum Beispiel meine Mutter, lächelte er und tat trotzdem, was er wollte. Das heißt nicht, dass er nicht hilfsbereit war. Doch wenn er einmal zornig wurde, hatten wir alle – vor allem wir Kinder – Angst vor ihm. Weil er so laut brüllte. Geschlagen hat er mich nie. Aber meine Brüder hat er schon mal geohrfeigt. Vor allem meinen jüngsten Bruder.

Ich erwartete von ihm, dass er das Unglück meiner Mutter in Glück verwandelte, sicher auch, um mir eine Last zu nehmen. Meiner Mutter gegenüber versuchte ich ihn immer zu verteidigen. Kein nahes Gespräch führte ich mit ihm, nie. Später suchte er meinen Rat in geschäftlichen Dingen. Aber da war er schon ein gebrochener Mann. Seine Kraft, gepaart mit Eigensinn, hatten ihn über das Ziel hinaus schießen lassen.

Als er seinen Job als Pressechef der Industriemesse Hannover aufgab oder aufgeben musste, nahm er die von ihm gegründete Zeitschrift *Messe-Kurier* mit. Er beschloss, Verleger und eigenständig zu werden. Damit hatte aber auch meine Mutter ihre bisher einzige berufliche Tätigkeit als Betreuerin ausländischer Ehrengäste während der Messetage verloren.

Neben dem *Messe-Kurier* begann er mit einem Nachrichtendienst für Niedersachsen, dem »Niedersächsischen Landesdienst« (nld), den er später als »Neuen Landesdienst« mit finanzieller Unterstützung des Bundespresseamtes zu einer bundesweiten Nachrichtenagentur mit Informationen aus den Bundesländern zu machen versuchte.

Er genoss das Verlegersein sichtlich, fuhr einen Mercedes, schaffte sich ein Reitpferd an und ging regelmäßig zum Stammtisch »Die Frösche«, der im Nobelhotel Luisenhof tagte und dem gut betuchte und erfolgreiche hannoversche Bürger angehörten.

Nach Niedersachsen wurden die nld-Büros in Nordrhein-Westfalen und Bayern eröffnet. Leider aber sollte dieses »Kind« in der Pubertät stecken bleiben. Es konnte sich nicht auswachsen. Weil mein Vater nicht rechtzeitig aufgeben konnte, machte er Schulden. Und meine Mutter fürchtete – wie sich später herausstellen sollte zu Recht – um ihr nicht mehr sehr großes väterliches Erbe. Den Klagen meiner Mutter über seine Lieblosigkeit und Treulosigkeit gesellte sich eine weitere hinzu, die über seinen Leichtsinn.

Ich litt darunter, meine jugendlichen Ratschläge, sich doch einen eigenen Lebensunterhalt zu suchen, befand sie als unbrauchbar. Später, in der letzten Phase meiner beruflichen Tätigkeit, wurde aufgrund dieser Erfahrungen zu meinem wichtigsten Rat an junge Frauen, der aus meiner tiefsten Überzeugung stammt: unabhängig werden! Und mein politisches Anliegen wurde es, Frauen berufliche Unabhängigkeit zu ermöglichen. Was meinen eigenen Lebensweg angeht, sah ich nie eine Alternative zu dieser Einstellung.

Meinem Vater kam ich nicht näher. Ich liebte ihn, aber behielt es für mich. Ich stand gefühlsmäßig zwischen den Fronten. Meiner Mutter war ich uneingestanden gram, dass sie sich nicht stärker und entschlossener zeigte. Meine Liebe zu Papa offener und entschiedener zu zeigen, traute ich mich wegen seines »schlechten Betragens« nicht. Noch heute spüre ich einen Schmerz in der Magengrube und Tränen treten mir automatisch in die Augen bei dem Gedanken an die nicht gelebte Liebe zu meinem Vater, der für mich wie für so viele Töchter ein männliches Idol war: stark, gut aussehend, heiter und zuversichtlich, damals jedenfalls. Den damaligen Büroleiter des nld-Düsseldorf, meinen Freund Eberhard Nitschke, habe ich gefragt, wie mein Vater damals auf ihn gewirkt habe. Er sagte es mit einem Wort: »Wie ein Bonvivant!«

Das »normale« Familienleben fand jedoch unabhängig von diesen schweren Belastungen statt. Wenn ich mit meinem roten Fahrrad aus der Schule kam, saß mein stets freundlicher und zufriedener, schwerhöriger Opa an seinem achteckigen Coachtisch mit der Marmorplatte und legte Patiencen. Im Aschenbecher qualmte seine dicke Brasilzigarre. Höflich setzte ich mich dann zu ihm. Lange hielt ich das Gespräch mit ihm nicht durch, auch weil ich wegen seiner Schwerhörigkeit alles mindestens dreimal sagen und dabei noch laut brüllen musste. Meistens rief mich dann auch schon meine Mutter, um den Mittagstisch zu decken. Niemals rief sie Andreas. Danach holte ich Papa aus seinem Büro, das ja im Haus war. Freundlich

1 Papa und ich in unserem Garten in Garge, einem Vorort von Paris, wo wir vor dem Krieg wohnten.

Mit Madeleine, unserem französischen Kindermädchen, gingen wir in den Tuilerien spazieren.

Meine Mutter bekam von meiner Großmutter, einer leidenschaftlichen Musikliebhaberin, den Musennamen Cäcilie, wurde aber von allen Cilli genannt.

4 Tante Elli liebte uns Kinder wie ihre eigenen – die sie nicht hatte.

5 Mein Vater verschickte stolz Postkarten mit dem Foto unseres neuen Hauses, das der bekannte hannoversche Architekt Karl Siebrecht gebaut hatte.

6 Tante Elli heiratete den Konzertmeister an der hannoverschen Oper, Max Ladscheck.

10   Meine Clique, die »Pullen«

Der Krieg hat mir und meinen Brüdern Andreas
und Hermann die schönsten Jahre unserer
Kindheit geraubt.

Im Ferienlager auf Burg Sternberg genoss ich
die Nähe zur Natur.

Pastor Stier war mein erster großer Schwarm
(Heli: Reihe sitzend, 2.v.l.).

11 Die ganze Familie (v.l.n.r.): Mein Vater Kurt Ihlefeld, ich, mein Großvater Otto Rüter, mein Bruder Andreas, meine Mutter Cilli und mein Bruder Hermann.

12 Miss Langeoog (1953)

13 Mein erster Bühnenerfolg, in einer Komödie von Goldoni

lächelnd, ohne zu zögern, folgte er stets meiner Aufforderung. Es gab immer drei Gänge: eine Suppe, ein Hauptgericht mit Salat und einen Nachtisch. Mein Vater liebte Pudding und überhaupt alles Süße. Mit Andreas stritt ich mich regelmäßig um den Salat. Die Tischgespräche drehten sich um Alltägliches. Ich kann mich nicht mehr an sie erinnern. Außer natürlich an die lapidare Frage:»Wie war es in der Schule?« Und unsere knappen Antworten darauf.

Auch am Abend gab es eine gemeinsame Mahlzeit. Dann aber meistens Brot und Aufschnitt. Diese Familienmahlzeiten haben sich als eine Routine fest bei mir eingeprägt. Ich versuchte daher auch später in meiner Familie gemeinsame Mahlzeiten zustande zu bringen. Das wurde leider zu einem schier unlösbaren Anliegen bei zwei berufstätigen Eltern.

Nach dem Mittagessen erklärte meine Mutter zu mir gewandt immer:»So, nun kannst du mal abwaschen!« Sie hatte wie immer nachts schlecht geschlafen und sorgenvolle Gedanken hin und her gewälzt. Und nun drängte es sie zum Sofa im kleinen Wohnzimmer zum Mittagsschlaf.»Und André?!«, fragte ich dann stets empört. »Der kann dir ja beim Abtrocknen helfen«, lautete dann ihre uninteressierte, lakonische Antwort. Denn André war halt ein Junge und in ihren Augen für Hausarbeit nicht zuständig. Die einzige männliche Hausarbeit, die Mama gelten ließ und forderte, war, den Mülleimer hinaustragen zur Tonne an der Straße. Aber das besorgte schon mein kleiner Bruder Hermann, der immer hilfsbereit war.

Ich zeterte so lange, bis sich Andreas nach einer Weile zu mir hinaus in die Küche bequemte. Er trocknete dann pro forma ein paar Teller aber, ließ aber das Silberbesteck, das besonders wichtig war, weil es sonst beschlagen würde, liegen und verließ ohne ein Wort die Küche. »Das Besteck!«, rief ich hinter ihm her.»Das kann ich nicht!«, kam es zurück. Ich würgte den Zorn herunter, denn ich fand das ungerecht und unfair. Ich war ja schließlich wie er in der Schule gewesen und hatte ja schon etwas im Haushalt getan.

Auch am Sonntag ging das so.»Heli, kannst du heute mal die Betten machen! Ich habe so viel zu tun!«»Die Jungen können aber ihre Betten selbst machen«, schränkte ich den Auftrag meiner Mutter sofort ein. Daraufhin blieben die Betten meiner Brüder den ganzen Tag ungemacht.

Immer, wenn es viel zu tun gab, wenn zum Beispiel Gäste erwartet wurden oder Feiertage wie Weihnachten oder Ostern bevorstanden, kam meine Mutter auf mich zurück. Niemals hörte ich von ihr den meistens im Klageton gesprochenen Appell »Kannst du mir mal helfen!« an die Jungens gerichtet.

Dass ich mich für Hausarbeit Zeit meines Lebens nicht besonders interessierte, lässt sich so verstehen. Und auch die Leitmelodie meines Lebens wurde durch diese Erfahrung angeschlagen. Ich wehrte mich schon damals gegen die Festschreibung der Hausfrauenrolle auf das weibliche Geschlecht. Dass Jungen etwas Besseres sind, dagegen sträubte sich vehement mein Gerechtigkeitsgefühl, das mir übrigens in meinem späteren Leben zu einem klaren Blick für Situationen und Probleme verhalf.

Mama war ja im Grunde ihrer Seele auch nicht mit ihrer Rolle einverstanden. Sie hatte in Paris erfahren, dass es Aufregenderes im Leben gibt als Hausarbeit. Und sie empfand, dass drei Kinder Mühe und Plage bedeuten. Unter ihrer Ehe hatte sie sich sicher etwas Romantisches vorgestellt. So wie ich es auch später tat. Selbstverantwortung, auch in einer Partnerschaft mit einem Ehemann, war ihr wohl nie in den Sinn gekommen, obwohl sie sicher spürte, dass es auch für Frauen eine andere Möglichkeit geben musste als die Opferrolle.

Ich erkannte an ihrer Unruhe, an ihrer Unzufriedenheit, an ihrem Hadern, dass das nichts Erstrebenswertes sein musste, obwohl die gesellschaftlichen Vorbilder, die uns Frauen und Mädchen gezeigt wurden, ausschließlich in diese Richtung gingen. Das alles knüpfte nahtlos an das an, was uns das Nazi-Reich gezeigt hatte.

Es ist so schade, dass in Deutschland bei der Entwicklung einer neuen gesellschaftlichen Ordnung nicht eine ähnliche Chance ergriffen wurde, wie sie unsere Industrie durch die Demontage der Fabriken nach dem Krieg bekam. Der Industrie blieb nichts anderes übrig, als sich neue Maschinen anzuschaffen, und das waren dann automatisch die neueren und moderneren und damit wurde Deutschland wieder konkurrenzfähig. So war unsere Wirtschaft in Bezug auf den internationalen Wettbewerb gut positioniert. Und die Frauen in Deutschland? Sie hatten während des Krieges die Arbeitsplätze der Männer einzunehmen, die an die Front mussten. Sie arbeiteten in den Fabriken und leiteten die Unternehmen. Auch zu Hause waren sie die Familienoberhäupter, die Entscheidungen zu treffen hatten. Wäre nicht nach dem Krieg alles so hoffnungslos kaputt gewesen, vor allem die Körper und die Seelen der Menschen, hätten die Frauen vielleicht durch ein während des Krieges gewonnenes Selbstvertrauen den Weg beschritten, den ihnen die Suffragetten bereits vor dem Krieg gezeigt hatten. Auf jeden Fall hätten sie sich neben ihre Männer gestellt und wären nicht wieder ohne Aufhebens ins zweite Glied zurückgetreten, so, als sei nur dann die Welt in Ordnung. Eine andere Verfassung, ein anderes Rollenverständnis, ein anderes Lebensgefühl hätte entstehen können. Und die wenigen »Mütter des Grundgesetzes« hätten den »Vätern des Grundgesetzes« nicht den Artikel 3 und jedes Wort von ihm in zähem Kampf abtrotzen müssen: »Männer und Frauen sind gleichberechtigt.« Dann säßen heute vielleicht die Frauen paritätisch in allen Gremien und Deutschland stünde nicht an einer der letzten Stellen im Vergleich mit anderen Staaten der Welt. Und das Menschenrecht der Ebenbürtigkeit und Gleichstellung von Frauen und Männern wäre bei uns kein Thema mehr.

Je näher das Abitur rückte, umso mehr hatte ich das Gefühl, weg von zu Hause zu müssen. Aber ich wusste nicht, was ich dann wirklich mit mir anfangen sollte. Groß baute sich vor mir die Frage auf: Was soll aus mir werden?

Die Fiktionen meiner Mutter übten eine große Macht auf mich aus: Mädchen sind wie Mütter, jedenfalls ich wie sie, und Jungens können alles besser. Ich aber wollte anders leben als sie.

Theater und alles, was mit Theater zusammenhing, das war die Welt, nach der ich mich sehnte. Ich versäumte keine Theateraufführung. Mama und Tante Elli waren kompetente Gesprächspartnerinnen, und ich lernte so mein Urteil über die Qualität der Inszenierungen, über Ensemble-Spiel, schauspielerische Leistungen, Bühnenbild und

Choreografie zu festigen. Im Ensemble am hannoverschen Theater unter Intendant Kurt Erhard waren großartige Schauspieler, die später zu großen Namen auf den Bühnen wurden, wie Bernhard Minetti, Wolfgang Boysen, Gerhard Just, Heinz Bennent, Hans Lothar, Ingrid Andree und viele andere.

Auch in die Oper gingen wir regelmäßig. Denn dafür bekamen wir ohne Schwierigkeiten Karten, über Onkel Max. Die Opernsänger waren in Hannover damals eher zweitrangig. Dafür steht dort architektonisch das schönste Opernhaus, das ich kenne. Gebaut von G. F. L. Laves. Mein Herz schlug jedoch mehr fürs Ballett und fürs Schauspiel.

Oben unter dem Dach des Opernhauses war der große Übungssaal für das Ballett. Dort bekam ich regelmäßig Unterricht zusammen mit einigen anderen Enthusiastinnen bei einer Ballettmeisterin der Oper. Eine Freundin meiner Mutter hatte mich dorthin gebracht. Wir trainierten zweimal die Woche in einem Ballettsaal, der aus einem Gemälde von Degas zu stammen schien. Aber um an eine ernsthafte Laufbahn als Tänzerin zu denken, dafür war ich schon zu alt. Um geschmeidig zu werden, muss eine Tänzerin bereits im Kleinkinderalter mit dem Üben beginnen.

Diese Welt hatte ich mir selbst erobert. Während sich die Welt der Malerei mir durch meine Mutter erschloss und durch eine Kunstlehrerin in der Sophienschule, Fenna Hoffmann, die mit uns in alle bemerkenswerten Ausstellungen in unserem Umkreis ging. Sie war selbst Malerin und erklärte uns die Malerei auf eine für mich unvergessliche Weise. Meine Mutter vermittelte mir das Gefühl für Farben, für Stimmungen, für das Echte und Tiefe.

Und meine Kinder? Meine Tochter ist eine Kunstkeramikerin geworden, die sich inzwischen von Naxos aus ein weltweites Renommee geschaffen hat. Und mein Sohn ist ein hochbegabter Fotograf. Nichts geht verloren in dieser Welt, fühle ich bei dem Gedanken an den im Krieg gefallenen Maler-Freund meiner Mutter, Freddie Kayser, den ich nie persönlich kennengelernt habe.

Die bildende Kunst war der Bereich, in dem sich meine Mutter zu Hause fühlte. Und mein Vater ließ sie in dieser Welt gelten. Nie machte er ihr Wissen madig. Im Gegenteil, er freute sich an ihrer Begeisterung. Nur sagte er dazu nie viel. Er lächelte. Auch wenn wir Gäste hatten, was später, als ich das Haus verließ, immer seltener geschah, weil es Mama zu viel Arbeit machte, sagte er fast nichts. Papa lächelte und zog an einer Zigarre, die der Nichtraucher sich bei derartigen Anlässen leistete. Während Mama, wenn sie ein wenig Alkohol getrunken hatte, sich lebhaft zu unterhalten begann über das hannoversche Kulturleben, Musik, Malerei.

Ich kann mich noch gut an einen derartigen Abend erinnern, bei dem ich meinen späteren Mann, den Journalisten Hermann Otto Bolesch, genannt Hobby, zu Hause einführte und er die recht illustre Gesellschaft völlig durcheinanderbrachte, weil er den »Gattinnen« klarzumachen versuchte, dass Karajan, von dessen Konzert in Hannover die Runde gerade schwärmte, kein guter Dirigent sei. Ich war entsetzt über die Beredsamkeit, die Hobby dafür aufbrachte, und befürchtete, dass er nun durchgefallen war bei Mama und ihren Freunden. Das Gegenteil war zu meiner Überraschung der Fall. Alle waren hellauf begeistert von seinem Charme und seinem Wissen. Mir gestand er bei unserer anschließenden Auseinandersetzung, dass es ihn in dieser Gesellschaft gereizt habe, entgegen seiner eigenen Meinung einfach etwas zu behaupten, um zu sehen, was geschehen würde. So war Hobby.

Mein Vater lächelte in solchen Fällen zufrieden und zog an seiner Zigarre. Seine schönen großen blauen Augen, die ich heute bei meiner Tochter Katharina wiedersehe, leuchteten ein bisschen mehr als sonst. Aber er sagte kein Wort. Und so weiß ich nichts über seine Gedanken über das Leben, über den Krieg, über den Sinn. Fand sein Leben nicht hier, sondern in seinem Beruf statt? Ihn interessierte sein Verlag, seine Reputation, Dinge, die meine Mutter nicht so wichtig fand, außer natürlich das Geld, das er damit verdiente. Sein Reitpferd hielt sie für Großmannssucht und sagte das auch. Er versäumte kein Stiftungsfest seiner »Marburger Teutonen«, einer schlagenden Verbindung, zu denen allerdings auch meine Mutter gerne mitfuhr. Er traf sich regelmäßig mit seinen »Fröschen« und war wohl auch Mitglied bei den Rotariern.

Mama hatte für diese Dinge keinen Sinn. In der Familie war sie jedoch die gesellschaftlich und kulturell Maßgebende. Sie kritisierte auch meinen Vater ohne Gnade. Er nahm das dann mit seinem berühmten Lächeln hin. Er nahm hin, dass er bei den »wichtigen Dingen des Lebens« nicht ernst genommen wurde. Er nahm schließlich auch hin, das er von uns Kindern als Mensch nicht ernst genommen wurde.

Und so geschah es, dass ich heute frage: Wo war mein Vater? Und ich spüre: Er fehlt mir so. Die Tragik zwischen Kindern und Eltern ist häufig, dass sie in den Zeiten, in denen sie wirklich einmal ungestört zusammen sein können, nicht zusammenfinden. Weil dann oft gerade das Kind nicht offen für den anderen Menschen ist, sondern befangen in seiner Welt, seinen eigenen Problemen mit einer unglücklichen Liebe, mit Beruf und eigenen Kindern. So erging es mir.

Ich hatte es schwer, meinen Weg zu finden. Um mich reich zu verheiraten, ließ mich Papa sogar allein mit einem Geschäftsfreund, dem Messedirektor und viel älteren Robert Krugmann, der gerade Witwer geworden war in dieser Zeit, 14 Tage nach Sylt reisen. Zum Glück war dieser hoch anständig und ich überhaupt nicht verliebt. So hatten wir einen netten Urlaub zusammen und wurden gute Freunde.

Wenn mir in dieser Zeit etwas gut gelang, sagte Mama erstaunt: »Dass du das kannst! Ich hätte das nicht gekonnt!« Für mich klang diese Bemerkung immer voller Zweifel. Und das verletzte mich.

Mein Traum vom Theater jedoch wurde von ihr vehement bekämpft. Als Tänzerin war ich zu alt. Das Thema galt als erledigt. Auf die Bühne passten wir nicht (gemeint waren Cilli und Heli). Schauspieler sind zierlicher als wir, unmoralisch und haben keinen Charakter. Außerdem sind »wir« den Intrigen am Theater nicht gewachsen. Auch fehlte »uns« natürlich das Talent. Bis zu Papa drangen diese Überlegungen gar nicht erst.

So überlegte ich alleine weiter: Wenn ich schon nicht Schauspielerin werden konnte, dann sollte mein zukünftiger Beruf wenigstens etwas mit Theater zu tun haben. Aber obwohl ich im Kunstunterricht gut

war, reichte mein Talent nach meiner Überzeugung für Bühnenbild-
nerei nicht aus. Andreas war in dieser Beziehung der viel Begabtere.
Aber auch er studierte auf Wunsch von Papa schließlich Jura, statt
Designer zu werden, wie er sich gewünscht hatte. Ich finde das heute noch schade.

»Kostümbildnerin« lautete schließlich meine Entscheidung. Eigentlich wäre eine dreijährige Schneiderlehre dazu sinnvoll gewesen. Die
wollte ich aber nach dem Abitur nicht mehr anhängen. Ich hörte,
dass man sich auf der Hamburger Modefachschule zur Kostümbildnerin ausbilden lassen konnte. Meine Eltern willigten ein, und ich
zog an der Außenalster ins Souterrain der Villa eines Geschäfts-
freundes von Papa. Das Zimmer am Leinpfad war billig, aber auch
eng und dunkel, keine Sonne, keine Aussicht. Ich war dort unglücklich. Und an der Modeschule war ich die einzige Abiturientin. Alle
Schülerinnen waren viel jünger als ich. Ich hatte das Gefühl, auf
einem Hühnerhof gelandet zu sein. Der Unterricht fesselte mich
nicht. Ich fühlte mich unterfordert und wechselte bald zur Universität. Dort belegte ich Volkswirtschaft und Soziologie bei Schelsky.
Und nun kam eines Tages meine große Liebe ins Bild. Damals waren
in allen größeren Städten Kellerlokale »in«, die »Tabu« hießen. Ein
Tanzstundenfreund, der zu einer AStA-Tagung nach Hamburg kam,
lud mich ein. Einer seiner Kommilitonen, ebenfalls Funktionär beim
Studentenparlament von Tübingen, stand plötzlich vor uns. »Plötzlich« im wahrsten Sinne des Wortes, weil bei uns beiden in diesem
Moment »der Blitz einschlug«.

Martin wechselte von Tübingen nach Hamburg. Wir bewarben uns
nach einem Semester um einen Studienplatz im Europa-Kolleg in
Klein Flottbeck. Das klappte und damit begannen zwei sehr schöne,
hoch interessante Semester. Wir wohnten zusammen mit Studenten,
die später in der Politik Karriere machen sollten wie zum Beispiel
Otto Schily. Wir hörten zusätzliche Vorlesungen über Europa, feierten und gingen gegen Morgen zu Fuß an die Elbe, um unsere Köpfe
auszulüften, und sahen dabei den »großen Kähnen« zu, die ein und
aus fuhren. Papa lieh uns einen VW-Käfer aus dem Geschäft und wir
bereisten gemeinsam Dänemark und Südschweden. In Hamburg

konnte ich auch meiner Theaterbegeisterung frönen. Gustav Gründgens war noch Intendant am Schauspielhaus. Ich habe unvergessliche Inszenierungen gesehen.

Martin wollte danach sein Studium in Tübingen beenden. Inzwischen hatte ich auch in Schwenningen seine biederen schwäbischen Eltern kennengelernt und seine Schwester, mit der ich mich am besten verstand. Bevor ich mit Papa in den Skiurlaub fuhr, besuchte ich Martin in Tübingen. Ich hatte mich so auf unser Wiedersehen gefreut und keine Ahnung, was mich dort erwarten würde. Er wollte nur noch eine lose Verbindung zu mir. Das war für mich undenkbar. Ein Satz von ihm aus unserem letzten Gespräch sollte mich die nächsten Berufsjahre begleiten: »Ich mag eigentlich die starken Frauen.«

Die spirituelle Lehrerin Chris Griscom ließ mich später diese traurigen Erfahrungen mit zwei unglücklichen großen Lieben besser verstehen. Sie sagt, dass eines der schmerzhaftesten Hauptthemen für Frauen das Verlassenwerden sei. Nur selten sondierten diese Frauen tief genug, um zu erkennen, dass sie die Gelegenheit brauchten, um ihre Yangkraft (die männliche Seite ihres Wesens) zu entfalten. Ohne den Ausgleich der männlichen Erfahrung hätten die Frauen die Neigung, sich Hilflosigkeit und Depression einzuprägen, während sie sich in den formlosen Aspekt der weiblichen (Yin) Energie zurückziehen. Chris Griscom sagt: »Ist die Frau vom männlichen Element in sich getrennt, erlebt sie ... die ganze Angst des Verlassenwerdens oder der Hilflosigkeit, weil sie nicht erkennt, dass sie sich selbst beschützen und ihre eigenen Ziele allein erreichen kann. Dies ist eine Art Impotenz, die Depression und Handlungsunfähigkeit verursacht.«

Ich fand in Chris Griscoms Worten auch bei einem weiteren Phänomen, das sich in meinem Leben bemerkbar machte, Erkenntnis. Mein ichbezogenes Unglücklichsein und meine Unentschlossenheit veränderten sich schlagartig, als ich Kinder bekam. Interessanterweise fand Chris Griscom heraus, dass der starke Beschützerinstinkt viele Mütter von dieser Bedürftigkeit ablenke und die Aufmerksamkeit dem Kind zuwende.

Warum hatten wir kein Kind zusammen, obwohl ich immer wieder befürchtet hatte, schwanger zu sein? Es gab ja noch nicht die Pille. Ich hatte eben »Glück« gehabt. Heute überlege ich, was ich durch diese so wichtige Liebe lernen sollte. Es war wohl meine spätere Entschlossenheit, es allein zu schaffen und meine männliche Seite zu leben, damit aus dem schüchternen, verträumten und unschlüssigen Mädchen eine »starke Frau« werden konnte. Das ist das Paradoxe im Leben: Ich wurde das, was Martin in mir vermisste. Oder wurde ich es, um ihm nachträglich etwas zu beweisen?

Die Zeit, in der ich wusste, was ich beruflich wollte, lag nicht mehr in allzu weiter Ferne. Die Jahre der Suche gingen ihrem Ende entgegen. Mein Vater wollte nun, dass ich bei einer Zeitung volontierte. Er hatte schon immer den Wunsch, dass ich in seine Fußstapfen treten und Journalistin werden sollte. Schon als ich noch Schülerin und Studentin war, hatte er mich immer mal in seinen Betrieb mit einbezogen. Ich hatte kleine Beiträge für den Niedersächsischen Landesdienst geschrieben, auf dem Messegelände seinen *Messe-Kurier* an Besucher verteilt und einmal war ich mit einem Blumenstrauß ausgerüstet auf dem hannoverschen Bahnhof platziert worden, um Bundeskanzler Konrad Adenauer – für ein Foto – zu begrüßen. Ich hatte nun einige Semester Volkswirtschaft studiert, im Europa-Kolleg mehr über die politischen Zusammenhänge erfahren und ein Gefühl für die demokratische Staatsform bekommen. Ich bekam einen Volontariatsplatz bei der stockkonservativen *Kölnischen Rundschau*. Dieses Volontariat war die dritte Enttäuschung nach dem »Kindergarten« Modefachschule und dem ungeliebten Volkswirtschaftsstudium auf meinem Weg zur Berufsfindung.

Meine erste Station war die Lokalredaktion. Ich freute mich darauf, hinausgeschickt zu werden, um zu berichten, und wenn es »nur« Karnevalsvereine und Ähnliches sein sollten. Denn Schreiben machte mir Spaß. Es kam aber ganz anders. Die *Rundschau* hatte ein System von freien Lohnschreibern in der Lokalredaktion. Sie waren nicht angestellt, und für sie war jeder Termin wichtig, um ihre Familien zu ernähren. Der Lokalchef wusste daher nicht, was er mit mir anfangen sollte. Ich durfte den Familienvätern ja keine Arbeit wegnehmen.

73

So kam er auf den Einfall, mich mit den Lokalreportern mitzuschicken. Ich sollte jeweils einen zweiten Bericht schreiben – für den Papierkorb. Aber er wollte mit mir wenigstens über die Zweitberichte sprechen, damit ich etwas lernte.

Ich versuchte mich mit der Hoffnung zu motivieren, dass dann vielleicht doch einmal ein Bericht von mir im Blatt stehen könnte. Aber der Redaktionschef las meine Artikel nicht einmal. Vergebens mahnte ich sein Versprechen an, sich zu meiner Arbeit zu äußern. »Ja, wenn ich Zeit habe«, sagte er dann. Als ich vom Lokalen zur Politik wechseln sollte, öffnete er seinen Schreibtisch. Dort lagen alle meine Artikel fein säuberlich gestapelt. Ich »durfte« sie, ungelesen von ihm, mitnehmen. In den folgenden Redaktionen ging es mir etwas, wenn auch nicht viel besser. Im Feuilleton durfte ich zum Beispiel für die Frauenseite der Samstagsausgabe Bildtexte verfassen.

Zu Beginn des letzten Jahres bei der *Kölnischen Rundschau* nahm mich mein Vater mit zu einer Tagung des Internationalen Presseinstituts in Berlin, zu der etwa 200 Verleger und Redakteure aus 29 Ländern gekommen waren. Willy Brandt war damals Regierender Bürgermeister. Hier erlebte ich ihn zum ersten Mal live. Es beeindruckte mich sehr, seine entschiedenen und engagierten Worte für die Freiheit der Menschen zu hören. Er sprach von der Unbeugsamkeit der Berliner. Ohne eine Antwort auf die deutsche Frage gäbe es keine isolierte Berlin-Lösung. Dieses Ziel könne nur erreicht werden, wenn man sich über bestimmte Grundregeln für ein friedliches Zusammenleben und Miteinanderarbeiten verständige. Die »ungeheuren Mittel«, die für die Rüstung ausgegeben würden, könnten für »friedliche Zwecke genutzt werden, segensreiche Wirkungen und Möglichkeiten erschließen« und den technisch noch nicht entwickelten Völkern und Ländern helfen. Mir scheint, dass damals Politiker wie Brandt noch die Menschen mitzureißen und zu begeistern vermochten. Ich begann, mich für Politik zu interessieren.

Inzwischen hatte ich mich, um meinem Frust während des Volontariats zu begegnen, an der Kölner Universität immatrikuliert. Hier belegte ich vor allem Soziologie bei Professor Renee König. Außerdem hatte ich mich der Evangelischen Studentenbühne angeschlossen. Ich spielte die weibliche Hauptrolle in Arthur Millers *Hexenjagd*, Lady Dorothee India in Jean Anouilhs Komödie *Einladung ins Schloss* und in Tschechows *Drei Schwestern* die älteste Schwester. Unsere Studentenbühne spielte vor ausverkauftem Haus. Unsere Gruppe hatte viel Erfolg und der Schauspieler Harald Meister sprach mich an, um mich für ein kleines professionelles Theater zu gewinnen. Ich sagte zu. Leider konnte sich dieses Projekt nicht lange über Wasser halten. Aber Harald gab mir Schauspielunterricht und versuchte, mich noch, als ich bereits in Bonn war und meinen späteren Mann kennengelernt hatte, zu überzeugen, dass sich aus mir eine gute Schauspielerin entwickeln würde. Aber mein Weg war inzwischen unumkehrbar geworden. Zu tief steckten wohl die Zweifel und die Ängste meiner Mutter in mir.

Das bisher recht ineffektive Volontariat bei der *Kölnischen Rundschau* änderte sich mit meinem Wechsel zu den »Bunten Seiten«. Mein neuer Chef Herr Stelter ließ mich von Anfang an mitarbeiten. Zuerst durfte ich alle Bildtexte schreiben. Er besprach alles, was ich machte, mit mir, kritisierte, lobte und verbesserte mich. Er nahm mich stets mit zum Seitenumbruch in die Mettage, wo die Artikel in Blei gesetzt und die Seiten zusammengestellt wurden. Hier lernte ich das Redakteurshandwerk gründlich und als mein einjähriges Volontariat zu Ende war, blieb ich zunächst als Jungredakteurin bei den »Bunten Seiten«.

Diese Zeit war produktiv, wenn auch nicht unproblematisch. Stelter war ein Nachtmensch, Schreibtischhocker und Workaholic. Er arbeitete stets bis weit nach Mitternacht. Und wenn ich früher weggehen wollte, zum Beispiel zu meiner Theatergruppe, machte er mir heftige Vorwürfe. Es wäre mir wohl nicht ernst mit dem Journalistenberuf. Also blieb ich entmutigt an meinem Schreibtisch sitzen, bis er sich endlich entschloss, nach Hause zu gehen. Manchmal hatte ich dann schon eine ganze Weile nichts mehr zu tun gehabt.

Stelter brachte mich mit seinem Wagen zu meinem Gartenhaus, das ich mit einer Kollegin aus einer Regionalredaktion teilte, weil er mich so spät nachts nicht allein nach Hause gehen lassen wollte. Bevor wir aber dort anlangten, hatte er immer ein unabweisbares Verlangen:

»Nur schnell noch ein Bierchen!«, sagte er, wenn er vor einer noch offenen Kneipe anhielt. Was konnte ich tun. Und bei einem blieb es auch nicht. Stelter erzählte aus seinem Leben und fragte mich, die immer wortkarger wurde, aus. Auch hier war sein Sitzfleisch enorm und mein diplomatisches Vermögen, um ihn dann doch schließlich zum Aufbruch zu bewegen, vor eine große Herausforderung gestellt. Oft kam mir auch der Wirt entgegen, der sein Lokal schließen wollte. Stelter hat jedoch nie – bei offensichtlicher Sympathie – versucht mir zu nahe zu kommen.

Als ich mich vom Chefredakteur Heinrich Heinen jun. verabschiedete, um in Bonn eine neue Arbeit anzufangen, fragte dieser, ob es stimme, dass ich mit Stelter ein Verhältnis habe. Die langen nächtlichen Sitzungen konnten sich die Kollegen und Kolleginnen offenbar nicht anders erklären.

Das Frauenthema hatte mich wieder erwischt. Der Redakteur der »Bunten Seiten«, bei dem ich viel lernte, hat meine Abhängigkeit auch ausgenutzt. Und ich war noch nicht fähig, mich zu wehren.

II
In der Bonner Männerwelt
Aufbruch ins Berufsleben

> Und wie hätte ich sie als eine bereits ver-
> ständige Frau übernehmen sollen, die sie
> mit nicht einmal 15 Jahren zu mir kam,
> in der vorhergehenden Zeit aber unter
> einer Aufsicht lebte, die ganz darauf aus-
> ging, sie möglichst wenig sehen, mög-
> lichst wenig hören und möglichst wenig
> fragen zu lassen!
>
> Xenophon, Oikonomikos 7,5

Es war ein dunkelrotes zweistöckiges Ziegelhaus, mitten in Schre-
bergärten, mit steilen Treppen, einem schmalen Garten, geschnitten
wie ein Handtuch. Unten war die Redaktion, ein enger langer Raum
rechts, wo die alten Ticker standen, und zwei größere Redaktionsräume, der hintere für den Chef, der vordere für die Mitarbeiter. An
das alte Haus schloss sich hinten ein kleiner Anbau an, ziemlich ver-
kommen, mit einer Badewanne und einer Toilette. Im ersten Stock
gab es vor allem ein großes Zimmer als Wohnraum und zwei kleinere als weitere Redaktionsräume. Im geräumigen Dachboden war
noch ein sehr kleiner Raum ausgebaut. Der Rest diente als Abstell-
fläche.

Das also war die Bonner Redaktion des Neuen Landesdienstes (nld),
eine Nachrichtenagentur, gegründet von meinem Vater, Dr. Kurt Ihlefeld, inzwischen eine GmbH, gesponsert vom Bundespresseamt
und vom Bundesverteidigungsminister. Hier zog ich Ende 1959 ein.
Ich kannte dieses skurrile alte Haus schon, denn ich hatte hier in den
Semesterferien gearbeitet, als der nld-Chefredakteur Friedrich Karl
Granier noch herrschte, unterstützt von der Redakteurin Jutta Rohde,

damals buchstäblich Mädchen für alles, inzwischen seine Frau. Beide hatten gekündigt. Und ich sollte zwar nicht Graniers Platz als Leiter der Redaktionen Hannover (Niedersachsen), Düsseldorf (Nordrhein-Westfalen) und München (Bayern) einnehmen. Das wollte mein Vater in Zukunft von Hannover aus in Personalunion übernehmen: Herausgeber und Chefredakteur. Aber ich würde die künftige Verbindungsstelle Bonn vertreten. Zu meiner Unterstützung holte ich meine Kollegin von der *Kölnischen Rundschau* und Freundin Ingeborg Kühr nach Bonn, mit der ich zuletzt in einem idyllischen Häuschen im Kölner Universitätsviertel gewohnt hatte.

So begann mein Leben in Bonn. Von dieser Stadt hatte ich nicht geträumt. Mein Vater hatte mich überredet, oder besser: Er hatte mir geraten, diese Aufgabe zu übernehmen. Ich hatte keine bessere Idee. Und somit war die wichtigste Weiche in meinem Leben gestellt, zu einer Zeit, in der ich mir immer noch wünschte, Schauspielerin zu werden. Aber ich war viel zu unsicher, um in dieser Richtung etwas zu unternehmen, außer mich gelegentlich von einem Schauspieler unterrichten zu lassen.

Ich zog also von Köln nach Bonn in den Raum im ersten Stock des Hauses in der Aloys-Schulte-Straße, die damals Scharnhorststraße hieß – heute eine neue normale Wohnstraße mit mehrstöckigen, modernen Mietshäusern. Wenn ich mich waschen, baden oder die Toilette benutzen wollte, musste ich die Redaktionsräume durchqueren.

In dem schmalen Raum im Untergeschoss liefen beständig die Meldungen des Länderdienstes der größten deutschen Nachrichtenagentur dpa über einen Fernschreiber, damit wir sehen konnten, was die Konkurrenz an Informationen brachte. Und über einen weiteren Ticker trafen eilige Pressemitteilungen vom Bundespresseamt und vom Verteidigungsministerium ein. Wenn Ingeborg und ich über den Fernschreiber unsere Meldungen an unsere Redaktionen in Hannover, Düsseldorf und München absetzen wollten, mussten wir zunächst einen Lochstreifen schreiben. So war damals die Technik, als ja auch die Zeitungen noch aus Setzkästen mit Buchstaben aus Blei entstanden. Die Wörter unserer Artikel wurden über Lochstreifen in einen Code aus senkrechten Lochreihen umgesetzt, der bei der Ankunft wieder maschinell in die ursprünglichen Worte zurückverwandelt wurde. Wir beide lasen mit der Zeit diese Lochstreifen-Codes fließend.

Wie meilenweit war die Technik Ende der 50er-, Anfang der 60er-Jahre von der heutigen schnellen Computertechnik entfernt! Wir hackten auf die Tastaturen alter Schreibmaschinen, bis uns die Fingernägel brachen, oder in die ebenso unbequemen Tasten des Lochstreifendruckers, der schmale weiße Streifen mit kleinen Löchern ausspuckte. Um zu sehen, ob ich beispielsweise ein Satzzeichen vergessen hatte, musste ich den Streifen zurückspulen, machte dann die bereits geschriebenen Lochzeichen durch den Drucker unleserlich und schrieb den Satz oder das Wort vor dem Zeichen neu.

Ich fuhr in einem alten klapprigen VW, dem Redaktionswagen, in regelmäßigen Abständen zum Bundeshaus, wo jede in Bonn akkreditierte Zeitung und die Nachrichtenagenturen wie dpa, ddp, ap, Reuters, die französische afp und auch wir ein Fach hatten, in das von den Bundesministerien, Organisationen und Lobbyisten Pressemitteilungen und andere Informationen hineingelegt wurden. Ich war auch bei der Bundespressekonferenz akkreditiert und ging zu deren regelmäßigen Pressekonferenzen, die damals ebenfalls im Bundeshaus stattfanden.

Vorne an einem langen Tisch saßen dann der Bundespressechef Konrad Adenauers, der witzige Felix von Eckardt, und die Sprecher der verschiedenen Bundesministerien. Dreimal die Woche fand routinemäßig eine solche Konferenz statt. Manchmal erklärte von Eckardt, er habe diesmal »nichts mitgebracht«. Dann konnten die Journalisten nur an ihn oder die Vertreter der Ministerien Fragen stellen zu Gerüchten zum Beispiel, die gerade durchs »Bundesdorf« eilten. Häufig waren dann die Antworten wenig ergiebig. So konnte eine Routinepressekonferenz schon nach wenigen Minuten zu Ende gehen. Und die Regierungssprecher setzten sich wieder in die schwarzen Dienstlimousinen und brausten davon. Aber es war ein festgeschriebenes Gesetz, dass die Sprecher zu festgesetzten Zeiten vor der in- und ausländischen Presse erscheinen mussten, auch wenn sie nichts zu sagen hatten oder gar gerade eine unangenehme Information in Bonn die Runde machte, zu der es noch keine Sprachregelung »von oben« gab. Manchmal entwickelte sich aus einer anscheinend belanglosen Nachfrage eines Kollegen und dem Insistieren der übrigen plötzlich eine Nachricht. Ich beobachtete dieses Frage- und Antwortspiel und das sorgfältige Umgehen der Fettnäpfchen der Regierungsvertreter stets mit Interesse, nicht ahnend, dass ich bereits für später lernte. Denn eines Tages sollte ich auf der anderen Seite der Barriere sitzen.

War Parlamentswoche, ging ich auch zu den Fraktionsräumen von CDU/CSU, SPD und FDP (die Grünen gab es damals noch lange nicht), um auch dort Informationen zu sammeln oder um zu sehen, ob dort ein Pressegespräch angekündigt wurde. Regelmäßige Kontakte gab es auch mit verschiedenen Verbänden und Organisationen. Das aber war mehr die Aufgabe meiner Kollegin Ingeborg Kühr.

Anschließend kehrte ich zurück in die Scharnhorststraße und setzte mich an den Schreibtisch, um das Erfahrene in kürzere oder längere Meldungen umzusetzen. War es eilig, schrieben Ingeborg oder ich unsere Meldungen auch aus dem Stegreif in den Ticker. Um schnell zu sein, denn es war wichtig mit der Nachricht vor den anderen Agenturen in den Zeitungsredaktionen anzukommen, änderte ich oft einfach die gedruckten Pressemitteilungen schnell mit der Hand ein wenig, ergänzte oder veränderte ein paar Ausdrücke, brachte den Anfang in die erwartete Nachrichtenform nach den fünf Ws (Wer hat wo, was, wann und warum getan?) und schrieb sie in den Ticker. Wenn ich damit fertig war, wurde der Lochstreifen in eine andere Maschine eingelegt, die dann die Nachricht sendete. Das gab dann dieses spezielle ratternde Geräusch, dem die Apparatur ihren Namen »Ticker« verdankte.

Damals war das die einzige Möglichkeit, um eine Nachricht schnell von Ort zu Ort zu befördern – außer mit dem Telefon natürlich. Große Zeitungsredaktionen hatten daher eine »Aufnahme«. Dort saßen meistens Damen und selten Männer mit Kopfhörern, die mit Windeseile das, was ihnen die Journalisten, genannt Korrespondenten, telefonisch durchgaben, in die Schreibmaschinen hämmerten. Auch das so schnelle und praktische Fax wurde erst sehr viel später erfunden.

Es gab auch einige informelle Nachrichtenbörsen. Eine davon war der Pressetisch im Bundeshausrestaurant, von dem ich noch berichten werde. Er war sehr häufig Ausgangsort von Gerüchten.

Es gab häufig Gerüchte. Eines aus dieser Zeit ist mir unvergesslich. Es passte auch in den Reigen meiner eigenen Erfahrungen mit dem legendären CSU-Chef Franz Josef Strauß. Wie ein Lauffeuer machte es die Runde über die Pressebüros, den Pressetisch, die Gänge und Wandelbereiche des Bundeshauses. Obwohl es für dieses Gerücht offenbar Zeugen gab, konnte es sich doch zunächst nicht bis in die Tagespresse vorarbeiten. Aus Rücksichtnahme? Oder aus Angst vor dem mächtigen Verteidigungsminister? Ich weiß es nicht.

Im Barockschloss Brühl in der Nähe von Bonn gab der Bundespräsident 1963 einen großen Empfang. Das war auf dem Höhepunkt der Kubakrise: Der sowjetische Staatschef Chruschtschow hatte ein Ultimatum gestellt und drohte mit einem Atomkrieg. Bei dem Staatsempfang war die ganze Bundesregierung anwesend. Auch Verteidigungsminister Strauß, der über das »rote Telefon« ständig für die Amerikaner erreichbar sein musste.

An diesem Abend blieben viele der anwesenden Journalisten angesichts der angespannten Weltlage in Strauß' Nähe. Der Minister, der gerne mal einen über den Durst trank, tat das offenbar auch in dieser explosiven Situation und blieb auf dem Empfang, als die meisten Gäste schon gegangen waren.

Das Gerücht nun, das bald darauf die Runde machen sollte und für das es Augenzeugen gab, lautete: Der Bundesverteidigungsminister habe am Ende des Abends in die gepflegten Rabatten des kurfürstlichen Gartens gekotzt. Ganz Bonn war entsetzt. Zum Glück entspannte sich danach die internationale Lage wieder.

Meine eigenen Erfahrungen mit Strauß unterstützten eher die Wahrscheinlichkeit dieser Geschichte.

Das Bundesverteidigungsministerium sponserte den nld, um vor allem seine offiziellen Informationen bei uns platzieren zu können. Für mich hatte das die Konsequenz, dass ich jede Mitteilung aus diesem Ministerium »mit Vorrang« an unsere Redaktionen weitergeben musste. Bei inoffiziellen Nachrichten aus diesem Bereich hatten wir dagegen natürlich besonders vorsichtig zu recherchieren. Einmal hatte ich wohl im journalistischen Eifer übersehen, dass eine wichtige Nachricht nicht von der Pressestelle des Bundesverteidigungsministers bestätigt worden war. Diese Meldung war dann auch, wie sich bald herausstellte, nicht im Interesse unseres Sponsors. Prompt kam die Drohung bei meinem Vater in Hannover an, man werde den Vertrag mit dem nld kündigen. Mein Vater hing natürlich sofort am Telefon: Er erwartete von mir, dass ich diese Angelegenheit wieder in Ordnung brachte. Aber wie? Dementieren konnte ich nicht, denn die Meldung stimmte ja. (Den Inhalt habe ich leider vergessen.)

In Bonn gab es neben der Bundespressekonferenz für die offiziellen Regierungsinformationen den Bundespresseclub als feinere Variante der Informationsgebung, also für Hintergrundgespräche mit führenden Politikern. Der nächste Gast dort sollte der Bundesverteidigungsminister sein. Aber um als politischer Journalist dort zugelassen zu werden, waren erhebliche Hürden zu überwinden. Zunächst musste man von einem Mitglied für die Aufnahme vorgeschlagen werden. Weibliche Mitglieder gab es damals kaum, außer der von mir sehr bewunderten Korrespondentin der *Neuen Rhein- bzw. Ruhrzeitung (NRZ)* Hilde Purwin. Dann brauchte man zwei Bürgen aus dem Club und danach entschied die Mitgliederversammlung in geheimer Abstimmung über den Antrag. Ich war zur nld-Zeit noch lange nicht so weit, mich dieser Prüfung zu stellen. Aber mein späterer Ehemann, der Journalist Hermann Otto Bolesch, hatte eine gute Idee, wie mein Problem mit dem Bundesverteidigungsminister zu lösen sei. Denn dass Strauß persönlich die Drohung an den Neuen Landesdienst veranlasst hatte, war mir inzwischen durch vorsichtiges Nachfragen im Bundesverteidigungsministerium bei dem von mir sehr geschätzten Oberst Schmückle klar geworden. Mein Freund und Kollege Bolesch machte mir also den Vorschlag, zum Ende der Veranstaltung in den Presseclub zu kommen, um ihn dort abzuholen. Vielleicht ergab sich dann eine Gelegenheit Strauß, dem eine Schwäche für hübsche Frauen nachgesagt wurde, persönlich kennenzulernen. Das tat ich dann auch. Als ich kam, saß FJS noch mit ein paar Journalisten in fröhlicher Runde. Hermann Otto Bolesch platzierte mich geschickt neben dem Minister und sagte zu diesem, ich wolle mich persönlich bei ihm entschuldigen. Strauß war in bester Laune und offenbar über die neue Nachbarschaft erfreut. Der Streit war jedenfalls von Stund an beigelegt.

Für eine in diesem Beruf noch unerfahrene junge Frau gab es viel zu lernen. Als Erstes machte ich die Erfahrung: Politiker sind auch nur Menschen – und manchmal eine ganz besondere Spezies. Sie stehen unter ständiger Anspannung, werden unentwegt beobachtet und haben zudem kaum Zeit für ein Privatleben. Meine Erfahrung mit dem Bayer hatte noch Fortsetzungen.

Meine nächste Begegnung mit Franz Josef Strauß erlebte ich einige Zeit später, als ich gerade Korrespondentin der Münchener *Abendzeitung* geworden war.

Ich sollte die Redaktion in München besuchen und Bolesch brachte mich zum Nachtzug. Auf dem Bahnsteig trafen wir Strauß und begrüßten ihn. Ich unterhielt mich noch mit meinem Freund am Bahnsteig und betrat mein Schlafwagenabteil erst nach Abfahrt des Zuges. Zu meinem nicht geringen Schrecken saß dort auf meinem frisch gemachten Bett Franz Josef Strauß, in jeder Hand eine Flasche Bier. Er wolle mich zu einem Nachttrunk einladen. Aber meine Geistesgegenwart kam zurück. Ich komplimentierte den Minister auf den Flur hinaus, um dort die Flasche Bier mit ihm zu leeren. Und danach konnte ich mich ungestört zurückziehen.

Ich habe immer wieder mal mit Strauß beruflich zu tun gehabt. Und meine Erfahrungen mit ihm blieben sich ähnlich. Sehr viel später – ich war inzwischen Mitglied der Bonner *stern*-Redaktion geworden – gab unser Chefredakteur Henry Nannen eine Einstandsparty in der frisch erworbenen Repräsentationswohnung in der Dahlmannstraße. Es kamen viele illustre Gäste aus Politik, Wirtschaft und Kultur, die wir Bonner Redaktionsmitglieder betreuen sollten. Auch Franz Josef Strauß war der Einladung gefolgt, obwohl der *stern* damals mit vollen Rohren auf ihn schoss. Ab und zu bekam ich im Vorbeigehen ein paar Brocken aus seiner Unterhaltung mit den ihn umgebenden Journalisten mit. Es ging unter anderem darum, dass er die Atombombe auch für Deutschland reklamieren wollte.

Es war die Zeit des Eisernen Vorhangs und Deutschland hatte bisher nach dem Fiasko des Zweiten Weltkrieges keinerlei Optionen. Mich entsetzten diese Äußerungen des Politikers. Deswegen kann ich mich wohl noch an sie erinnern. Strauß trank wie immer viel und hatte schließlich keinen Stoff mehr zum Disputieren – zwischendurch hatte er immer wieder dafür gesorgt, dass sich eine unserer Redaktionssekretärinnen neben ihn setzte. Plötzlich befahl er seinen Zuhörern:»Aufstehen! – Hinsetzen!« Natürlich folgte niemand diesem Befehl. Trotzdem wiederholte er ihn im weiteren Gesprächsverlauf immer wieder, woraufhin sich seine Zuhörer nach und nach verkrümelten.

Diese Geschichte ist eben deshalb beachtenswert, weil der *stern* damals zu Strauß' heftigsten Kritikern gehörte und er sich in der Höhle des Löwen befand. Schließlich gelang es CSU-Landesgruppenchef Fritz Schäfer, ihn zum Aufbruch zu bewegen und zu seinem Abgeordneten-Apartment zu begleiten.

Als mit Strauß unser letzter offizieller Gast verschwunden war, konnten wir *stern*-Journalisten auch endlich nach Hause gehen. Und das tat ich denn auch ganz schnell. Die Sekretärinnen hatten die Aufgabe, die letzten Überbleibsel der Party aufzuräumen. Am nächsten Tag erkundigte ich mich bei unserer Chefsekretärin, Frau Vianden, ob sie noch lange zu tun gehabt habe. Da erfuhr ich, dass die Geschichte noch ein Nachspiel gehabt hatte. Bald nachdem ich gegangen war, klingelte es an der Haustür. Frau Vianden öffnete und war ziemlich erschrocken und ratlos, als ihr ein breit lächelnder Franz Josef Strauß gegenüberstand. Ihr sei es erst gelungen, ihn nach Hause zu schicken, als sie selbst gehen wollte, das Licht gelöscht hatte und drohte die Wohnungstür abzuschließen. Für unser Blatt war der Gast sakrosankt und diese Geschichte natürlich tabu.

So lernte ich sehr früh, dass Politiker auch Menschen sind – und was für welche!

Für die *Abendzeitung* habe ich später die Familie von FJS im Inntal besucht und dabei Marianne Strauß, eine intelligente und warmherzige Frau, kennengelernt. Geistig war sie ihrem Mann wohl ebenbürtig. Auch Strauß war ja hochintelligent und gebildet, aber auch für Überraschungen gut, manchmal für unangenehme. Und – wie Konrad Adenauer einmal bemerkt hatte – »seine Zunge ist direkt an seinem Gehirn angewachsen«.

In Bonn wehte in dieser Zeit, als ich an den Treffpunkten der Journalisten erschien, ein rauer Wind. Die Kollegen – fast alles Männer – beobachteten mich auf den Pressekonferenzen mit Misstrauen. In meiner Unerfahrenheit und selbstverständlichen Naivität sahen sie möglicherweise eine Konkurrenz heranwachsen, die mit anderen Mitteln, nämlich weiblichem Charme, Erfolg haben könnte. In der Tat betrachteten mich die Politiker freundlich. Während die meisten Kollegen nicht sehr hilfsbereit und auch nicht nett zu mir waren. Dabei war ich nicht vorlaut, eher schüchtern, aber entschlossen, meine Arbeit zu tun.

Nach einer abgebrochenen kurzen Beziehung mit dem Journalisten Egon Goyke genannt Ego, der damals für die Springer-Presse arbeitete, dessen große Liebe, die Tochter des FDP-Abgeordneten Kohut, plötzlich wieder auf der Bildfläche erschienen war, lernte ich meinen späteren Mann Hobby kennen.

Er war der faszinierendste Erzähler, dem ich in meinem Leben begegnet bin. Hermann Otto Bolesch, genannt Hobby, ein echter Maghrebinier, stammte aus Siebenbürgen in Rumänien, aus Weidenbach in der Nähe von Kronstadt, dem heutigen Brașov. Seine Geschichten spielten vor allem in seiner Heimat. Er erzählte immer wieder von seinem Großvater, einem Pastor, dem er nachfolgen sollte. »Du musst dann überhaupt nicht mehr arbeiten«, hatte der zu ihm gesagt und zum Beweis einen Wandschrank geöffnet. Dort lagen säuberlich aufgeschichtet die Predigten, die er bei allen nur denkbaren Gelegenheiten gehalten hatte. Hermann brauche sich hier nur zu bedienen. Niemandem würde das auffallen.

Hobby berichtete auch gerne von einem schwarzen Schaf in seiner Familie. Dieser Verwandte, der zu nichts nutze war, sei schließlich nach Amerika ausgewandert. Alle waren erleichtert. Aber eines Tages kam er nach Weidenbach zurück, in einem dicken Straßenkreuzer. Er lud das ganze Dorf zu einem großen Fest ein. Erst nachdem er drei Tage das ganze Dorf freigehalten hatte, glaubte seine Verwandtschaft, dass doch noch etwas aus ihm geworden war.

Eine andere Geschichte handelte von einer Urgroßtante, die in einen Harem verschleppt worden war. Nach vielen Jahren tauchte sie plötzlich wieder in ihrem Dorf auf. Ihr Mann aber hatte inzwischen wieder geheiratet und Kinder mit der zweiten Frau. Ohne zu zögern setzte die Heimkehrerin die andere unsanft vor die Tür.

Im Bonner Römerbad machte mir Hobby einen Heiratsantrag. Dabei war er verheiratet. Damit hatte ich mit meinen bisher eher traurigen Erfahrungen nicht gerechnet. Ich war überrascht, gerührt und glaubte ihm in meiner Ahnungslosigkeit. Und wie konnte ich auch diesem gut aussehenden, bezaubernden Menschen, 14 Jahre älter als ich und ein erfolgreicher Journalist, mit seinem Charme etwas abschlagen! Ich war eigentlich nicht in ihn verliebt, aber wie konnte man ihn nicht lieben? Was ich damals natürlich nicht wusste: Ich war immer noch auf der Suche nach einem Vaterersatz. Alles würde sich richten, dachte ich. Er erklärte mir seine Pläne so überzeugend, und ich wollte nicht sehen, dass es hierbei auch noch um andere Menschen ging, dass ich einer anderen Frau den Mann – so schwierig die Beziehung auch sein mochte –, aber vor allem seinen Kindern den Vater wegnahm. Ich war unerfahren, egoistisch und vertrauensvoll. Und mein einsames inneres Kind hatte nie gelernt, mit anderen Seelen zu fühlen.

Wir wurden in Bonn bald ein bekanntes und beliebtes Paar. Im Kreis der Kollegen, in dem Hobby seiner Kreativität und seiner farbigen Geschichten wegen oft Mittelpunkt war, fühlte ich mich nach wie vor als Außenseiterin. Hobby nahm mich auch an einen beliebten Journalisten-Treffpunkt, in die »Rheinlust«, mit. Heute ist das alte Haus mit der Eckkneipe längst verschwunden – es musste den Museums-Repräsentationsbauten der Bundeshauptstadt weichen. In der Rheinlust verkehrte eine bestimmte Clique von Journalisten, hauptsächlich Vertreter der Boulevardpresse und von Nachrichtenagenturen.

Aber es kamen auch Kollegen von der *Welt* und der *Süddeutschen Zeitung*, auch Journalisten mit »Bauchläden«. So nannte man die Korrespondenten, die für mehrere regionale Zeitungen, die sich in ihren Verbreitungsgebieten nicht tangierten, berichteten. Diese Zeitungen zahlten für ihre Korrespondenten weniger als die großen Blätter. Dafür hatten diese Einkommen von mehreren Zeitungen und verdienten dadurch oft sogar mehr als die Korrespondenten der renommierten überregionalen Zeitungen. Auch einige wenige Politiker fanden den Weg in diese Kneipe. Einmal hatte irgendjemand auch Willy Brandt dorthin mitgebracht, für den ich ja seit meiner Schulzeit schwärmte. Es muss in der Zeit gewesen sein, als er Erich Ollenhauer ablösen und zum ersten Mal Spitzenkandidat für die SPD werden sollte. Die Rheinlust war an diesem Abend voll besetzt. Ich saß mit Hobby und einigen Kollegen an einem Tisch und Brandt stand eine ganze Weile hinter mir und hatte wohl auch einige Biere getrunken. Er rauchte und schnippte mir die Asche von seiner Zigarette aufs Haar.

Jedenfalls war die Rheinlust damals Treffpunkt, ein Nachrichten-Umschlagplatz, Ort für den Austausch von politischen Einschätzungen für die Kommentarschreiber, aber auch besonders bei den Kollegen beliebt, die nach dem Stress des Tages Entspannung durch Alkohol suchten. Die meisten Journalisten trinken gerne ein oder mehrere Gläschen, auch über den Durst. Trinkfest waren eigentlich alle. Ich war damals stolz darauf, dass ich mithalten konnte, aber immer genau wusste, wann es für mich genug war, solange ich auch mit recht viel Alkohol im Blut bei einigermaßen klarem Verstand bleiben konnte.

Einmal allerdings hatte ich mich gründlich überschätzt. Als wir bei einer der seltenen Bundestagssitzungen in Berlin, gerade mit dem Flugzeug dort angekommen, uns mehr durch Zufall im Hotel am Zoo auf dem Kurfürstendamm in einer kleinen Runde zusammenfanden und nach dem ersten Whisky auf nüchternen Magen ein zweiter und noch ein dritter folgte.

Ich merkte, mir war gar nicht gut, auch nachdem ich ein Stück Brot gekaut hatte. Als wir im Vorraum des Bundestages angekommen waren, wurde ich ohnmächtig und musste ins Hotel gebracht werden. Ende einer Dienstreise.

Die Rheinlust war im Übrigen mehr Qual als Lust für mich. Die Kollegen wollten ihren alten Kumpan Hobby zurück und hänselten ihn, wenn ich zaghaft und verlegen zum Aufbruch mahnte, um ihn noch etwas für mich zu haben, bevor der Alkohol ihn zu sehr zudeckte. »Hobby!«, riefen sie dann unter Gelächter, »musst du jetzt nach Hause?« oder: »Musst du schon gehen?« Ich war beschämt und litt, hielt noch etwas weiter durch, um mich dann doch schließlich allein und auf Französisch zu verabschieden.

Der Spitzname Hobby kam von seiner journalistischen Abkürzung für Hermann Otto Bolesch, hob. Hobby passte gut zu ihm, jeder in Bonn, der ihn näher kannte, nannte ihn so. Er war schlank und hoch gewachsen und trug einen dunklen, elegant geschnittenen Bart. Ich habe sein Gesicht nur einmal ohne Bart gesehen, als er später an der Speiseröhre operiert werden musste.

Hobby hatte ein freundliches, hilfsbereites Wesen und einen ganz speziellen Humor. Sätze, die in Bonn als geflügelte Worte die Runde machten, stammten meistens aus seiner Feder. So hatte er der ehrgeizigen Frau des damaligen FDP-Chefs Erich Mende in einem Artikel die Worte in den Mund gelegt: »Erich, steh auf! Mach Karriere!« Margot Mende hat ihm diesen Satz, den in Bonn bald alle kannten, lange übel genommen. Sicher, weil er ins Schwarze traf. Hobby trug Weste. Seine Anzüge waren tadellos geschnitten, seine Krawatten hatten Stil. Überhaupt hatte er Stil. Unser Geschmack und unser ästhetisches Gefühl trafen sich. Sie waren eine wichtige Verbindung zwischen uns. So gab es zum Beispiel niemals Streit beim Einrichten unserer Wohnungen. Die Kollegen liebten ihn, solange er ihnen gehörte, Mittelpunkt war mit seinen Scherzen, seiner Offenheit und seiner Bereitschaft, ihnen immer einen nützlichen Tipp zu geben. Denn er konnte perfekt recherchieren, erfuhr viel von seinen Informanten durch seine geschickten Fragen und seinen Charme. Ich habe damals viel von ihm gelernt. Die Rheinlust-Freunde versuchten daher, seine Neigung zu Bier und harten Getränken auszunutzen und ihn jedes Mal so lange wie möglich in ihrer Runde festzuhalten.

Auch die Frauen liebten ihn. Seine Ehe stand, wie er mir sagte, nur noch auf dem Papier. Aber er hatte zwei reizende, begabte und schöne Töchter. Eine Tatsache, die ich verdrängte. Endlich hatte ich einen Menschen, der zu mir hielt. Ich, die ich mich immer einsam gefühlt hatte, bei einer Mutter, die mich für ihren Kummer beanspruchte, und einem Vater, dem es nach dem Krieg nicht mehr gelang, eine wirkliche Beziehung zu mir aufzubauen.

Mit Hobby hatte ich nun endlich einen Menschen, der älter und erfahrener war als ich und der mich liebte. Wenn er mit den Bonner Damen, Politiker-Gattinnen und Sekretärinnen flirtete, wusste ich, dass das nicht ernst gemeint war. Das half ihm, die für einen Boulevard-Journalisten notwendigen Informationen zu bekommen. In dieser Zeit arbeitete er für die lebendige, sehr politische Frankfurter *Abendpost* und für die Berliner *BZ*. Er beriet mich in den Anfangsjahren, half mit bei schwierigen Recherchen. Wir konnten uns dabei die Arbeit aufteilen. Hin und wieder korrigierte er auch einen Artikel, später lektorierte er meine ersten Bücher. Dass ich in ihm auch den Ersatzvater gewählt hatte, dafür spricht, dass ich ihn oft liebevoll »Väterchen« nannte. Auf jeden Fall machte er, was unsere Beziehung betraf, ernst. Seine Frau zog in ihre Heimat nach München und seine Töchter kamen auf ein Internat in deren Nähe.

Ich hatte kurz zuvor meine Arbeit beim Neuen Landesdienst und damit auch mein Dach über dem Kopf verloren. Mein Vater hatte die Nachrichtenagentur, nachdem sie über die niedersächsischen Grenzen nach NRW und Bayern ausgedehnt worden war, nicht mehr lange alleine finanzieren können. Mit der Unterstützung des Bundespresseamtes musste der nld zu einer GmbH umgebaut werden. Neben den großen Presseagenturen gab es nur einen Nachrichtendienst, der sich auf die Bundesländer konzentrierte und auf die Bedürfnisse der kleineren Lokalzeitungen. Das war der dpa-Länderdienst. Damit es für diesen Dienst eine Konkurrenz gab, wurde der Neue Landesdienst vom Presseamt unterstützt. Aber man wollte meinen Vater dort nicht als Herausgeber und Chefredakteur in Personalunion und nicht in alleiniger Verantwortung haben. Die Mitgesellschafter konnte er sich nicht aussuchen.

Mein Vater war ein Mann mit einem starken Willen und einem ausgeprägten Ego. Alsbald geriet er in Auseinandersetzungen mit einem der neuen Mitgesellschafter. Der wollte ihn – wahrscheinlich von Anfang an – ausbooten und unternahm alles, um das zu erreichen. Dieser Streit, der vor Gericht endete, bedeutete aber auch den Anfang vom Ende des nld. Beim Streit um die wenigen materiellen Güter des nld – wie das alte Backsteinhaus – wurde mit harten Bandagen gekämpft. Ich weiß nur noch, dass in einem Schriftsatz, den ich zu sehen bekam, »mein guter Ruf«, da ich ja Tochter der Gegenpartei war, ins Spiel gebracht wurde. Da ich Angst gehabt hatte, als junge Frau in diesem allein stehenden Haus zu wohnen, hatte ich die Kammer auf dem Dachboden an einen Studenten vermietet. Den sah ich so gut wie nie, aber es beruhigte mich zu wissen, dass noch ein Mensch im Haus war. In dem Schriftsatz stand nun, in der Absicht, die Leitung der Bonner Geschäftsstelle und Tochter des Herausgebers zu diskreditieren, sinngemäß: »Als wir das Haus in der Aloys-Schulte-Straße in Augenschein nahmen, mussten wir zu unserem Erstaunen feststellen, dass unter dem Dach in einem Verschlag ein junger Mann haust.« Dieser Satz hat mich in seiner Perfidie so gekränkt, dass er mir bis heute im Gedächtnis geblieben ist.

Nach dem Ausscheiden des Gründers und dessen Tochter aus der GmbH sollte der nld nicht mehr lange existieren. Ich aber war arbeitslos. Ich suchte mir ein möbliertes Zimmer bei einer Witwe in der Mozartstraße, das vollgestellt war mit dunklen, alten Plüschmöbeln und schmal wie ein Handtuch. Aber ich wollte ja bald mit Hobby zusammenziehen.

Ich wusste nicht, was ich nun tun sollte. Ein neuer Job war nicht in Sicht. Bücher waren schon immer meine Leidenschaft gewesen. Daher beschloss ich als Ergänzung zu meinem Volontariat bei einer Tageszeitung nun noch eines in einem Buchverlag anzuhängen. Ich bekam bald einen Platz beim renommierten Kölner Kiepenheuer & Witsch-Verlag. Carola Stern und Dieter Wellershoff waren damals Lektoren im Verlag. Carola Stern – sie habe gerade ein Ulbricht-Biografie veröffentlicht, wurde gesagt, bevor sie in den Westen kam – betreute die politischen Bücher. Dieter Wellershoff war für die Literatur zuständig. Heinrich Böll war einer seiner Starautoren. Ich nutzte die Zeit, alle Böll-Bücher zu lesen und natürlich auch die von anderen bekannten Autoren.

Mit den Lektoraten hatte ich wenig Glück. Die beiden genannten Ressortleiter zeigten keinerlei Interesse an mir namenloser Journalistin. Und ich war zu schüchtern und unsicher, um mich nachdrücklicher ins Gespräch zu bringen. In der Herstellung dagegen gab es genug Arbeit für mich. Heute freue ich mich darüber, dass ich weiß, wie ein Buch entsteht, welche Prozesse es durchläuft, bis es verkauft werden kann – vom Einrichten der gedruckten Seiten, über die Auswahl der Einbände bis zur grafischen Gestaltung. Mich überraschte in dieser Zeit, in welcher Gemütsruhe im Buchverlag gearbeitet wurde, verglichen mit dem Tempo der täglichen aktuellen Berichterstattung und auch verglichen mit der Arbeit bei einer Tageszeitung.

Das Vierteljahr bei Kiepenheuer & Witsch ging schnell vorüber. Was nun? Doch noch Schauspielerin werden? Da trat Werner Friedmann auf den Plan. Der Chefredakteur der *Süddeutschen Zeitung* war einer der ersten gewesen, die von den Alliierten eine Zeitungslizenz erhalten hatten, weil sie unbelastet waren, und damit die Möglichkeit, im zerstörten Deutschland wieder eine freie Presse aufzubauen. Durch eine »Affäre mit einer Abhängigen« hatte er sich in Verruf gebracht. Der begnadete Zeitungsmacher und Entdecker neuer Talente konnte daher nicht länger Chefredakteur dieser renommierten Tageszeitung bleiben. Ihm blieb nur noch die *Abendzeitung*, ein Boulevardblatt, das er nebenher als Spielwiese für seine hungrigen journalistischen Neu- und Wiedereinsteiger gegründet hatte. Nun konzentrierte er sich als Herausgeber auf die *AZ* und weitete ihren Wirkungskreis auf ganz Bayern und auch Baden-Württemberg aus.

Werner Friedmann kam also nach Bonn, um in der Bundeshauptstadt für die *Abendzeitung* einen politischen Korrespondenten oder eine Korrespondentin zu suchen. Hobby, der wollte, dass ich im Journalismus blieb, hörte davon und ich bekam einen Termin. Friedmann, der ohnehin immer auf der Suche nach begabtem Nachwuchs war und vielen später bekannten und berühmten Journalisten zu einem erfolgreichen Berufsstart verholfen hatte, war nicht nur ein »Trüffelschwein« auf diesem Gebiet, er hatte auch noch eine andere hervorstechende Eigenschaft: Er war knauserig. Er wollte, und das erfuhr ich durch die Gerüchte, die ihm vorauseilten, eine Frau als Bonner Berichterstatterin finden, weil er wusste, dass Frauen nicht schlechter als Männer waren, aber billiger, das heißt, zurückhaltender in ihren Gehaltsforderungen.

Vorurteile gegenüber Frauen waren damals in der Gesellschaft stärker noch als heute. In den deutschen Unternehmen herrschte noch die Überzeugung, sie würden ja doch heiraten und Kinder kriegen. Andererseits verdienten Männer damals noch nicht so viel, dass es für sie ein Leichtes war, eine Familie zu ernähren. Diese Situation, da es junge Leute schwer haben, einen guten Job zu finden, besteht heute wieder. Inzwischen führt sie aber dazu, dass Frauen und Männer auf Kinder verzichten. Damals wählten Frauen die kürzeren und schlechteren Ausbildungen, in der Absicht zu heiraten und höchstens noch eine Weile dazuzuverdienen, um sich dann ganz der Familie zu widmen.

Werner Friedmann aber sah das entgegen dem allgemeinen Trend anders. Er wollte eine junge Frau für sein Blatt und außerdem kein Risiko eingehen. Er fand noch eine weitere Anwärterin für seinen Job: die spätere Rundfunkjournalistin Viktoria von Benda, später Frau des bekannten England-Korrespondenten und *Zeit*-Journalisten Karl Heinz Wocker. Heute sind wir Freundinnen. Friedmann bot uns beiden für die Probezeit eine monatliche bescheidene Pauschale an und ließ uns parallel aus Bonn berichten, um zu testen, welche von beiden besser seinen Ansprüchen auf eine Boulevard-Berichterstattung und den Münchener Bedürfnissen entsprach. Am Ende bekam ich den Vertrag. Zunächst ahnten wir beide nichts von diesem Arrangement. Später kam es dann heraus. Ich hatte nun eine Arbeit, die mich die nächsten Jahre voll ausfüllen sollte, meinen journalistischen Namen begründete und mein Selbstbewusstsein zum ersten Mal in meinem Leben wachsen ließ.

Hobby und ich hatten viele Freunde unter den Politikern und auch unter den Journalisten. Von den letzteren betrachteten mich weiterhin einige mit Misstrauen. Meine Redaktion in München aber erwartete begierig meine Berichte aus dem fernen Bonn. Fast jeden Tag füllte ich eine ganze Seite Drei. Diese Einrichtung hatte Werner Friedmann von der *SZ* zur *AZ* mitgebracht, mit meinen Features über politische Ereignisse und Reportagen über besondere Zwischenfälle wie Spionageaffären, einen Mordfall in Bonn-Beuel, Entführungen in den anderen Teil Deutschlands. (Jetzt hat die *SZ* ein Buch herausgebracht: *Die Seite Drei – Journalistische Meilensteine der vergangenen 50 Jahre.*)

Ich recherchierte vormittags, schrieb mittags und telefonierte meistens im letzten Augenblick vor Redaktionsschluss (danach hatte ein Artikel keine Chance mehr ins Blatt zu kommen) meinen Bericht nach München durch. Oft, wenn meine Recherchen schwieriger und langwieriger wurden, konnte ich meine Geschichte nicht zu Ende schreiben, sondern musste sie auf der Grundlage meiner bei den verschiedenen Telefonaten und Gesprächen gemachten Notizen aus dem Stegreif beim Durchtelefonieren zu Ende bringen. Heute laufen die Berichte der Korrespondenten längst via Internet direkt bei den Redaktionen ein. Damals gab es wie gesagt Frauen und auch ein paar Männer, die mit Kopfhörern versehen in einer Telefonzentrale saßen und Nachrichten, die bei ihnen aus aller Welt über die Korrespondenten eintrafen, in Windeseile in ihre mechanischen Schreibmaschinen hackten. Ihre Gehaltsstufe hing davon ab, wie gut sie in Rechtschreibung waren und wie viele Silben sie pro Minute schafften.

Während beim *Spiegel* und vom *stern*-Chefredakteur Henry Nannen meine *AZ*-Berichte bald mit Interesse verfolgt wurden, lasen die Bonner Kollegen die bayerische Boulevardzeitung kaum. Eines Tages meinte Hobby, es sei nun an der Zeit, mich um eine Mitgliedschaft im Bonner Presseclub zu bewerben. Ich fand drei Bürgen und wurde auch von einem angesehenen Kollegen vorgeschlagen. Bei der Abstimmung durch die Mitglieder jedoch fiel ich knapp durch.

Tief gekränkt beschloss ich, mich nie wieder für dieses Gremium, in dem in der Tat damals kaum Frauen waren, zu bewerben. Ich wusste, dass ich bei meinen inzwischen sehr guten Kontakten meine Informationen auch so bekam und auf die vertraulichen Club-Gespräche nicht angewiesen war. So behielt ich im Pressecorps eine gewisse Außenseiterrolle.

Obwohl ich Erfolg hatte und meine Berichterstattung u.a. von »Sir Henry« – so wurde der *stern*-Chefredakteur genannt – sehr beachtet wurde, geschah es auch im weiteren Verlauf meiner Korrespondententätigkeit nicht, dass ich in die Namenslisten derjenigen aufgenommen wurde, die je nach Proporz bei Vakanzen für die gut dotierten und sicheren Rundfunkjobs bei den Anstalten des Bundes oder der Länder in Frage kamen. Diese waren den Männern vorbehalten. Nicht, dass ich mich darum bemüht hätte, aber ich konnte mich des Gefühls nicht erwehren, dass männliche Kollegen, egal wie gut sie schrieben oder waren, ganz automatisch »gehandelt« wurden, wenn ihre Daten (wie Parteizugehörigkeit, Bundesland, Religion, Alter etc.) gerade in das gewünschte Tableau passten. Denn es gab damals neben der von mir zu Beginn meiner Karriere bewunderten Kollegin von der *NRZ*, Hilde Purwin, kaum bekannte politische Journalistinnen in Bonn.

Jedenfalls dämmerte mir, dass ich als Frau auch Nachteile hatte in diesem Beruf und eben überhaupt im Beruf. Ich passte nicht in das männliche System, in männliche Seilschaften, auf Karriereleitern von öffentlichen Einrichtungen. Netzwerke waren für mich nicht vorgesehen. (Erschwerend kam sicher hinzu, dass ich damals nicht Mitglied einer Partei war. Ich hielt das mit einem freien, unabhängigen Journalismus für nicht vereinbar.)

Mir wäre die Benachteiligung als Frau womöglich gar nicht aufgefallen, da sich meine journalistische Karriere fast ganz von selbst zu meiner vollen Zufriedenheit entwickelte. Meiner Aufmerksamkeit entging sie jedoch deshalb nicht, weil ich schon in meiner Jugend durch das Verhalten meiner Mutter bemerkt hatte, dass zwischen Jungen und Mädchen – aus meiner Sicht ungerechtfertigte – Unterschiede gemacht werden. Meine Mutter störte, dass sie durch ihre drei Kinder keinen eigenen Beruf ausüben konnte und abhängig von meinem Vater war. Daher beklagte sie auch, dass sie nichts Richtiges gelernt hatte. Ihr Klage-Refrain lautete: »Ich bin nichts, ich kann

nichts.« Das Schlimme für mich war dabei, dass sie diese Minderwertigkeitskomplexe in gewisser Weise auf mich übertrug.
Ich schrieb nun mit zunehmendem Erfolg für die *Abendzeitung* und verdiente so viel, dass ich mir mit Hobby eine Drei-Zimmer-Wohnung in der Meckenheimerallee in der Bonner Innenstadt leisten konnte.

Die *Abendzeitung* hatte damals wie auch die größte bundesweite Boulevardzeitung *Bild* mit ihrer gezeichneten langbeinige Blondine eine Galionsfigur. Das war das ebenfalls langbeinige, aber schwarzhaarige »Schwabinchen«. Als ihr Kontrastprogramm trat täglich in der *AZ* der ewige Grantler »Herr Hirnbeiß«, von Walter Hanitzsch gezeichnet, auf. Schwabinchen war im Gegensatz zur *Bild*-Blondine nicht dümmlich, sondern kess. Jeden Tag überraschte sie die Leser mit einem anderen flotten Spruch zur Weltlage oder anderen Ereignissen. Die *Abendzeitung* galt übrigens zu Friedmanns Zeiten im Gegensatz zur *Bild* oder zum *Express* ähnlich wie die Frankfurter *Abendpost* als Boulevardblatt für Intellektuelle – dazu noch mit einem speziellen Münchener Flair. Nachdem mich die Redaktion in München auch von Angesicht und nicht nur via Telefonleitung kennengelernt hatte, erhielt ich von ihr und auch vom Chefredakteur Udo Flade den Spitznamen »Unser Schwabinchen in Bonn«. Was ich damals uneingeschränkt als Kosename empfand, weil er das Wohlwollen, ja die Liebe meiner Heimatredaktion für mich ausdrückte.

Höhepunkte meiner Berichterstattung in den ersten Jahren meiner Tätigkeit für die *AZ* waren die Besuche des amerikanischen Präsidenten John F. Kennedy und der erste Staatsbesuch der Queen im Nachkriegsdeutschland. Für mich übertraf die Begegnung mit dem charismatischen Präsidenten alle anderen Erfahrungen. Er bedeutete für mich wie für viele, vor allem junge Deutsche den Aufbruch in ein neues Zeitalter, Hoffnung und Verheißung zugleich. Unbeschreiblich der Jubel, der ihm vor allem in Berlin zuteilwurde.
Es war im Juni 1963. Meine Stellung bei der *Abendzeitung* war inzwischen gefestigt. Ich lernte nun zum ersten Mal die schwierigen Akkreditierungsvorgänge bei einer so stark geschützten Persönlichkeit wie dem amerikanischen Präsidenten kennen. John F. Kennedy

brachte in seiner Begleitung viele Journalisten mit, die bei allen Terminen Vorrang hatten. Daher wurde von der Bonner in- und ausländischen Presse um die wenigen freien Plätze gerungen. Die großen Agenturen, die großen überregionalen Blätter und natürlich die Fernsehanstalten ARD und ZDF wurden stets berücksichtigt. Den Rest hatten wir Übrigen uns zu teilen. Das Fernsehen berichtete rund um die Uhr. Oftmals mussten wir uns damit begnügen, am Bildschirm zu sitzen, um alles mitzubekommen. Ich hatte Glück und bekam einen Platz bei zwei Terminen, einen für den Empfang im Palais Schaumburg, dem damaligen Bundeskanzleramt, für das damals frisch gegründete deutsche Friedenscorps und den zweiten für eine Ansprache des Präsidenten auf dem historischen Platz vor der Frankfurter Paulskirche.

Die übrigen Termine konnte ich wenigstens bei der An- und Abfahrt der Regierungslimousinen beobachten und dadurch die Farbe der Kleidung der Damen, den Gesichtsausdruck der Politiker beschreiben und hin und wieder ein paar Sätze aufschnappen. Trotz der Schwierigkeiten berichtete ich täglich über alle Einzelheiten des Besuchs. Ich fragte telefonisch in den Vorzimmern der Häuser nach, die der Präsident besucht hatte, und bei den Pressereferenten und Sekretärinnen. So zum Beispiel bei der Chefsekretärin von Bundeskanzler Konrad Adenauer, Anneliese Poppinga, und ihrer Kollegin Hannelore Siegel. Die beiden waren mir und Hobby gegenüber, wenn es ihre Zeit erlaubte, immer hilfsbereit. Sie verrieten Einzelheiten über Menüs und Tischdekorationen und einiges andere. Manchmal erzählten sie auch einen Scherz, den »der Alte« gerade gemacht hatte. Weiter reichten ihre Möglichkeiten allerdings nicht, da sie bei den eigentlichen Terminen auch nicht dabei sein konnten. Ich fragte daher auch Politiker, die ebenfalls eingeladen waren, wenn sie meinen Weg kreuzten oder es mir gelang, ihren Weg zu kreuzen. Und ich fragte hohe Beamte, die Inhalte für politische Termine vorbereiten mussten. Doch diese waren meistens zugeknöpft. Das alles war umfangreiche Arbeit, aber spannend bis in die Nacht.

Hatte ich meinen Bericht abgesetzt, begann die Recherche für den nächsten. Unsere Features und Reportagen, Nachrichten und Kommentare schrieben wir im Pressezentrum des Staatsbesuchs an den für uns zur Verfügung gestellten Schreibmaschinen. Das war auch in Bonn praktischer als im eigenen Büro, weil wir alle Terminveränderungen des Besuches sofort erfuhren, alle Ansprachen – oft bevor sie gehalten wurden mit »Sperrfrist« – gedruckt erhielten und zudem vor laufenden Fernsehern das Geschehen verfolgen konnten. Anschließend gaben wir die Berichte ebenfalls von hier aus über Telefon oder Fernschreiber an unsere Redaktionen durch. Hier traf man auch den einen oder anderen Kollegen, der von einem offiziellen Termin kam, der einem noch ein Detail verriet als passenden Mosaikstein für die eigene Story. Natürlich musste man auch selbst bereit sein, sein Wissen mit dem Kollegen zu teilen. Trotzdem verstand auch ich es, meine Highlights für meine Berichte für mich zu behalten. Denn am nächsten Tag wurden alle Artikel von der Konkurrenz gelesen und verglichen.

Mein größtes Highlight war mein kurzes Gespräch mit dem amerikanischen Präsidenten bei dessen Besuch im Palais Schaumburg. Ich durfte zusammen mit einigen wenigen Kollegen zusehen, wie Kennedy den jungen Deutschen, die sich für das von Kennedy ins Leben gerufene Peace Corps gemeldet hatten, die Hände schüttelte. Diese jungen Frauen und Männer hatten sich verpflichtet, eine Zeit lang gegen ein geringes Entgelt in Entwicklungsländern notleidenden Menschen zu helfen. Da ich im Alter zu den Freiwilligen passte und mir sehr wünschte, Kennedy die Hand zu schütteln, stellte ich mich einfach mit in ihre Reihe, geduldet vom Protokollchef, der mich kannte.

Als ich vor dem Präsidenten stand, wurde dieser sofort ganz aufmerksam. Er fragte mich nach meinem Namen und meiner Arbeit und ich gestand ihm, dass ich politische Korrespondentin der Münchener *Abendzeitung* sei. Das schien ihn noch mehr zu interessieren, er unterhielt sich weiter mit mir, während die anderen warten mussten, und rief dann seine Schwester, Eunice Shriver, die ihn auf dieser Reise begleitete und ein paar Schritte entfernt stand. Eunice Shrivers Mann leitete zu der Zeit das amerikanische Peace Corps. Kennedy stellte mich ihr vor. Natürlich wurde von diesem Gespräch ein Foto geschossen, das am nächsten Tag auf der ersten Seite meiner Zeitung prangte nebst dem Inhalt des kurzen Gesprächs. Bei der großen Schwester im Süddeutschen Verlag, der *Süddeutschen Zeitung*, soll es daraufhin einige Aufregung gegeben habe, weil deren Starschreiber und Chefreporter Hans Ulrich Kempski ein derartiges, im Bild festgehaltenes Treffen mit Kennedy nicht gelungen war. Dabei hatte Kempski bereits alle Größen dieser Welt interviewt. Er holte das Foto beim Abflug des Präsidenten von Deutschland auf dem Berliner Flughafen Tempelhof nach.

Meine Geschichte aber hatte noch ein kleines Nachspiel. Ich stand zusammen mit einigen Journalisten in einem schmalen, abgeriegelten Bereich unterhalb der Rednertribüne auf dem Platz vor der Frankfurter Paulskirche. Als der amerikanische Präsident erschien, um seine Ansprache zu halten, erkannte er mich wieder und winkte mir lächelnd zu. Ich strahlte innerlich und äußerlich.

Beim ersten Staatsbesuch der englischen Königin machte ich dagegen einen weniger guten Eindruck. Denn mir unterlief ein protokollarischer Fauxpas. Der mich allerdings, da ich zur Generation gehöre, für die Könige und Königinnen Menschen sind und keine höheren Wesen, eher amüsierte als erschütterte. Beim Staatsempfang in Schloss Brühl beobachtete ich – im Abendkleid wie alle anderen Gäste – wie die Minister-Gattinnen und andere Damen vor der Queen in mehr oder weniger gelungene tiefe Hofknickse sanken. Das anzusehen machte viel Spaß. Diesmal verzichtete ich darauf, mich in die Schlange der paradierenden Gäste einzureihen. Obwohl die Queen damals noch sehr jung und hübsch war und Prinz Philip sehr stattlich.

Einen Tag später wurden die beim Staatsbesuch akkreditierten Journalisten auf den Bonner Petersberg, der während des Besuches zur königlichen Residenz ernannt worden war, zum Empfang geladen. Ich stand neben meinem späteren Mann Hermann Otto Bolesch und harrte der Dinge, die da kommen sollten. Die Königin schritt mit ihrem Gemahl durch die Reihen der Pressegäste und blieb hier und da bei dem einen oder anderen Kollegen oder der Kollegin stehen. Schließlich stand das königliche Paar auch vor uns beiden. Ich wollte mir die Gelegenheit zu einem Gespräch, über das ich dann wieder würde berichten können, nicht entgehen lassen. Ich fragte daher, nachdem wir der Queen durch einen Protokollbeamten vorgestellt worden waren, wie ihr Bonn gefalle oder etwas ähnlich Banales. Ohne mir zu antworten, wandte diese sich abrupt von uns ab und anderen Gästen zu. Später erfuhr ich vom Protokollchef, dass man als Normalbürger niemals die Majestät von sich aus ansprechen darf, sondern warten muss, bis sie das Wort an einen richtet.

Die Münchener jedoch lasen meine Berichte über die Queen mit großem Interesse. Mein Name war in der bayerischen Hauptstadt zu der Zeit ein Begriff. Ich selbst aber erlebte diese Zeit wie einen Traum. Es reihte sich ein Tag an den anderen. Jeder hatte seine aufregenden Ereignisse. Unter Hochdruck lieferte ich an vielen Tagen meine Berichte ab. Oft wusste ich am Abend nicht mehr, was ich geschrieben hatte. Und ob es gut oder schlecht war, konnte ich erst recht nicht sagen. Wenn ich am nächsten Tag die *AZ* aufschlug, schaute ich meistens nur nach, ob mein Beitrag in voller Länge abgedruckt worden war. Ich mochte meine Artikel nicht gerne lesen, weil ich unsicher war und kritisch mir selbst gegenüber. Mir fehlte der Abstand. So bekam ich Lob und Anerkennung von anderen. Aber was wollte ich schließlich mehr!

Da ich nun so nah an der Politik war, so unmittelbar mit den handelnden Personen, fast ausschließlich Männern, zu tun hatte, erkannte ich immer mehr: Das waren nicht ausnahmslos außergewöhnliche Persönlichkeiten. Es waren Menschen mit Stärken und Schwächen, oft erschienen mir letztere erheblich zu sein. Ich hatte dank Pastor Stier noch Ideale im Kopf. Mir schien es immer wichtiger, bei meiner Arbeit zu zeigen, wie Politik gemacht wurde; dass diejenigen, die sie zu verantworten hatten, Menschen sind, mit ihren persönlichen Sorgen und Nöten, ihren Vorstellungen und Idealen und vor allem ihren eigenen Zielen und ihrem Hunger nach Macht, und dass natürlich auch sie ihre jeweilige Tagesform haben. Von der allerdings dann jeweils eine Menge abhängen kann.

Ich begann mich für diese Menschen zu interessieren und sie zu beschreiben. Das Wie interessierte mich mehr als das Was. Das politische Feature, die farbige Story, wurde mein Metier. Dabei hatte ich das Glück, dass unter Werner Friedmann kein plakativer, nivellierender und einseitiger Boulevardstil gepflegt wurde. Differenzierende Darstellungen, verschiedene Farbtöne waren in der Berichterstattung möglich, ja sogar erwünscht. Er war mit meiner Art des Schreibens und meiner Sicht mit meinem weiblichen, jugendlichen Auge auf eine manchmal bizarre Männerwelt immer einverstanden, ebenso meine Chefredakteure Erich Helmensdörfer und Udo Flade und die übrige Redaktion. Wenn auch Chefredakteur Udo Flade zum Zynismus neigte, so hatte das keine Auswirkung auf meine Berichterstattung, die nicht einseitig war und daher nicht verzerrte.

Ich erlebte damals große Gestalten zum Teil von geschichtlicher Bedeutung in Bonn. »Politisches Urgestein«, sagte Hobby. Auf jeden Fall hatten diese Menschen eine persönliche Aura: Konrad Adenauer, Ludwig Erhard, Thomas Dehler, Carlo Schmid, Helmut Schmidt, Walter Scheel, Gustav Heinemann, auch Franz Josef Strauß und vor allem Willy Brandt. In den damaligen Bundestagsdebatten wurde wirklich noch um Politik, politische Entscheidungen und Richtungen gerungen. Der politische Wille, das Ziel waren für den Bürger erkennbar. Aber es wurde auch mit harten Bandagen gekämpft. Es gab »Schlammschlachten«, in denen der Gegner auch unter der Gürtellinie getroffen wurde. Besonders Adenauer war ein Meister darin, von der sachlichen in die persönliche Diskussionsebene zu wechseln. Nie werde ich vergessen, wie Willy Brandts uneheliche Geburt im Wahlkampf angeprangert wurde. Brandt hat sich übrigens nie auf dieses Niveau begeben.

Spitznamen und treffende Zitate machten in den Bonner Pressebüros die Runde. Und Hobby Bolesch fügte den echten einige erfundene hinzu. Er verriet mir: »Man muss sie so erfinden, dass man sicher sein kann, sie werden von dem Betroffenen nicht dementiert.«

Zu dieser Zeit der Ausrichtungen, in der Politiker und Bürger lernten, mit einer demokratischen Verfassung umzugehen, wurde in Bonn noch über die Todesstrafe debattiert. Ein großer charismatischer Redner und humaner Gegner der Todesstrafe und damit in meinen Augen eine geschichtliche Persönlichkeit für die junge Bun-

100

desrepublik war der FDP-Politiker Thomas Dehler. Der CSU-Bundestagsabgeordnete Richard Jäger dagegen war ihr heftigster Befürworter. Das trug ihm den Spitznamen »Kopfab-Jäger« ein. Ich schrieb damals eine ganze Seite Drei in der *AZ* über die vielen potenziellen Henker, die sich damals täglich brieflich in Bonn bewarben. Eine makabre Geschichte, die man am besten wiedergeben konnte, indem man sachlich blieb und nur die entsprechenden Briefstellen zitierte.

Wenn man ein Gespür dafür entwickelte, gab es farbige Geschichten genug in Bonn, die die aktuelle Politik begleiteten und transparenter machten. Die aktuellen Nachrichten für Seite eins und zwei der Zeitung boten sowieso die Agenturen an, so konnte ich sie entweder mit großen Reportagen und Features begleiten oder mir ein eigenes spannendes Thema suchen – meistens für Seite Drei. Dort fand sich die »Farbe« also, die Geschichte neben der Hauptnachricht, das Menschliche oder Allzu-Menschliche – zur Freude offenbar der Münchener Zeitungsleser.

So geschah es, dass eines Tages ein kleiner, schwäbisch sprechender Mann vor meiner Tür stand und sich als Verleger Theo Kemper vom Kemper-Verlag in Heidelberg vorstellte. Er hatte mit einer Nonne, Daniela Krein, die auf eigene Faust Anekdoten gesammelt und sie dem Verlag angeboten hatte, ein Büchlein *Anekdoten um Konrad Adenauer* herausgegeben, das ein kleiner Bestseller geworden war. Nun wollte er seine Glückssträhne weiter pflegen und fragte mich, ob ich für ihn Bonner Anekdoten zu Papier bringen wollte. Meine beiden ersten Bücher *Anekdoten aus Bonn* und *So lacht Bonn* entstanden. Die Anekdote ist eine besondere literarische Form. Geschichtenerzähler Hobby half mir dabei.

Damit wurde ein bestimmter Ton angeschlagen. Ich musste aufpassen, dass ich nicht zu einer Bonner Elsa Maxwell wurde, zu einer Klatschtante. Ich blieb auf meiner Linie und nahm mir nun vor, mit allen damals wichtigen Politikern persönliche Gespräche zu führen und sie mit ihren politischen Zielen und Ambitionen zu porträtieren. Mit allen konnte ich mich ausführlich – zu Hause, unterwegs oder in ihren Büros – unterhalten. Nur zwei fehlten in meiner

Sammlung: Herbert Wehner und Konrad Adenauer. Dabei hatte ich mich gerade mit dem ersten Bundeskanzler der Bundesrepublik Deutschland aus aktuellem Anlass ausführlich befasst.

Adenauer sollte sich in dieser Zeit von der Macht verabschieden. Nach langem, zähem Sträuben stimmte der fast 90-Jährige schließlich zu, sein Amt im Laufe der Legislaturperiode an seinen ungeliebten Konkurrenten, den Vater des Wirtschaftswunders, Ludwig Erhard abzutreten. Dieses bevorstehende Ereignis veranlasste die Chefredaktion meiner Zeitung dazu, zu beschließen, eine Serie über das Leben von Konrad Adenauer zu veröffentlichen. Und ich bekam diese Aufgabe. Ich zog mich mit Bergen von kopierten Zeitungsausschnitten aus dem Bundestagsarchiv und anderem Material in das Hotel Schloss Auel in der Nähe von Bonn zurück, um mich ungestört an diese umfangreiche Arbeit machen zu können.

In meiner Adenauer-Serie schilderte ich unter anderem, wie sich Konrad Adenauer, der von den Nazis als Kölner Oberbürgermeister abgesetzt worden war, 1944 vor der Gestapo verstecken musste. Er war am 23. August verhaftet worden. Durch die Hilfe von Freunden gelang ihm die Flucht, und er fand im nahe gelegenen Westerwald ein Versteck in der Nister Mühle. Seine Frau blieb in Köln, allein mit den sieben Kindern, und, unter Druck gesetzt, gab sie sein Versteck schließlich preis.

Nachts fuhr die Gestapo auf den einsam gelegenen Bauernhof an der Nister vor. Konrad Adenauer flüchtete in einem langen weißen Nachthemd auf den Speicher und versteckte sich hinter dem Schornstein, dort, wo Schinken und Würste zum Räuchern hingen. Der Gestapo-Mann, der ihn schließlich dort entdeckte, soll gesagt haben: »Aber, Herr Dr. Adenauer!«

Diese Geschichte faszinierte mich. Ich wollte unbedingt die Nister Mühle sehen. So fuhren Hobby und ich eines Tages mit meinem VW-Käfer nach Hachenburg im Westerwald. Von dort wanderten wir ins Nister-Tal, um die Mühle zu suchen. Auf einem der Felder trafen wir einen jungen Mann, einen Bauern. Es stellte ich heraus, dass er zusammen mit seiner Frau gerade die Nister Mühle übernommen hatte. Von der Geschichte der Mühle wusste er nicht viel. Aber bereitwillig zeigte er uns den Dachboden mit dem vermutlichen Adenauer-Versteck. Wir kamen in ein Gespräch und wurden zum Mittagessen eingeladen. Die Mühle ist groß und geräumig und uns gefiel die Umgebung. So geschah es, dass wir beschlossen, uns in der Nister Mühle einzunisten. Wir bekamen ein großes Zimmer mit einem herrlichen Blick in die unberührte Landschaft. Abends traten Rehe aus dem Wald und ästen vor unserem Fenster. Die Mühle wurde einige Jahre zu unserem Wochenenddomizil. Und ich stellte mir vor, dass wir im selben Zimmer wohnten, in dem Konrad Adenauer eine ganze Weile gelebt hatte.

Bonn war damals ein Provisorium und sollte das nach dem Willen der Politiker auch bleiben. Die Wiedervereinigung und Berlin als Hauptstadt waren das Ziel, obwohl damals keiner mehr so recht daran glauben konnte. Der Bundestag – schlicht und weiß – war eine ehemalige Pädagogische Akademie. Einige Gebäude waren ohne großen Aufwand dazugebaut worden, so auch der Plenarsaal, ein runder Raum mit Glastüren zur Lobby und zu dem sogenannten Wandelgang, wo sich Abgeordnete ungestört während der Plenarsitzungen zu Gesprächen und Absprachen treffen konnten. Über der Rednertribüne und dem Hochsitz des Bundestagspräsidenten war an der Wand der Bundesadler angebracht, der wegen seiner behäbigen Statur im Volksmund die »Bundesgans« genannt wurde. An den Plenarsaal schloss das große rechteckige und ungemütliche Bundeshaus-Restaurant an.

Wenn an Plenartagen viel zu tun war, kam ich häufig nicht zum Essen und holte mir am Zeitungskiosk gegenüber, wie einige Journalisten, eine Bockwurst. Früher grenzten hier Wiesen an. Und einige Presseleute konnten sich noch daran erinnern, wie hier ein Schäfer seine Schafe weiden ließ. Auf dieser Wiese zwischen Bundeshaus und der alten großen Villa, in der die Parlamentarische Gesellschaft untergebracht war, ein Club für Abgeordnete, waren provisorische, zweistöckige Häuser errichtet worden, die »Pressebaracken«.

Ich teilte dort einen kleinen Raum mit einem Wirtschaftsjournalisten mit »Bauchladen«. Denn es gab keinen freien Raum mehr in den Pressehäusern. Gerade zwei Schreibtische, die sich gegenüberstanden, passten dort hinein. Ich war zwar die meiste Zeit unterwegs, aber brauchte auch meine ungestörte Zeit, um Berichte zu schreiben. Da aber die Wirtschaftsseiten bei den Tageszeitungen eher Redaktionsschluss haben als die politischen, war mein Kollege immer schon fertig mit Schreiben, wenn ich mich an die Maschine setzte. Hannes Zencke saß in dieser Zeit meistens schon am Pressetisch im Bundeshaus-Restaurant und trank zur Entspannung einen doppelten Korn, dazu ein Glas mit Wasser. Die Ober stellten ihm dieses »Gedeck« immer ohne Aufforderung hin. Hannes Zencke, ein begabter Mann, war wohl – wie auch Hobby – durch den Krieg nicht mehr zum Studieren gekommen und musste sehr früh für Frau und Kinder Geld verdienen. Seine Arbeit erfüllte ihn bald nicht mehr. Jedenfalls saß er meistens bereits dort, wenn wir anderen noch unter Hochdruck standen, versuchten, noch eine Zusatzinformation zu ergattern, oder uns gerade eine kleine Mittagspause leisten konnten. Er war dann meistens schon angeheitert und machte seine Witze über oder mit den vorbeikommenden Bundestagsabgeordneten. Viele der Parlamentarier setzten sich wenigstens für ein paar Minuten zu den Journalisten wie zum Beispiel Bundespressechef Felix von Eckardt oder der Gesamtdeutsche Minister Ernst Lemmer, der dann meistens schon nach Skatpartnern für den Abend suchte. Auch Walter Scheel, Thomas Dehler und Carlo Schmid waren unter ihnen. Wenn Zencke sich dort niederließ, waren wir politischen Journalisten meistens schon einmal da gewesen, um ein paar Informationen aufzuschnappen. Oft kamen wir am Abend nach getaner Arbeit noch einmal vorbei. Dann saß »Hänschen« Zencke nicht selten immer noch dort.

Ab und zu musste Zencke für einen Rundfunksender einen Wirtschaftskommentar verfassen. Er galt in Bonn als einer der bestinformiertesten Wirtschaftsjournalisten. Ich glaube, er hat mir so bereitwillig in seinem kleinen Büro Unterschlupf gewährt, weil er an solchen Tagen meine Hilfe brauchte. »Heli, kannst du dich mal an die Maschine setzen!«, forderte er mich dann auf. Er hatte mittags ja schon mehrere Entspannungsschnäpse geschluckt und darum Schwierigkeiten, die richtigen Tasten zu treffen. Und so diktierte er mir seine Kommentare. Seine Sprache war dann etwas nuschelig, aber seine Gedanken klar und nie ist ihm ein Kommentar danebengeraten.

Irgendwann wurde dann doch ein Raum frei und ich bekam mein eigenes Büro in der Baracke. Dafür ließ ich einen anderen Kollegen, der neu nach Bonn gekommen war und einen Raum suchte, bei mir unterschlüpfen, Hans Ulrich Spree, ebenfalls ein Wirtschaftsjournalist, der später beim Funk Karriere machen sollte.

Das Ego ist ein seltsames Tier. Es schiebt Ideale als Tarnung vor sich her und tut unbeirrt das Seine. Ich lebte mit Hobby ja inzwischen in der Meckenheimerallee. Seine Frau war mit den Kindern nach München gegangen. Ich hatte keine Probleme damit, denn für mich waren seine Worte maßgebend: »Es war eine Kriegsehe.« Er hatte immer nebenher eine Freundin gehabt und ich war eben nun »die Richtige«.

Aber die beiden Töchter! Ich sollte sie erst viel später kennenlernen und lieb gewinnen. Ich hatte meinen Platz und meinen Schutz gefunden und konnte alle belastenden Gedanken verdrängen. Denn schließlich wollte ich ja selbst eine Familie haben. Kinder waren für mich, wie auch wohl heute noch für die meistens Frauen, das oberste Lebensziel. Mein Beruf war spannend und machte Spaß und ich war erfolgreich. Aber das andere war noch wichtiger. Hobby fuhr damals mit seinen Kindern noch ein paar Mal in Urlaub. Wir schrieben uns dann sehnsüchtige Briefe. Ich weiß nicht, ob ich ihm diese Reisen nicht schwer gemacht habe. Ich wusste ja, dass sie richtig und notwendig waren. Aber Emotionen sind vom Verstand schwer zu steuern. Jedenfalls blieb es bei ganz wenigen Reisen. Danach fuhr er manchmal noch nach München. Aber auch diese Reisen wurden immer seltener. Heute schmerzt mich der Gedanke daran.

Ich dachte weiter über mein Familienprogramm nach, war selbst eigentlich noch nicht erwachsen, durch den Krieg ein Mensch ohne eigene Kindheit, suchte nach Halt und offenbar nach einem Vater. Als Hobby aber begann, sich nicht nur in unserem Leben, sondern wieder mehr in der Rheinlust einzurichten, begann ich, mich einsam zu fühlen. Bei einer Presseeinladung außerhalb von Bonn verliebte ich mich heftig in einen anderen Mann. Das Hobby auch litt durch den Abschied von seinen Kindern und vielleicht deshalb beim Alkohol Trost suchte, kam mir nicht in den Sinn. Er sprach ja auch nie darüber. Dass es Menschen gibt, die so schwer an ihre eigenen Emotionen herankommen, dass sie sich mit Alkohol zuschütten müssen, wusste ich damals noch nicht. Es ist falsch, zu sagen: »Hätte ich damals …!« So wie mein Leben verlaufen ist, ist es richtig. Ich hatte meine Lektionen zu lernen. Ich verliebte mich in einen anderen aus Hilflosigkeit, und meine Beziehung zu Hobby begann einen unglücklichen Verlauf zu nehmen.

Für uns beide leitete dieser Zwischenfall eine schreckliche Zeit ein. Für mich war es bei aller Verliebtheit kaum zu ertragen, zu erleben, wie Hobby litt. Am Ende kamen wir wieder zusammen. Hobby betrieb nun die Scheidung. Und unsere Tochter Katharina kam auf die Welt. Mutig und stolz zeigten wir die Geburt allen in Bonn an, die wir kannten. Wir verschickten eine Geburtsanzeige an Freunde, Bekannte und auch an viele Politiker, sozialdemokratische, freidemokratische wie auch Christdemokraten. Das war sicher außergewöhnlich für diese Zeit, in der ein uneheliches Kind noch ein Makel war und eher geheim gehalten wurde. Unser Verhalten deutet wohl bereits auf meine spätere kämpferische Haltung in Bezug auf Gleichstellung der Geschlechter hin. Alle freuten sich mit uns. Mich erreichte keinerlei moralische Entrüstung über unseren Bekennermut. Wir bekamen herzlich gemeinte Glückwunschpost, ob vom Bundespressechef Karl Günther von Hase, von CSU-Politiker Jonny Klein oder SPD-Politikern wie Wolfgang Schwabe und vielen anderen.

Bevor mein erstes Kind auf die Welt kam, dachte ich nicht über das Für und Wider von Beruf und Familie nach, fragte mich nicht, ob ich meinem Kind als berufstätige Mutter nicht zu viel zumutete, oder ob ich dieser Aufgabe gerecht werden konnte. Kindergärten und Ganztagsschulen gab es noch nicht, jedenfalls nicht in unserer Nähe. Kinderhorte und Ersatzmütter waren noch nicht in Mode. Stattdessen gab es Babysitter und Au-pair-Mädchen aus dem Ausland, die die deutsche Sprache lernen wollten. Wir vertrauten darauf, dass es eine Lösung geben würde.

Ich wollte als zwar noch nicht ganz erwachsener, aber mit 29 Jahren auch nicht mehr ganz junger Mensch ein Kind haben. Damit, so glaubte ich, würden wir zu einer Familie, alle Verhältnisse klar definiert und Probleme gelöst. Ich wollte einfach gebraucht werden, meinem Leben einen Sinn geben. Dabei war mein Beruf doch etwas Erfreuliches, aber merkwürdigerweise nicht etwas, das mein Selbstbewusstsein stärkte und meinen Platz im Leben definierte.

Die kleine Katharina, sie wog nur etwas mehr als fünf Kilo, war perfekt, mit großen blitzblauen Augen und einem dunklen Haarschopf. Sie kam vor Hobbys Scheidung auf die Welt, die nach den damaligen Ehegesetzen noch sehr schwierig wurde und viel Geld kostete. Das belastete unser Leben eine lange Zeit. Eine Familienpause – heute eine Selbstverständlichkeit für junge Mütter – kam schon aus finanziellen Gründen nicht in Betracht. Aber ich wollte ja auch meinen Beruf zu keiner Zeit aufgeben. Schließlich konnten wir ja auch unsere Artikel zu Hause schreiben und uns ablösen. So dachten wir.

Der gesetzlich vorgeschriebene Mutterschutz interessierte mich nicht. Ich arbeitete bis zum letzten Tag. Mit dickem Bauch interviewte ich Politiker. Damals war es allerdings noch üblich, ihn mit Umstandsmode zu kaschieren und nicht so, wie es heute die jungen Frauen tun, stolz zu zeigen.

Ich hatte mich mit Fachlektüre auf die Geburt vorbereitet. Besonders interessierte mich die *Schmerzlose Geburt* nach Dr. Read. Ich machte die in diesem Buch angegebenen Übungen. Ansonsten gab es nicht viel auf dem Markt. Das unter den Nazis erschienene Buch *Die Mutter und ihr erstes Kind* wurde wieder aufgelegt. Nur das Wort »deutsche« war gestrichen worden. Ich denke, auch das war ein Zeichen, wie wenig wichtig Frauen und ihre Probleme in dieser Zeit des Wiederaufbaus genommen wurden.

Kathrinchen war ein Leichtgewicht. Als die Wehen plötzlich wieder wegblieben, wurden sie schließlich wiedereingeleitet. Und dann war sie ganz schnell da, noch bevor der Gynäkologe Professor Büttner erschien, nur mit Hilfe der Hebamme, die ein Dragoner war und, während ich mich um eine »schmerzlose Geburt« bemühte, mit dem Oberarzt stritt, der schließlich wütend den Kreißsaal verließ. Nun konnte sich die Hebamme wieder mit mir befassen, was dann auch ganz schnell zu einem Ergebnis in Gestalt eines allerliebsten kleinen Wesens führte.

Diese Geburt – wahrscheinlich war ich auch deshalb so instinktiv und blindlings darauf zugesteuert – bedeutete die große Wandlung in meinem Leben. »Ihr habt mich selbst zum Leben aufgefordert, obwohl ich gar nicht lebensfähig war«, lauteten die Anfangszeilen eines Gedichtes, das ich viele Jahre später in mein Tagebuch schrieb. Damit meinte ich meine beiden Kinder, Katharina und Sebastian, der zwei Jahre später auf die Welt kam.

Hobby war ein rührender Vater. Er wechselte die Windeln – damals kannte man noch keine Pampers – seiner kleinen Tochter genausooft wie ich. Ich war so begeistert von dieser neuen Aufgabe, dass ich jede Mullwindel bügelte. »Das desinfiziert«, antwortete ich meiner Mutter, die sich darüber mokierte. Eine Studentin wurde immer dann als Babysitter gerufen, wenn wir beide gleichzeitig unterwegs sein mussten. Kathi sollte eine glückliche Kindheit haben, hatte ich, die eigentlich nichts von diesem Thema verstand, beschlossen.

Eines Tages klingelte es an der Haustür unserer Parterrewohnung in der Meckenheimerallee. Eine Frau vom Jugendamt stand vor der Tür. Sie sollte nach unserem Baby sehen. Das Jugendamt sei bei einem unehelichen Kind automatisch Vormund. Ich war empört. Ich wollte selbst Vormund meines Kindes sein, denn ich hatte als berufstätige Mutter ja schließlich alle Voraussetzungen dafür. Das sei nicht so einfach, meinte die Frau. Aber sie sähe doch, dass wir hier wie eine normale Familie zusammenlebten und Katharina auch ihren Vater bei sich habe. Dann genüge das erst recht nicht. Die Frau ging, und ich war in meinem Stolz tief verletzt. Ich weiß nicht, wie die Gesetze heute sind. Damals fand ich, das Jugendamt sollte sich lieber um wirklich problematische Fälle kümmern. Nach Hobbys Scheidung und unserer Heirat erledigte sich dieses Problem.

Ich wollte, dass unser Kind in einem Haus mit Garten groß wurde und dass es von früh auf ein Elternhaus hatte. Wurzellos wie ich war, wünschte ich meinen Kindern tiefe Wurzeln. Statt Miete zu bezahlen, konnten wir das Geld besser in ein Eigenheim stecken, dachte

ich. Wir kauften am Niederberg einen noch in der Planung befind-
lichen Bungalow. Kathi war am 29. Januar 1965 auf die Welt gekommen, im September des gleichen Jahres zogen wir in unser Haus in
der Erftstraße 11 ein, das wir uns eigentlich überhaupt nicht leisten
konnten. Wir verfügten nämlich über keinerlei Eigenmittel. Nachts
saß ich aufrecht im Bett und grübelte, wie ich das Geld für die klaf-
fende Finanzierungslücke beschaffen konnte. Denn Hobbys Zeitung
hatte uns nicht den erhofften Kredit für diese Lücke bewilligt. Und
dadurch mussten wir einen sehr teuren Zwischenkredit finanzieren.
Aber irgendwie gelang es uns. Und auch diese schwierige Zeit ging
vorüber. Kathrinchen lernte auf unserem frisch angelegten Rasen
laufen und wir kauften einen aufrollbaren Gitterdraht und befestig-
ten ihn rund um die Grünfläche, damit sie sich nicht auf der Straße
davonmachen konnte. Größere Nachbarskinder halfen uns beim
Aufpassen.
Das Haus hatte große Fenster, ein großes Wohnzimmer, ein Eltern-
schlafzimmer, zwei Kinderzimmer. Die Küche war schmal, hatte aber
eine Durchreiche zum Essplatz im Wohnzimmer. Um auf den Boden
mit den schrägen Giebelwänden zu kommen, musste eine Leiter aus
der Decke im Flur gezogen werden.
Wir waren eine glückliche Familie. Die Rheinlust war aus unserem
Leben ganz von selbst verschwunden. Zu einer glücklichen Kindheit
gehört auch ein Geschwister. Kathi bekam ein Brüderchen, Konrad
Sebastian.
Träume werden zwar wahr, aber nicht so, wie sie geträumt werden.
Eines Tages sollte ich das begreifen.

III
Vorwärts gelebt und rückwärts verstanden
Politische Korrespondentin

Man sieht nur mit dem Herzen gut.
Das Wesentliche ist für das Auge unsichtbar.

Antoine de Saint-Exupéry

Ich reiste um die Welt. Hobby blieb zu Hause. Er wurde einsam. Nach seinem Tod fand ich in den wenigen Notizen, die er hinterlassen hatte, das Zitat: »Das Leben wird vorwärts gelebt und rückwärts verstanden.« Dieser Satz von Sören Kierkegaard berührte mich schon damals so sehr, dass ich ihn nicht vergessen konnte. Ob wir ein Lebensziel vor Augen haben oder uns treiben lassen – es gab beides bei mir: Der eigentliche Weg, die Erfahrung und die Entwicklung haben damit nichts zu tun.

Wir lebten vorwärts. Ich jedenfalls. Es gab so viel zu tun. Haus, Kinder, Beruf. Aus dem Gefühl unseres Erfolges heraus entwickelten wir die Idee, in unserem schönen Haus am Niederberg einen Jour fixe zu veranstalten. Wir hatten das Haus gemeinsam eingerichtet. So gab es einen Schreibschrank aus Braunschweiger Barock, in den wir beide uns in einem Antiquitätengeschäft in Köln verliebt hatten. Auch die moderne dunkelbraune Ledersitzgruppe hatten wir in Köln gekauft. Eine große Bibliothek und schöne Bilder machten unsere Wände wohnlich. Die Biedermeiermöbel aus meinem hannoverschen Jungmädchenzimmer, neu bezogen, harmonierten mit allem.

Für den Jour fixe wählten wir das Datum des vierten. An jedem vierten im Monat sollten Freunde kommen und Freunde mitbringen. Sie kamen aus Bonn, Köln und Düsseldorf und Umgebung oder aus noch entfernteren Ecken, wenn sie gerade auf einer Reise hier Station machten.

Das Spannende an unserem Jour fixe war, dass sich nicht nur Politiker und Journalisten bei uns trafen, sondern Menschen aus den verschiedensten Bereichen, Architekten, Ärzte, Gastronomen, Schauspieler, Künstler, Kaufleute, Juristen, Ministerialbeamte, Verleger. Für diejenigen, die nichts mit Politik zu tun hatten, lohnte sich der oft weitere Weg, um prominente Politiker wie Walter Scheel, Hans-Jochen Vogel, Hans-Dietrich Genscher, Annemarie Renger, Gustav Heinemann, Carlo Schmid, Klaus von Dohnanyi, Rainer Barzel und viele andere einmal hautnah zu erleben. Für die Politiker war es wiederum eine Abwechslung, aus ihrem Ghetto im »Raumschiff Bonn«, wie Dagobert Lindlau die Bundeshauptstadt einst taufte, herauszukommen und außer auf Journalisten, Ministerialbeamte und ihresgleichen mal auf andere Menschen zu treffen.

Unsere Chefredakteure, Herausgeber und andere Redakteure aus den Zentralen unserer Zeitungen kamen oft sogar aus München, Berlin, Frankfurt, Hamburg und anderswo eigens angereist, um dabei sein zu können. Die Verleger waren dann auch bereit, den Abend zu sponsern. Sie übernahmen das Essen oder die Getränke. Eine Düsseldorfer Brauerei stiftete regelmäßig ein Fässchen Altbier. Einmal brachte mein Verleger bayerische Würstchen mit, ein anderes Mal gab es mit Unterstützung einer Freundin Spaghetti mit einer selbst gemachten Sauce oder eine deftige Suppe. Jedes Mal stand der Abend unter einem anderen Motto und Speisen und Getränke wurden danach ausgewählt. Als später mein damaliger Verleger Senator Franz Burda dabei war, brachte er Weine von seinem eigenen Weingut mit. Und natürlich hatte unser Haus noch nie so viel politische Prominenz auf einmal gesehen wie an diesem Abend.

Ein Abend wird mir aber auch deshalb immer im Gedächtnis bleiben, weil mein Sohn Sebastian damals gerade im Lausbubenalter war. »Bastl« nannte ihn die Familie, »Wastl« nannten ihn die bayerischen Parlamentarier, weil er immer Lederhosen trug. Normale Hosen blieben bei ihm keinen Tag lang heil. Er hasste sie, vor allem die ledernen Kniebundhosen. Aber was sollte ich machen! Bastl spielte mit seinem Freund Peter draußen, als die Gäste nach und nach eintrudelten und eine Limousine mit Chauffeur nach der anderen vorfuhr. Die Gelegenheit schien den beiden günstig, um auch etwas von diesem Ereignis abzubekommen. Auf der Treppe überfielen sie Gäste mit ihren Wasserpistolen und riefen: »Geld oder Leben!« Mit ein paar Groschen Lösegeld gaben sie sich dann zufrieden. Hans-Dietrich Genscher amüsierte sich so über die beiden Buben, dass er beim Hereinkommen lachend berichtete, er sei gerade überfallen worden. Hobby und ich konnten nicht so recht darüber lachen.

Von unserem Jour fixe wird heute noch in Bonn gesprochen. Sicher sind die Politiker vor allem gekommen, weil sie den Kontakt mit den Medien in einer zwanglosen Umgebung suchten. Denn auch die mit uns befreundeten Journalisten kamen gerne, weil sie einmal andere Menschen trafen, aus anderen Berufsgruppen, aber natürlich auch, weil sie hier an informelle Informationen kommen konnten. Es gab ja immer etwas zu essen und zu trinken und vor allem einmal nicht die gewohnten, oft langweiligen kalten Buffets. In erster Linie kam man aber, um Spaß zu haben, interessante Gespräche zu führen und der Politik wieder etwas Bodenhaftung zu geben.

Unser Haus quoll an diesem Tag meistens über. Und bei schönem Wetter nahm unser Garten auch noch Gäste auf. Die Party endete meistens weit nach Mitternacht in der Küche. Ein paar Gäste spülten, aber die meisten redeten und standen herum. Auch zwischendurch war die enge Küche immer wieder Ort für intensive Gespräche. Sie ermöglichte die im beruflichen Alltag so oft vermisste Nähe.

Obwohl wir den Jour fixe immer möglichst einfach und praktisch gestalteten und auch darauf verzichteten, jedes Mal Einladungen hinauszuschicken – das Datum stand ja schließlich fest und unsere Urlaube wurden auch immer so gelegt, dass wir an jedem 4. in Bonn waren – machte er jedes Mal viel Arbeit. Hobby und ich teilten sie uns, unterstützt durch Freunde und unsere Sekretärinnen.

Politiker kamen aus fast allen politischen Richtungen, die Mehrzahl aber stammte aus der sozial-liberalen Ecke, da ich und mein Mann damals den Sozialdemokraten und der FDP unter Walter Scheel näherstanden, ohne Mitglied in einer Partei zu sein. Ein Journalist sollte schon wegen der Optik parteipolitisch neutral bleiben können. Nie werde ich vergessen, wie mein kleiner Sohn Sebastian im Wahlkampf, als Rainer Barzel als Spitzenkandidat der CDU/CSU gegen Willy Brandt und die SPD antrat, durch unsere Erftstraße marschierte und laut rief:»Barzel heißt er, unser Volk bescheißt er!« Wo hatte er das nur aufgeschnappt? Wo wir doch mit Rainer Barzel und seiner Frau Kriemhild befreundet waren und mit dessen damaligem Wahlkampfmanager Klaus Skibowski. Klaus und seine Frau Gilla wohnten mit ihren beiden Töchtern Katharina, genannt »Tinka«, und Anna in unserer Straße. Und Anna war viele Jahre die enge Freundin meiner Tochter Katharina, genannt »Kathi«.

Wir brauchten uns trotzdem nicht für Sebastians Wahlkampfinitiative zu entschuldigen. Im Wahlkampf beschimpften sich auch Freunde und Skatbrüder unter den Politikern, wenn sie verschiedenen Parteien angehörten. Bonn wurde damals nicht umsonst das »Bundesdorf« genannt, in dem jeder jeden und jede kannte, wo man gegenseitig Informationen austauschte, manchmal die gleichen Ansichten hatte und sich trotzdem im Wahlkampf vehement beschimpfte.

Ich habe diese Unehrlichkeit, die sich meines Erachtens in der Politik inzwischen noch verstärkt hat, nie leiden können. Obwohl ich so nahe an der Politik war und sehr oft unzufrieden mit den Inhalten und Entscheidungen, hatte ich nicht den Wunsch, selbst Politikerin zu werden. Es wurden zu viele Kompromisse gemacht und zu viele falsche Spiele gespielt. Die Gefahr, dass die eigene Integrität und persönliche Unabhängigkeit auf der Strecke blieb, empfand ich als zu groß. So hatte ich mich einmal mit der damaligen Bundesfamilienministerin und CDU-Bundestagsabgeordneten Aenne Brauksiepe über eine vernünftige Frauenpolitik unterhalten, die auch berufstätige Frauen berücksichtigte. Wir waren beide einer Meinung über das, was noch zu geschehen habe. Und ich war verwundert und enttäuscht, als ich erlebte, wie sie, um auf einer Wahlkampfveranstaltung die Sozialdemokraten angreifen zu können, genau das Gegenteil vertrat. Und ich war noch enttäuschter, als ich mir dazu noch eine Schmährede über die angeblich familienfeindlichen Sozialdemokraten anhören musste.

Das geschah noch während meiner politischen Lehrjahre. Verwundert über solche Erfahrungen war ich später nicht mehr, nur doch immer wieder enttäuscht. Ich fand nur wenige Politiker, die nicht wider besseres Wissen eine Meinung vertreten. Willy Brandt gehörte vor allen anderen dazu.

Im Deutschen Bundestag gab es eine Reihe sehr profilierter Frauen. Die Älteren unter ihnen waren aus der Weimarer Republik übrig geblieben und hatten daher, obwohl sie im Parlamentarischen Rat in verschwindender Minderheit waren, das Grundgesetz maßgeblich mitgestaltet. Vor allem hatten sie zum Grundgesetz Artikel 3 einen für die nachfolgenden Generationen von Frauen entscheidenden Beitrag geleistet. In Artikel 3, Absatz 2 geht es um die Ebenbürtigkeit von Frauen und Männern, jedenfalls vor dem Gesetz. Über die Parteigrenzen hinweg hatten sich diese »Mütter des Grundgesetzes« – meistens ist ja nur von den »Vätern des Grundgesetzes« die Rede – verbündet, damit die Gleichberechtigung von Männern und Frauen ausdrücklich postuliert wurde. Der Gesetzgeber wird dadurch indirekt aufgefordert, für entsprechende Reformen in den verschiedenen Bereichen, wie zum Beispiel im Bürgerlichen Gesetzbuch (BGB) zu sorgen. Überall dort, wo gesellschaftliche Vereinbarungen, Gesetze und Verordnungen diesem Grundrecht entgegenstehen, sollte der Gesetzgeber eingreifen und Änderungen beschließen. Damit die Gleichberechtigung zum Ist-Zustand werden kann. »Männer und Frauen sind gleichberechtigt«, heißt es da – davon war aber die Bundesrepublik in diesen Anfangsjahren noch weit entfernt.

Vor allem ist es der Juristin und Sozialdemokratin Elisabeth Selbert, unterstützt von den Frauen aller Fraktionen im Parlamentarischen Rat, zu verdanken, dass diese Feststellung, die als Aufforderung gemeint war, ins Grundgesetz kam. Die »Väter« hatten diesen Satz längst als »überflüssig« abgeschmettert mit der Bemerkung, es stünde ja bereits in diesem Artikel »Alle Menschen sind gleich«. Elisabeth Selbert hat daraufhin die Frauen in Deutschland aufgefordert, in Postkarten an den Parlamentarischen Rat ihre Meinung zu diesem Meinungsstreit zu äußern.

Es scheint, als wären die Frauen, obwohl sie zunächst so widerstandslos zurück in die zweite Reihe traten, damals doch politischer gewesen als die heutige Frauengeneration. Jedenfalls trafen waschkörbeweise Postkarten ein, in denen sich die Frauen aus allen Gebie-

ten der Republik vehement für den Zusatz »Absatz zwei« ausspra-
chen. Die »Väter« mussten nachgeben. Denn die Frauen aus allen
Parteien blieben bei ihrer Forderung, gestützt auf das Ergebnis dieser Meinungsbildung. Und so wurde der Zusatz Grundlage für zahlreiche Gesetzesänderungen.

Als Erstes fiel der Stichentscheid des Vaters in der Familie nach dem
BGB. Bis dahin hatte er bei allen strittigen Fragen als »Oberhaupt«
das Recht, das letzte Wort zu sprechen.

Es waren diese ersten Gesetzesanpassungen, fußend auf Artikel 3,2
GG, die mich zu einem politisch engagierten Menschen machten.
Bisher hatte ich das Treiben in Bonn aus dem Blickwinkel einer neu-
tralen, unbeteiligten Beobachterin beschrieben. Mich interessierte
vor allem, wie auch das Menschlich-Allzumenschliche die Entscheidungen im politischen Alltag beeinflusste. Ich fragte mich, ob eine
Entscheidung in erster Linie von sachlichen Erwägungen oder von
anderen Dingen abhing, wie die Tagesform des Politikers von dessen
nächtlichen Träumen, seinen partnerschaftlichen Problemen, seinen
Zu- oder Abneigungen zu mitverantwortlichen Parteifreunden oder
-feinden, von einer Erkältung oder seinen oder ihren Rücken-
schmerzen.

Durch die Gleichberechtigungsthemen aber fühlte ich mich von
dem, was in Bonn entschieden wurde, persönlich mehr betroffen.
Entscheidungen hatten Auswirkungen – auch auf mein Leben,
betrafen meine eigenen Überzeugungen. Und meine Artikel wurden
sachlicher, aufklärender, politischer. Kommentare, in denen ich Partei ergreifen, eine Meinung äußern konnte, kamen zu meiner übrigen Berichterstattung hinzu. Als ein Trend zu beobachten war, dass
die Zahl der Frauen im Parlament nach der nächsten Wahl zurück-
gehen würde, schrieb ich in einem Kommentar: »Eigentlich müssen
die Frauen streiken. Denn das Schlimme am Thema Gleichberechtigung ist, dass man es nicht mehr hören kann. Die meisten Männer
nicken zwar verständnisvoll oder sagen ihre Unterstützung zu. Aber,
wenn es dann zum Schwur kommt, wenn ihnen eine Frau Konkurrenz macht, dann ist nicht mehr die Frage, wer der oder die Tüch-
tigere ist, sondern nur: Wer ist der Stärkere?«

Aus der politischen Journalistin wurde nach und nach auch die Feministin. Niemals wollte ich einseitig Macht ausschließlich für Frauen. Immer hielt ich Parität und Ebenbürtigkeit für das richtige Ziel. Ich sah – und sehe natürlich noch heute – die Notwendigkeit, dass Frauen über ihr Leben selbst entscheiden sollten, schon seit meiner Jungmädchenzeit, in der ich immer stärker mit der gefühlten, aber auch tatsächlichen Abhängigkeit meiner Mutter konfrontiert und belastet worden war. Ich wehrte mich gegen die Vorstellung, dass Frauen grundsätzlich schwächer, weniger intelligent und zu anderen Aufgaben im Leben berufen sein sollten als Männer und daher weniger gut ausgebildet werden als diese und sich weniger um eine persönliche und berufliche Entwicklung bemühen mussten. Ich empfand das als eine große Ungerechtigkeit, Unwahrheit und eine absolut falsche Einstellung.

So ist es kein Wunder, dass mich in diesen Gründerjahren der Bundesrepublik besonders Gesetzesinitiativen zur Berichterstattung anregten, die auf dem Gleichheitsgrundsatz fußten, wie zum Beispiel das Namensrecht, das Recht der Frauen, auch gegen den Willen des Ehemannes berufstätig sein zu können, §218 und das Ehescheidungsrecht. Vieles andere, was damals nach dem Grundgesetz schon hätte verwirklicht werden müssen und über das ich damals schon schrieb, ist bis heute noch nicht geschehen: etwa die Abschaffung des Ehegattensplittings im Steuerrecht und die eigenständige Altersversorgung für alle Frauen, auch für Hausfrauen. Auch die Benachteiligung alleinerziehender Frauen gegenüber Ehepaaren im Steuerrecht empfand und empfinde ich als ungerecht. In der *Hannoverschen Allgemeinen* rügte ich im Wahlkampf 1976: »Thema verfehlt – Die Wahlkampfmanager planten an den Frauen vorbei«. Geradezu wütend machte mich, dass berufstätige Frauen die Kosten für die Betreuung ihrer Kinder nicht von der Steuer absetzen konnten: Obwohl das schließlich die Voraussetzung für ihre Berufstätigkeit ist, so wie es bei mir war, und sie durch ihre Arbeit dem Staat steuerliche Einnahmen verschaffen, oft sogar erhebliche. In diesem Punkt fühlte ich mich persönlich besonders betroffen. Ich hatte damals eine junge Frau in meinem Haus, Maria, die meine Kinder betreute. Ich bezahlte ihre Wohnung und noch einen Zweitwagen, damit sie die Kinder zum Sport oder zum Klavierunterricht bringen und einkaufen fahren konnte. Das führte dazu, dass wir trotz eines guten Einkommens aus den Schulden nicht herauskamen. Aber eine andere Möglichkeit gab es dort, wo wir wohnten, nicht.

Diese Frauen- und Gleichstellungsthemen zählten aber nicht zu meiner Hauptarbeit. Das waren nach wie vor die großen politischen Ereignisse wie Regierungsbildungen, Parteitage, Spionagefälle, Regierungskrisen. Aufgrund meines Ansehens in der Münchener Redaktion hatte ich aber keine Schwierigkeiten, diesen bis heute in den Medien oft wenig beachteten Themen einen guten Platz im Blatt zu verschaffen. Ich bemerkte natürlich, dass die Frauenthemen sonst höchstens in kleinen, überschaubaren Meldungen in der Tagespresse wiedergegeben wurden und auch nie in den Spitzenmeldungen von Rundfunk und Fernsehen vorkamen.

Ich überlegte, wie man für sie eine größere Lobby schaffen könnte, um ihnen in der Öffentlichkeit mehr Nachdruck zu verleihen. So kam mir die Idee, in der Bundeshauptstadt einen Frauenstammtisch zu gründen. Mit der bekannten Fernsehwirtschaftsjournalistin Fides Krause-Brewer und der Gesellschaftsjournalistin Almuth Hauenschild traf ich mich in den Badischen Weinstuben in der Friedrichstraße, um die Gründung zu besprechen. Ich war damals schon Pressereferentin von Annemarie Renger, der Bundestagspräsidentin, fühlte mich aber immer noch als politische Journalistin.

Durch meine Arbeit für die Sozialdemokratin und erste Frau im Staate fiel es mir leicht, auch andere SPD-Frauen für unseren Kreis zu gewinnen, dessen Sinn ich darin sah, selbstständige berufstätige Frauen und einflussreiche Frauen aus Bonn und Umgebung zusammenzubringen, um in die Politik Vorschläge zur Frauenthematik zu lancieren oder auch den Boden für sie zu bereiten. Ich hoffte tatsächlich, eine interfraktionelle Frauen-Lobby aufbauen zu können.

Diesen Stammtisch gibt es bis zum heutigen Tag. Es ist noch nicht lange her, da haben wir in einem großen Kreis ehemaliger und heutiger Stammtisch-Schwestern unser 25-jähriges Jubiläum gefeiert. Längst ist er aber geschrumpft. Auch seine Zusammensetzung hat sich geändert. Damals bestand er aus Politikerinnen, Ärztinnen, höheren Beamtinnen, Journalistinnen, Mitarbeiterinnen der großen Parteien, Lehrerinnen. Heute sind es mehr oder weniger Rentnerinnen oder Pensionärinnen.

Das erste Thema, von dem ich mir damals wünschte, dass wir es in die öffentliche Diskussion bringen könnten, waren die Shador oder Kopftuch tragenden Frauen. Beide Kleidungsstücke sind für mich bis heute ein Ärgernis, weil sie mir als ein Zeichen der Abhängigkeit in unserer demokratischen Gesellschaft erscheinen. Bis heute hat mich dieses Thema nicht losgelassen. Meine Meinung hat sich auch aufgrund der umfangreichen öffentlichen Diskussion, in die sich sogar der einstige Bundespräsident Rau zugunsten einer duldenden Einstellung einmischte, nicht geändert. Im Gegenteil: Raus Stellungnahme empörte mich. Eine Untersuchung der Konrad-Adenauer-Stiftung 2006 zeigt, dass wohl auch diese Frauen nach gleichen Chancen im Beruf streben und das Kopftuch ein Zeichen ihrer religiösen Einstellung ist.

Für mich ist und bleibt das Kopftuch ein Symbol der Unterdrückung der Frauen, ihrer Abhängigkeit vom Mann, ein Zeichen der Machtlosigkeit, der Unterwerfung und oft – und das finde ich noch schlimmer – ihrer freiwilligen Unterwerfung. In meinen Augen ist das Kopftuch ein Symbol der Schande. Der Schöpfer hat uns die Pracht der Haare gegeben, die Schönheit unserer Körper, damit sie sich im freien Spiel der Kräfte entfalten und erproben können und von der Schönheit dieser Welt zeugen wie die Blumen.

Wer sind wir Frauen, wenn wir uns vom Anblick von schönen Männerschultern, -hüften und -beinen nicht durchaus erfreuen lassen können? Das bedeutet doch nicht, dass wir uns voller Begierde gleich auf einen solchen Anblick stürzen müssen. Wer sind wir, dass wir unseren Blick scheu vor ihrem »feurigen« Blick zu senken haben? Während das andere Geschlecht im Zaum gehalten werden muss durch unsere Verhüllungen? Objekte, Objekte der Begierde! Besitztum des Vaters, der Familie oder als ehrbare Frau des Ehemannes! Wenn wir einen Mann »in Versuchung führen« durch unseren Anblick, ist das unsere »Schuld«! Wird damit der Mann nicht zu einem unmündigen Kind degradiert, ohne eigene Verantwortung? Von

Frauen wird Standhaftigkeit verlangt, sonst werden sie bestraft. Was hat das mit Ebenbürtigkeit von Mann und Frau als Menschen zu tun? Mit der Eigenverantwortung eines erwachsenen Menschen? Schon damals wollten das viele meiner Diskussionspartnerinnen nicht so sehen, vor allem nicht die mir nahestehenden Sozialdemokratinnen. Sie nannten ihre Akzeptanz des Kopftuches in unserem demokratischen Land »Respekt vor der anderen Religion und Toleranz«. Und sie nannten meine Forderung nach Abschaffung des Kopftuches auf deutschem Boden »Intoleranz«. Sahen sie denn nicht, dass sie damit in unserem Land ein Zeichen der Intoleranz zulassen wollten, in einem Land, in dessen Grundgesetz stand: »Männer und Frauen sind gleichberechtigt«? Für mich ist eine schleichende Islamisierung, die eine Entrechtung der Frau mit sich bringen wird, nur dann zu vermeiden, wenn wir eine klare Position beziehen.

Jedenfalls blieb mein erster Versuch, den Frauen-Stammtisch zu politisieren, in einer Pattsituation stecken. Politik war eben nicht mein Geschäft!

Weitere Bemühungen – auch von anderen aus der Gruppe – wurden ebenfalls zerredet. Der Stammtisch etablierte sich stattdessen zu einem Ort des unvoreingenommenen, offenen und freundschaftlichen Gedankenaustausches, auch zu einer inoffiziellen Informationsbörse vor allem auch für unsere politischen und feministischen Interessen.

Lange Zeit blieb das so. Es kamen Neue hinzu, andere gingen, oft wurden sie ins Ausland versetzt, auch zur Europäischen Union. Wir blieben mit ihnen in Kontakt. Sie schrieben uns von Zeit zu Zeit lange Briefe, einige besuchten wir als Stammtisch gemeinsam an ihrem neuen Aufenthaltsort, wie zum Beispiel Benedikte in Stockholm und die Rundfunkjournalistin Ingeborg Zaunitzer-Haase in Hamburg. Unser Treffpunkt blieb viele Jahre die Badische Weinstube, mit den Holztischen und dem guten Essen, bis die Wirtsleute das Lokal aufgeben mussten. Längere Zeit blieben wir auf der Suche nach einem Ort, an dem wir uns ebenso wohlfühlten wie in unserem alten Lokal, wechselten immer wieder den Wirt, stritten und zerstritten uns mit einigen aus unserer Gruppe, da Wohlfühlen ja auch etwas

Subjektives ist. Der übrig gebliebene harte Kern unseres Frauen-Stammtisches gewöhnte sich daran, immer wieder einmal das Lokal wechseln zu müssen.

Und doch: Alles hat seine Zeit. Wie Hobbys und mein Jour fixe, so auch dieser Stammtisch, der heute nur noch ein Schatten seines ehemaligen Selbst ist. Mit seiner Geschichte aber habe ich gerade meiner eigenen Geschichte als politischer Journalistin etwas vorausgegriffen.

Als im Mai 1967 mein Sohn Sebastian auf die Welt kam, engagierten wir Maria, damit ich meinen Beruf wie bisher ausüben konnte. Die Alternative, zu Hause bei den Kindern zu bleiben, gab es für mich nicht. Mein Mann, inzwischen geschieden, musste für die erste Familie mit zwei Töchtern sorgen. Für die zweite Familie musste daher weitgehend ich aufkommen. Außerdem machte mir mein Beruf Spaß und brachte mir Erfolg. Wenn ich eine Familienpause gemacht hätte, wäre ich wohl nie wieder auf die gleiche Erfolgsbahn gekommen. So war ich innerlich zufrieden darüber, dass ich nicht vor der Entscheidung stand: Beruf oder Familie.

Meine Zeitung schickte mich immer wieder auf Auslandsreisen. Unter anderem lud mich der damalige Minister für wirtschaftliche Zusammenarbeit Hans-Jürgen Wischnewski ein, ihn zusammen mit einer kleinen Gruppe von Journalisten in verschiedene Entwicklungsländer zu begleiten. So ließ ich meinen Mann mit den beiden Kindern immer wieder für einige Zeit alleine. Aber da war ja auch noch Maria, die sich um Kathi und Bastl viele Jahre zuverlässig und umsichtig kümmerte. Ich aber war innerlich zerrissen – so, wie wohl viele Mütter in meiner Situation – zwischen der Freude über unwiederbringliche Erfahrungen und der Sehnsucht nach meiner Familie und vor allem den beiden Kleinen. Ich kam immer mit vielen Geschenken zurück.

Entwicklungsminister Wischnewski, wegen seiner guten Kontakte zur arabischen Welt auch »Ben Wisch« genannt – er sollte sie später, als die »Landshut« nach Mogadischu entführt wurde, um RAF-Mitglieder freizupressen, unter Beweis stellen – nahm mich zunächst auf eine Reise nach Nordafrika mit. Auf dieser ersten Reise im Jahr 1967 ging es nach Tunesien, das damals von dem starken und in Frankreich aufgewachsenen, daher dem Westen zugeneigten, Habib Bourgiba regiert wurde. Ich konnte auf dieser Reise beobachten, wie »Ben Wisch« seine Kontakte zur arabischen Welt pflegte, und so notierte ich über diese Reise in ein Land, das er zehn Jahre zuvor zum ersten Mal besucht hatte: »Er kennt das Land wie seine Westentasche und dessen Bewohner, soweit sie von Einfluss sind, nennt er ›Chers amis‹. Wer ihn auf dieser ›Jubiläums-Reise‹ durch dieses Entwicklungsland begleitete, konnte erleben, was eine starke persönliche Beziehung zu einem Land – in politische Münze umgewandelt – bedeuten kann.« Fast vom ersten Tag seiner politischen Tätigkeit als Bundestagsabgeordneter an hatte Wischnewski sich für Afrika, vor allem für Nordafrika, engagiert. Bei ihren Deutschlandbesuchen gingen Politiker von dort in seiner Kölner Wohnung ein und aus. Die Algerier unterstützte er während ihres Freiheitskampfes. »Selbst bei 30 Grad im Schatten besuchte er seine tunesischen Gesprächspartner überkorrekt im dunkelblauen Anzug mit Weste, das Aktenköfferchen mit den Geheimpapieren in der Hand.« Durch seine Fürsprache hatte ich auch Gelegenheit, mit dem tunesischen Regierungschef Bourgiba persönlich zu sprechen. Ich war von ihm beeindruckt.

Zwischen ständigen Verpflichtungen mit Regierungsvertretern lief das für den Entwicklungsminister vorgesehene Besichtigungsprogramm bei deutschen Entwicklungsprojekten. Der damals Infarkt gefährdete Minister schonte sich nicht.

1968 folgte die zweite Reise mit »Ben Wisch«. Sie führte diesmal zusammen mit einer Delegation, darunter wieder einige Journalisten, durch fünf Länder Schwarzafrikas. Auf dieser Reise sollte ich meinen ersten Orden bekommen und mein erstes Flugzeug steuern. Ich erinnere mich besonders an den Besuch des Wüstenstaates Mauretanien. Wahrscheinlich, weil der französische Schriftsteller und Flieger Antoine de Saint-Exupéry auf mich in jungen Jahren einen großen Einfluss ausgeübt und ich alle seine Bücher wie *Wind, Sand und Sterne*, *Nachtflug* oder *Die Stadt in der Wüste* verschlungen hatte. Er feiert darin eine abenteuerliches, männliches Leben. Meine männliche Seite machte sich bemerkbar, und ohne dass ich das damals ahnte, auch schon meine mystische Seite.

Ich las in *Wind, Sand und Sterne*: »Beim Erwachen sehe ich nichts als das tiefe Becken des Nachthimmels, denn ich lag mit ausgebreiteten Armen rücklings auf einem Dünengrad und sah ins Sternengewimmel. Ich war mir damals noch nicht so recht klar, wie tief dieses Meer ist, und so fasste mich der Schwindel, als ich es plötzlich entdeckte. Ich fand keine Wurzeln, an die ich mich klammern konnte und kein Dach und kein Zweig war zwischen diesem Abgrund und mir. Ich war schon losgelöst und begann hineinzufallen wie ein Taucher ins Meer.«

Ich wollte immer fliegen lernen. Die Fliegerin Elly Beinhorn begeisterte mich. Auf dieser Reise durfte ich zum ersten Mal selbst einen Steuerknüppel in die Hand nehmen und ein Flugzeug über der Wüste steuern. Der Besuch in Mauretanien war Abschluss und Höhepunkt dieser Reise zugleich. Wischnewski war das erste deutsche Regierungsmitglied, das diesen Wüstenstaat besuchte, der viermal so groß ist wie die Bundesrepublik, aber nur eine Million Einwohner hatte und zu den ärmsten Ländern Afrikas gehörte. Die Mauretanier zeigten ihre Freude über diesen Besuch in einer überwältigenden Gastfreundschaft.

Dieser Besuch wurde wohl aber vor allem zu einer wichtigen Erfahrung, weil ich in Mauretanien ein Erlebnis hatte, das ich merkwürdigerweise in meinem Bericht für die *AZ* nicht erwähnte. Aber ich habe es nie vergessen, während ich vieles andere von dieser Reise nicht mehr wusste.

Als wir in der Wüstenstadt Boutilimit mit der zweimotorigen Propellermaschine gelandet waren und von den dortigen Würdenträgern begrüßt wurden, kam plötzlich eine Frau in mittleren Jahren in einheimischer Kleidung, aber unverschleiert, auf mich zu, fiel vor mir nieder und berührte den Boden mit ihrer Stirn. Sie überreichte mir einfache handbemalte Holzsandalen und sagte etwas, was ich nicht verstand. Der Dolmetscher erklärte, sie sei die Vorsitzende der hiesigen Frauenorganisation und es sei für sie eine große Freude, hier eine freie Frau aus dem Westen begrüßen zu dürfen. Ich fühlte mich beschämt und geehrt zugleich. Ich weiß nicht mehr, was ich gesagt habe. Aber heute glaube ich, dass ich erst sehr viel später in meinem

Leben, als ich mich für meine Arbeit für die Gleichstellung von Mann und Frau entschied, ein unausgesprochenes Versprechen von damals erfüllt habe. Die Sandalen jedenfalls besitze ich noch.

Der Anlass dieser Reise war die Hafeneinweihung in Togos Hauptstadt Lomé. Der Hafen, ein Entwicklungsprojekt, hatte die Bundesrepublik Deutschland 73 Millionen D-Mark gekostet. Offizielle Besuche in Guinea und Mauretanien schlossen sich an. Wir passierten dabei die Länder Ghana und Senegal.

Anders als später in Mauretanien war die Ankunft auf afrikanischem Boden in Ghanas Hauptstadt Accra gewesen: mondlose Nacht. Ein paar Botschaftsangehörige erwarteten den Minister vor dem engen Flughafengebäude. Drinnen wurde die Treibhausschwüle durch breitflügelige Ventilatoren kaum gemildert. Schwarze unfreundliche Gesichter. Einzeln mussten wir von Abfertigungsschalter zu Abfertigungsschalter wandern.

Nach vier Stunden Schlaf im Hotel Ambassador stieg die Delegation – ein Vertreter aus dem Verkehrsministerium, einer aus dem Wirtschaftsministerium, zwei aus dem Entwicklungsministerium und acht Journalisten – in einen sogenannten Mami-Bus. Das sind die landesüblichen kleinen, offenen Fahrzeuge, in denen die »Negermamis« (damals durfte man dieses Wort noch in den Mund nehmen) – also die schwarzen Frauen – von Markt zu Markt reisten. Die meisten Busse hatten einen Sinnspruch über dem Frontfenster aufgemalt, wie »Thinking twice« oder »God's time is the best«. Nur der Minister konnte in einem klimatisierten Botschaftswagen die über 200 Kilometer lange, schnurgerade Straße bis Lomé zurücklegen.

Die Togolesen lieben die Deutschen. Diese Liebe hat sich wohl erhalten aus der Zeit, da Togo noch ein »Musterländle« unter den deutschen Kolonien war. Bei unserem Anblick klatschten sie vor Freude in die Hände. Die grauhaarigen älteren Schwarzen verstanden und sprachen damals oft noch Deutsch. Viele trugen deutsche Vor- und Nachnamen wie der Außenminister von Togo, Joachim Hunlede, oder der ehemalige Staatschef und Protegé der Franzosen, Nicolas Grunitzky. Wie Grunitzky hatten viele einen deutschen Vater oder Großvater.

Mit militärischer Pünktlichkeit war Etienne Eyadema, einst Unter-offizier der französischen Armee, damals Staatspräsident von Togo und Oberkommandierender der togolesischen Streitkräfte, zur Ein-weihung des Hafens erschienen. Wer weiß, dass in ganz Togo außer der meteorologischen Station keine Stelle über die genaue Ortszeit verfügt, versteht das zu würdigen. »Eyadema ist immer pünktlich«, sagte man in Lomé, und das war hier ein besonders auffälliges Merk-mal. Alles war auf den Beinen. Die farbenprächtigen Mamis mit ihren Babys, Buschmänner und Häuptlinge, Regierungsmitglieder und die Spitze der internationalen diplomatischen Gesellschaft des 120 000 Einwohner großen Lomé.

Lässig gegen den Takt eines zackigen Marsches schritt Eyadema in Khakiuniform neben Minister Wischnewski im schwarzen Anzug die Ehrenformation ab. Der Protokollchef stellte den deutschen Mi-nister und den Hafendirektor Müller nebeneinander auf die Redner-tribüne zur Ordensverleihung. Sie standen da, als sollten sie ein Ge-dicht aufsagen. Dann stieg Eyadema zu ihnen empor. Etwas später, nach dem togolesischen Transportminister, sprach der Bundesmi-nister – zunächst vom Friedhof von Lomé, wo so viele Deutsche ruh-ten, für die Togo in der Kaiserzeit zur zweiten Heimat geworden war. Die Schwarzen klatschten begeistert. Der Präsident gähnte hinter vorgehaltener Hand. Wischnewski: »Es lebe die Freundschaft zwi-schen dem togolesischen und dem deutschen Volk! Es lebe die Schiff-fahrt, die beide Völker über die Ozeane verbindet!« Dieser Spruch kehrte in verschiedenen Variationen in allen Ländern während die-ser Reise in Wischnewskis Ansprachen wieder.

Am Abend gab es einen Empfang bei Präsident Eyadema. Im weit-läufigen Garten seiner Residenz traf sich die Gesellschaft Togos. Ein »Hof«-Beamter bedeutete mir, der Präsident wolle den beiden Da-men in Wischnewskis Begleitung eine Audienz gewähren. So schritt ich mit Hilde Purwin die Stufen zur von Säulen getragenen Emp-fangshalle hinauf. Der Präsident, der wie ein schlaksiger großer Jun-ge wirkte, ließ Champagner kommen. Die Unterhaltung wurde in französischer Sprache geführt. Etienne Eyadema erzählte von seinen Jagderlebnissen. Zum Abschied schenkte er uns goldene Broschen.

Für den Weiterflug nach Conakry (Guinea) hatte uns der Präsident seine DC 6 zur Verfügung gestellt. So konnten wir noch einen Tag länger in Togo bleiben und den Nationalfeiertag erleben. Das große Defilee der Nation vor der Präsidententribüne begann mit den Militärs. Die togolesische Luftwaffe – drei zweimotorige Maschinen inklusive der des Präsidenten – überflog mehrfach im Tiefflug die Tribüne, um den Eindruck eines Geschwaders zu erwecken. Die stärkste Macht, eine Wirtschaftsmacht, aber stellten unter all den an der Tribüne vorbeimarschierenden Organisationen, Schulen und Genossenschaften die togolesischen Frauen dar: Die »Revendeusen«, die Wiederverkäuferinnen, die das Geschäft auf Togos malerischen Märkten machten. In Togo verfügen die Frauen über das Familieneinkommen und haben dadurch Einfluss auf Handel und Wandel. Die Revendeusen marschierten in farbenprächtigen Boubous und der dekorativen Foula (einem Turban), mit ihren Säuglingen auf dem Rücken, erhobenen Hauptes und stolz an dem in leuchtend weißer Uniform prangenden Eyadema vorbei.

Sechs Stunden Flug in Eyademas DC 6 über den Urwald. Zwischendurch vereisten die Flügel der kleinen Maschine. Unruhe unter denen, die es gemerkt hatten. Man konnte nicht anders, man musste denken: Wer hier abstürzt, den findet kein Mensch wieder.

Die Guinesen waren geradezu herzlich beim Empfang in Conakry. Der Armeeminister begrüßte mich bei jeder Begegnung des zweitägigen Aufenthalts mit der höflichen Floskel: »Mes hommages, Madame.« Bei der Besichtigung der Militärfabriken fütterte er mich eigenhändig mit einem Löffel Reis aus der Kantine als Kostprobe. Die Guinesen mochten die Deutschen, aber sie zogen daraus keine politischen Konsequenzen. Es passte nicht in die Politik Sékou Tourés, die Freundschaft mit der Bundesrepublik öffentlich hervorzuheben. In der einzigen Zeitung, einem Parteiorgan natürlich, stand nichts über unseren Besuch. Dafür wurden wir sehr gefeiert in der aus Mitteln der Bundesrepublik erbauten Rundfunkstation. Musikanten spielten, schöne schwarze Frauen in leuchtend blauen Boubous tanzten und sangen: »Herzlichen Dank an die Bundesrepublik, dass jetzt mit deutscher Hilfe die Stimme der Revolution ertönt! Herzlichen

Dank, dass jetzt mit Hilfe der Bundesrepublik die Stimme Guineas in der ganzen Welt ertönt!« Minister Wischnewski lachte darüber. Er war sehr zufrieden mit seinen Erfolgen in Guinea.

Zwischenlandung in Dakar, auf der Reise nach Nouakchott, der Hauptstadt Mauretaniens. Höflichkeitsbesuch des Ministers beim Präsidenten und diesjährigen Friedenspreisträger des deutschen Buchhandels, Léopold Sédar Senghor. Dakar hätte eine französische Stadt sein können, wäre die Hautfarbe der Bevölkerung eine andere gewesen. Die Menschen auf den Straßen waren weitgehend europäisch gekleidet, ganz anders als in den Ländern, aus denen wir kamen. Von dem Flugplatz, von dem einst Saint-Exupéry in die Wüste startete, flogen auch wir mit unserer französischen Chartermaschine, einem alten Militärflugzeug, weiter in die Wüste. In der mauretanischen Hauptstadt Nouakchott gab es morgens in dem Gästehaus der Regierung nur eine halbe Stunde Wasser. Da wir uns zu fünft ein Badezimmer teilen mussten, kam mindestens einer bei der Morgentoilette nicht mehr in den Genuss des kühlen Wassers. Und die Nächte waren heiß in den Zimmern ohne Klimaanlage.

Ich notierte in meinem Bericht für die *AZ*: »Abstecher in die alte Festungsstadt Boutilimit mitten in der Wüste: Der Minister bekommt den traditionellen Turban, einen Boubou, Pumphosen und Sandalen verpasst. Die Bevölkerung feiert uns die ganze Zeit mit frenetischem Jubel. Auf dem Rückflug gehe ich in die Pilotenkanzel. Der Pilot, ein verwegen aussehender Franzose, deutet auf den Steuerknüppel. Ich nicke und setze mich auf den Kopilotensitz. Und dann steuere ich das Flugzeug mit dem deutschen Minister mehr schlecht als recht in Richtung der Hauptstadt Nouakchott. Krampfhaft halte ich den Steuerknüppel fest. Immer wieder schütteln Windböen das kleine zweimotorige Flugzeug. ›Mon co-pilote‹, feixt der Flieger. Ich finde es herrlich – bis die Meldung von hinten kommt, dass vier Passagiere bereits Tüten benutzen. Da sagt der Pilot nur: ›Ich bin es nicht gewesen.‹

Nach der tadellosen Landung durch den französischen Piloten klettern einige Mitglieder der Ministerdelegation und ein paar der uns begleitenden Mauretanier benommen aus der Maschine. Nur Hans-Jürgen Wischnewski lacht: ›Ich bin noch nie so gut geflogen.‹

Vor dem abendlichen Hammelessen bei Staatspräsident Moktar Ould Daddah kleidet uns der mauretanische Protokollchef persönlich in die Landestracht ein; die Damen in türkisblaue Boubous und Goldpantoffeln. Der Zeremonienmeister überrascht uns außerdem mit der Mitteilung, dass der Präsident auch der Begleitung des deutschen Ministers Orden verliehen habe. Mein Orden ist ein leuchtend grünes Chevalier-Kreuz. Die Verleihungsurkunde, mit einem Halbmond geschmückt, hängte ich an der Wand meines Bonner Büros auf.«

Meine Art, in meinen Berichten die handelnden Personen zu betrachten und zu beschreiben, ohne zu urteilen oder zu kommentieren, aber doch zwischen den Zeilen erkennen zu lassen, was diese Menschen umtrieb, kam offenbar den Lesern eines Boulevardblattes vom damaligen gehobenen Niveau der Münchener *Abendzeitung* entgegen. Sie wollten offenbar wissen, wie diese Leute in Bonn waren, wie sie lebten, was sie dachten und fühlten.

Mein Tageslauf bestand darin, mich über die Agenturen zu informieren, was auf der politischen Tagesordnung stand – es konnte auch ein scheinbares Randereignis sein –, und meiner Redaktion entsprechende Vorschläge zu machen. Meistens musste ich danach das Okay nach der Redaktionskonferenz abwarten, begann aber schon, Informationen und Fakten über das Telefon zusammenzutragen. Danach würde ich mittags am Pressetisch im Bundeshaus-Restaurant die Ohren spitzen, um zu hören, ob ich mit meinen Recherchen richtig lag, und womöglich noch weitere Informationen zu ergattern. Ich sprach mit Abgeordneten, die meinen Weg kreuzten. Ich wartete vor den Türen, wo die wichtigen handelnden Personen ihre Meetings hatten, um sie selbst anzusprechen.

Dann war die Zeit gekommen, um mit Hochdruck zu schreiben. Eine ganze Seite Drei, das erfordert viel Stoff, viele Fakten, Originalzitate von Politikern, Situationsbeschreibungen. Oft blieb vor Redaktionsschluss nur noch die Zeit, den ersten Teil meines Berichtes in die alte mechanische Schreibmaschine zu hacken und den zweiten Teil in Stichworten mit der Hand zu skizzieren, um das Ganze nach München, ohne es noch mal gelesen zu haben, durchzutelefonieren.

Es geschah dabei nicht selten, dass ich anschließend nicht mehr

127

wusste, was ich da verfasst hatte, und vor allem, ob es gut war. Nach der Redaktionskonferenz am nächsten Tag wusste ich mehr. Meine Berichte wurden meistens gelobt. Danach traute ich mich erst in die neue Zeitung zu schauen, um meinen Text zu lesen. Meistens war ich dann auch einigermaßen zufrieden. Aber gerne hätte ich mehr Zeit gehabt zum Schreiben, vor allem, um sprachliche Ungenauigkeiten zu verbessern. Andererseits war es gerade dieser Druck, dem ich täglich ausgesetzt war, der mich zu Höchstleistungen anspornte.

Um meine Leser mit den »Bonner Köpfen« noch mehr vertraut zu machen, porträtierte ich alle wichtigen Politiker dieser Zeit: Thomas Dehler, der große und leidenschaftliche Freie Demokrat, großartiger Debattenredner und erster Justizminister der Bundesrepublik, Felix von Eckardt, der legendäre Bundespressechef, das bayerische Schlitzohr Hermann Höcherl, abwechselnd Innen- und Ernährungs- und Landwirtschaftsminister, Erich Mende, Ritterkreuzträger und lange Jahre FDP-Vorsitzender, Helmut Schmidt, genannt »Schmidt-Schnauze«, der spätere Bundeskanzler, Ludwig Erhard, Vater des Wirtschaftswunders und ungeliebter Nachfolger Konrad Adenauers, Rainer Barzel, der Möchtegern-Kanzler, Carlo Schmid, der gebildetste unter den Sozialdemokraten, Karl Schiller, Professor und die Primadonna unter den Bonner Wirtschaftsministern, Karl Georg Kiesinger, wegen seiner Rednergabe auch »König Silberzunge« genannt und der – wie ich glaube – meistvergessene Kanzler der BRD, Gustav Heinemann, Justizminister und späterer Bundespräsident, Eugen Gerstenmaier, einstiger Widerstandskämpfer und lange Jahre anerkannter Bundestagspräsident, Georg Leber, der Verteidigungsminister, der bis dahin am wenigsten mit Militär zu tun gehabt hatte und der vielleicht gerade deshalb bei der Truppe von allen Verteidigungsministern der beliebteste war, danach engagierter Verkehrsminister, Mann des Volkes, Walter Scheel, Entwicklungsminister nach »Ben Wisch«, später Außenminister und Bundespräsident und viele mehr, Richard von Weizsäcker, Elisabeth Schwarzhaupt, erste Frauenministerin und überhaupt erste Frau in einer Bundesregierung. Natürlich lagen mir die Frauen besonders am Herzen. Über alle habe ich geschrieben: Aenne Brauksiepe, Käthe Strobel, natürlich Annemarie

14   Als Schülerin in Hannover empfing ich
für den Niedersächsischen Landesdienst
Bundeskanzler Konrad Adenauer ...

15   ..., der sich freundlichst bedankte.

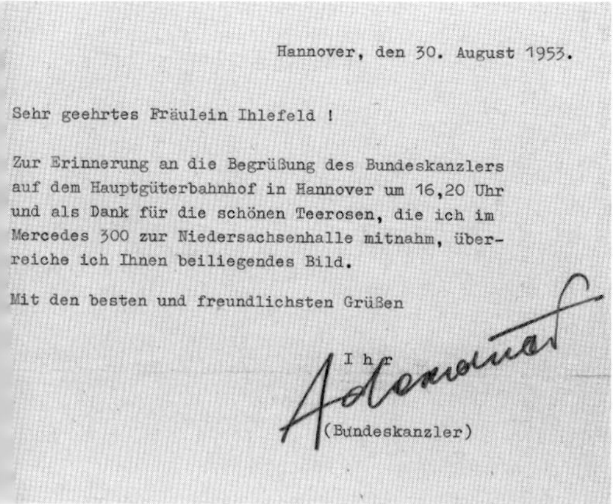

Hannover, den 30. August 1953.

Sehr geehrtes Fräulein Ihlefeld !

Zur Erinnerung an die Begrüßung des Bundeskanzlers
auf dem Hauptgüterbahnhof in Hannover um 16,20 Uhr
und als Dank für die schönen Teerosen, die ich im
Mercedes 300 zur Niedersachsenhalle mitnahm, über-
reiche ich Ihnen beiliegendes Bild.

Mit den besten und freundlichsten Grüßen

Ihr Adenauer

(Bundeskanzler)

Für die Münchner *Abendzeitung* sprach ich 1967 mit Altbundeskanzler Konrad
·nauer – es sollte sein letztes Interview sein.

17 Mein Mann Hermann Otto Bolesch war ein Meister des geflügelten Wortes.

18 Die Geburt unserer Tochter Katharina bedeutete die große Wandlung in meinem Leben.

19 Wir waren eine glückliche Familie: Hobby, Katharina, Sebastian und ich.

20 Ich wollte, dass unsere Kinder in einem Haus mit Garten groß wurden.

21 Bundesverteidigungs-
minister Franz Josef Strauß
fand mich (vorne l.) offenbar nett. Rechts mein
Mann Hobby

22   Das bayerische
Original, der CSU-
Bundestagsabgeord-
nete Franz Xaver
Unertl, erzählte mir
in der bayerischen
Landesvertretung
in Bonn von seiner
Asienreise.

Im Gespräch mit
n charismatischen
n F. Kennedy
seine Schwester
ice Shriver)

24 Ich porträtierte viele wichtige Politiker der »Bonner Republik«: Bundesaußenminister Gerhard Schröder ...

25 ... Walter Scheel (hier im Garten seines Privathauses bei einer Gartenparty im Sommer 1972)

26 ... und Egon Ba

Renger, meine spätere Chefin, Katharina Focke, Hedda Heuser, Rita Süßmuth. Auch der aufgrund meiner trüben Erfahrungen stets mit Argwohn betrachtete Franz Josef Strauß war unter den Porträtierten und Horst Ehmke, der Tausendsassa unter den Sozialdemokraten. Zwei jedoch fehlten noch in meiner Porträtsammlung: Herbert Wehner, der sich meiner Bitte um ein längeres Gespräch immer wieder entzog, bis ich selbst nicht mehr wollte, und Konrad Adenauer.

Über Konrad Adenauer hatte ich in jener Zeit schon viel geschrieben, aber zu einem persönlichen Gespräch war es noch nicht gekommen. Er hatte inzwischen das Kanzleramt an Ludwig Erhard abgegeben und schrieb in einem kleinen Arbeitszimmer im Bundesratsflügel des Bundeshauses seine Memoiren. Außerdem hatte er sich dazu in seinem Haus in Rhöndorf, hoch über dem Rhein, mitten in seinem Rosengarten einen Pavillon aus Glas bauen lassen.

Der damalige CDU/CSU-Fraktionschef Rainer Barzel vermittelte, als es mit einem Termin überhaupt nicht klappen wollte. Adenauer kannte mich nicht – sicher war der Rheinländer auch kein Leser der Münchener *Abendzeitung*. Und ich bekam meinen Termin. Dann aber wurde er kurzfristig wieder abgesagt. Ich sollte warten, bis er aus seinem Osterurlaub in Cadenabbia zurück sei. Aber ich wollte nicht mehr warten. Wieder wandte ich mich an Rainer Barzel. Tatsächlich bekam ich dann in der Woche vor Ostern einen einstündigen Termin in seinem Büro im Bundesratsflügel des Bundeshauses.

Der Leiter des Editionsbereichs des Bundeskanzler-Adenauer-Hauses in Rhöndorf, Dr. Hans Peter Mensing, schickte mir, als ich gerade über dieses Interview hier schrieb, den Terminplan vom Mittwoch, den 22. März 1967. Dort steht: »11.45 Uhr – Staatssekretär von Hase / 16.30 Uhr – Herr Unger und vier Herren des Vorstandes der Widerstandskämpfer / 17.10 Uhr – Frau Bolesch-Ihlefeld, zu Beginn Fotograf Munker.«

Das Wetter war noch winterlich und unfreundlich. Adenauer sprach vor allem darüber, dass er mit seinen Memoiren fertig werden müsse. Er wirkte gehetzt und unruhig. Über die Gefühle, die er hat, wenn er sich so konzentriert in die Vergangenheit zurückbegibt, verrät er: »Man fragt sich beim Studium der Dokumente, ob man damals alles

richtig gemacht hat … Dann ist einem alles wieder lebendig.« Zu
welchen Ergebnissen er bei diesen Gewissenserforschungen gekom-
men sei, fragte ich ihn. »Ich habe festgestellt, dass im Großen und
Ganzen alles so gekommen ist, wie ich es mir damals gedacht habe.«
Und als ich ihn fragte, was sein größter Wunsch sei, antwortete er:
»Ich wünsche mir, dass es bald Frühling wird.«

Da er mich und meine Berichterstattung nicht kannte, forderte er
mich auf, ihm »das Interview« noch einmal zu zeigen. Ich wollte ihm
nicht sagen, dass ich ein subjektives Feature über ihn und unser
Gespräch machen wollte, und stimmte zu. Was hätte ich auch anderes tun können! Der Respekt einer jungen Journalistin vor einem
großen alten Mann gebot es. Zwei Tage nach unserem Gespräch – es
war Karfreitagvormittag zehn Uhr – stand ich mit meiner zweijährigen Tochter Katharina an der Hand und hoch in anderen Umständen
vor der hölzernen, verschlossenen Gartenpforte des großen, in Terrassen angelegten Hanggrundstückes. Ein Mann öffnete mir. Ich stieg
die damals schon legendären 57 Stufen zum großen weißen Haus mit
den grünen Fensterläden hinauf. Die verwitwete Haushälterin Frau
Schlief (Bonner Ondit, von meinem Mann erfunden, »Die Witwe
schlief«) zeigte mir den Weg zum Glaspavillon. Der Steinweg führte
vorbei an einer Puttengalerie. Ich schrieb kurz nach Adenauers Tod:
»In den Beeten und an den Zweigen der Büsche zeigten sich erste
schüchterne Anzeichen, dass sich der Frühlingswunsch bald erfüllen
würde. Es blühten Forsythien und Leberblümchen. In dem achteckigen Pavillon saß Adenauer ganz vertieft in ein dickleibiges Manuskript (er arbeitete an der Korrektur des dritten Bandes seiner
Memoiren) und sah mich durch die Scheiben der Glastür erst, nachdem ich geklopft hatte. Er war freundlich, lobte sogar meinen Text,
aber die ganze Zeit während unserer Unterhaltung spürte ich, dass
er, von einer inneren Unruhe getrieben, bei jeder Unterbrechung seiner Arbeit an den Memoiren ungeduldig wurde. Ich dachte unwill-
kürlich, ob er wohl sein nahes Ende spürt und deshalb so verbissen
und pausenlos an seinen ›Erinnerungen‹ sitzt?«

Ich wollte übrigens diesen Gedanken nicht in meinem Bericht über
unser Gespräch niederschreiben, weil ich annahm, dass Adenauer

diesen Bericht lesen würde. Aber ich hatte das gleiche Gefühl schon, als ich mit ihm in seinem Büro im Bundeshaus sprach. Seine Unruhe, seine Ungeduld – es war die Todesahnung des 91-Jährigen. Der »Memoirenpavillon« schien mir ein idealer Platz zum Arbeiten zu sein; umgeben von einem wunderschön angelegten Garten, mit einem weiten Blick ins Rheintal. Das einzige Geräusch machte die Klimaanlage, die wegen Adenauers anfälligen oberen Luftwegen für eine gleichbleibende Temperatur und Luftfeuchtigkeit sorgte. Das Mobiliar des achteckigen Raumes war einfach; auffällig die breite Bücherwand. Ich entdeckte dort vor allem Kunstbände und historische Bücher wie die Memoiren des Freiherrn vom Stein. Vor den Büchern standen einige handsignierte Fotografien: das japanische Kaiserpaar, Papst Paul VI., der ehemalige italienische Ministerpräsident De Gasperi und der mit beiden Armen winkende US-Präsident Johnson neben den Fotos einer modernen Kreuzigungsgruppe. Der Mahagonischreibtisch – Ton in Ton mit den Bücherregalen – war in leichtem Rund gearbeitet. Auf ihm standen zwei Uhren. Zwei Orientbrücken schmückten den Raum. Unter Adenauers Füßen lag ein wärmender weißer Schafwollteppich.

Zum Abschied brachte mich Adenauer an die Tür. Als ich mich umwandte, saß er schon wieder über sein Manuskript gebeugt. Es war das letzte Mal, dass ich ihn sah.

Am Ostermontag legte er sich mit einer Erkältung ins Bett. Er stand nicht mehr vom Krankenbett auf. Ich hatte das letzte Interview mit ihm gemacht.

Ende Mai kam mein Sohn Sebastian auf die Welt. Mit Katharina hatte Adenauer noch gesprochen, Sebastian hat ihn jedenfalls noch gehört. Wir tauften ihn Konrad Sebastian.

An eine Reise mit Willy Brandt – damals bereits Bundesaußenminister – kann ich mich noch gut erinnern. Brandt begann zu der Zeit die Länder hinter dem Eisernen Vorhang zu erkunden. Um seinem politischen Ziel, der deutschen Wiedervereinigung in einem demokratischen Staat, näherzukommen, besuchte er mit seiner Frau Rut als Erster den mächtigen Marschall Tito, den jugoslawischen Regierungschef, der mit eiserner Faust die verschiedenen Völker dort in einem Staat zusammenhielt und der zudem Moskau gegenüber eine eigenständige Politik verfolgte.

Der Sozialdemokrat war ein geachteter Gast zunächst in Belgrad und wurde dann als besondere Ehre von Josip Broz Tito und seiner Frau Jovanka auf ihrer privaten Urlaubsinsel Brioni empfangen. Der Händedruck zwischen dem deutschen Außenminister und dem damals schon legendären Marschall war von geschickten Regisseuren perfekt arrangierter Höhepunkt einer hochpolitischen Reise. Als Geste des guten Willens demonstrierten beide Seiten damit den Wiederbeginn der deutsch-jugoslawischen Beziehungen. Mein Bericht spiegelt – bei allen menschlichen Farbtupfern – die Bedeutung dieser Reise wieder, die mit der Adria-Insel endete.

»Am nächsten Tag kam es auf der fast wie ein nationales Heiligtum gepflegten und behüteten Insel Brioni zu dem denkwürdigen Treffen mit Staatschef Tito«, schrieb ich. »Seine weiße Villa auf diesem zauberhaften Fleckchen Erde, auf der sich einst die Sommerresidenz römischer Kaiser befand, ist abgeschirmt und bewacht wie eine Atomraketenstation. Bisher wurden bei Besuchen ausländischer Politiker stets nur ganz wenige Journalisten als Begleitung zugelassen; diese durften dann jedoch nur in die Vorhalle, bis zu den salutierenden Wachen. Die 42 Personen starke Reisebegleitung des deutschen Außenministers dagegen ließ man bis in den lang gestreckten Empfangssalon vordringen. Von hier aus sah ich nun, wie Staatschef Tito, der mit seiner Frau Jovanka auf der sonnenbeschienenen Terrasse gesessen und gewartet hatte, aufstand und Willy Brandt bis zur Mitte des Saales entgegenkam. Ernst einander in die Augen blickend, schüttelten sich Tito und Brandt die Hände, während Jovanka mit breitem Lächeln auf Rut Brandt zuging. Die Frau des jugoslawischen Staatschefs hatte übrigens ausdrücklich darum gebeten, dass Rut Brandt ihren Mann von Belgrad nach Brioni begleiten möge. Die Garderobe der beiden Frauen passte farblich so gut zusammen, als hätte man sie vorher abgestimmt. Rut Brandt trug ein orangefarbenes, sportlich geschnittenes Kleid, darüber einen dazu passenden Leinenmantel und eine doppelreihige Perlenkette – der erste Schmuck, den sie auf dieser Reise angelegt hatte. Jovanka Tito hatte ein gelbes Seidenkleid ausgewählt.

Der Staatschef komplimentierte den Außenminister in eine Ecke des im Landhausstil eingerichteten Raumes: dunkle Möbel, Leder bespannte Stühle, alte, wertvolle »Holländer« an den Wänden, kostbare Teppiche, antike griechische Figuren in einer Vitrine ... Unterdessen geleitete Jovanka Tito Frau Brandt auf die Terrasse ... Jovanka erklärte die vor Brioni liegende Insel... Danach zogen sich die Damen zu einem Plauderstündchen zurück.«

Anschließend informierte Brandt kurz die Journalisten: »Das Gespräch fand statt in einer sehr angenehmen, aufgeschlossenen Atmosphäre.« Natürlich wünschten beide Seiten die Beziehungen zu intensivieren. Tito ergänzte, dass man »stufenweise vorgehe«. Woraufhin ihm Brandt ein Lächeln mit den Worten abnötigte: »Man sollte ohne Not nicht größere Schritte machen, als die Beine lang sind.«

Mein Bericht endete mit den Sätzen: »Beim Aufbruch spielte sich ein für die Jugoslawen unglaublicher Vorgang ab: Der deutsche Außenminister wartete auf die Journalisten, die ihre Berichte noch nicht durchgegeben hatten, weil es auf Brioni nur eine öffentliche Telefonleitung gab. Dem jugoslawischen Protokollchef wollte so viel Konzilianz nicht in den Kopf; er begnügte sich aber damit, ihn zu schütteln.«

Eine sehr abwechslungsreiche politische Reise im eigenen VW-Käfer machte ich einige Jahre zuvor 1964 zusammen mit Hobby. Er hatte keinen Führerschein und so musste ich die ganze Zeit fahren. Aber das machte mir damals, als wir noch keine Kinder hatten, Spaß. Wir besuchten einige prominente Politiker in ihren Urlaubsdomizilen. Erste Station war das österreichische Hintertriebenthal, wo Bundesfinanzminister Rolf Dahlgrün und der Bundestagsabgeordnete Siegfried Zoglmann, beides leidenschaftliche Jäger, eine komfortable alte Jagdhütte mit viel Patina gemietet hatten. Wir fuhren im Jeep mit den beiden auf die Pirsch über steile Felsstraßen und beobachteten Gämsen. Der Finanzminister hatte überhaupt keine Lust, über Politik zu sprechen.

Von dort aus ging es ins Tiroler Hinterthal zu Entwicklungsminister Walter Scheel und schließlich zu Bundesinnenminister Hermann Höcherl ins heimatliche Brennberg. Später besuchte ich noch weitere Spitzenpolitiker im Urlaub, u.a. Bundeskanzler Willy Brandt in Norwegen. Die Berichte über diese Reise spiegeln viel Persönliches dieser einflussreichen Politiker wider.

Zu der Familie von Ludwig Erhard hatte ich als Journalistin einen sehr »guten Draht«. Ich schrieb viel über ihn und auch über seine Frau Luise, als er noch Wirtschaftsminister war, und auch später, als Bundeskanzler. Oft war ich mit ihm im Wahlkampf im Sonderzug unterwegs. Im Bundestagswahlkampf 1965 begleitete ich zusammen mit anderen Journalisten die Spitzenkandidaten Erhard, Brandt und Mende.

Nachdem Erhard das Kanzleramt von Konrad Adenauer übernommen hatte, setzte die CDU/CSU voll auf ihr Zugpferd, den »Vater des Wirtschaftswunders«. »Das größte Sonderzugunternehmen in der Geschichte der Bundesbahn« nannte die Bahn den Wahlzug Erhards. Nachts rollte er auf Schienen durch die Bundesrepublik, tagsüber brauste er in einer Kolonne schwarzer Mercedes-Limousinen mit Polizeieskorte und Blaulicht vorweg, durch Städte und Dörfer. Unter den zwölf Journalisten, die ihn abwechselnd begleiteten, reiste ich mit ihm durch Hessen, Baden-Württemberg, das Ruhrgebiet und den Mosellauf entlang. Täglich hielt er zwölf Reden in unterschiedlicher Länge und von unterschiedlicher Art. Von seinen Wahlstrategen waren sie in K0, K1, K2 und K3 eingeteilt. Bei K0 waren nur ein paar Begrüßungsworte vorgesehen. Am Wahltag, dem 19. September 1965, sollte er 18 000 km zurückgelegt und 500 Reden gehalten haben.

Und trotzdem war in den 60er-Jahren ein Wahlkampf vergleichsweise etwas Gemütliches – ohne Internet und ohne Handys. Die schlechtere Infrastruktur machte dafür die Arbeit etwas aufwendiger. Vor allem das Absetzen meiner täglichen Berichte über den »Dicken« erforderte Organisation und Planung, wenn ich den Anschluss nicht verlieren wollte. Es war nicht einfach, stets rechtzeitig ein Telefon zu finden und den Bericht in wenigen Minuten »durchzupusten«, während Erhard gerade sprach.

Das »größte Sonderzugunternehmen« in den Farben Grün, Rostrot und Dunkelblau sah von außen aus, wie ein normaler D-Zug damals aussah, aber nicht von innen: vorneweg die Elektrolok, dahinter ein 1.-Klasse-Wagen zur Sicherheit – sozusagen der Minenwagen. Danach folgten zwei Schlafwagen, ein Speisewagen für den Tross und ein dritter Schlafwagen. Erst danach rollte Erhards Salonwagen mit dem kleinen Konferenzzimmer, dem Kanzlerschlafraum und dem Kanzlerbad; danach kam ein Bürowagen und der Funk- und Fernmeldewagen; schließlich zwei Waggons, in die die Automobile der Kanzlerkolonne verladen wurden.

Zur Kanzlerbegleitung gehörten neben den Journalisten vier Sicherheitsbeamte, der Leiter des Kanzlerbüros Dr. Karl Hohmann, Bundespressechef Karl Günther von Hase oder dessen Vertreter und die Bundesbahnmitarbeiter, die für unser leibliches Wohl sorgten. Die größte Attraktion dieses »Wanderzirkus« aber war für die Schaulustigen an allen Stationen der Mercedes 600 des Bundeskanzlers. Der Salonwagen stammte noch von Hermann Göring. Abends, wenn sein Tagewerk vollbracht war, traf sich Ludwig Erhard dort mit den Journalisten zu Whisky und Sekt. Eines Abends traf der 68-Jährige in dem kleinen Salon mit den beigen und blauen Möbeln und den vielen Blumen eine erstaunliche Feststellung: »Ich mache diese Wahlreisen gerne.« Er nannte auch den Grund: Er konnte im Sonderzug länger schlafen als in Bonn, weil vor elf Uhr keine Wahlveranstaltungen stattfanden: »Ich würde auch gerne so spät aufstehen wie Bismarck, der ein Nachtarbeiter war. Aber das kann sich ein Bundeskanzler im Gegensatz zum Reichskanzler nicht erlauben.«

Auf den Wahlkampfreisen mit Ludwig Erhard, die ich zum Teil auch mit meinem Mann Hobby gemeinsam machen konnte, war nicht zu übersehen, dass der Kanzler – ebenso übrigens wie sein Gegenkandidat Willy Brandt – morgens nur schwer in Gang kam. Seine Vormittagsansprachen waren schwunglos, ohne Überraschungen, aber manchmal auch nicht ohne unfreiwillige Komik. »Wir sind wieder irgendjemand«, meinte er zum Beispiel und ergänzte: »Man kann schwer auf uns verzichten.« Oder im katholischen Trier: »Ich bin ein Querschnitt dieser Menschen, die hier leben.« Um sich vorzustellen, brachte er in der Wahlkampflitanei stets den Refrain »Väterlicherseits stamme ich von kleinen Bauern ab.« Ich weiß nicht mehr wann,

vielleicht bei seiner 100. Ansprache, kam stattdessen der Satz:
»Bäuerlicherseits stamme ich von einem kleinen Vater ab.« Am
Nachmittag wurde er dann stets munterer und es gelangen ihm
goldene Kanzlerworte wie »Jeder hat den Marschallstab im Tornis-
ter. Er muss ihn nur rechtzeitig hervorziehen.« Oder zu den Kata-
strophenwarnungen der SPD: »Wir haben uns von Katastrophe zu
Katastrophe ganz schön emporentwickelt.«
Einer meiner Wahlkampfberichte schloss folgendermaßen: »Der
Wahlkampftag wird stets durch eine oder zwei Großkundgebungen
beendet. Spätestens dann ist Erhard so in Feuer geraten, dass er sichtlich ungern wieder aufhört. Bei den Großkundgebungen sind auch
stets die wenigen Störenfriede dieser Wahlkampfreise versammelt.
Zwischen-, Buh- und Pfuirufe sowie Krawalle stören Erhard nicht
mehr. Wie ein Stier, der seine Gegner auf die Hörner nehmen will,
steht er bei diesen Protesten mit gesenktem Kopf da, beide Arme fest
auf das Rednerpult gestemmt.«
Egal, ob es sich um eine K1- oder K3-Rede handelte, die CDU-
Wahlkampflokomotive sagte bei jeder der durchschnittlich zwölf
Reden pro Tag, dass es unter ihm weiter bergauf gehen werde. Und
als Unterpfand für derlei Verheißungen verteilten er und seine Be-
gleiter überall dort, wo er begrüßt und gefeiert wurde, eiserne und
kupferne Münzen mit dem Erhardhaupt – kleine »Ludwigs«. Diese
»Erhardwährung« sollte bald den Namen »Soziale Mark(t)stücke«
erhalten. Übrigens auch eines der vielen geflügelten Bon(n)mots,
die von meinem Mann Hobby stammten. Viele Kabarettisten lebten
damals von ihnen und auch von seinem Bundespresseball-Alma-
nach, den er jährlich herausbrachte, voll mit politischem Hinter-
sinn. Erhards Wiederwahl erlebte ich im Kanzlerbungalow mit.
Auch Kanzlerkandidat Willy Brandt reiste damals im Sonderzug
durch die Lande. Trotzdem unterschieden sich diese beiden Wahl-
kampfunternehmen – auch im Stil. Ich beschrieb das damals so: »Die
Menschen stehen nicht wie bei Ludwig Erhard in dichten Trauben an
den Straßenrändern. Ein paar Passanten erkennen Brandt, winken,
er winkt lächelnd zurück; sein Blick schweift suchend die Häuser-
fronten entlang. Er entdeckt auf einem Balkon Menschen, die ihn

grüßen. Der Kanzlerkandidat springt vom Sitz seines offenen Mercedes 300 auf, winkt ihnen zu, sucht stehend mit den Augen weiter. Den Menschen, die ihn anblicken, ringt er geradezu ein Grußzeichen ab.«

Ich empfand damals diese Szene symbolisch: »Brandt nimmt nicht – wie Ludwig Erhard – Huldigungen entgegen, sondern wirbt um die Menschen, um jeden einzelnen Wähler. Er schüttelt Hände, spricht mit einzelnen Arbeitern, als wäre er nur gekommen, um sich gerade mit ihnen zu unterhalten. Seine knappen Reden – im Tagespensum noch umfangreicher als die des Wirtschaftswundermannes – enthalten sachliche und verständliche Informationen über die Ziele der SPD. Ich merke, wie er sich auf jedes Publikum einstellt.

Auch Willy Brandt ist ein »Wahlkampftier«. Er stellt sich diesen Herausforderungen mit nie erlahmender Begeisterung. Sein Problem, Menschen im persönlichen Umgang nicht nahe an sich herankommen lassen zu können, verschwindet in der Masse. Seine Art, sein persönliches emotionales Inneres verschlossen zu halten wie eine Muschel, geht einher mit einem offenen, ehrlichen Umgang mit den Menschen, denen er ein demokratisches Deutschland schaffen möchte. Mit Leib und Seele vertritt er eine Politik, mit der er dem Wohlergehen der Bürger dienen will.«

Es kann sein, dass mein Einsatz für Frauen und deren Gleichberechtigung mit meinem unbewussten Gefühl korrespondierte: Auf Männer ist kein Verlass. Männer haben den Krieg angezettelt und verloren. Brandt schien mir einer der wenigen Männer in der Politik, auf den Verlass war. Er machte als Verfolgter der Nationalsozialisten und als Emigrant nicht wie viele andere den Deutschen pauschal einen Vorwurf. Er sagte vielmehr: Die Deutschen sind von Hitler verraten worden. Das half mir etwas zu verstehen, was ich als Kind erlitten hatte. Jedenfalls verknüpften sich meine Visionen vom Frieden und von der Gleichstellung von Männern und Frauen und letztlich aller Menschen so auf eine bedeutsame Weise für mich.

Ich hatte den Regierenden Bürgermeister von Berlin ja schon als Schülerin verehrt. Nun, da ich ihn immer wieder persönlich erlebte, änderte sich an diesem Gefühl nichts. Ich schätzte seine ehrliche, selbstkritische, reflektierende Art, seinen Humor, seine Selbstironie und sein überzeugendes politisches Engagement über alle Maßen. Nie hatte ich bei ihm die Beobachtung gemacht oder das Gefühl gehabt, dass er etwas sagte oder versprach, das er nicht wirklich so meinte und nach dem Wahltag wieder vergessen haben würde. Nie habe ich erlebt, dass er auf den politischen Gegner unter der Gürtellinie eindrosch. Auch Konrad Adenauer hat er Anfang der 60er-Jahre niemals dessen diffamierenden Wahlkampf heimgezahlt, in dem er Brandts uneheliche Geburt anprangerte. Adenauer verdrehte die Gründe für den Namenswechsel, der zunächst eine Tarnung während eines illegalen Aufenthaltes im Nazi-Deutschland war, und hetzte: »Willy Brandt alias Herbert Frahm.« Wie beschämend das war! Das wäre nicht Brandts Stil gewesen. Ja, es war sogar unter seiner Würde, sich zu derartigen Hetzkampagnen öffentlich zu äußern und die wahren Gründe für seinen Namenswechsel zu erklären. Brandt schwieg. Er war schon damals eine in sich geschlossene, aber auch verschlossene Persönlichkeit. Er hatte unter den Nazis gelitten, machte aber wie gesagt niemals das deutsche Volk dafür verantwortlich, dem er als Politiker dienen wollte.

Der einstige Journalist war gerne mit Journalisten zusammen. Trotzdem ging er nach anstrengenden Wahlkampftagen immer sehr diszipliniert mit seinen Kräften um. »Willy Weinbrand« war ein schlimmer Spitzname, den ihm ebenfalls politische Gegner verpasst hatten. Er trank zwar gerne einen guten Schluck und erzählte sich dann mit den Journalisten gerne politische Witze – eine Reihe von ihnen hatte er mir sogar für meine Anekdotenbuch *Willy Brandt anekdotisch* handschriftlich geliefert – aber nie sah ich ihn außer Kontrolle wie zum Beispiel Franz Josef Strauß. Er rauchte viel, ja, und hat damit sicher auch seiner Gesundheit nachhaltig geschadet.

Im Wahlkampf 1965 schilderte ich, wie er mit griffigen Sentenzen seine Wähler zu überzeugen versuchte: »Ich werde nicht wie Erhard Maßhalten predigen und selbst das Maß verlieren«, oder »Wir versprechen nicht allen alles, sondern allen nur das Mögliche« oder »Kleine Schritte sind besser als keine Schritte. Und kleine Schritte sind besser als große Worte.«

Zwar ähnelten sich die Wahlkampfzüge der beiden Spitzenkandidaten, aber es fehlten beim SPD-Kanzlerkandidaten die beiden Autowagen. Denn Brandt brauste nicht mit einer Mercedes-Kolonne durch das Land, sondern beschränkte sich auf zwei Limousinen und einen Pressebus. Auch das Wahlkampfprogramm der beiden unterschied sich. Brandt begann am späten Vormittag mit einer Pressekonferenz. Danach folgten Stadtrundfahrten nach amerikanischem Vorbild – Campaining genannt. Er fuhr nicht wie Erhard über die Dörfer, sondern graste die Ballungszentren und die Großstädte ab. Als ich ihn 1965 begleitete, hieß ein Ballungszentrum Frankfurt. Dort besuchte er zunächst ein großes, modernes Krankenhaus, sprach mit den Ärzten und Schwestern und aß mit dem Betriebsrat zu Mittag. Es folgte das Einkaufszentrum einer Satellitenstadt, Ansprachen bei strömendem Regen unter freiem Himmel. Und die Menschen harrten aus. Zwölf Ansprachen insgesamt, unter freiem Himmel oder in voll besetzten Sälen. Dieser Minutenplan wurde nur unterbrochen durch einen Besuch bei Zoodirektor Bernhard Grzimek. Wegen dieses Gesprächs über Affen, andere Tiere und Grzimeks Tierschutzplan verspätete sich der SPD-Chef bei seinem nächsten Termin.

Nach seiner letzten Frankfurter Rede entschwebte Brandt in einem gemieteten Helicopter in Richtung Mannheim. Dort und in Ludwigshafen und Heidelberg hatte er noch drei Großveranstaltungen zu bestreiten. Heidelberg war die letzte und schwierigste Station des langen Tages. Die Studenten waren nach einer letztklassigen Kabarettveranstaltung, gesponsert von der SPD-Wahlkampfleitung, sauer und aggressiv. Der dortige SPD-Kandidat Alex Möller langweilte sie danach mit einer schwachen Rede. Die Studenten pfiffen, grölten und brüllten den späteren Finanzminister nieder. Ich berichtete über dieses Tohuwabohu, da wir die anderen beiden Veranstaltungen übersprungen hatten und mit dem Pressebus rechtzeitig vor dem Kanzlerkandidaten eingetroffen waren.

»In diesen Tumult geriet Willy Brandt. Ruhig und trocken meinte Brandt: ›Ich möchte den Freunden von der Jungen Union einen Vorschlag zur Güte machen. Sie sollten sich getrennt voneinander nach den Anhängern Erhards und den Anhängern Adenauers aufstellen!«« Das Gelächter, das folgte, brachte das Publikum auf Brandts Seite. Und zum Schluss wurde er mit großem Beifall verabschiedet. Damit aber war das Mammutprogramm noch nicht zu Ende. Nach Mitternacht setzte sich ein heiterer, gelöster Willy Brandt zu uns Journalisten in den Speisewagen und bestellte einen Portwein. Die Unterhaltung wurde lebhaft. Brandt gab ein paar lustige Erlebnisse zum Besten. Schließlich sagte er: »Na, ich trinke noch einen.« Als das zweite Glas leer war, zog er sich zurück.

In diesem denkwürdigen Wahlkampfjahr gab es noch einen dritten Spitzenwahlkämpfer: Erich Mende, den Vorsitzenden der Freien Demokraten und Vizekanzler. Im Gegensatz zu Erhard und Brandt war Mende kein Morgenmuffel. Und den Satz, den mein Mann in einem Bericht in der *Frankfurter Abendpost* Mendes Frau Margot, einer stattlichen Matrone, in den Mund gelegt hatte, »Erich, steh auf! Mach Karriere!«, wurde in Bonn zum geflügelten Wort. Es passte so gut zu dem geborenen Frühaufsteher.

»Das ist mein ganzer Sonderzug!«, sagte der Vizekanzler und zeigte auf den schwarzen Mercedes mit dem Ministerstander. »Er hat alles, was ich brauche, Telefon, Rasierapparat und Umziehmöglichkeiten.« Als ich zweifelnd in das Fahrzeug blickte, ergänzte ein Parteifreund: »Wie man sich eben im Auto umzieht – mit dem Koffer auf dem Schoß.« Erich Mendes Wahlkampf war mühsam und zäh. In aller Herrgottsfrühe ging es los, damit er rechtzeitig an seinem ersten Wahlkampfziel sein konnte. Und wenn er am Tagesende noch eine Großkundgebung hinter sich gebracht hatte, bestieg er für die Nacht nicht einen Sonderzug mit Schlafwagen, sondern seinen Mercedes und fuhr heim nach Bad Godesberg. Ich saß im Ministerwagen und wurde so Zeugin von Mendes zweiter Tagesrasur. Vom Wormser FDP-Bundestagskandidaten, dem Wehrexperten Fritz-Rudolf Schulz, ließ er sich währenddessen für sein nächstes Publikum in Heimatkunde präparieren. Danach telefonierte er mit seinem Ministerium und mit seiner Frau. Anschließend wandte er sich an seinen Fahrer: »Herr Stock, können Sie Knöpfe annähen?« Und als dieser bejahte. »Dann nähen Sie diesen Knopf an meinem Mantel fest. Ich komme heute spät nach Hause und muss morgen früh wieder los. Und sicher ist sicher!« (So lautete das SPD-Wahlkampfmotto.)

Mendes Tagespensum waren fünf Ansprachen. Er ging dorthin, wo sich bereits Publikum befand, in Kurorte, auf Märkte, zu Weinfesten. Das Gedränge dort wurde dann immer heftiger. Und als er einmal dabei seine Besorgnis um seinen dunkelblauen Hut äußerte, meinte ein FDP-Funktionär trocken:»Was machen Sie sich auch so elegant!« Darauf wusste der konservative Ritterkreuzträger keine Antwort.

Mir fiel damals auf, dass Mendes Bilder aus der Soldatensprache stammten. So zum Beispiel, als er seinen Wahlkampfstil mit dem seiner Gegenkandidaten verglich:»Wir haben einen anderen Stil. Das Vorbeihuschen nach Partisanenart ›kommen, schießen und verschwinden, beziehungsweise, kommen, reden und verschwinden‹, ist nicht meine Art. Wir suchen das Gespräch.«

Brandt und Erhard dagegen zogen die Fußballersprache vor.»Dass ich ein alter Kommissknochen bin, das muss sich in den 16 Jahren, die ich in der Politik bin, doch herumgesprochen haben«, gab der FDP-Chef bei einem Glas Bier am Ende des Tages dann freimütig zu. Und sein Ritterkreuz hatte Erich Mende nie versteckt, auch wenn ihm das einige übel nahmen damals.

Er trug immer diesen blauen Homburg. Vielleicht gehörte das in den Augen seiner Wahlkampfberater oder seiner Frau Margot zu einem Mercedes mit Chauffeur. Die Hände schützend vor den Homburg gehalten, den er vor seinem Bauch trug, bahnte sich der Vizekanzler seinen Weg durch die Marktstände.

In dieser Zeit dehnte sich das Kleinbürgertum in der Bundesrepublik aus und das»Bundesdorf« passte zu dieser Atmosphäre. Viele geflügelte Worte und Geschichten befassten sich mit der Bonner Trübsinnigkeit. Eines lautete zum Beispiel:»Bonn ist so groß wie der Friedhof von Chicago, aber doppelt so tot.« Oder weil die Bundesbahn mitten durch die Stadt fährt:»Entweder et raint (regnet) oder die Schranken sind erunder oder man is möd (müde).« Und ein bayerischer Abgeordneter soll gefragt haben:»Was ist das Schönste an Bonn?« Um sich dann selbst die Antwort zu geben:»Der Zug nach München.«

Alles das war ungerecht, um des Gags willen erfunden, vor allem von eingebildeten Bayern, die sowieso finden, ihr Land sei das Schönste. Bonn war damals, bevor Konrad Adenauer es mit seiner eigenen Stimme zur Bundeshauptstadt machte, weil sein Haus um die Ecke in Rhöndorf steht, ein etwas verschlafenes Universitäts- und Rentnerstädtchen, aber weitgehend unzerstört, hat viele Schlösser und andere Kulturdenkmäler, ist ansehnlich und friedlich und umgeben von einer Bilderbuchlandschaft. Nur langsam erwachte es aus seinem Dornröschenschlaf, aber wer Augen für diesen Charme hatte, konnte ihn genießen. Aber dafür sind Politiker wohl nicht gemacht.

Heute stimmen diese Urteile noch weniger. Die »Bundeshauptstadt« Bonn hatte sehr viel Lebensqualität und hat diese als »Bundesstadt« behalten. Es gibt interessante Museen, gutes Theater und die Beethovenfeste, hübsche Lokale und viele Grünanlagen und Parks. Die rheinischen Kulturstädte Köln und Düsseldorf liegen dazu vor der Haustür.

Ich aber schrieb für eine bayerische Zeitung und musste mich in meinen Berichten mit dem Lob auf Bonn etwas zurückhalten. Denn die Münchener glauben, ihre Stadt ist die schönste der Welt. Um für den richtigen bayerischen Touch zu sorgen, unterhielt ich mich bei jeder sich bietenden Gelegenheit mit dem bayerischen Original Franz Xaver Unertl, Gastwirt und Viehkaufmann aus Birnbach in Niederbayern. Schon Adenauer hatte eine Vorliebe für diesen raubauzigen Abgeordneten und nannte ihn immer nur »Jastwirt«. Als klar war, dass Ludwig Erhard Konrad Adenauer ablösen würde, ließ sich Unertl immer wieder Autogramme von ihm geben. Sein Freund Friedrich Kempfler warnte schließlich Adenauer, der Unertl würde die Unterschriften verkaufen. Darauf Adenauer: »Jut, Jastwirt, aber wie viel Prozente bekomme ich?«

Einmal reiste der CSU-Bundestagsabgeordnete mit einer Parlamentarier-Delegation nach Pakistan, Indien, Thailand und Burma. Als ich mich nach seinen Reiseerlebnissen erkundigte, meinte er entrüstet: »Da bleib i in Bonn zehn Jahre, ehe i nomal drei Wochen dorthin geh!« Der Viehhändler hatte viel zu erzählen. Besonders erbosten ihn die heiligen Kühe und die hungernde Bevölkerung: »In Indien laufen

Tausende solcher Kleiderständer über abgefressene Weiden.« Bevor die Abgeordneten abreisten, machte die politische Werbeagentur Internationes Bilder von ihnen und schickte diese in die Gastländer. Unertl: »Mi ham's als Viehhändler mittn unter aner großen Viehherdn fotografiert. Des hat mir vier Titelbilder in allen vier Ländern eitragn. Weil die Kuh in allen vier Ländern heilig ist.« Unertl über die Verpflegung: »I hab mi die ganze Zeit nur mit Zwieback und Bananen ernährt.« Auf einer Reisfarm in Indien – einem Musterbetrieb – versuchte der deutsche Botschafter Unertl das Mittagessen schmackhaft zu machen. Der indische Koch habe das Menü schon seit mehreren Tagen vorbereitet und immer Speiseproben dem Hund gegeben. Unertl: »Probiert hab i ja alles. Aber die Probn ganz klein dosiert. Nicht so wie beim Oktoberfest mit den Schweinshaxn.« Plötzlich große Aufregung: »Der Hund is vareckt!« Es wurde hin und her überlegt, was zu tun sei. Sollte man sich den Magen auspumpen lassen? Der Vorschlag, man solle nachsehen, ob der Hund wirklich tot sei, wurde schließlich angenommen. Unertl schmunzelnd: »Der Hund war tot. – Aber von einem Auto überfahrn.«
Noch mehr als die heimatlichen Speisen fehlte ihm sein Bier: »S'Bier wird in Indien mit Rizinusöl und Malz gebraut. Malz führn's ein. Der Hopfen is eana z'teuer. Die Wirkung des Biers is schlimmer als eine Schachtel Darmol auf einmal g'nomm'n.« Deshalb trank der Bayer auf der ganzen Reise Tee. Doch kaum saß Franz Xaver Unertl in der Lufthansamaschine nach Deutschland, da winkte er die Stewardess heran: »Du, kimm mal her! (Unertl duzte jeden.) Gibst mir a schönes Bier? A deutsches. I bin ja gar net so anspruchsvoll, dass i a bayrischs Bier will.« Längst nicht alle meine Berichte über Politiker in Bonn waren so lustig wie die über das niederbayerische Original.
Helmut Schmidt gab mir 1965 das erste Interview nach seinem Entschluss, Hamburg, wo er die große Flutkatastrophe gemeistert hatte, als Innensenator zu verlassen und in die Bundespolitik zurückzukehren. Ich schrieb damals: »Helmut Schmidt achtete wenig auf das Mittagessen. Lässig zurückgelehnt, rauchte er zwischen den Gängen hastig Mentholzigaretten. Mit seiner metallenen Stimme gab er auf politische Fragen druckreife Antworten. Er lächelte selten und wenn,

dann nur knapp. Als ich ein wenig in seinem Privatleben zu forschen versuchte, wurde der Hanseat steif und zugeknöpft. Das Gesicht eines großen Jungen mit einem dichten jugendlich schwarzen Haarschopf hat beim näheren Hinsehen strenge Züge. Sie sprechen von Selbstdisziplin und Härte.«

Warum er 1961 in seine Heimatstadt gezogen war? »Ich war, wie man so schön sagt, in meinen besten Jahren und wollte, statt immer zu reden, endlich einmal handeln.« Aber seine Reden in Bonn waren eigentlich auch schon Handeln. Denn mit ihnen hatte er die deutsche Politik vorwärtsgebracht und so ein bisschen die Welt bewegt. In Bonn erinnert man sich heute noch an seine großen Reden im Bundestag: zur Atombewaffnung und zur NATO-Politik – und an seine hitzigen Wortgefechte mit dem damaligen Verteidigungsminister Franz Josef Strauß. Wie berühmt Helmut Schmidt damals wurde, beweist die Tatsache seines Spitznamens »Schmidt-Schnauze«. Es gibt nur sehr wenige Politiker, die in Bonn einen Spitznamen erhielten. Er ist meistens ein Zeichen für Popularität. So zum Beispiel wurden Adenauer und Erhard der »Alte« und der »Dicke« genannt. Schmidt glaubt, dass er seinen dem CSU-Parlamentarier und Justizminister Richard Jäger verdankt, der ja auch zu der kleinen Fraktion der Spitznamenträger gehörte. Er wurde »Kopfab-Jäger« genannt wegen seines Eintretens für die Todesstrafe. »Kopfab-Jäger« also nannte den damaligen Abgeordneten Schmidt aus Hamburg in der Atomdebatte wegen seines raschen Mundwerkes »Schmidt-Schnauze«. Das blieb hängen. Er selbst kommentierte das nur mit dem Satz: »Der Name stört mich nicht. Er drückt aus, dass sich so leicht keiner mit mir anlegt.«

Über viele derartige Gespräche aus dieser Zeit, lustige und ernste, könnte ich noch berichten. Eines muss ich noch unbedingt erwähnen, weil es meine Erfahrung belegt, dass Politik den Charakter verändert, vor allem dann, wenn ein hohes Amt Macht und Bedeutung verleiht. *Spiegel*-Journalist Jürgen Leinemann nannte das in seinem Buch gleichen Titels »Höhenrausch«. Ich meine den späteren Bundespräsidenten Gustav Heinemann.

Gustav Heinemann, zu jener Zeit Bundesjustizminister, Herr auf der Rosenburg in Bonn, einem nachempfundenen Schloss, gebaut von einem Industrieellen zu einer Zeit, als eigentlich keine Schlösser mehr gebraucht wurden. Dort war damals das Bundesjustizministerium untergebracht. Es hätte der richtige Ort für ein Dornröschen sein können. Aber er passte auch zu jenen, die an Gesetzen spannen und webten, die nun langsam wie ein Netz die junge Republik überziehen sollten. Dort wurden auch die Gesetze entwickelt, die mir am Herzen lagen und die zur Ausgestaltung des Grundgesetzartikels 3, Absatz 2 gedacht waren. Die Gesetze, die die Gleichstellung der Frauen in Ehe und Familie und in Beruf und Gesellschaft garantieren sollten. Gustav Heinemann, ein ganz besonderer Politiker, ehrlich vor allem, seinen Überzeugungen treu und ohne Allüren und Arroganz. Als ich ihn in seinem Abgeordneten-Apartment gegenüber dem Bundeshaus besuchen durfte, erzählte er mir, er briete sich abends selbst ein Spiegelei in seiner Miniküche. Sicher nicht nur an ihm, aber auch an ihm konnte ich eines Tages meine Beobachtung festmachen, dass sich mit Amt und Würden bei Politikern in den allermeisten Fällen eine Wandlung vollzieht, die ich den Effekt »Sie stehen nun fassungslos vor ihrer eigenen Größe« nannte.

Als Heinemann Bundespräsident geworden war – ich vertrat damals die Frauenzeitung *Constanze* und die Zeitschrift *Eltern* –, vermittelte mir sein Pressechef, der spätere Fernsehmoderator Geert Müller-Gerbes, einen Interviewtermin mit dem Staatsoberhaupt für *Eltern*. Ich hatte mich gut vorbereitet, um vom Bundespräsidenten dessen Gedanken zu Fragen der Elternschaft zu vernehmen. Mag sein, dass ihm meine Fragen aus einem mir unbekannten Grund missfielen, mag auch sein, dass ihn gerade seine Frau Hilda geärgert hatte, jedenfalls bekam ich auf meine Fragen keine einzige wirkliche Antwort. Es kamen von ihm jeweils nur ein einsilbiges »Ja« oder »Nein«. Geduldig versuchte ich es immer wieder: Was hatte unser Staatsoberhaupt zur Kindererziehung in unserer Zeit zu sagen. Ich bekam es nicht heraus. Damit war das Interview geplatzt und ich ging ratlos und enttäuscht, einen ebenso verwunderten Müller-Gerbes zurücklassend, der sich immerhin zur Vorbereitung des Gesprächs auch einiges hatte einfallen lassen müssen.

Wie anders war der Gustav Heinemann gewesen, den ich 1967 für die *Abendzeitung* besucht hatte!

Ich war ihm wie gesagt in seiner spartanisch möblierten Abgeordnetenwohnung in der Bonner Saemischstraße gegenübergesessen. »Keine Blumen stehen auf diesem Kaffeetisch«, berichtete ich, »dafür machen sich auch hier schon Akten breit. Aus einer Pappschachtel bietet der Bundesjustizminister delikate, von seiner Frau selbst gebackene Kekse an. Sie wohnt in einem großen Haus in Essen. Ab und zu kommt sie nach Bonn, um hier nach dem Rechten zu sehen. ›Ich würde nie ganz nach Bonn ziehen‹, verrät der Minister mit seinem trockenen westfälischen Humor, ›hier ist es mir zu glitschig‹.« Freimütig erzählte er mir damals von seinem politischen Werdegang: »Wir Heinemanns sind alle Rebellen!« und von seiner großen Familie mit den vielen Enkelkindern und auch von seinem Hobby. Er sammelte alte Drucke, Historisches und Biografisches, Erstausgaben deutscher Dichter. Sein größter Fund gelang ihm in Berlin: »Ich war damals Referendar am Berliner Kammergericht. Eines Tages kam ich durch die Tiergartenstraße und sehe, wie ein Papierhändler aus einer Villa Drucksachen holt und sie auf seinen Wagen kippt. Ich sprach ihn an, erfuhr, dass er zehn Pfennig fürs Kilo bezahlt hatte, und bot ihm das Doppelte. Die Sachen stammten von einem Botschafter, der gestorben war und dessen Haushalt aufgelöst wurde. Da waren interessante Schriften dabei, zum Beispiel ein Hebammenlehrbuch aus dem 17. Jahrhundert ›Kurbrandenburgische Hoff- und Wehemutter‹. Die Autorin kannte schon so etwas wie eine Zangengeburt. Sie arbeitete mit einer Schlinge.« Lachend beendete Gustav Heinemann unser langes Gespräch: »Übrigens, ein paar ›Zangengeburten‹ stehen mir auch bei meiner Arbeit im Bundesjustizministerium bevor.«

Wenn ich heute meine Begegnungen von damals betrachte, stellen sich mir die meisten Fragen in Sachen Franz Josef Strauß. In meinem Porträt versuchte ich eine etwas andere – auch weibliche – Sicht auf diesen viel gelobten und viel geschmähten Politiker. Als Verteidigungsminister war er gefürchtet, als Finanzminister erweckte er mehr Vertrauen, als Kanzlerkandidat war er erfolglos. Er war ein Schürzenjäger – kein Zweifel.

In meinem Bericht für die *Abendzeitung* schilderte ich ihn zunächst vor allem aus dem Blickwinkel seiner zu früh verstorbenen Frau Marianne, einer sympathischen, tatkräftigen, höchst intelligenten Bayerin. Sicher bemühte sie sich in unserem Gespräch auch darum, sein Image zu verbessern. »Angst und Abscheu bei den einen, ein Gefühl der Sicherheit und des Schutzes bei den anderen ruft er hervor«, schrieb ich und: »Ich kenne kein nüchternes, sachliches Urteil über den Bayern aus weiblichem Mund.« »Das ist ein wunderbarer Mann«, schwärmte eine Zuhörerin auf einer Wahlversammlung neben mir. »Ein Mann, vor dem mir graut«, sagte eine weltbekannte Kolumnistin. Und Marianne Zwicknagel, die Strauß 1957 geheiratet hatte, meinte in unserem Gespräch: »Er hat eine Menge durchgestanden und ist dadurch glaubwürdiger geworden.« Und: »Heute, wo alles im Fluss ist, wo die technische Entwicklung so rasant fortschreitet, da suchen die Menschen nach jemandem, von dem sie meinen: Dem fällt immer etwas ein, der weiß immer einen Ausweg.« Über ihren Ehemann wusste Frau Marianne nur Gutes zu berichten: »Er ist aufmerksam, höflich, liebenswürdig.« Inzwischen war er Vater von drei lebhaften Kindern geworden, Max Josef, Franz Georg und Monika, seinem Liebling. Auf meine Frage »Denkt und handelt man als Politiker anders, wenn man eigene Kinder hat?« nickte er: »Ich bin durch die Kinder schon anders geworden, wenn sich auch an meinem moralischen Standpunkt nichts geändert hat.« Was immer er damit gemeint haben mag. Eines aber kann man ohne Einschränkung über ihn sagen: Ein erfolgreicher Vollblutpolitiker war er!

Eine ebenfalls schillernde Persönlichkeit in der Bonner Politik – wenn auch auf eine glattere, weniger Furcht einflößende Art – war der CDU/CSU-Fraktionschef Rainer Barzel. Er war wie Strauß auch einer, der Anspruch auf das Kanzleramt erhob und dabei ebenfalls auf eine fast schon tragische Weise scheiterte. Vor der Abstimmung im Bundestag gab es Abwanderungen von der SPD-Koalition auf die andere Seite und eine Wahl Barzels schien immer wahrscheinlicher. Die Gerüchte, die sich um diese Parteiwechsel rankten, waren zumindest für die Betroffenen ehrenrührig. Bei der Vertrauensfrage, die Willy Brandt gestellt hatte, wurden vermutlich auf beiden Seiten Stimmen gekauft. Bei der Abstimmung unterlag dann Barzel. Davon hat er sich wohl nie erholt. Denn der ehemalige Jesuitenschüler war vom Ehrgeiz beseelt. Und gerade der hat den damals erfolgreichen, 41 Jahre jungen Fraktionschef, Doktor der Jurisprudenz (mit »sehr gut«), mit 30 Jahren jüngster Ministerialrat der Bundesrepublik, mit 33 Jahren Abgeordneter im Bundestag, nicht vor schweren Fehlern und Stürzen bewahrt.

Sein größter Fehler: Unterstützt von Bundesverteidigungsminister Strauß gründete er 1959 das »Komitee Rettet die Freiheit«, das mit Rotbüchern eine Hexenjagd auf alles, was mit Kommunisten und Antiatomkampagnen in Zusammenhang gebracht werden konnte, veranstaltete. Das trug ihm schnell den Spitznamen »Bonns McCarthy« ein. Dieses militante Unternehmen endete bald mit einem Fiasko. Im letzten Moment hatte sich Barzel noch aus ihm zurückziehen können. Aber der Karriereknick war da. Mir nannte er damals in diesem Zusammenhang seine Lebensmaxime: »Wer fällt, hat wieder aufzustehen und aus seinen Fehlern zu lernen.« Das klappte: Zwei Jahre später war er als Gesamtdeutscher Minister mit 38 Jahren jüngstes Kabinettsmitglied.

Ich schrieb: »Am Anfang seiner Karriere nannten Gegner und Neider Rainer Barzel einen Opportunisten, weil er vom linken Flügel der CDU, dem politischen Standort seiner Gönner Spieker und Arnold, nach deren Tod auf die äußerste Rechte, zu Strauß, wechselte und sich schließlich in der Mitte bei Adenauer und Krone einfand. Sein eigenes Urteil über diesen Zick-Zack-Kurs lautete schlicht: ›Ich habe Fehler gemacht und möchte sie nicht wiederholen.‹ Das Urteil Opportunismus fand er ›einigermaßen unfair‹.« Nun ja …

Viele habe ich erlebt, die in den 60er-/70er-Jahren eine Rolle in der Politik – berüchtigt oder beachtlich – gespielt haben. Hier noch ein paar Beispiele:

Karl Schiller, die »Callas der SPD«, Professor und nach Erhard neuer Wirtschaftswundermann. Als er 1967 Wirtschaftsminister wurde, gab es ähnliche Probleme wie heute. Auf meine Frage nach seinen Erwartungen fürs neue Jahr antwortete er: »Die Wende in der Konjunkturpolitik.« Er meinte damals damit: Wir müssen es schaffen, sonst könnten wir mit dem umstrittenen Versuch einer Großen Koalition gleich einpacken. Darum sei auch die enge Zusammenarbeit mit dem Bundesfinanzminister notwendig. Das Wagnis gelang. Weil die beiden – schon körperlich – so gegensätzlichen Politiker Strauß und Schiller so gut zusammenspielten, erhielten sie die Spitznamen »Plisch« und »Plum«. In der Großen Koalition schafften die beiden großen Volksparteien unter Kurt Georg Kiesinger in der Tat viele politische Hindernisse aus dem Weg.

Kometengleich stiegen damals zwei Professoren am politischen Himmel auf, einen Schweif sprühender Reden und unvergessener Zitate hinter sich lassend. Professor Ralf Dahrendorf, der FDP-Ideologe, und Professor Horst Ehmke, einst mit seiner Frau Theda und seinen drei Kindern unser Nachbar am Niederberg, zunächst Staatssekretär auf der Rosenburg, später Motor in der Regierung Brandt. Das Selbstbewusstsein des damals 40-jährigen Überfliegers Ehmke lässt sich mit folgender Geschichte karikieren:

Er steigt in seinen Dienstwagen und sagt zu seinem Chauffeur: »Fahren Sie los!« »Wohin?«, fragt der. Darauf Ehmke: »Das ist egal. Ich werde überall gebraucht.« In unserem Gespräch meinte er damals: »Ich habe keinen Grund, mein Licht unter den Scheffel zu stellen.« Aber er ergänzte: »In der Politik wird viel zu sehr in Positionen gedacht. Meine Überlegung heißt eher: Was kann ich tun, um die Dinge in eine bestimmte Richtung zu lenken?«

Und doch, sein Tempo war für die Bonner Politik zu forsch. Auch er war einer von denen, dessen Blütenträume möglicherweise nicht reiften. Heute schreibt er Politthriller. Dabei hat den über 70-Jährigen der Mut keineswegs verlassen. Für einen Kriminalroman reiste er allein in das höchst gefährliche, vom Bürgerkrieg zerrüttete Liberia, um vor Ort Milieustudien zu betreiben.

Ich glaube, der Erfolg meiner Berichte lag in ihrer Offenheit. Manche meiner Kollegen mögen das auch naiv genannt haben. Ich nahm die Aussagen meiner Gesprächspartner wörtlich und versuchte nicht, eigene Meinungen und fremde Urteile durch Psychologisieren und Herumstochern in den Antworten zu belegen. Es sei denn, sie wurden gerade durch deren Handlungen oder andere Tatsachen widerlegt. Aber auch dann fragte ich und machte auf diesen Widerspruch aufmerksam. Das einzige Gespräch, an das ich mich erinnere, in dem ich Aussagen nicht akzeptieren mochte, war das mit dem damaligen Ministerpräsidenten Helmut Kohl über das Begnadigungsrecht, das er als Landeschef hatte. Ich fand keinen authentischen Satz in seinen Antworten und fand das Ergebnis unseres Gespräches enttäuschend und eigentlich nicht würdig, gedruckt zu werden. Ich kann mich auch nicht erinnern, dass es gedruckt wurde.

Eine Persönlichkeit, die ich – neben Willy Brandt natürlich – verehrte, bewunderte und liebte, war Carlo Schmid. Ich lernte ihn im Haus des damaligen Bildungsministers Klaus von Dohnanyi auch privat kennen. Mit dem späteren Hamburger Bürgermeister und seiner Frau Christa waren Hobby und ich damals befreundet.

Das politische Engagement Carlo Schmids, dem Sohn eines schwäbischen Privatgelehrten und einer Französin, wurde durch das Dritte Reich geweckt. »Ich habe damals darüber nachgedacht, wer an der ganzen Entwicklung eigentlich schuld war. Und ich bin schließlich darauf gekommen, dass ich schuld bin, ich und meinesgleichen. Weil wir uns damals zu gut waren, haben wir diese Leute an die Schalthebel herangelassen.« Darum trat Carlo Schmid nach dem Krieg in die Sozialdemokratische Partei ein und wurde bald darauf, noch 1945, erster Regierungschef des Landes Württemberg-Hohenzollern. 1948 schon kam Carlo Schmid nach Bonn, als Mitglied des Parlamentarischen Rates. Er ist einer der »Väter unseres Grundgesetzes«. Der Völkerrechtler war stolz darauf, dass er damals an der Abschaffung der Todesstrafe mitgewirkt hatte.

Ich beschrieb seine Umgebung: »Fast alle Wände sind mit Büchern zugestellt. Die wenigen freien Stellen bedecken japanische Farbholzschnitte und chinesische Rollbilder; auf den Tischen ostasiatisches Porzellan, in einer Vitrine Sammlungen griechischer Münzen und römischer Gläser. Der Professor – dieser Titel passt viel besser zu ihm als ›Minister‹ – ruht schwer in seinem bequemen Sessel. Sein Löwenhaupt ist in eine Hand gestützt. Er spricht leise mit Resignation …

Der ehemalige Wirtschaftsminister Lenz sagte einmal über Carlo

Schmid: ›Er kann den Inhalt eines Buches durch Handauflegen erfassen.‹«

Frauen spielten in den Bonner Anfangsjahren in der Politik kaum eine Rolle. Trotz des erzwungenen Gleichheitsgrundsatzes im Parlamentarischen Rat. Sie hielten sich zurück und übten Fraktionsdisziplin. Bis zur Durchsetzung des §218 gab es keine interfraktionellen Aktionen mehr von Parlamentarierinnen. Das Eingeständnis der Politiker, dass Frauen »ministrabel« seien, also auch das Zeug haben, ein Ministeramt zu übernehmen, blieb zunächst ohne Konsequenz. Schließlich entschloss sich Konrad Adenauer mit der Frauen- und Familienministerin Elisabeth Schwarzhaupt, die erste Frau in sein Kabinett zu holen. Sie war unverheiratet, kinderlos, fromm und angepasst und machte somit dem »Alten« keine besonderen Schwierigkeiten.

Im Bundestag saßen damals noch gestandene Frauen, die sich bereits in der Weimarer Nationalversammlung hervorgetan hatten, wie beispielsweise Helene Weber für die CDU. Besondere Initiativen aber habe ich von ihnen nicht bemerkt. Helene Weber sorgte vor allem dafür, dass der »Alte« bei langen Plenarsitzungen mit Schokolade für seine Nerven versorgt wurde. Sie wurde daher auch Adenauers »Schokoladenfreundin« genannt. Auch Marie-Elisabeth Lüders (FDP), die schließlich Alterspräsidentin wurde, gehörte zu diesen eindrucksvollen Persönlichkeiten. Aber das, was junge Frauen am meisten brauchten, um selbstständig werden zu können – Kindergärten und Ganztagsschulen – war offenbar nicht mehr ihr Problem. Auf Elisabeth Schwarzhaupt folgte die bereits viel couragiertere Aenne Brauksiepe als Familienministerin, die den Männern ihrer Partei gegenüber kein Blatt vor den Mund nahm. In der Großen Koalition setzte Kanzler Kiesinger die Alibi-Frau im Kabinett – diesmal die Sozialdemokratin Käthe Strobel – erstmals für andere Aufgaben als Frauen und Familie ein. Sie wurde die erste Gesundheitsministerin der Bundesrepublik. Willy Brandt gab ihr dann in seiner Regierung wieder das Familien- und Jugend-Ressort.

Käthe Strobel setzte sich damals noch vehement für die Abschaffung der Prügelstrafe ein. Auf die Frage (nie hätte man einem Mann eine derartige Frage gestellt), warum sie sich in das harte Geschäft der Politik begeben habe, antwortete sie kess: »Politik ist ein viel zu ernstes Geschäft, als dass man sie allein den Männern überlassen könnte.« Ihr eigentliches politisches Fach aber waren Gesundheits- und Verbraucherfragen. Käthe Strobel erzählte mir, dass sich ihr Mann, der Schriftsetzermeister und Widerstandskämpfer Hans Strobel, und die beiden Töchter sehr gefreut hätten, als ihr das Ministeramt angetragen wurde. Am meisten aber begeistert habe sich ihr fünfjähriger Enkel Bernd. Nach der Übertragung der Vereidigung des Bundeskabinetts im Fernsehen sei der Kleine mit erhobenen Fingern im Zimmer herumgesprungen und habe immer wieder gerufen: »Ich schwöre! So wahr mir Gott helfe!«

Ich interessierte mich für Politikerinnen damals angesichts ihrer wenig einflussreichen Rollen während meiner Zeit als Korrespondentin der Münchener *Abendzeitung* nur beiläufig. So schilderte ich in meinem 1970 im List-Verlag erschienen Buch *Mein Bonner Tagebuch* nur zwei von ihnen: Käthe Strobel und Katharina Focke. Die Politik war nun einmal eine Männerwelt, in der Frauen möglichst wenig zu suchen hatten. Frauen fielen durch gutes oder fesches Aussehen auf, wie Annemarie Renger, Hedda Heuser, Hedwig Meermann. Ein beliebter Titel für sie, der damals von den Medien immer wieder neu vergeben wurde, lautete »Miss Bundestag«. Und ich fand das damals nicht einmal abwertend.

Frauen machten eher Schlagzeilen durch äußerliche Revolutionen, wie die sozialdemokratische Abgeordnete Lenelotte von Bothmer. Sie sorgte am 15. April 1979 für einen »Skandal im Bundestag«. Auch ich fand das berichtenswert. Was war geschehen:

Eine bisher unbekannte Hinterbänklerin betrat den Bonner Plenarsaal. Die Kameras waren sofort auf die SPD-Abgeordnete gerichtet, die sich von den Zurufen der männlichen Kollegen kaum retten konnte. Alle kannten in Deutschland bald ihren Namen. Ihr Bild ging durch die Presse. Die Lehrerin und sechsfache Mutter hatte gegen die ungeschriebene Kleiderordnung verstoßen. Statt Kostüm oder Jackenkleid trug sie einen Hosenanzug mit langer Jacke und leicht ausgestellten Hosenbeinen. Dies galt gleichzeitig als ein bewusster Affront gegen Bundestagsvizepräsident Richard Jäger von der CSU – den »Kopfab-Jäger« –, der angekündigt hatte, dass er Frauen in Hosen den Zutritt zum Plenum verweigern würde. Nach der Geschichtsforscherin Gitta Mühlen-Achs aber war das in der Tat eine feministisch nicht unbedeutende Handlung. Sie schrieb in ihrem Buch *Wer führt?* über Körpersprache: »Frauen haben im Lauf der Geschichte immer wieder die Erfahrung machen können, dass ihnen die Verkleidung als Mann neue gesellschaftliche Bereiche erschließt und einen sozialen Aufstieg ermöglicht, der ihnen als Frauen grundsätzlich versperrt geblieben wäre. Bis ins 20. Jahrhundert zog sich aufgrund erbitterten Widerstands der Kampf der Frauen um die Hose. Denn kein einziges Kleidungsstück verkörpert auch nur annäherungsweise die mit der Hose verbundene Bedeutung…« Dieser Kampf ist wohl einer der wenigen in der Geschlechter-Auseinandersetzung, der gründlich gewonnen zu sein scheint.

Themen, bei denen es um die fortschreitende juristische und gesellschaftliche Verbesserung der Situation der Frauen in der Bundesrepublik ging, platzierte ich in meinem Blatt stets an prominenter Stelle. Dafür setzte ich dann meiner Redaktion gegenüber meine ganze Überzeugungskraft ein. Die wenigen Bonner Kolleginnen konnten sich in ihren Redaktionen offenbar bei dieser Thematik weniger gut durchsetzen. Das sollte nur vorübergehend anders werden mit dem Streit um die Neufassung des §218 und dem *stern*-Artikel über die Selbstbezichtigung prominenter Frauen unter dem provokanten Titel »Ich habe abgetrieben«.

Für die erste weibliche Überraschung jedoch sorgte eine Newcomerin in der Politik, die Tochter des bekannten Publizisten und Adenauer-Beraters Ernst Friedländer, Katharina Focke. Willy Brandt holte sie als Parlamentarische Staatssekretärin ins Kanzleramt. Ich schrieb in meinem Beitrag über sie: »Über Nacht hatte sich in Bonn das politische Klima geändert. Aus einer frauenfeindlichen Atmosphäre wurde eine gemäßigt frauenfreundliche.« Die Senkrechtstarterin hatte auf Anhieb mit großem Vorsprung einen CDU-Wahlkreis für die SPD erobert. Frau Focke war von nun an die zweite Frau neben Käthe Strobel, die an allen Kabinettssitzungen teilnehmen durfte.

Als Parlamentarische Staatssekretärin bekam sie ein kleines Tischchen neben den großen runden Kabinettstisch gestellt.

Brandt hörte auf die kluge, hoch gebildete, charmante Frau besonders, wenn es um Europa-Fragen ging. Einmal erzählte er mir, dass Katharina Focke in Den Haag Furore gemacht habe. »Alle wollten wissen, wer die gut aussehende Frau an meiner Seite ist, die französisch wie ihre Muttersprache spricht.« Bald fuhr Frau Focke nicht mehr im Wagen der deutschen Delegation zu den Besprechungen. Der französische Ministerpräsident Chaban-Delmas – Spitzname »Charmant-Delmas« – hatte sie den Deutschen abspenstig gemacht. Brandt: »Meine Parlamentarische Staatssekretärin fuhr nur noch im Wagen mit der Trikolore.« Willy Brandt war nicht der Mann, der in derartigen Begebenheiten politische Brisanz witterte. In seiner humorvollen Gelassenheit lächelte er über derartige Pikanterien.

Ihre Europa-Kenntnisse verdankte Katharina Focke sicher zum Teil ihrem verstorbenen Mann Ernst Günther Focke, dem Generalsekretär der Europa-Union. »Lebte mein Mann noch«, sagte sie mir, »wäre ich auch heute noch die ganz normale Hausfrau.«

Was für eine Vergeudung von »Human-Kapital« wäre das gewesen! Sie hatte ein Multi-Studium in Nationalökonomie, Deutsch, Geschichte, Englisch, politische Wissenschaften und Staatsrecht an den Universitäten Zürich, Oklahoma und Hamburg absolviert. Mit ihrem so erfolgreichen Wahlkampf widerlegte sie die damals landläufige Meinung, Frauen wählten keine Frauen. Sie stellte ihn nämlich auf Frauen ein, weil hier laut Wahlanalysen das größte Reservoir für die SPD zu suchen war. Ihre Rechnung ging auf. 20 Prozent mehr Frauen gaben in ihrem Bezirk den Sozialdemokraten ihre Stimmen.

Mit großem Engagement stürzte sie sich in die neue Aufgabe. Sie war offensichtlich so glücklich über ihre neue Verantwortung, dass sich ihre Perspektiven etwas verrückten. Denn als sie bei der nächsten Kabinettsbildung Familienministerin wurde – auch Brandt fiel anscheinend nichts anderes für die Frau im Kabinett ein, ob mit oder ohne eigene Kinder – und ich sie interviewte, hatte ich als berufstätige Mutter inzwischen auch Fragen aus eigener Perspektive an sie. So fragte ich sie, warum berufstätige Mütter das Geld, das sie zur

Betreuung ihrer Kinder aufwenden müssen, nicht von der Steuer absetzen können. Schließlich wäre das ja die Voraussetzung für ihre Berufstätigkeit. Und wie auch mein Beispiel zeige, nähme der Staat ja auch erhebliche Steuern durch sie ein. Was bei Hausfrauen nicht der Fall sei. Aber diese hochintelligente Frau wollte oder konnte mein Problem nicht einsehen. Ihre Antwort klang fast ungnädig: »Seien Sie doch froh, dass Sie überhaupt arbeiten dürfen!« Diesen Satz habe ich in all den Jahren, in denen ich mich redlich mit meiner Doppelbelastung herumschlug, nicht vergessen. Als Frauen- und Familienministerin war sie von da ab für mich gestrichen. Das war eine meiner negativen Erfahrungen zum Thema Solidarität unter Frauen, aber nicht die einzige.

Noch sensationeller als der Aufstieg der Europäerin in Bonn war zur gleichen Zeit der einer weiteren Politikerin zur zweiten Person im Staate. Die langjährige enge Mitarbeiterin des ersten SPD-Vorsitzenden Kurt Schumacher, die SPD-Abgeordnete Annemarie Renger, wurde Präsidentin des Deutschen Bundestages.

Ich war begeistert über diesen Erfolg einer Frau in der Politik. Ich schrieb viel über sie und bekam auch interessante Einschätzungen von ihr für meine Berichte. Und eines schönen Tages sollte ich sogar ihre enge Mitarbeiterin und Medienberaterin werden.

IV
Im Haifischbecken
Ein Karriereknick, der keiner war

Für diese Dinge danke ich meinem Schicksal:
dass ich ein Mensch bin und kein Tier,
dass ich ein Mann bin und kein Weib,
drittens, dass ich ein Hellene bin und kein Barbar.

Thales zugeschrieben von Diogenes Laertios

Einen Tag, nachdem der FDP-Parteivorsitzende Erich Mende, »Umfaller« und Ritterkreuzträger, im April 1967 nur widerwillig von seinen Parteifreunden wiedergewählt worden war, saßen Hobby und ich während des Parteitags zum Mittagessen mit ein paar Kollegen zusammen. Da steuerte »Sir Henry«, der legendäre Chefredakteur des *stern*, auf unsere Gruppe zu. Im Schlepptau seine Adlaten Manfred Bissinger und Peter Koch.

Henry Nannen, gut aussehend und stattlich, silbergrauer Haarschopf, baute sich in seiner ganzen Größe vor mir auf: »Sind Sie Heli Ihlefeld?« Ich konnte es nicht leugnen. »Ich gratuliere! Sie haben den besten Bericht über diesen Parteitag geschrieben.«

Ich wusste nicht, wie mir geschah. Das war so viel wie ein Ritterschlag. Natürlich war ich stolz. Aber war mein Ehrgeiz geweckt? Ich war ja glücklich und zufrieden bei meiner *Abendzeitung*. Ich schrieb, was ich sah, ab und zu auch ein paar bunte Bonner Geschichten, ein wenig Klatsch und Tratsch und auch ein paar Anekdoten für andere Lokalzeitungen, die den Münchener Raum nicht tangierten. Das war ein Zuverdienst, den ich mit meiner kleinen Familie und einem aufwendigen Haushalt mit Kindermädchen, Zweitwagen und eigenem Haus am Niederberg sehr gut gebrauchen konnte.

Ich lieferte gut bezahlte Personalien für den *Spiegel*, erledigte hin und wieder eine bestellte Recherche oder schrieb auch schon mal ein Thema für die *Neue Illustrierte* und deren Chefredakteur Ewald Struwe, der meine *AZ*-Berichte schätzte. Ich verfasste hin und wieder Beiträge für Rundfunksender über sogenannte »farbige Bonner Themen«, die Rundfunkkollegen zur eigenen Entlastung bei mir in Auftrag gaben. Auch die *Bild am Sonntag* brachte schon einmal ein paar Schmonzetten von mir.

Alle diese Freiheiten ließ mir mein Verleger Werner Friedmann gerne, da sie nicht sein Geld kosteten, eher seinen Etat entlasteten, denn außer über geringe Gehaltsanpassungen war ich bei ihm nicht hinausgekommen. Gerade war wieder ein Versuch fehlgeschlagen. Dabei war mein Marktwert erheblich gestiegen.

Eines Tages sprach mich der Kollege Roderich Schneider vom *Spiegel* an, ob ich nicht Interesse hätte, in ihre Bonner Redaktion zu kommen. Ich wusste, dass beim *Spiegel* ein Stil erwartet wurde, der eher einseitig in Richtung kritische Berichterstattung ging, eben die »Spiegelschreibe«. Ich würde also meine Art, die Dinge eher ausgewogen und verständnisvoll zu betrachten, ändern müssen, nicht mehr Hell und Dunkel gleichgewichtig beschreiben und den Menschen zugewandt sein können. Ich wusste auch die Freiheit und das Ansehen, die ich genoss, solange Werner Friedmann der Herausgeber der *AZ* war, sehr zu schätzen. Ich wollte also an diesem Zustand eigentlich nichts ändern und nicht wirklich Mitglied der *Spiegel*-Redaktion werden. Aber mein eitles Ego riet mir: Das Angebot ansehen kann doch nicht schaden! Was ich damit eigentlich erreichen wollte, war eine leistungsgerechtere Bezahlung. Inzwischen wusste ich, was Kollegen so verdienten und das Argument »Frau« konnte bei meinem offensichtlichen Erfolg nicht mehr gelten. So meinte ich jedenfalls. Die Stimme in mir beharrte daher: Nimm Verhandlungen auf und konfrontiere deinen Herausgeber mit der Tatsache, um ein höheres Gehalt zu bekommen!

So geschah es. Kollege Schneider machte einen Termin beim Stellvertretenden Chefredakteur des *Spiegel*, noch nicht bei Rudolf Augstein. Das würde erst der nächste Schritt sein. Und dann machte ich in meiner Unentschlossenheit wohl einen taktischen Fehler. Ich wollte mit offenen Karten spielen und rief Werner Friedmann an. Ich unterrichtete ihn von meiner Absicht, nach Hamburg zum *Spiegel* zu fahren. Auf meine Worte kam eine brüske Reaktion. Wenn ich meinte, dorthin gehen zu müssen, bitte sehr! Mehr bezahlen werde er nicht. Damit hatte ich nicht gerechnet. Verwirrt und enttäuscht fuhr ich mit dem Kollegen nach Hamburg. Und dort geschah etwas, was ich noch weniger verstand. Schneider übrigens auch nicht. In Hamburg angekommen, erfuhren wir – ohne dass eine Begründung gegeben wurde –, die beiden Cheftermine seien abgesagt.

Unverrichteter Dinge reisten wir nach Bonn zurück. Schneider fühlte sich mir gegenüber im Wort. Ihm war die Angelegenheit peinlich und er versprach, Erkundigungen einzuziehen.

Zu Hause bei meinem Mann, von dem ich Trost erhoffte, erfuhr ich Ergebenheit in die Geschehnisse statt Empörung. Er nahm meinen Bericht einfach zur Kenntnis und wusste keinen Rat für mich und teilte meinen Ärger nicht. Das Einzige, was er sagte, war wieder einmal: »Sei nicht so zentrifugal! Bleibe mehr zu Hause!« Das aber war nicht der Trost, den meine gekränkte Eitelkeit in diesem Moment brauchte und mein trotz Erfolg nicht sehr stabiles Selbstbewusstsein. Von Natur aus diplomatisch aber ehrlich, nachgiebig und vorsichtig, gehe ich, wenn ich gereizt werde, zwar immer mit Augenmaß und ohne Kampfgeschrei nach vorn und keinen Schritt zurück. So auch diesmal.

Roderich Schneider brachte mir das Ergebnis seiner Recherchen und konfrontierte mich damit zum ersten Mal mit dem rauen Geschäftsleben und der »bösen Welt«. Ich sah nun auch die Winkelzüge und Gemeinheiten, die »das System«, wie ich es nenne, u.a. kennzeichnet: Die von Männern organisierte Berufswelt ist hierarchisch aufgebaut und auf Konfrontation ausgerichtet. Wer gegen ihre Gesetze verstößt, wird niedergemacht. Schneider berichtete, mein Verleger müsse offensichtlich bei seinem Verlegerkollegen Augstein angerufen und ihn gebeten haben, von seinen Absichten in Bezug auf meine Person abzusehen.

Tief enttäuscht und getäuscht von Friedmann, den ich mochte, auch geschockt von dessen Härte, wuchs in meinem Inneren die Entschlossenheit: Hier kann ich nicht bleiben! Meine glücklichste Zeit als Journalistin ging unweigerlich ihrem Ende entgegen.

Und so, als hätte er mentale Fähigkeiten, rief kurze Zeit später Ewald Struwe bei mir an. Er werde die *Neue Illustrierte*, deren Auflage er inzwischen in die Höhe gebracht hatte, verlassen. Bei Gruner und Jahr habe er einen Vertrag unterschrieben, um aus der ersten deutschen Frauenzeitung *Constanze* eine aktuelle Zeitschrift für Frauen zu machen. Die *Constanze*, ein biederes Blatt, Liebling jedoch ihres Erfinders und Verlegers John Jahr, dümpelte inzwischen hoffnungslos – längst in der Auflage überholt von der jüngeren, frischeren *Brigitte*. Jahr jedoch konnte sich nicht von *Constanze* trennen und so wurde der Plan geboren, ihr ein völlig neues Image zu geben.

Struwe berichtete von seinem Konzept. Eine Zeitschrift wie *stern*, und damals auch die *Neue Revue* oder *Bunte*, aber mit der Zielgruppe »Frauen«. Er glaubte nicht mehr daran, dass Frauen kein politisches Interesse hätten und nur über Küche, Kosmetik und Kinder informiert werden wollten. Er glaubte aber auch, dass das politische Interesse von Frauen anders aussehe als das von Männern. Aktuell und politisch also solle die Zeitschrift werden, mit der Zielgruppe Frauen. Und dafür sei ich die Richtige in Bonn.

Innerlich jubelte ich. Längst wünschte ich insgeheim mehr Einfluss zu bekommen, um eine gesellschaftliche Veränderung miteinleiten zu können in Richtung Gleichberechtigung. Die Gesellschaft brauchte eigenständige Frauen, die Beruf und Familie vereinbaren konnten, ohne dafür negative Bewertungen von ihr und den Medien zu bekommen. Sie brauchte Frauen, die eigene Ziele entwickeln konnten. Für dieses neue Frauenbild galt es dringend die gesellschaftlichen Voraussetzungen zu schaffen. Die Politiker, vor allem auch die Frauen unter ihnen, mussten in dieser Richtung mehr gefordert werden. Ganztagsschulen, Kindergärten, qualifizierte Teilzeitarbeit, gleicher Lohn, eigenständige Alterssicherung und natürlich die Reform des §218 kamen langsam auf die Tagesordnung.

Struwes Angebot lag weit über meinem bisherigen Gehalt und er legte noch ein »Bonbon« dazu. Denn ich sollte gleichzeitig auch Korrespondentin für die damals noch ganz junge Monatszeitschrift *Eltern* werden. Diese würde mir nicht viel Arbeit machen. Nur, wenn es ein für diese Zeitschrift relevantes Thema in Bonn gab und natürlich, wenn ich eine Idee hatte. So wie später mein Vorschlag, ein Interview mit Bundespräsident Heinemann zu machen. Regelmäßig sollte dagegen mein Einkommen auch für diese Aufgabe sein. Ich würde damit für meine Präsenz in Bonn bezahlt, als Anlaufadresse. Abermals flog ich nach Hamburg. Vom *Abendzeitungs*-Chef enttäuscht und ein Angebot vor Augen, das sowohl meinem inneren Engagement entgegenkam als auch finanziell hervorragend war. Ich würde weiter eigenverantwortlich sein und selbstständig handeln und Politiker auf ihren Reisen begleiten können, zudem mit einem größeren Reise-Etat. Diesmal konnte ich nicht Nein sagen. Ich unterschrieb an Ort und Stelle, ohne vorher darüber mit München zu sprechen.

Kaum war ich in Bonn zurück, rief mich Friedmann an. Auch er hatte offenbar einen sechsten Sinn. Er käme in ein paar Tagen nach Bonn. Und wir müssten auch über mein Gehalt sprechen. Nun aber war es zu spät.

Die *Abendzeitung* ließ mich zum gewünschten Zeitpunkt gehen unter der Bedingung, dass mein Mann bei ihr unterschrieb. Er war damit einverstanden, weil er sich bei seinem einem Arbeitgeber, der *BZ* in Berlin, nicht mehr wohlfühlte, und weil der andere, die herrlich aufmüpfige Frankfurter *Abendpost*, ihren Chefredakteur Frotscher verloren hatte. Die *Abendpost* war damit dem Untergang geweiht. Mein Mann wurde also mein Nachfolger bei der *AZ*. Und für mich ging eine schöne Zeit zu Ende.

Merkwürdig, wie und welche Kreise sich im Leben manchmal schließen. Hobby hatte mir bei meinem Start als politische Journalistin sehr geholfen. Sein Stil und seine Bevorzugung des politischen Features mit viel »Farbe« waren genau das, was mich am Schreiben reizte. Er verstand es zudem noch wie kein anderer, die Pointe in den Geschichten zu sehen.

Hobby war, wie wir alle, belastet durch eine schreckliche Vergangenheit. Trotz seiner großartigen Fähigkeiten, seiner Ideen, seinem Humor und seiner vielen Talente traute er sich nicht wirklich etwas zu. Er hatte im Gegensatz zu mir eine harmonische Kindheit erlebt, bis der Krieg auch Siebenbürgen zerstörte. Wenn Hobby aus seiner Heimat erzählte, kam mir das wie ein Märchen vor. Deutsche Kolonisten waren vor mehr als 800 Jahren an den Fuß der Karpaten gezogen und hatten es dort zu Wohlstand und Ansehen gebracht und – was noch wunderbarer war für mich – als Minderheit ein fröhliches Zusammengehörigkeitsgefühl entwickelt. Hobby entbehrte die vertraute Gemeinschaft und die Heimat weit hinter den Wäldern ebenso wie seine Freunde aus Siebenbürgen, die Journalisten Dankwart Reißenberger und Harald O. Hermann, der eine ganze Weile Vorsitzender der Bundespressekonferenz war und später Leiter der Pressestelle des Deutschen Bundestages.

Alle liebten Hobby, aber liebte er sich? Und wir beide? Wir haben uns nie wirklich gefunden. Zu viel belastete unser Leben, das uns hinderte, uns selbst zu begreifen. Wie konnten wir dann den anderen verstehen! Aber in meinem Beruf habe ich so viel von ihm gelernt. Und er war immer bereit, mir zu helfen. Es schien ihn nicht zu stören, dass ich vielleicht eines Tages die bekanntere Journalistin sein könnte. Ich habe in meinem weiteren Leben viele Männer kennengelernt, die das nicht hätten ertragen können. Ich bewunderte Hobbys Fähigkeiten, vor allem sein unerschöpfliches Erzähltalent und seinen Witz uneingeschränkt.

Ich machte also Karriere, wie es schien, während sich bei Hobby zunächst eine Bewegung zurück, wie in einem Kreis, ergab. Nur dadurch kann ich mir erklären, dass er mir meinen Weg »nach oben« nun offenbar doch übel nahm. Das Geld, dass ich jetzt mehr verdiente und nicht mehr nur mit lauter zusätzlichen Nebenarbeiten beschaffen musste, brauchten wir. Hobbys ausgeprägte Phantasie ließ grandiose Ideen entstehen, die eigentlich auch mehr Geld hätten einbringen müssen. Ich bestärkte ihn stets dabei, zum Beispiel, wenn es darum ging, eine PR-Broschüre für einen bestimmten politischen Zweck zu entwerfen. Diese Idee umzusetzen aber fiel ihm schwer. Dazu mangelte es ihm an Energie, vielleicht auch an Selbstbewusstsein. Er besaß ein großartiges Erzähltalent, das ihm Gregor von Rezzory, ein anderes siebenbürgisches Erzähltalent, als seinem ebenbürtig attestierte. Nur dass Rezzory, der an einem Jour fixe durch seinen Verlag in unser Haus kam, bei Bertelsmann sehr erfolgreich Bücher verlegte.

Hobbys Geschichten, die in seiner Heimat Siebenbürgen oder in

Bayern, wo er nach dem Krieg gelandet war und geheiratet hatte, spielten, faszinierten unsere Gäste und überraschten mich immer wieder aufs Neue durch unerwartete neue Pointen oder Variationen. Hätte er daraus Bücher gemacht, hätten sie sich meiner Meinung nach verkaufen müssen. Alle, die mit ihm zusammen waren, hingen an seinen Lippen und konnten sich oft vor Lachen nicht halten. Wenn wir ihn aber aufforderten, das alles aufzuschreiben, pflegte er, wenn er gut gelaunt war, zu spotten: »Schreiben kann jeder!« Und wenn er negativ gestimmt war, dann meinte er nur: »Ich habe festgestellt, dass alles schon einmal geschrieben wurde und im Zweifel besser, als ich es könnte.« Er war eben ein geborener Erzähler – nur zu einer Zeit, als es diesen Beruf nicht mehr gab.

Fürs Geschichtenerzählen muss die Kehle befeuchtet werden. Er liebte den Alkohol. Und Freunden oder sogenannten Freunden, die ihm zuprosteten, gab er stets Bescheid. So hatte er sich einst selbst eine Laus in den Pelz gesetzt, als er noch Korrespondent der Berliner *BZ* und der Frankfurter *Abendpost* war: Er holte zur Entlastung einen Journalisten in sein Büro, Karl Heinz Kirchner, klein und rund von Statur, der den hochgewachsenen, gut aussehenden und stets gut gekleideten Bonner Star Hermann Otto Bolesch wohl noch mehr beneidete als bewunderte. Kirchner war voller Ehrgeiz und wollte selbst mit seinem Namen möglichst oft im Blatt stehen. So kam er mittags stets mit einer ganzen Flasche Weinbrand ins Büro, von der er selbst nur in Maßen und pro forma trank. Aber von dem er Hobby immer wieder einschenkte. Die beiden recherchierten dann noch die Storys gemeinsam. Aber als es dann ums Schreiben ging, war Hobby bereits jenseits von Gut und Böse. Damit muss Kirchner spekuliert haben. Denn nun schrieb er den Text alleine und am nächsten Tag stand nur sein Name unter dem Artikel. Der gutmütige Hobby fand nichts dabei. Ich beobachtete dieses Spiel jedoch mit großer Sorge und ahnte, dass das für meinen Mann kein gutes Ende nehmen würde. Immer wieder bat ich Kirchner, den Weinbrand doch zu Hause zu lassen oder sonst wo. Vergebens!

Bei der *Abendzeitung* wurde mein Mann nicht glücklich. Die Redaktion, alle jünger als er (Hobby war 14 Jahre älter als ich), war an mich gewöhnt und konnte sein Talent nicht würdigen. Hobby probierte alles Mögliche, machte dann Schulden, trank weiter und warf mir vor, »zentrifugal« zu leben. Trotz der behutsamen Vermittlungsversuche einer gemeinsamen Freundin kam bei unseren endlosen abendlichen Diskussionen und Streitereien kein Ergebnis zustande. Zu viel Alkohol war stets im Spiel. Er ging auf meine Bitte hin auch zu einem Therapeuten. Nur nicht lange. Denn bald machte er sich über diesen lustig. Er war meinem Mann nicht gewachsen. Schließlich schlug ich vor, mit ihm eine Paartherapie zu machen. Doch da glaubte er wohl schon selbst nicht mehr an eine Verbesserung unserer Beziehung. Als er die zweite Stunde absagte, aus »Termingründen«, ohne eine neue zu vereinbaren, wollte ich endgültig nicht mehr.

Ich begann meiner eigenen Wege zu gehen, übernahm die finanzielle Verantwortung für unsere Familie allein und war nur selten glücklich. Schlimmer als meine eigene Unzufriedenheit war für mich zu erleben, wie mein Mann unter dem Scheitern unserer Beziehung litt. Ich konnte ihn daher nicht verlassen und ihm vor allem nicht auch noch die beiden Kinder entziehen. Das Ganze war ein schleichender Prozess. Zunächst fanden wir vor allem nicht mehr körperlich zueinander. Das aber steigerte sein Misstrauen und seine Eifersucht nur noch mehr. Gibt es tief in unserem Unterbewusstsein, gepflanzt von den Kirchen, die Vorstellung, dass Frauen, die Mütter wurden, etwas Heiliges sind, das man nicht mehr berühren darf? Bei Hobby schien mir das der Fall zu sein, zumindest behauptete das einer seiner engsten Freunde in einem vertraulichen Gespräch. Ich war die Mutter seiner Kinder und nicht mehr die Geliebte.

Eines Tages sollte Hobbys Berufsleben wieder in geordnete Bahnen kommen. Nachdem sein Vertrag mit der *Abendzeitung* schließlich gelöst worden war, wurde sein Freund Reinhard Appel Chefredakteur des Deutschlandfunks. Er bot meinem Mann die Leitung der Rumänien-Redaktion an, die gerade vakant geworden war. Ich weiß noch wie heute, dass ich Appel zufällig – aber es gibt in meinen Augen keine Zufälle – auf dem Bonner Marktplatz traf und wir über diese Möglichkeit sprachen. Das war die ideale Aufgabe und eine große Chance für Hobby.

Hobby wurde geliebter und geachteter Redaktionsleiter und konnte Sendungen für seine alte Heimat machen. Denn als Siebenbürger Sachse stammte er aus Rumänien und zwar aus dem Dorf Weidenbach bei Kronstadt. Immer hatte mich eine Geschichte besonders berührt, die er gerne erzählte: Wie er als Bub immer zu den Bahngeleisen lief, um den Schnellzug, der nach Kronstadt fuhr, vorbeibrausen zu sehen. Bald darauf wurden die Sendegebiete von Deutschlandfunk und Deutsche Welle aufeinander abgestimmt. Die Rumänien-Redaktion wanderte zur Deutschen Welle und ihr Leiter mit ihr. Er blieb in dieser Position bis zu seiner Pensionierung und machte viel beachtete Sendungen.

Immer wieder habe ich mir die überflüssige Frage gestellt: Wäre mein Leben friedlicher und entspannter, auch glücklicher verlaufen im Sinne der Familie, wenn ich bei der *Abendzeitung* geblieben wäre? Das Jahr bei der *Constanze* war ein aufregendes und erfülltes, ein Jahr im Aufbruch zu Zielen, denen sich die Redaktion in ihrer Arbeit unter der Leitung von Ewald Struwe Schritt für Schritt zu nähern schien. Wir waren ein überschaubares, sehr gutes Team. Es gab keine Intrigen, keine Günstlinge, keine Störungen. Unser Chef war ehrlich, unkompliziert, verlangte Leistung und bekam sie auch. Ich reiste wieder mit Politikern um die Welt, diesmal auf Kosten einer Redaktion, die über einen guten Etat verfügte.

Vor allem begleitete ich wieder Willy Brandt, diesmal als Außenminister einer Großen Koalition und etwas später als Kanzlerkandidaten im Wahlkampf 1969. Von Brandt bekam ich die Interviews, die ich mir wünschte. Ich spürte deutlich, dass er mich mochte. In dieser Zeit trat der Bechtle-Verlag aus Esslingen an mich heran. Ich sollte Autorin des Bandes *Anekdoten um Willy Brandt* werden. Ich sammelte alle Geschichten, die sich dafür eigneten, ging ins Bundestagsarchiv und wälzte Zeitungsausschnittsbände und Niederschriften von Bundestagsdebatten. Eines Tages übergab mir Brandt, der von meinem Projekt wusste, ein Bündel Papier, beschrieben in seiner kleinen markanten und harmonischen Handschrift mit Anekdoten, die er für mich selbst gesammelt hatte.

Im April begleitete ich Brandt zusammen mit einigen Kollegen nach

Amerika und Kanada. Auf dem Flug von Washington nach Montreal saß Brandt in der ersten Reihe der Ersten Klasse. Auf dem Sitz neben ihm lag ein Stapel mit kanadischen Zeitungen. Ich zitiere aus meinem Bericht für die *Constanze*: »Willy Brandt setzte seine schwarze Hornbrille auf und begann zügig zu arbeiten. Keiner seiner Mitarbeiter setzte sich neben ihn. Niemand störte. Aber alle lachten, als der Minister sein Horoskop laut vorlas: ›Überanstrengungen vermeiden. Allem Ärger aus dem Weg gehen. In Kürze bessere Einflüsse.‹« Und ich hatte eine neue Anekdote für meine Sammlung.

Als der Bundesaußenminister zu dieser Reise in die USA und nach Kanada aufbrach, hatte er eine anstrengende politische Woche und eine schwere Erkältung hinter sich. Er hatte als Vizekanzler der Großen Koalition auch noch den abwesenden Bundeskanzler zu vertreten. Ich notierte über den Flug von Washington nach Montreal: »Trotzdem arbeitete Willy Brandt während des siebenstündigen Fluges beinahe ununterbrochen.« Er studierte Akten, machte sich Notizen für verschiedene Reden, die er während seiner Reise halten sollte, und er notierte sich schon Stichworte für seine Parteitagsrede.« Sogar während des ausgezeichneten Mittagessens, das in der Canadian Airline serviert wurde, las Brandt in einer politischen Monatsschrift.«

Ohne von ihm angesprochen zu werden oder von dem Persönlichen Referenten die Erlaubnis eingeholt zu haben, hätte ich mich damals niemals zu ihm vorgewagt. Ich bewunderte ihn, wünschte ihn als Bundeskanzler und beobachtete ihn genau – aus Sympathie vor allem und natürlich auch aus Pflichteifer. Ich war stolz, dass er mich als Mensch und Journalistin offenbar schätzte. Mein Bericht über diese Reise verrät, wie ich meine, eine ganze Menge über den Menschen Willy Brandt.

Erst kurz vor Montreal, wo wir zwischenlandeten, setzte sich der Außenminister und seine ihn begleitenden Mitarbeiter mit uns wenigen Journalisten an der Bordbar zu einem kleinen Gespräch über Politik, mit Witzen gewürzt, zusammen. Willy Brandt erzählte die besten. Ich schrieb damals:

»Der Minister lacht gern, und sein Lachen ist ansteckend. Er gab auch schon den Witz zum Besten, den er beim Essen für seine NATO-

Kollegen in Washington zu erzählen sich vorgenommen hatte: Leningrad wird von einer Rattenplage heimgesucht. Nachdem alle Bemühungen, ihrer Herr zu werden, gescheitert sind, meldet sich Kossygin über den ›heißen Draht‹ bei Nixon und bittet um Hilfe. Der US-Präsident schickt ihm eine künstliche Ratte. Kaum in Leningrad auf der Straße in Bewegung gesetzt, laufen alle Ratten sofort hinter ihr her und verschwinden schließlich in der Ostsee. Ministerpräsident Kossygin bedankt sich bei Nixon. Bevor dieser den Telefonhörer auflegen konnte, fragt er: ›Haben Sie nicht auch einen künstlichen Chinesen?‹

Willy Brandts Witze sind eigentlich immer politischen Inhalts, und oft verbindet er mit dem Erzählen eine Absicht. So vertraute er mir an, er werde diesen Witz von der Ratte auch dem sowjetischen Botschafter in Bonn erzählen. Brandt schmunzelnd: ›Ich vermute, Zarapkin macht beim Zuhören sein berühmtes Pokerface.‹

Ottawa. Wir treffen gegen 18 Uhr ein. Nach unserer mitteleuropäischen Zeitrechnung ist es Mitternacht. Der Bundesaußenminister gibt auf dem Flughafen sein Statement für die Presse ab. Dann fährt er ins Gästehaus der Regierung. Kein offizieller Termin am Abend. Im lindgrünen Salon mit den zugezogenen Blumenvorhängen packt er wieder seinen Aktenkoffer aus, während sein Leibwächter mit der Routine eines Kammerdieners die Anzüge in den Schrank hängt. Als ich gegen 20 Uhr Ortszeit beim Bundesaußenminister vorbeischaue – daheim ist es inzwischen 2 Uhr nachts – arbeitet er immer noch. Zur späteren Lektüre liegt die *Amerikanische Herausforderung* von Servan-Schreiber bereit. ›Ich bin einfach noch nicht dazu gekommen, das Buch zu lesen‹, sagt Brandt und es kling fast wie eine Entschuldigung.«

Das Programm der nächsten Tage sollte dem Bundesaußenminister keine freie Minute lassen. Er zeigte es mir: Frühstück beim Botschafter, Besprechungen mit Außenminister Sharp und mit anderen Mitgliedern der kanadischen Regierung, einstündiges Interview mit dem kanadischen Fernsehen CBC, Pressekonferenz, Gespräch mit dem Verteidigungsminister, Beratungen in der deutschen Botschaft, dazwischen die offiziellen Essen mit den dazugehörenden Reden. In Washington würde es noch schlimmer kommen, öffentliche und nichtöffentliche NATO-Sitzungen, Zweiergespräche. Pressekonferenzen, Empfänge und natürlich wieder die offiziellen Essen. An einem Tag würde Brandt allein vier Reden halten, zwei Konferenz- und zwei Tischreden. Wenn er dann nachts gegen 23 Uhr im Hotel »Watergate« zurück sein würde, kamen dann mit Sicherheit die aus Bonn nachgeschickten Akten, Redemanuskripte, Vorbereitungen auf den nächsten Konferenztag an die Reihe.

Ich fragte also den Bundesaußenminister beim Whisky-Soda, wie er dieses Tempo durchhalte. Darauf wusste er keine schlüssige Antwort. Um dieses Arbeitstempo durchzuhalten, brauchte er auf jeden Fall zwischendurch die Zeit, um sich mit Freunden zu unterhalten. Ich konnte das auf dieser Reise wiederholt beobachten. Es kam immer erst nach Mitternacht dazu und die verplauderte Zeit ging immer von seiner Nachtruhe ab. Vier bis sechs Stunden Schlaf waren das Maximum. Seine Mitarbeiter passten auf, dass sich die nächtlichen Gespräche nicht allzu lange ausdehnten. »Herr Minister«, mahnte dann sein Persönlicher Referent, »Sie haben morgen einen schweren Tag!« Das bedeutete für uns Journalisten in seiner Runde unweigerlich das Zeichen zum Aufbruch. Doch ab und zu geschah es dann auch, dass Brandt abwinkte: »Wir möchten alle noch einen Whisky!« Und dann steckte er sich die x-te Zigarette an. Damals rauchte Brandt immer noch Kette. Dieser Sucht verdankte er sicherlich auch seine erotische, heisere Stimme. Manchmal unterbrach er die Zigaretten-Kette und griff zu einer Packung mit Zigarillos, die den passenden Namen »Attaché« trugen.

Ich möchte weiter aus meinem Bericht von damals zitieren: »Auf dieser Amerikareise begann jeder Tag des Bundesaußenministers um 8.30 Uhr mit dem Frühstück und dem Pressevortrag. Einsilbig und nach dem Kurzschlaf oft noch mit vom Zigarettenrauch geröteten Augen hörte er sich die Berichte an. Zu dieser Stunde kommt kein Scherzwort über die Lippen des Morgenmuffels Brandt. ›Ich bin ein Mann, der morgens langsam anfängt‹, hat er selbst einmal gesagt. Aber Willy Brandt hat inzwischen so viel Routine im politischen Geschäft, dass der Denkapparat reibungslos funktioniert, auch wenn seine Lebensgeister noch nicht ganz erwacht sind. Ein enger Brandt-

Mitarbeiter beschrieb mir seinen Chef so: ›Morgens ist er brummig, mittags aufgeschlossen und abends rundherum charmant.‹

Willy Brandt wird kein anderer Mensch, wenn er im Scheinwerferlicht steht und die Kameras auf ihn gerichtet sind. Ist er abgespannt und müde, gibt er sich nicht betont munter. Ist er mürrisch, setzt er kein verbindliches künstliches Lächeln auf. Wenn er lacht, lacht er aus vollem Herzen. Anekdoten fabriziert er aus dem Stegreif.

Brandt liebt das Understatement. In Sachen Mode, so finde ich, übertreibt er das sogar. Seine dunkelgrauen Anzüge und die klein gemusterten blaugrauen Krawatten harmonieren zwar mit seiner Haarfarbe, wirken im Schnitt aber zu altväterlich bei seinem immer noch jugendlich vitalen Aussehen.

›Der im Ausland wirkungsvollste Außenminister, den die Bundesrepublik bisher hatte‹, schrieb kürzlich ein Pressekollege über Willy Brandt. Ich fand das jetzt in Kanada und in den USA bestätigt. Brandt ist im Ausland populärer als daheim in Deutschland. Das Geheimnis seines Erfolges ist zum Teil sicher seine Natürlichkeit, seine Ehrlichkeit, seine Sachlichkeit und der Optimismus, den er trotz aller negativen Lebenserfahrungen ausstrahlt. Er sagt die richtigen Worte im richtigen Augenblick, und er schweigt, wenn es notwendig ist. Ich habe niemanden behaupten hören, dass Willy Brandt schummelt oder gar lügt, um etwas zu erreichen. In Amerika ist der Name Willy Brandt seit seinen Tagen als Regierender Bürgermeister von Berlin ein Begriff. Der kanadische Außenminister Sharp lobte seinen deutschen Kollegen auf geradezu überschwängliche Weise: ›Ein Staatsmann von Weltformat, ein Kämpfer für Frieden und Demokratie. Ich hoffe und wünsche, dass Willy Brandt in Kürze in der Bundesrepublik eine noch größere Verantwortung übernehmen wird.‹ In Washington erkannten die Menschen Willy Brandt auf der Straße. Sie grüßten und winkten. Und in der Hotelhalle fielen ihm zwei stark geschminkte Amerikanerinnen um den Hals und wollten ihn nicht mehr loslassen.«

»Willy Brandt ist älter geworden«, schloss ich meinen Bericht. »Wenn er ernst ist, durchziehen Furchen die Landschaft seines Gesichts. Aber eine Brandt-Verehrerin sagte einmal: ›Es gibt keine negative Falte in diesem Gesicht.‹ Es ist das Gesicht eines Mannes, den Erfahrungen reifen ließen und dem Enttäuschungen nichts von seiner Menschlichkeit genommen haben. Sein Leibwächter, der zuvor andere Bonner Prominenz zu schützen hatte, sagte mir auf dieser Reise: ›Ihm liegt es nicht, den Herrn herauszukehren.‹«

Im Wahlkampf 1969, der zu seiner Kanzlerschaft führte, schloss ich mich Günther Grass' Wählerinitiative für Willy Brandt an. Als Journalistin wollte ich neutral und unbeeinflusst berichten können. Es kam daher nicht für mich in Frage, einer Partei beizutreten. Aber für den Politiker Willy Brandt konnte und wollte ich werben. Wenn ich meine Arbeit erledigt hatte, setzte ich mich oft noch in meinen alten Mercedes Diesel, um in irgendeinem Dorf oder einer Kleinstadt aufzutreten. Ich versuchte zu vermitteln, warum Deutschland diesen Politiker als Bundeskanzler brauchte. Mit Willy Brandt als Kanzler werde es eine Politik für Frauen geben, mit »Babyjahr, Gleichstellung der Frauen am Arbeitsplatz und Hausfrauenrente«.

Es war tiefer Winter. Da bekam mein Diesel, während ich auf einer Veranstaltung im Westerwald sprach, einen Kälteschock. Er sprang anschließend nicht an. Die Versammlung hatte sich inzwischen aufgelöst. Mutterseelenallein stand ich im Dunklen und im Schnee. Schließlich fand ich doch noch einen Einheimischen, der mir half, mein Fahrzeug wieder flott zu kriegen. Auf meiner Heimfahrt über vereiste Landstraßen wunderte ich mich selbst über meine Risikobereitschaft, aber auch meine Disziplin.

Wann es geschehen ist, weiß ich nicht mehr. Es war während des Wahlkampfs 1969. Es geschah so selbstverständlich, als müsste es so sein, ohne Anspruch auf eine Zukunft und irgendeiner Erwartung auf eine Erfüllung – bedingungslos. Nie hätte ich die mir anvertraute Familie im Stich lassen können. Da es so war, spürte ich auch keine Reue, kein schlechtes Gewissen. Es gab zwischen uns eine große gegenseitige Sympathie, die einfach akzeptiert wurde. Ich will unsere Beziehung damit nicht idealisieren. Für mich war er ein großer Mensch – aber ein Mensch –, eine große Persönlichkeit. Er war ritterlich und ehrlich zu mir. Dass auch andere Frauen ihn liebten, trübte meine Zuneigung nicht. Sein Charisma, sein Charme und sein Humor konnten ja nicht nur auf mich wirken. Niemals jedoch glaubte ich diese schmutzigen Geschichten, die durch die Presse gingen, um seinen Rücktritt als Kanzler zu erzwingen. Im Buch *Andenken* seines Sohnes Lars fand ich den Satz: »Der schlüpfrige Kerl hingegen, als der er im Film schon dargestellt wurde, war er nicht.« Wenn wir uns trafen – und wie selten geschah das in den Jahren bis zu seinem Rücktritt –, blieb diese zugeneigte Selbstverständlichkeit, ohne Fragen und ohne Erklärungen. Wir unterhielten uns über Politik. Wenn ich einmal die Suite in seinem Hotel betrat, arbeitete er an einem Redeentwurf und er legte diesen nach einer zurückhaltenden, freundschaftlichen Begrüßung erst zur Seite, wenn die Arbeit beendet war. Und ich sah ihm gerne dabei zu.

Bei unseren seltenen Begegnungen, unter den neugierigen Augen seiner engen Mitarbeiter, vor allem im Sonderzug, unter dem Schweigen der Kollegen, litt ich sehr. Ich litt und hatte Angst, dass das Geheimnis verraten werden könnte. Ich war damals alles andere als ein souveräner und freier Mensch. Ich war voller Rücksicht und Furcht vor Klatsch und Tratsch. Diese Angst wurde nach der Enttarnung des Spions Guillaume fast zur Panik. Ich hörte von ihr in den Nachrichten im Urlaub auf der Kykladeninsel Naxos in Griechenland.

Willy Brandt schrieb in seinen *Erinnerungen* zu den Gerüchten von den »Weibergeschichten«: »Ein Produkt blühender Phantasie. Erstens eine klebrige Mischung von Vorgängen, die teils beobachtet und teils unterstellt worden waren; zweitens ging es um eine liebe Freundin, mit der ich mich seit Jahren und ohne die Spur von Geheimniskrämerei getroffen und die alles andere als verdient hatte, sicherheitspolizeilich ›erfaßt‹ zu werden.« So war es wohl, aber ich konnte es damals noch nicht so sehen.

Es war gut für mich, spät, aber schließlich doch, auf die Bitte von Brigitte Seebacher-Brandt hin, das »Geheimnis« selbst zu lüften, wer mit der »lieben Freundin« gemeint war, beziehungsweise zu dem zu stehen, was auch zu meinem Leben gehört. Als sie mich fragte, ob sie in ihrem Buch in Zusammenhang mit dem Rücktritt von Willy Brandt meinen Namen nennen dürfte, habe ich lange mit mir gerungen und auch mit meinen Kindern darüber gesprochen. Als wir dann den Text miteinander abgestimmt hatten, wurde eine Last nachträglich von mir genommen. Sie schrieb:

»Heli Ihlefeld kennt und mag er seit Mitte der sechziger Jahre. Sie ist gemeint, wenn W.B. von der ›lieben Freundin‹ schreibt oder spricht. Beide sehen sich selten und verlieren sich doch nie aus den Augen. Ungefähr ein Jahr, nachdem W. und ich uns zusammengetan haben, vielleicht 1980, treffen wir sie, zufällig, auf einer Veranstaltung in Bonn. W. stellt sie mir vor. Später, zu Hause, sagt er: ›Sie ist die Frau, die ich lange Jahre sehr gern gehabt habe.‹ Als ich ihr jetzt diese Begebenheit erzähle, findet sie, aus der Anonymität heraustreten zu sollen: Ich möchte helfen, von dem Bild eines so geradlinigen und wunderbaren Menschen etwas von der Beschädigung zu nehmen, die es durch die Ereignisse und deren Deutung bekommen hat.«

Was für mich sehr merkwürdig war: Bevor ich der Veröffentlichung zustimmte, träumte ich zum ersten Mal nach seinem Tod intensiv von Willy Brandt. Dieser Traum war für mich wie eine Besiegelung einer nie in der Wirklichkeit stattgefundenen ernsthaften Beziehung zweier erwachsener Menschen.

Wenn ich jetzt diese Zeit in meiner Erinnerung zurückhole, scheint es mir, dass ich ihm die Offenheit entgegenbrachte, die ich erst viel später als eine bewusste Haltung anderen Menschen gegenüber angenommen habe.

Meine Intuition sagte mir, dass ich mir keinerlei Spiel, keinerlei Berechnung oder zurückhaltende Vorsicht würde leisten können, ohne den Zauber zu zerstören. Ohne zu fragen wohin. Das Gebotene mit wachen Sinnen annehmen, aber gleichzeitig wie im Dunst, im Nebel mich vortastend, wie in einem bewussten Traum, meinen Verstand übersehend, meine klare Beobachtung aktiv ausschaltend.

Heiter, entspannt, ihm zugewandt, gänzlich ohne Erwartung – auch das ist etwas, was ich später bewusst als Haltung zu erlernen versuchte.

Die einzige Liebeserklärung, die ich jemals erhielt, bekam ich viel später, als unsere Geschichte bereits der Geschichte angehörte – in seinen Erinnerungen.

Über die Zukunft sprachen wir ein einziges Mal, als schöne, aber nicht reale Möglichkeit: im Süden leben und beide schreiben. Bis bald darauf die Katastrophe – mit der Entlarvung des Spions Guillaume und dem Rücktritt – das Gespinst einer Liebe zerriss, die sehr viel später erst wieder in meinen Träumen auftauchen sollte.

Voller Angst verdrängte ich alles, was gewesen war. Ich wagte es lange Zeit nicht einmal, es in meinen Gedanken zu berühren. Bis der Brief von Brigitte Seebacher-Brandt und dieser intensive Traum von Willy Brandt kamen.

Wenn wir über Politik sprachen, schilderte ich meine Eindrücke als Beobachterin. Und wir sprachen dann auch über das, was mir wichtig war, vor allem über die Rolle der Frauen in Politik und Gesellschaft. Zu diesem Thema fragte er nach der Meinung der engagierten Journalistin.

Und bei einer anderen Gelegenheit bekam ich dazu von ihm ein Feedback. Brandt berichtete über das, was er inzwischen dazu angestoßen oder erfahren hatte. Es lag ihm nun am Herzen, denn mit diesem Thema – so gab er ehrlich zu – hatte er sich bisher nur unzureichend auseinandergesetzt. Es schien mir, als könne er diese Problematik durch meine Erfahrungen besser erkennen.

Nach seinem Tod las ich beim Blättern in dem Bildband von Konrad R. Müller und Hermann Schreiber *Willy Brandt* ein Zitat aus einer Rede des Parteivorsitzenden Brandt aus dem Jahre 1977, das mich an unsere Gespräche erinnerte: »An die Frauen erinnert man sich gewöhnlich erst dann wieder, wenn Wahlaufrufe fällig sind. Wir brauchen sie aber jetzt, im Alltag. Jetzt muss man mit ihnen sprechen, man muss jetzt auf sie hören, man muss jetzt ihr Engagement suchen. Man muss endlich glaubhaft machen, dass die SPD keine Männerpartei ist – dies hängt ihr, nicht ohne Schuld, noch immer an. Das gilt auch und vor allem, wenn Mandate zu vergeben sind. Mancher Genosse, der jeden Schwur für das hehre Ziel der Gleichberechtigung leistet, scheut sich, wenn es um ein tatsächliches Amt und vermeintliche Macht geht, keineswegs davor, seine besser trainierten Ellenbogen zu gebrauchen. Damit wird viel guter Wille zerstört. Damit geht uns aber auch viel Talent verloren. Wenn in diesen schwierigen Monaten eines deutlich geworden ist dann dieses: Wir brauchen die Hilfe der Frauen dringender denn je.«

Im gleichen Buch schreibt Hermann Schreiber: »Einmal möchte er (Brandt) gerne, dass die SPD noch eine Frauenpartei wird – also nicht nur eine Partei, die auch weibliche Mitglieder hat, prozentual eben nicht viel mehr als im Jahr 1913, auch nicht eine Partei, ›in der Frauen bloß Schriftführerinnen‹ werden können oder ›Konzessions-Schulzinnen‹ im Bundestag; sondern ›die Partei muss eine bewusste Anstrengung unternehmen, damit Frauen in den nächsten Jahren herausgehobene politische Verantwortung übernehmen können, einschließlich jedenfalls einem Viertel der parlamentarischen Mandate‹.«

Unter dem SPD-Vorsitzenden Jochen Vogel wurde dann in der SPD die Ein-Drittel-Quote eingeführt. Unter Gerhard Schröder – auch im Kabinett Schröder gab es mehr weibliche Minister als im Kabinett Brandt – verloren die Frauen an Einfluss und wurden nicht mehr ausdrücklich gefragt und auch nicht ernst genommen. Warum zum Beispiel gelang es den Frauen nicht, eine Jutta Limbach zur Bundespräsidentin zu machen? Warum wurde stattdessen ein Schacher um das höchste Amt im Staate möglich, der Johannes Rau noch einmal in Amt und Würden brachte? Ich hatte nichts gegen Rau, aber ich war und bin noch heute überzeugt, das Jutta Limbach das Bewusstsein unseres Landes stärker positiv verändert hätte, als es »Bruder Johannes« zu dieser Zeit noch vermochte.

Dieses Kapitel meines wechselvollen, nicht immer sehr einfachen Lebens schloss sich also auf eine für mich nicht mehr erwartete Weise. Ich hatte mir ja nie ein Leben mit Geheimnissen oder einem Geheimnis gewünscht! Dem Konfirmationsspruch, den mir eine andere, damals noch kindliche Liebe, Pastor Stier, gegeben hatte »Selig sind, die reinen Herzens sind« habe ich nie vergessen. Nun war ich wieder im Einklang mit meinem Herzen.

Meine Fähigkeit, Dinge, die mich ängstigten, zu verdrängen, die bereits einen großen Teil meiner Kindheit aus meinem Gedächtnis hatte verschwinden lassen, führte wohl auch bei dieser Zuneigung dazu, dass ich Orte und Zeiten der seltenen Treffen nur undeutlich erinnere. Einmal fuhr ich mit einer Sondergenehmigung an einem der autofreien Sonntage während der Energiekrise im Dezember 1973 zu einem privaten Treffen von Willy Brandt mit dem österreichischen Bundeskanzler Bruno Kreisky in Schlangenbad. Es war in einer sehr schönen Landschaft und einem schönen Hotel. Ich weiß noch, dass Kreisky wortkarg und unfreundlich mir gegenüber war. Er war ein Verehrer von Rut Brandt. Niemals wollte ich Rut Brandt, die ich sehr mochte, etwas Böses tun. Auch das verstärkte bei Brandts durch eine politische Intrige erzwungenen Rücktritt meinen Schrecken. Willy Brandt schenkte mir an diesem Tag mit Kreisky ein vierblättriges Kleeblatt, das er gefunden hatte.

Aus Anlass von Brandts 60. Geburtstag ermöglichte mir aber die Bekanntschaft mit Kreisky ein Interview über eine 33-jährige Freundschaft. Das war in einer Zeit, als Willy Brandt bald nach seinem glänzenden Wahlsieg 1972 von Gegnern, aber auch sogenannten Freunden heftigen Angriffen ausgesetzt war. Ich schrieb in der *AZ* dazu im Vorspann des Gesprächs: »Ausgerechnet jetzt beginnen Männer, die sich seine Freunde nannten, systematisch mit harten Angriffen das Bild eines Mannes zu deformieren, der zweifellos schon jetzt seinen Platz in der Geschichte hat. Führungsschwäche werfen selbst die eigenen Parteifreunde Willy Brandt vor. Doch Brandts Stärke war immer die Integration durch Diskussion.«

Kreisky in meinem Interview über seinen Freund: »Willy Brandt ist der erste deutsche Kanzler, der es erreicht hat, dass die Welt die Deutschen nicht mehr fürchtet.« Und weiter sagte der österreichische Bundeskanzler: »Er ist ein Mann, der für das deutsche Volk ein ungeheures Maß an Sympathien und Ansehen gewonnen hat, ein Bürge der friedlichen Gesinnung der Deutschen und zwar überall, ob in Frankreich, England, Amerika oder anderswo. Er ist ein Politiker, der so viel für Frieden in der Welt getan hat, dass man ihm an seinem 60. Geburtstag dafür danken muss.«

Sie lernten sich 1940 in Stockholm in der Emigration kennen. Kreisky war bereits einmal von der Gestapo verhaftet worden, Brandt ein zweites Mal vor den Nazis geflohen. Diesmal von Norwegen nach Schweden. Der Österreicher hatte in sozialdemokratischen Kreisen Gespräche zu führen, um eine Revolution gegen die Nationalsozialisten vorzubereiten. In Oslo hörte er von Willy Brandt, dass der im

Gegensatz zu ihm der Überzeugung war, dass es zum großen Krieg kommen würde, und dass dieser dann Hitlers Ende sein müsste. Ab 1942 sahen sich die beiden regelmäßig in dem sogenannten Stockholmer Kreis, einem internationalen Arbeitskreis, der die Weichen für die Zeit nach Hitler stellen sollte. Kreisky erinnerte sich in unserem Gespräch: »Er war der geistige Führer. Er hat die Arbeit als Schriftführer des Kreises vorbereitet. Er konnte den Kreis zusammenhalten, weil er über eine glückliche Kombination hilfreicher Eigenschaften verfügt. Erstens seine aufgeschlossene Art gegenüber den Gedanken anderer und seine Fähigkeit, sich in andere hineinzuversetzen. Zweitens die Fähigkeit schnell Vertrauen zu gewinnen. Drittens seine Sprachkenntnis in Skandinavisch und Englisch.« Vieles, was damals diskutiert wurde, sei heute aktuelle Politik. Fragen, die heute gestellt werden, seien damals schon erkannt worden. Zum Beispiel die Notwendigkeit der Integration Europas. Kreisky: »Willy Brandt nahm mit ungeheurem Taktgefühl für die Deutschen Stellung. Sicher, es gibt für alles eine Formel. Damals war es die vom »anderen Deutschland«. Das aber einem Polen, Engländer oder Tschechen begreiflich zu machen, war ungeheuer schwer.« Und der Österreicher erinnerte sich an ein gemeinsames Erlebnis in Stockholm: Brandt und Kreisky kamen von einer politischen Veranstaltung und winkten ein Taxi heran. Da drängte sich ein angetrunkener schwedischer Matrose vor und knurrte: »Ein ehrlicher schwedischer Seemann kommt vor euch Nazi-Gangstern.« Kreisky war schockiert, aber »Brandt empfand schnell die Komik der Szene«. Ich beendete meinen Artikel über dieses Gespräch mit dem Satz eines englischen Sozialisten, der eine weitere Eigenschaft des Politikers beschrieb: »Entschlossenheit, eine Sache zu Ende zu führen.« Und ich überlegte: »Vielleicht mischen sich in der letzten Zeit in diese Entschlossenheit Zweifel an der Vernunft und der Bereitschaft anderer Menschen, aus Erfahrung zu lernen.«
Günther Grass zog sich aus der von ihm gegründeten Wählerinitiative nach dem überwältigenden Wahlsieg Brandts – nach getaner Arbeit – zurück, und an seine Stelle rückte ein Gremium, zu dem neben dem bekannten Fernsehjournalisten Dagobert Lindlau, dem Maler Herbert Hayek und anderen auch ich gehörte. Günther Grass spür-

te damals auch die Unruhe in der SPD und verabschiedete sich in einer Veranstaltung, zu der auch der Bundeskanzler und zahlreiche SPD-Bundestagsabgeordnete erschienen waren, von 150 Vertretern der örtlichen Wählerinitiative mit den sehr kritischen Worten: »Fett und allzu selbstsicher flezt sich die SPD im Schatten einer Mehrheit, die sie ohne den Beitrag vieler ihrer Wähler nicht errungen hätte. Diese so merkwürdige wie weltfremde Nabelschau einer Partei, die schließlich unter dem Vorzeichen ›mehr Demokratie wagen‹ angetreten war, findet derzeit ihren Ausdruck in wild wuchernden Intrigen und ideologischen Schattenboxen, rechte Borniertheit wird durch linke Überheblichkeit wettgemacht.«

Für die Wählerinitiative werde in Zukunft eine wichtige Rolle spielen, so Grass, wie weit man mit der Forderung »mehr Frauen in den Bundestag« ernst mache: »Doch uns kann nichts komischer stimmen als eine Versammlung bierernster sozialdemokratischer Männer, die wieder einmal mit Mehrheit beschließen, mehr, entschieden mehr für die Frauen zu tun.«

Obwohl mir Zusammenhänge bewusst wurden und ich mir Veränderung wünschte, wusste ich genau, dass ich selbst nicht Politikerin werden konnte. Zu sehr hatte mich die Innenansicht der Politik desillusioniert. Ein Weg durch die Institutionen, von der Parteibasis aufwärts, schadet unweigerlich dem Charakter. So dachte ich.

Mit Willy Brandt sprach ich über meine Gedanken zur Gleichstellung und er hörte aufmerksam zu. Das war nicht ein Thema gewesen, wie gesagt, mit dem er sich bisher sehr beschäftigt hatte. Aber er verstand und unterstützte vollkommen den Inhalt meiner Gedanken und sah die Richtigkeit meiner Argumente. Eine Veränderung hier würde die Voraussetzung zu einer friedlicheren Gesellschaft sein.

Ich bin der Zeit vorausgeeilt. An dieser Stelle muss ich zur *Constanze* zurückkehren. Die schöne Zeit und diese interessante Arbeit, ein Jahr der Anerkennung und Akzeptanz, fanden ein jähes und unerwartetes Ende. Es war ein Jahr politischer Berichterstattung gewesen, wie ich sie mir wünschte. Ich reiste mit verschiedenen Fotografen zu den verschiedenen Terminen, oft mit dem Inder Jay Ullal, der später wie auch ich zum *stern* ging.

Nach meiner Reportage über die USA- und Kanadareise mit dem Bundesaußenminister gab es allerdings zunächst Probleme. Brandts Persönlicher Referent rief an und erklärte, der Minister sei verärgert über die Fotos. Ullal hatte ihn mit Rasierschaum im Gesicht bei der Morgentoilette aufgenommen. Ich war sehr bedrückt, denn mir wurde das Gefühl vermittelt, Brandts Vertrauen missbraucht zu haben. Aber schließlich hatte er ja die Aufnahmen im Gästehaus der Kanadier zugelassen und mir deren Veröffentlichung nicht verboten! Ich bat um einen Canossa-Termin im Auswärtigen Amt und bekam ihn. Der Außenminister meinte, er selbst fände die Fotos nicht so schlimm, aber sein Pressechef und seine Mitarbeiter und Mitarbeiterinnen. Sie seien unpassend. Ich entschuldigte mich und wurde vorsichtiger. Es blieb kein Schatten zurück, sonst hätte ja auch nicht das, was später geschah, geschehen können.

Journalisten in einer kleinen Hauptstadt wie Bonn, wo Politiker und Journalisten einander kennen, gehen einen schmalen Grad. Sie sind auf Insider-Informationen angewiesen. Aber wie schnell ist eine Quelle auch verstopft, wenn auf der anderen Seite das Gefühl entsteht, sie werde ausgenutzt, missbraucht oder gar bloßgestellt. Hier beobachtete einer den anderen und zog seine Schlüsse. Im »Raumschiff Bonn« entstanden Freundschaften zwischen allen Seiten, zwischen den Politikern und den Journalisten, zwischen allen Parteien. In einer Großstadt wie Berlin kann man sich weder so gut beobachten noch hat man so viele Möglichkeiten, sich freundschaftlich näherzukommen.

Gerade von der Illustriertenpresse oder von den Fernsehmagazinen kamen nach Bonn damals hin und wieder Starreporter zu kurzen Besuchen in die Bundeshauptstadt, ließen sich von ihren dortigen Redaktionen mit Informationen und Terminen versorgen, schrieben danach Sensations- und Skandalstorys, die oft einseitig waren und nur die halbe Wahrheit beinhalteten, aber ihren Ruf als »großartige Journalisten« weiter festigten. Das System der verbrannten Erde! Sie reisten danach woanders hin, um ähnlich zu verfahren. Denjenigen aber, die in Bonn blieben, machten sie das Leben und Arbeiten schwerer. Zugegeben – in Bonn war der schmale Pfad zwischen ehrlichem, der Wahrheit verpflichtetem Journalismus und einseitiger Berichterstattung nicht einfach zu gehen.

Ich sah meine Aufgabe mehr darin, die Arbeit der Politiker verständlicher zu machen als sie zu bewerten. Aber im Laufe der Jahre wuchs meine Abneigung gegen korruptes Verhalten und egoistische Machtbesessenheit. Inzwischen interessierte ich mich sehr für die Politik, hatte mich von einer ahnungslosen Provinzlerin mit einer guten Beobachtungsgabe, die schrieb, was sie wahrnahm, zu einer Journalistin entwickelt, die Zusammenhänge erkennen und analysieren konnte. Wie sonst hätte der große Henry Nannen einen Anlass finden können, meinen Bericht derart zu loben!

Einige politische Themen, vor allem im gesellschaftspolitischen Bereich die Gleichstellungsfrage, betrafen und forderten mein Engagement. Ich sah, wie schwer ein System – in der ganzen Welt übrigens –, das auf männliche Spielregeln und Rollenverteilungen gegründet ist, verändert werden kann. Hierarchisches Denken ist männliches Denken, das verbunden ist mit Machtsucht und Machtspielchen. Frauen suchen den Konsens, Verständigung und das Verstehen. Aber durch ihre Machtlosigkeit durch Jahrtausende hindurch erkennen Frauen andere erfolgreiche Frauen nicht an, machen sie oft nieder, häufiger sogar als es Männer tun. Und sie machten weiter den Mächtigen, den Männern, den Hof.

Es war kurz vor Weihnachten. Da klingelte das Telefon in meinem Büro. Die Stimme einer Sekretärin sagte: »Ich verbinde Sie mit Herrn Nannen!« Ich erschrak. »Diesmal«, so ertönte eine sonore männliche Stimme, »kommen Sie aber direkt zum *stern*!« Ich verstand nicht. Ich wollte überhaupt nicht aus meinem derzeitigen Job heraus. Doch nun erfuhr ich: Der Gruner & Jahr-Verlag hatte beschlossen, seine *Yasmin*, eine junge Frauenzeitschrift und Senkrechtstarterin in der Medienlandschaft, die nun aber plötzlich an Auflage verlor, mit einer großen Finanzspritze zu puschen. Die *Constanze*, deren Auflage aufgrund unserer guten Arbeit anstieg, aber immer noch in den roten Zahlen war, musste geopfert werden. Nach nur einem Jahr – aus der Traum! Die *Yasmin* konnte übrigens dadurch letztendlich auch nicht gerettet werden, wie sich bald herausstellen sollte.

Nannen lud mich nach Hamburg ein. Am gleichen Tag noch rief Ewald Struwe seine Redaktion zusammen. Das war ein trauriges Treffen in der Zentrale in Hamburg. Es hieß Abschied nehmen. Struwe hatte sich entschieden, sich auszahlen zu lassen und aus dem Zeitungsgeschäft zurückzuziehen. Der Abschied von diesem fairen Teamleiter fiel mir sehr schwer. Die kurze Zeit mit ihm hatte mir für viele spätere Erfahrungen gezeigt, wie gute verantwortliche Zusammenarbeit aussehen kann. Struwe starb einige Jahre später in seinem viel zu frühen Ruhestand in seinem schönen Haus irgendwo im Süden Europas. Gleich nach dem *stern* meldete sich außerdem die Stellvertretende Chefredakteurin der bisher erfolgreichsten aller Frauenzeitschriften, *Brigitte*, bei mir. Ob ich nicht, da sie wenig aus Bonn berichteten, für sie als Reporterin auf Reisen gehen wollte. Ich besuchte beide Redaktionen in Hamburg, *stern* und *Brigitte*. Ich dachte, dass die Art der aktuellen Berichterstattung, die meine Arbeit bei der *Constanze* noch spannend gemacht hatte, bei der *Brigitte* nicht möglich sein würde. Zu wenig interessierte sich die Frauenredaktion für Bonner Interna und für Politik überhaupt. Aber vor allem schmeichelte mir das *stern*-Interesse, durch Nannen persönlich bekundet, der sofort zum Hörer gegriffen hatte, als er von dem beschlossenen Ableben der *Constanze* erfahren hatte, noch bevor mein Chefredakteur mich informieren konnte. Warnungen von »gebrannten Kindern«, Kollegen, die mich vor dem Haifischbecken im Hause Nannen warnten, schlug ich in den Wind. Ich verhandelte, und mir wurde in der großen Bonner Redaktion des *stern* ein Sonderstatus zugestanden. Das finanzielle Angebot war glänzend. Ich unterschrieb beim *stern*.
Später sollte mir die Absage bei *Brigitte* leidtun. Ich wäre freier in meiner Arbeit und mehr meine eigene Herrin gewesen. Ehrgeiz ist ein schlechter Ratgeber!
Ich hatte mit »Sir Henry« mehrere Themen für meine Berichterstattung, die meisten waren Ideen von mir, besprochen. Fast jedes gefiel ihm. Als erste Arbeit aber bekam ich einen konkreten Auftrag von der Hamburger Redaktion: Ich sollte die Frauen der in Bonn akkreditierten Botschafter interviewen, ihre Residenzen abbilden lassen und ihr Leben im »Bundesdorf« beschreiben. Ich empfand, das sei zwar mehr

ein Thema für die *Bunte,* aber machte mich natürlich an die Arbeit. Als dieses umfangreiche Werk, das viel Mühe gekostet hatte, fertig war, fiel es in der Redaktionskonferenz als Thema durch. Der Stellvertretende Chefredakteur Vic Schuller, die gute Seele des *stern,* hatte es vorgestellt. Es wurde zunächst verschoben. Aber das bedeutete, wie ich allmählich lernte, ein ziemlich sicheres Todesurteil für die Story. Meine Enttäuschung war groß. Es steckte viel Arbeit in der Geschichte. Aber vor allem den Botschafterfrauen gegenüber, die sich sehr viel Mühe mit mir und dem Fotografen gegeben hatten – mit mehrfachem Umziehen und stundenlangem Posieren –, war mir das Ganze unangenehm.

Bundeswirtschaftsminister Karl Schiller hatte ein drittes Mal geheiratet und führte seine ehrgeizige junge Frau Etta in die Bonner Gesellschaft ein. Diese junge Finanzfachfrau, hochintelligent, hielt sich nicht wie andere Politikerfrauen der Presse gegenüber zurück, sondern äußerte ihre Gedanken auch zu politischen Themen munter und selbstbewusst. Ein Wort Karl Schillers über Etta kursierte damals in Bonn:»Diese Frau ist eine Herausforderung!«

Es dauerte nicht lange, da war Etta Schiller in der Politik das enfant terrible, ihre spitze Zunge war gefürchtet, und so wurde sie eine gesuchte Interviewpartnerin. Viel Schräges war über sie in den Blättern zu lesen. So fiel auch mir als Auftrag zu, mit dieser gut aussehenden, unerschrockenen Akademikerin ein Gespräch zu führen. Da ihr Image durch andere Veröffentlichungen schon festgelegt war, wusste ich, dass ich alle heiklen Themen, so dumm sie sein mochten, mit meinen Fragen nicht umgehen konnte. Mein Bericht wurde kritisch, entsprach aber dem allgemeinen Etta-Bild nicht vollständig, war eben, wie es meinem Stil entsprach, nicht schwarz-weiß, sondern differenzierter.

Der Leiter der Bonner Redaktion, Peter Koch, war inzwischen in Hamburg Chef der Redaktion »Deutschland I« geworden, der Deutschland-Politik also. Er fand meinen Bericht zu zahm und redigierte ihn rücksichtslos um, indem er alle unangenehmen Behauptungen und angeblichen Etta-Zitate, die durch den Blätterwald gerauscht waren, hineinsetzte. Als ich das Manuskript vor dem Druck noch mal zu sehen bekam, erklärte ich: So dürfe der Artikel keinesfalls erscheinen. Dafür würde ich meinen Namen nicht hergeben. Trotzdem geschah das für mich Unfassliche. Und es stand, glaube ich, auch mein Name unter dem Machwerk. Etta Schiller sprach nicht mehr mit mir. Die Ehe mit dem Ex-Superminister und der »Callas der SPD«, Karl Schiller, hielt kaum zwei Jahre. Etta kehrte an ihre Arbeitsstelle als höhere Finanzbeamtin zurück. Mitarbeiter lobten den »glasklaren Verstand« der emanzipierten Frau. Das Eis zwischen uns wurde später auf einer Party gebrochen, auf der wir uns zufällig begegneten.

Ich nehme an, Peter Koch passte mein Sonderstatus in der Bonner Redaktion nicht. Störte ihn mein guter Draht zum Bundeskanzler? Als der *stern* mit dem neuen Bundeskanzler Willy Brandt ein Interview bringen wollte, gab mir die Redaktion ihre Starjournalistin Eva Windmöller zur Seite.

So hatte ich einen schlechten Start bei Deutschlands größter Illustrierten. Ich nahm mir nun vor, immer dann zur Redaktionskonferenz nach Hamburg zu fliegen, wenn ich eine Geschichte produziert hatte. Peter Koch, für den ich ja meistens meine Geschichten zu schreiben hatte, lehnte diese Redaktionsbesuche jedoch bald als »unnötig« ab. Mit dem Erfolg, dass meine Berichte gekürzt, verstümmelt oder gar nicht erschienen. Ich wusste zu der Zeit noch nicht, dass der mächtigere Stellvertretende Chefredakteur Manfred Bissinger eng mit Koch kooperierte. Bissinger war bei meinen Hilfe suchenden Telefonaten immer sehr konziliant. Das änderte aber nie etwas an der geschilderten Sachlage. Alle meine jüngeren Kollegen in der Bonner Redaktion hatten regelmäßig ihre Berichte im Blatt, ich aber weniger und weniger. Dafür durfte ich für die Hamburger Starschreiber Themen recherchieren.

Ich wusste, dass das tödlich war. Wenn ich mal in der Redaktion in Hamburg erschien, gab es keinen der männlichen Kollegen, der mich beraten hätte oder bereit war, mir zu helfen. Auch Vic Schuller, siebenbürgischer Landsmann meines Mannes, tat das inzwischen nicht mehr. Als ich – wahrscheinlich als Folge dieses für mich ungewohnten Stresses – mit schweren Gebärmutterblutungen im Krankenhaus lag, besuchte mich Peter Koch. Ich war überrascht. Hatte ich mir ein falsches Bild von ihm gemacht? Für uns ergab sich dennoch nie die Möglichkeit, unsere Beziehung zu klären, nach weiteren Spannungen und meinem Ausscheiden beim *stern* und vor Peter Kochs frühem Krebstod.

Nur die Leiterin der Frauenredaktion, Carola Heldt, die selbst in dieser Hackordnung und in diesem männlichem Machtgefüge einen schweren Stand, aber den Vorteil mir gegenüber hatte, vor Ort zu sein, nahm sich meiner an. Wir entwickelten gemeinsam frauenpolitische Themen für ihren Bereich. Aber auch diese fanden nur selten dann den Weg ins Blatt.

Noch aber hatte ich in Bonn meine ausgezeichneten Kontakte. Regelmäßig wurde ich zum Beispiel in die Villa Hammerschmidt zu Gustav und Hilda Heinemann oder in das Bundespräsidentenschloss Bellevue in Berlin geladen. Hilda Heinemann war sehr begeistert von ihrer neuen Rolle als First Lady, sodass sie von vielen ihrer aufregenden Erlebnisse bei verschiedenen Gelegenheiten erzählte. Bei einem Empfang in der Villa Hammerschmidt überraschte sie mich mit der Neuigkeit, dass der japanische Kaiser zum ersten Mal in der Geschichte auf Weltreise gehen würde. Und wen würde er als Erstes besuchen? Die Bundesrepublik!

Ich hatte so durch Hilda Heinemanns Geplauder echte »News« aus berufenem Munde erhalten – ohne um vertrauliche Behandlung gebeten worden zu sein. Ich hütete mich daher auch, diese zu hinterfragen, formulierte sofort die Nachricht und schickte sie nach Hamburg. Dort wurde sie von Koch ziemlich geringschätzig aufgenommen. Fast widerwillig setzte er sie auf die Nachrichtenseite, nicht einmal als Spitzenmeldung. Und – sie wurde umformuliert.

Da *stern* wie *Spiegel* einen Tag vor ihrem Erscheinen den Tageszeitungsredaktionen und Nachrichtenagenturen vorliegen, wurde diese Meldung von einer Agentur aufgegriffen und in die Welt gepustet. Noch in der gleichen Nacht wurde Henry Nannen vom deutschen Botschafter in Japan über Telefon aus dem Schlaf gerissen. Der Druck des *stern* sei zu stoppen, die Meldung herauszunehmen. Es würden sonst die größten diplomatischen Komplikationen entstehen.

Doch dafür war es zu spät und Nannen hat es auch nicht gemacht. Am nächsten Tag dementierte das Präsidialamt die Meldung pauschal. Das konnte Pressechef Müller-Gerbes, weil durch das Umschreiben

182

der Meldung ein Fehler hineingeraten war, wenn auch ihr Hauptinhalt stimmte. Nun klingelte bei mir das Telefon. Ein aufgebrachter Nannen, dem das Dementi gegen die Ehre seines Blattes ging, fragte, woher ich die Information hätte. Im Vertrauen darauf, dass auch für Nannen die erste Journalistenregel galt, Informanten niemals preiszugeben, sagte ich es ihm. Sein Stolz ließ es nicht zu, die Angelegenheit auf sich beruhen zu lassen. Er musste das letzte Wort haben. Er informierte die Agenturen, dass die »Quelle des *stern* über jeden Zweifel erhaben« sei.

Damit war Frau Heinemann in der Bredouille und ich als Journalistin beim Präsidialamt in Ungnade. Ich war sehr verärgert und sagte das auch meinem Chefredakteur. So stand meine Arbeit beim *stern* unter keinem guten Stern.

Mein Gefühl, dass »weibliche Schreibe« in Männerredaktionen nicht besonders anerkannt ist, wurde mir auch von anderer Seite bestätigt. Generell aber betrieb Nannen die Politik, für seine große und finanzkräftige Illustrierte alle Spitzenjournalisten, die sich in den Medien bemerkbar machten, für sein Blatt anzuheuern. Weil es dadurch viele gute Journalisten und Journalistinnen dort gab, tobte in der Redaktionskonferenz der Kampf um den Platz für den eigenen Beitrag, den Männer mit den stärkeren Ellenbogen oft gewannen. Das schadete dem *stern* nicht, sondern nutzte ihm eher. Denn das, was dann erschien, war in jedem Fall gut. Und am Markt gab es weniger Konkurrenz. Der Name »Haifischbecken« war in meinen Augen die richtige Metapher für das Haus.

Da es mir in meinem Journalistenleben immer gut gegangen und ich hoch geschätzt worden war, traf mich diese Erfahrung hart.

Langsam fiel auf, dass mein Name im *stern* kaum noch auftauchte. Nannen selbst rief mich schließlich an, um zu erfahren, warum von mir nichts mehr zu lesen sei. Wahrheitsgemäß berichtete ich ihm, wie schwer ich es hatte, mit meinen Themen zu landen. Ich zählte ihm viele Themen auf und meine Versuche, sie der Redaktion anzubieten. Er wunderte sich: Das seien doch alles gute Geschichten. Ermutigt bat ich ihn um einen Termin in Hamburg, um die Themen detaillierter mit ihm zu besprechen und konkrete Aufträge zu bekommen.

Erleichtert legte ich den Hörer auf die Gabel und flog ein paar Tage später ziemlich erwartungsvoll in die Hansestadt. Wie groß war meine Enttäuschung daher, als ich das Vorzimmer des Chefredakteurs betrat. Dort saßen bereits Peter Koch und Manfred Bissinger. Alle meine Erwartungen sanken in sich zusammen. Intuitiv ahnte ich, wie diese Aussprache, von der ich so viel erhofft hatte, verlaufen würde. Wir wurden zu »Sir Henry« hereingebeten und ich wurde sehr freundlich von ihm begrüßt. Im Gespräch dann nannte ich Themen, die mir vorschwebten, berichtete über meine Vorschläge und meine vergeblichen Versuche, diese unterzubringen. Letzteres wurde von Anfang an, was ich auch sagte, von den beiden mit verteilten Rollen in Abrede gestellt und Themen, die ich nannte, wurden von ihnen verworfen. Ich blickte Hilfe suchend zu Henry Nannen hinüber, der schwer in seinem Sessel ruhte. Ich traute meinen Augen nicht: Der Chefredakteur war während unseres unsinnigen Geplänkels eingeschlafen. Nicht einmal hatte er das Wort ergriffen. Da wusste ich, dass ich endgültig verloren hatte, ohne jemals eine wirkliche Chance gehabt zu haben. Mein Schicksal beim *stern* war damit besiegelt.

Da ich eine Familie zu ernähren hatte, ließ ich mich zum Übergang auf das Angebot eines sehr viel geringeren Pauschalvertrags beim *stern* ein. Eine neu konzipierte *Yasmin* sollte bald auf dem Markt erscheinen. Ein Vertrag mit diesem neu gestalteten Blatt wurde mir angeboten und ich unterschrieb.

Das Experiment *Yasmin* sollte dann allerdings über die Null-Nummer nicht hinauskommen. Mein Vertrag wurde ausgezahlt. Mit Hilfe dieser Summe kam ich zu einem wunderschönen Grundstück auf der griechischen Insel Naxos. Mit meinem späteren Lebensgefährten Ernst Peters habe ich dort später ein Haus gebaut, das meine zweite Heimat geworden ist.

Eine Fußnote zu Henry Nannen:

Viele Jahre später hatte Henry Nannen mit seiner zweiten Frau Eske in seiner Heimatstadt Emden ein Museum um seine Sammlung deutscher Expressionisten gebaut. Ich war inzwischen für die Öffentlichkeitsarbeit der Deutschen Bundespost tätig. Eines Tages bekam ich von »Sir Henry« einen Brief. Er wünschte sich eine Briefmarke mit dem Thema »Deutscher Expressionismus«. Ich vermittelte ihm den Kontakt zum Briefmarkenreferat. Ich habe Fehler wie jeder Mensch. Nachtragend zu sein, gehört nicht zu ihnen. Die Briefmarke kam auch tatsächlich zustande. Danach lud mich Nannen sehr herzlich nach Emden ein, um sein Museum zu sehen. Ich hatte keine Zeit. Aber eines Tages sollte es doch noch eine Möglichkeit geben. Mein Lebensgefährte Ernst hatte mir sowieso immer wieder zugeredet: »Fahr hin! Eines Tages ist es zu spät! Dann tut es dir leid.« Ich ahnte nicht, wie nahe »eines Tages« damals schon war. Also fuhren Ernst und ich nach Emden und wurden dort von Eske und Henry Nannen sehr herzlich im Museum begrüßt. Eske Nannen zeigte uns den didaktischen Teil. Und Henry Nannen führte mich allein durch die Sammlung. Bei jedem Bild erzählte er mir eine Geschichte. Das Bild von Gabriele Münter von den drei Frauen am Meer, das ich besonders liebe, hängt als Druck in meinem Arbeitszimmer in Naxos.

Am Ende dieser Führung saßen Nannen und ich in der Sonne auf einer Bank vor dem Museum. Nannen sagte plötzlich: »Ich muss Sie um Verzeihung bitten. Ich habe Ihnen Unrecht getan.« Ich war überrascht und gerührt.

Beim anschließenden Mittagessen in Nannens Privathaus sprachen die beiden von einer bevorstehenden Reise nach Berlin. Nannen wirkte zwischendurch immer wieder so merkwürdig abwesend. Sein Blick war dann in weite Ferne gerichtet, als könne er dort etwas sehen. Henry Nannen starb noch im selben Jahr.

Nach meinem enttäuschenden Besuch in der Hamburger *stern*-Redaktion sprach mich einige Zeit später der CDU-Bundestagsabgeordnete Jürgen Todenhöfer an, ein gut aussehender Jungpolitiker: Ob ich Interesse hätte, mit Senator Franz Burda über einen Kolumnenvertrag bei der *Bunten* zu sprechen. Ich reiste also nach Offenburg und lernte den Zeitungsgründer Burda kennen. Er mochte mich wohl gleich und verriet mir das Geheimnis seiner *Bunten*: positive Berichterstattung, nicht »negative« wie bei *Spiegel* und *stern*. Zweimal im Monat sollte meine Kolumne mit Foto an prominenter Stelle am Anfang des Blattes stehen. Die Bezahlung dafür war sehr anständig und ich durfte schreiben, was ich wollte. Ich war in der Themenwahl frei. Damals näherte sich die Diskussion um das Abtreibungsverbot, den §218, ihrem Höhepunkt. Ich war für die Abschaffung dieses Paragrafen. Auch darüber durfte ich in dieser eher konservativen Illustrierten mit einer konservativen Leserschaft schreiben.

Ich muss an dieser Stelle an die wunderbare Zen-Geschichte denken über »das Glück und das Unglück im Leben eines einfachen Mannes«: Dieser einfache Mann besitzt ein wunderschönes Pferd, das ihm der König für viel Geld abkaufen will. Aber er trennt sich nicht von seinem Pferd. Eines Tages verschwindet das Pferd und die Nachbarn meinen: »Hättest du nur das Pferd verkauft!« Der Mann lacht: »Redet keinen Unsinn. Alles, was man sagen kann, ist, dass das Pferd nicht mehr im Stall ist. Niemand weiß, was die Zukunft bringt.« Tatsächlich kommt das Pferd zurück und bringt ein Dutzend wilde Pferde mit. Und so geht diese Geschichte weiter. Beim Zureiten der Pferde bricht sich der Sohn ein Bein. »Was für ein Unglück!«, finden die Nachbarn. Aber es kommt ein Krieg und der Sohn wird vom Militärdienst befreit. Und als die Nachbarn den Mann beneiden und jammern, weil ihre eigenen Söhne fortmussten, sagt der Mann: »Mein Sohn ist hier geblieben. Daraus folgt jedoch nichts.«

Aus meinem ersten massiven Karriereknick wurde etwas für mich Gutes. Denn neben der 14-tägigen Kolumne, die sehr gut bezahlt wurde, konnte ich auch für andere Medien schreiben. Das wurde sogar erwartet. Ich machte mit der *Abendzeitung* wieder einen Pauschalvertrag, denn mein Mann war ja inzwischen beim Deutschlandfunk. Sein Gehalt ging fast ausschließlich an seine erste Familie. Ich aber verdiente mit meinen guten Verbindungen zu verschiedenen Zeitungen und auch zum Rundfunk so gut wie nie. Auch die Regenbogenpresse, wie zum Beispiel das *Neue Blatt,* wünschte sich von mir Geschichten wie »Was tragen die Ministerfrauen am Bundespresseball« und Ähnliches und bezahlte gut dafür.

Ich schätzte es, meine Meinung in einer Kolumne zu kontroversen politischen Themen zu sagen, vor allem zur Gleichstellungsproblematik. Aber Geldverdienen allein entsprach nicht meinem Selbstverständnis. Als Hubert Burda, der jüngste Sohn des Senators, die Chefredaktion der *Bunten* übernahm, forderte er von mir statt der

Kolumne immer mehr Reportagen. Ich besuchte Margaret Thatcher in London, als sie noch Oppositionschefin war, das Ehepaar Schickedanz, die Gründer des Quelle-Versandes, oder Elisabeth Noelle-Neumann, die Pythia der Politiker. Die Meinungsforscherin vom Bodensee beeindruckte mich mit ihrem scharfen Verstand, während Margaret Thatcher damals vor allem glatt und gut gestylt auf mich wirkte. Oft aber ging es dann auch um Themen »wie Politiker ihre Kinder erziehen« oder »wo sie ihren Urlaub verbringen« und warum. Ich begann mich zu langweilen.

Annemarie Renger, erste Frau im Staate, machte gerade Schlagzeilen mit einem Leopardenmantel. Es war die Zeit, als Tierschützer sich massiv für künstliche Pelze einsetzten. Das Image der protokollarisch zweitwichtigsten Person im Staate nach dem Bundespräsidenten – der Bundeskanzler oder die Bundeskanzlerin ist zwar mächtigste Person im Staate, folgt aber nach dem Bundesratspräsidenten erst an vierter Stelle – wurde durch Medienberichte beschädigt. Wenn ich die Bundestagspräsidentin in den Gängen des Bundeshauses oder bei einem Empfang traf, machte ich kein Hehl über meine Enttäuschung über diese schlechte Presse. Obwohl sich Annemarie Renger längst als tüchtige Parlamentspräsidentin erwiesen hatte, wurde sie immer wieder kritisiert, vor allem wegen Äußerlichkeiten wie »das falsche Kleid« oder »der unmögliche Hut«. Ich war ja so zufrieden über die Tatsache gewesen, dass wir nun eine Frau an diesem herausragenden Platz hatten. Ohne Arg hatte ich über diese negative Berichterstattung mit ihr gesprochen. Als sie sich wegen der Leoparden-Presse und anderer abfälliger Bemerkungen über die »einstige Schumacher-Sekretärin« von ihrem Pressereferenten trennte, kam etwas Unvorhergesehenes auf mich zu.

Diese ereignisreiche Zeit als Journalistin brachte zwar meinen ersten Karriereknick, war aber bald danach voller Überraschungen und Fülle, ohne dass ich das wirklich würdigen konnte. Mein Ego trübte mein Dasein, indem es wie beim Märchen vom »Fischer und sine Fru« immer »mehr, mehr« wünschte. Mein Selbstbewusstsein war leicht zu irritieren und verlangte nach neuen Bestätigungen. Ich wollte Erfolg, aber vor allem wollte ich Liebe. Aber was konnte ich selbst geben?

Ich war sicher, dass ich meine Kinder tief liebte. Ich würde alles für sie tun, fühlte ich. Und ich tat auch viel für sie. Zu wenig aber war ich bewusst bei ihnen und ihren Sorgen, Nöten und Freuden. Das hatte das Kind Heli selbst nicht gekannt und das konnte ich meinen eigenen Kindern daher nicht geben. Außerdem wurde ich von meinem Beruf verschlungen und war in meine eigenen Probleme verstrickt.

Eines Tages tauchte meine Jugendliebe auf. Martin Schmidt hatte eine leitende Stelle im Entwicklungsministerium bekommen. Er sollte eine Informationsreise um die Welt in Sachen Geburtenkontrolle für die UNO organisieren für Bundestagsabgeordnete und politische Journalisten. Ich bekam auch eine Einladung.

Die Reise führte zunächst in den Iran, wo ich dem Schah von Persien, der mich beeindruckte, die Hand drücken durfte. Dann folgte Indien mit New Delhi, Accra und dem Taj Mahal, Kalkutta und Bombay. Ich sah bei Sterilisationen zu – weiblichen und männlichen. Wir besuchten ein großes Industrieunternehmen, in dem Männer ein Radio geschenkt bekamen, wenn sie den Eingriff machen ließen.

In New Delhi wurden wir von der damaligen Oppositionschefin, der großen Indira Gandhi empfangen. Mich beeindruckte die Schlichtheit ihrer Umgebung, ihrer Kleidung, ihre natürliche Selbstverständlichkeit. Sie trug einen Sari, die indische Nationaltracht der Frauen, der nicht so farbenfroh wie die meisten Saris, sondern hell-dunkel gehalten war und ein einfaches kleines Muster hatte. Jahre später besuchte ich Indien und in New Delhi ihr Privathaus, das heute ein Indira-Gandhi-Museum ist. Und wiederum nahm ich die Schlichtheit ihres persönlichen Lebensstils wahr und konnte an Hand ihrer Bibliothek ihre große Belesenheit und ihr Wissen bewundern.

Nie werde ich das winzige Mäuschen vergessen, das sich an den Resten unserer Lunchpakete im Bus zum Taj Mahal zu schaffen machte, als wir zur Rückfahrt den Bus bestiegen. Nach mir kam der SPD-Bundestagsabgeordnete Willfried Penner in einem feschen khakifarbenen Tropenanzug wie zur Jagd gekleidet. Als der deutsche Parlamentarier die kleine Maus sah, sprang er mit einem Entsetzensschrei auf die nächste Sitzbank.

In Kalkutta stand ich nachts auf einem Verbrennungsplatz und erlebte die indische Form der Bestattung. Überhaupt Kalkutta! Dunkles, geheimnisvolles Indien, voller Schmutz und Schönheit! Kalkutta nahm mich mit allen Sinnen gefangen. Und Indien wurde während dieses kurzen Besuches zum Land meiner Sehnsucht, von dem ich vergebens träumte und zu dem ich zurückkehren wollte.

Ich liebte die schönen indischen Frauen in ihren malerischen Saris in der wunderschönen Landschaft stehend oder gehend wie Statuen. Mein ästhetisches Bedürfnis fand eine Befriedigung nach der anderen. Am Taj Mahal verliebte ich mich kurz und heftig in einen mitreisenden Engländer. Ich flirtete auf jeder Station und rächte mich damit an Martin, der mich so tief verletzt hatte und der sich mir wieder zu nähern versuchte. Das war mir bewusst und ich genoss es. Auch Hongkong, das nach Thailand und Indonesien folgte, ist noch voller Bilder für mich. Ich kaufte dort meine erste Filmkamera. Die letzte Station dieser unvergessenen Reise war Kenia, wo damals noch der große Jomo Kenyatta regierte.

In dieser Zeit, bevor ich die Fronten wechselte, kamen verschiedene Verlage auf mich zu und wünschten Manuskripte von mir. Für den Münchner List-Verlag schrieb ich *Mein Bonner Tagebuch*. Für den Bechtle-Verlag verfasste ich mehrere Anekdotenbände, über Kurt Georg Kiesinger, Willy Brandt und Gustav Heinemann. Ich war beteiligt an einem Bildband, den der bekannte Talkmaster Werner Höfer über die Bundespräsidenten und ihre Frauen herausbrachte, und anderes mehr.

Brandt errang 1972 einen großen Wahlsieg. Eine unvorstellbare Begeisterung beflügelte uns damals. Danach aber entstand die auch von Günther Grass in seiner Rede vor der Wählerinitiative konstatierte Unruhe und Unzufriedenheit. Und nicht viel später dann sollte das für mich Unfassbare geschehen: Als ich in Griechenland die deutschen Nachrichten andrehte, erklärte der Sprecher gerade, dass in Brandts Nähe ein Spion enttarnt worden sei. Er habe einen französischen Namen. Ich kann noch heute mein Entsetzen kaum beschreiben. Ich wusste sofort, um wen es sich handeln musste. Ich kannte Günter Guillaume. Er hatte in den letzten seltenen Treffen die Verbindung hergestellt. Ich hatte Angst.

Mein Mann, mit dem ich mich in diesem Jahr auseinandergelebt hatte, dem ich aber nicht den Schmerz antun wollte, sich von den Kindern trennen zu müssen, die er so sehr liebte, war immer noch eifersüchtig auf jeden Mann, bei dem er Interesse an mir zu spüren meinte. Er ahnte sofort, was los war.

Meine Angst, öffentlich an den Pranger gestellt zu werden, wurde von ihm noch geschürt. Zurück in Bonn, bot mir Senator Burda sein Ferienhaus in Garmisch-Partenkirchen an, um ein wenig von der Bildfläche zu verschwinden und mich von diesem Schreck zu erholen. Viele ahnten etwas, aber niemand nannte meinen Namen. Ich war den Kollegen dankbar für ihre Diskretion. Ich nahm meine Arbeit als Kolumnistin der *Bunten* wieder auf.

Das Drama indessen eilte seinem Höhepunkt zu: Willy Brandt erklärte seinen Rücktritt. Für mich erschien das Ganze und erscheint es auch heute noch als eine große Intrige gegen den Kanzler, deren Verursacher nur geahnt werden können und deren wirkliches Ziel wohl noch nicht bekannt ist.

Ungesehen beobachtete ich allein im Dunkeln, wie der Bundeskanzler nach seinem Rücktritt von den Jungsozialisten mit einem Fackelzug vor seiner Villa am Kiefernweg auf dem Bonner Venusberg verabschiedet wurde. Willy Brandt stand mit steinerner Miene neben Holger Börner und sah in die von Fackeln erhellte Nacht hinaus. Dieses Bild hat sich bei mir unauslöschlich eingeprägt. Ich begriff die Größe des Opfers, das gebracht wurde, und empfand mich als Teil dieses Dramas. Wie konnte ich meinen Teil zu diesem Opfer beitragen, fragte ich mich in dieser Stunde. Aber mich und meine Tränen wollte ja niemand sehen. Meine Einsamkeit in der Dunkelheit dieser Nacht war unendlich.

Ich sollte Willy Brandt nach seinem Rücktritt nur noch einmal treffen. Das war wohl ein Jahr später. Wir trafen uns zum Mittagessen. Von dem Gespräch ist mir nur noch ein Satz in Erinnerung: »Ich hätte dazu stehen sollen.« In seinen *Erinnerungen* hat er das nachgeholt. Als er krank war, kam es noch einmal zu Grüßen hin und her. Ich habe ihn nicht mehr wiedergesehen.

V
Frontenwechsel
Pressearbeit für die erste Frau im Staate

> Die Cherokee waren schockiert, als ihnen
> klar wurde, dass die weiße Delegation ohne
> Frauen war. Für die Weißen war die Abwe-
> senheit von Frauen normal und natürlich.
> Für die Cherokee hat jedoch eine Delegation
> ohne Frauen kein Gleichgewicht und des-
> halb keine Ehre.
>
> Lisa R. Perry

Sie wurde »Miss Bundestag« genannt, als ich sie kennenlernte. Heller Teint, zarte Haut, strahlendes Lächeln, getöntes, lockiges Blond-
haar, das stets gepflegt war, als käme sie gerade vom Friseur, selbst-
bewusstes Auftreten: Annemarie Renger. Sie war nicht die einzige
Frau im Bundestag, die im Laufe der Jahre mit diesem Titel apostro-
phiert wurde, der vor allem dazu diente, sie politisch nicht ernst nehmen zu müssen. Als einige Jahre später die blonde, gut aussehende
Ärztin Hedda Heuser für die FDP ins Parlament einzog, bekam auch
sie ihn und nach ihr noch andere.
Für mich war die Sozialdemokratin immer politisches Urgestein,
kompetent und engagiert. Als blutjunge Kriegswitwe, Mutter eines
Sohnes, wurde sie gleich nach der Kapitulation Mitarbeiterin und
engste Vertraute des ersten SPD-Vorsitzenden Kurt Schumacher. Sie
wurde auch im Wortsinn zur Stütze dieses schwer kriegsversehrten
Mannes. Bilder aus dieser Zeit zeigen ein blühende, junge Frau, auf
die sich ein schmaler, gebrechlicher, nicht mehr junger Mann stützt,
dessen Züge vom Leben gezeichnet sind.
Natürlich, wenn ich in meinem Boulevardblatt ihren Namen
erwähnte, flocht auch ich ihren Spitznamen »Miss Bundestag« ein.

Ich dachte mir nichts dabei und schätzte immer ihr Urteil und ihre Meinung, wenn ich sie im Bundeshaus traf.

Als Willy Brandt 1972 seinen großen Wahlerfolg hatte, erhielt die SPD so viele Sitze im Parlament, dass sie auch den Bundestagspräsidenten stellen konnte. So wurde diesmal der »zweite Mann im Staate« eine Frau, die einstige Lebensgefährtin des großen Kurt Schumachers. Immer wieder ging die Diskussion darum: Wer steht protokollarisch höher, der Bundeskanzler oder der Parlamentspräsident, als Vertreter des Volkes? Vor allem der CDU-Bundestagspräsident Eugen Gerstenmaier, Vorgänger von Frau Renger, eine eindrucksvolle Persönlichkeit, aber klein von Wuchs, pochte wohl gerade deshalb auf diesen zweiten Rang im Staate, der ihm nach unserem Staatsrecht auch zusteht.

Ich jedenfalls war stolz und zufrieden, als eine Frau diese Aufgabe übernahm. Aber die Öffentlichkeit und vor allem die Medien waren noch nicht so weit, das als etwas Selbstverständliches hinzunehmen. Sie gossen bei jeder sich bietenden Gelegenheit ihre Häme über Annemarie Renger. Sie nannten sie die »ehemalige Sekretärin von Schumacher«, oder eben »Miss Bundestag«. Sie kommentierten ihre Garderobe, als hätte sie nichts zu sagen. Und als sie bei einem Staatsbesuch in einem Leopardenmantel und einem breitkrempigen Hut auftrat und aussah wie eine Filmdiva, war das ein gefundenes Fressen für alle Illustrierten und Klatschreporter. Ehrlich gesagt fand ich diesen Auftritt, der eher zu einem Filmstar gepasst hätte, auch nicht gerade prickelnd. Aber mehr ärgerte ich mich über diese einseitig auf Äußerlichkeiten fixierte Art der Medien bei einer erfolgreichen Politikerin. Wann hätte je die Garderobe eines Politikers eine so maßgebende Rolle gespielt!

Es gab damals eine Zeitschrift *VIP-Dossier*, die angesichts dieser negativen Presse meinte, sich Frau Rengers annehmen zu müssen. Der Artikel, der dort erschien, war symptomatisch für die Denkart dieser Zeit. Bereits der zweite Satz lautete: »Dass diese Entscheidung (Frau Renger zur Bundestagspräsidentin zu machen) mehr als nur eine Verbeugung vor den weiblichen Bürgern dieses Landes ist, soll unser Bericht verdeutlichen.« Dass so etwas überhaupt in einem

Bericht verdeutlicht werden soll, zeigt die verborgene Einstellung in einem Land, in dem Frauen seit ewigen Zeiten nicht ernst und als vollwertige Menschen und Partner genommen, sondern ausgegrenzt und diskriminiert wurden. Schon am Anfang meines bewussten Lebens, als ich mit zwei jüngeren Brüdern aufwuchs, fand ich den Gedanken, nur zweite Wahl, weniger wert und weniger begabt zu sein, falsch und kränkend und vollkommen abwegig. Immer wieder spürte ich diese Meinung, sodass ich mich immer wieder in der Situation sah, mich dagegen wehren zu müssen.

Diese schlechte Presse der Parlamentspräsidentin störte mich also beträchtlich. Nicht nur das: Sie traf mich offenbar persönlich. Sicher äußerte ich mehrfach meinen Unmut darüber, wenn ich Annemarie Renger zufällig im Bundeshaus begegnete. Als sich nun diese Negativität in der Presse insbesondere nach dem Leopardenmantel, der ganz schnell wieder im Kleiderschrank verschwunden war, nicht zu bessern schien, kam eines Tages die Präsidentin auf mich zu: Sie möchte etwas mit mir besprechen. Und bei diesem Gespräch bot sie mir an, ihre Persönliche Pressereferentin zu werden. Sie könne mir allerdings kein großes Gehalt bieten, leider nur BAT II. Mir war allerdings nicht klar, was das netto bedeuten würde.

Die Herausforderung, diese Aufgabe für eine Frau und dazu noch in einer äußerst ungünstigen Situation zu übernehmen, elektrisierte und hinderte mich an materiellen Recherchen. Ich war ja inzwischen auch soweit, gerne etwas anderes tun zu wollen, als aus Bonn und oft dazu noch Klatschgeschichten zu berichten. Obwohl mir Hubert Burda inzwischen im Bonn-Center ein schönes Büro mit der notwendigen Infrastruktur zur Verfügung gestellt hatte. Aber meine Kolumne schlief immer mehr ein und Highlights wie das Interview mit Margaret Thatcher erhielt ich nicht jeden Tag. Auslandskorrespondentin wäre ich gerne geworden, aber mit zwei schulpflichtigen Kindern und einem Mann, der an Köln gebunden war und sehr an den Kindern hing, sah ich dazu keine Möglichkeit. Um es kurz zu machen: Ich nahm an!

Mein Hauptmotiv war: Ich wollte der Öffentlichkeit vermitteln, dass eine Parlamentspräsidentin ebenso ernst zu nehmen war wie ein Parlamentspräsident. Und dass auch gönnerhafte Berichte wie der im *VIP-Dossier* aufhörten. Dort stand zum Beispiel zu lesen, dass sie die »Privatsekretärin Dr. Kurt Schumachers« gewesen sei. Wäre sie ein Mann, hätte der Schreiber das sicher »Assistent« oder »Stabsleiter« genannt. »Ab 1964 leitete sie das Büro des Parteivorstandes.« Klingt schon etwas besser, ebenso wie die nächsten Stationen ihrer Laufbahn. »Seit 1953 Mitglied des Bundestages, Parlamentarische Geschäftsführerin der SPD-Bundestagsfraktion, zehn Jahre Mitglied der Beratenden Versammlung des Europarates und der Versammlung der Westdeutschen Union. Bis 1971 Vorsitzende der Deutschen Gesellschaft für die Vereinten Nationen.« Und so ging es weiter: »Stellvertretende Präsidentin des Internationalen Rates sozialdemokratischer Frauen, Vorsitzende des Bundesfrauenausschusses der SPD, Mitglied des Parteipräsidiums und Parteivorstandes sowie des Fraktionsvorstandes« usw.

Das war doch eher ein männlicher Lebenslauf zu jener Zeit, der Lebenslauf eines erfolgreichen Politikers. Trotzdem kommentierte der Korrespondent der *Süddeutschen Zeitung* Udo Bergdoll, ein mir bekannter, eigentlich liebenswürdiger Kollege: »Für die Gesellschaft könnte die Wahl einer Frau zum ›zweiten Mann‹ im Staate ein Stoß fürs Bewusstsein bedeuten. Für die SPD ist sie ein personalpolitischer Offenbarungseid.« Frau war eben immer »zweite Wahl« in diesem unserem Lande! So gut sie auch sein mochte.

An ihrem ersten Tag als Parlamentspräsidentin, als sie ihre erste Bundestagssitzung leitete, mokierte sich ein Journalist über ihren »jugendbewegten Schillerkragen«, um dann anzüglich über das Dekolleté der attraktiven Politikerin zu philosophieren. Die *Frankfurter Neue Presse* berichtete über die »Präsidentin im kleinen Schwarzen mit Brilliantknöpfen«. Und wiederum die *Süddeutsche Zeitung* verknüpfte mit ihrem Bericht die lebenswichtige Frage der »passenden Garderobe« für eine Bundestagspräsidentin, um dann zu beschließen: »Sie sollte schick sein – die Aufwandsentschädigung ist hoch genug – und warum zu milderen Jahreszeiten nicht auch in hellen, munteren Kleidern erscheinen? Hauptsache, sie stehen ihr. Yves Saint Laurents Boutique-Mode bietet sich da an: klassisch, modern, tragbar, mit dem Hauch von Eleganz, der nötig ist.« Hätte ich sie damals nicht als diskriminierend empfunden, diese Arroganz der Kollegen, hätte mich das sicher zum Lachen gebracht.

Diese Annemarie Renger, Sozialdemokratin reinsten Wassers, Tochter des Mitbegründers des Arbeiter-Turn- und Sportbundes Fritz Wildung, drohte also über Äußerlichkeiten wie einen Leopardenmantel zu stolpern zu einer Zeit, als sie mir ihr Angebot machte.

Ich brauchte wieder mehr inneres Engagement bei meiner Arbeit und so freute ich mich über die neue Herausforderung, obwohl die finanzielle Seite eher betrüblich war. Das wurde mir klar, als ich den ersten Gehaltsstreifen in den Händen hielt. Ich musste eben wieder sparen lernen.

Meine Arbeit begann damit, zunächst für Klarheit zu sorgen, da es noch ein Pressezentrum des Deutschen Bundestages mit einem Leiter gab: Alle Auskünfte und Vereinbarungen mit den Medien, die die Präsidentin betrafen, hatten über mich zu laufen. Das war leichter gesagt als getan. Denn wer gibt schon gerne Kompetenzen ab. Außerdem hatte Frau Renger natürlich auch einen persönlichen Assistenten und Büroleiter, außerdem einen politischen Berater und einen Statements- und Redenschreiber, einen ehemaligen *FAZ*-Journalisten. Sie alle wollten auch in Presseangelegenheiten gefragt werden.

Was mir außerdem zu Beginn meiner Arbeit im Bundeshaus zu schaffen machte, war die Tatsache, dass ich nun zum ersten Mal in meinem Leben mit einer öffentlichen Verwaltung und mit Beamten zu tun hatte, der Bundestagsverwaltung, deren Mechanismus ich zunächst einmal begreifen musste. Im Gegensatz zur straffen und logischen Organisation der Deutschen Bundespost, die ich einige Jahre später kennenlernen sollte, war diese Verwaltung offenbar unorganisch gewachsen mit großen und kleinen Zellen von bedeutend bis bedeutungslos, entstanden im Parteiengeklüngel und abhängig von Wichtigkeiten und persönlicher Macht. Mit Logik hatte die Bundestagsverwaltung – zu meiner Zeit –, so empfand ich, nicht viel zu tun. Umso schwerer war es für mich, diesen Apparat zu durchschauen. Das hieß zu erkennen, wer bei wichtigen Vorgängen mitzuzeichnen hatte oder sonstwie gefragt werden musste. Ich musste mich mehr von meinem Gefühl und meinem gesunden Menschenverstand leiten lassen. Oft fragte ich vielleicht jemanden, der zuständig zu sein schien, besser nicht, weil das mein Anliegen nur unnötig verzögert hätte.

Auf jeden Fall spielte damals die Protokollabteilung unter Leitung von Ministerialdirigent Dr. Schwüppe eine oft mitentscheidende Rolle. Frau Renger holte sich oft Schwüppes Rat. Seine Meinung galt etwas bei meiner Chefin, daher musste ich ihn für meine Ideen gewinnen. Mitentscheidend war auch oft der Stellvertretende Bundestagsdirektor Dr. Rösgens – nicht der Direktor selbst. Für mich hätte nach dem logischen Verstand eigentlich der Leiter des Pressezentrums von entscheidender Bedeutung sein müssen. Aber das war bei Frau Renger nicht der Fall. Ihn informierte ich daher nur kollegialerweise.

Für eine bisherige »Einzelkämpferin« gab es also viel zu lernen. So auch, dass verschiedene politische Themen Rücksprache mit den entsprechenden wissenschaftlichen Diensten erforderten. Dann gab es die Verwaltungen der einzelnen Fraktionen, mit denen von Fall zu Fall Kontakt aufgenommen werden musste. Und dann war da vor allem der mächtige Bereich »Öffentlichkeitsarbeit« unter Wim Nöbel. Nöbel musste ich auf meiner Seite haben, wenn es galt, eine PR-Aktion für die Präsidentin zu organisieren. Das war nicht allzu schwierig, da er ein Sozialdemokrat war. Ich hatte viele Ideen, aber keinen eigenen Etat. Ich brauchte ihn also zur Unterstützung. Ideen wurden erst zu einer medienwirksamen Veranstaltung, wenn diese entsprechend vorbereitet und beworben wurde. Dazu waren ein ganzer Apparat und Geld notwendig.

Damals gab es so vieles, das ich später im Bundespostministerium selbst entscheiden konnte. Kreative Arbeit macht erst dann richtig Spaß, wenn man auch die Entscheidungsmacht hat. Im Bundestag brauchte ich vor allem meine Überzeugungskraft und in besonders schwierigen Fällen – und das geschah nicht selten – die Unterstützung der Präsidentin. In derartig großen Organisationen sitzen einfach zu viele Bedenkenträger, und das macht schnelles und effektives Agieren schwer.

Ein sehr hilfreicher und nützlicher Bereich war das Presseausschnittsbüro unter Dr. Walter Keim, einem ideenreichen Mann. Das war ungewöhnlich bei eher bürokratischen Aufgaben. Doch er hatte einen kreativen und politischen Kopf. Bei ihm konnte ich mir nicht nur Unterlagen für Artikel und Redemanuskripte holen mit historischen Zusammenhängen und Zitaten von Politikern, sondern ich konnte mich mit ihm auch zum Brainstorming zusammensetzen. Oft wurde ich im Gespräch mit Dr. Keim auf die richtige Spur gebracht.

Ich hatte, als ich diese Aufgabe übernahm, eine klare Vorstellung von dem, was ich erreichen wollte: Ich wollte das Image der Präsidentin klar und positiv erscheinen lassen. Dafür gab es zunächst einmal viel zu tun, um zu dem Bild von einer bestenfalls modebewussten, gutaussehenden Frau die Seite der ernst zu nehmenden, erfahrenen Politikerin hinzuzufügen bzw. diese erkennbar werden zu lassen. Es galt den Eindruck der »Alibi-Frau« – dieses Wort ist eine schlimme männliche Erfindung und ein Totschlagargument noch dazu –, die sie nie war, verschwinden zu lassen. Von einem war ich schon damals felsenfest überzeugt: Ein Image kann – jedenfalls auf Dauer – nur so gut sein wie die Person oder die Einrichtung, die dahintersteht.

In die politischen Machtgeschäfte und -ansprüche anderer wollte ich mich nie einmischen. Daraus bezog ich den Anspruch bei meiner Arbeit und meine Durchsetzungsfähigkeit.

Mit dem Leiter des Pressezentrums kam ich am schnellsten klar. Mit Harald O. Hermann, einem ehemaligen Kollegen und siebenbürgischen Landsmann meines Mannes, fand ich schnell einen Modus Vivendi. Das zweite Problem war etwas heikler, weil die Herren von Frau Rengers engstem Beraterkreis auch ein männliches Ego zu verteidigen hatten. Immer wieder kam es zu Kollisionen, da ich die Präsidentin natürlich auch in der Pressepolitik beriet und sich Männer in Sachen Politik – jedenfalls damals – automatisch zuständig fühlten, auch wenn es sich um einen Bereich handelte, in dem es ihnen an Erfahrungen mangelte. Ich jedenfalls kannte meine ehemaligen Bonner Kollegen, ihre Strategien und Bedürfnisse besser.

Wirklich schwer hatte ich es also insbesondere mit Frau Rengers

»Küchenkabinett«. Wohl weil diese Herren ihr Selbstverständnis aus der Tatsache bezogen, die Berater der Präsidentin des Deutschen Bundestages zu sein. Und natürlich gab es auch immer wieder Schnittstellen zwischen uns und auch Überschneidungen, zum Beispiel, wenn ich für Frau Renger eine frauenpolitische Rede entwarf. Denn hier konnte ich nicht anders. Hier mischte ich mich ein.

Wenn Annemarie Renger meinte, aus ihrer Verantwortung als zweite Person im Staate heraus, zu schwerwiegenden politischen oder gesellschaftlichen Fragen Stellung beziehen zu müssen, oder wenn ihre Berater, zu denen auch ich gehörte, meinten, sie sollte nun wieder einmal in der Öffentlichkeit mit einem Statement zu einer Sache gehört werden, dann rief sie ihren kleinen Kreis, bestehend aus Gäbler, dem politischen Denker, Dr. Klatt, dem Redenschreiber und ehemaligen *FAZ*-Journalisten, ihrem Büroleiter Eickenboom und oft auch Dr. Schwüppe, dem Protokollfachmann, zu sich. Ich aber wurde, als für politische Aussagen nicht zuständig, oft gar nicht oder später erst dazugeholt. Dann wurden meine Vorschläge und Einwände oft nicht ernst genug genommen.

Ich erinnere mich genau, dass ich vergebens zu vermitteln versuchte, dass derartige Statements spätestens bis 13 Uhr gedruckt in die Pressefächer gelegt werden mussten, wenn sie eine Chance auf breite Veröffentlichung haben sollten. Natürlich hatte das nicht nur mit dem Redaktionsschluss der Presseorgane zu tun, sondern auch mit der Relevanz, die man den jeweiligen Erklärungen beimessen konnte. Die Herren jedoch bestärkten die Präsidentin in dem Glauben, dass sie sich nur zu räuspern brauchte, damit alle Zeitungen ihre Maschinen anhielten.

Nun ja, aus Schaden wurde man nach und nach klug. Dr. Klatt versuchte, als ehemaliger Journalist, mir ab und zu in die Suppe zu spucken. Ich wehrte mich, mal erfolgreich, mal weniger, und knurrte, wenn sich die Herren beim Wägen des richtigen Präsidentinnenwortes allzu viel Zeit ließen. Besonders schwer hatte ich es mit ihnen, wenn ich bei den präsidialen Offenbarungen redaktionelle Verbesserungsvorschläge machte, wenn sie mir allzu gestelzt und sinnentleert erschienen. Das geschah aus dem erklärten Bedürfnis heraus, keinem der handelnden Politiker allzu sehr auf die Füße zu treten. Ich fragte dann einfach: Was soll das heißen? Aber oft erhielt ich auf diese Frage keine Antwort. Es war einfach »wichtig«, so wie es abgefasst war. Dafür waren derartige Sätze dann auch am nächsten Tag nur in verkürzter und verstümmelter Form abgedruckt zu lesen oder gar nicht.

Mir lag daran, durch möglichst viele öffentliche Auftritte ihren Charme und ihr beeindruckendes Wesen sichtbar zu machen. Annemarie Renger verstand instinktiv die Bedeutung politischer Fragen und reagierte entsprechend gut. Ihr »Küchenkabinett« aber fand oft einen Fototermin der Würde einer Bundestagspräsidentin nicht angemessen. Da war ich dann gelegentlich anderer Meinung. Ein Termin, den wir selbst in der Hand hatten, war nach meiner Erfahrung viel wirkungsvoller, als jeder abgeleitete, wie zum Beispiel der Empfang eines hohen Staatsbesuchers, bei dem durch unüberlegte Auftritte die falsche Wirkung erzielt wurde – siehe Leopardenmantel.

Immer war mein Grundsatz: Agieren ist in der Pressearbeit notwendig, und re-agieren zu müssen zu vermeiden. Die Erfahrung mit der Pressepolitik in dieser Zeit sollte mir später, als ich ein großes Referat im Bundespostministerium zu leiten hatte, zugutekommen.

Wie aber konnte ich mit den Einflüssen und Einflüsterungen ihrer politischen Berater klarkommen? Ich griff zu einer List.

Einmal in der Woche ging Frau Renger zum Bundeshaus-Friseur und ließ ihre blonden Locken in die richtige Farbe und Form bringen. Wenn sie nach Schneiden und Tönen eine ganze Weile unter der damals noch üblichen Trockenhaube saß, setzte ich mich zu ihr. Erleichtert legte sie die Illustrierte zur Seite. Und ich konnte ungestört mit ihr alle Vorgänge und Pressetermine der Woche durchsprechen. Und was entschieden war, das war dann entschieden. Das konnte keiner mehr umstoßen. Diesen Platz an der Trockenhaube konnte mir kein Mann streitig machen.

In den letzten beiden Jahren ihrer vierjährigen Amtszeit wurde Annemarie Renger durch ihren politischen Instinkt und ihre politische Klugheit, ihren Mut und ihr Geschick im Umgang mit Menschen und durch ihre strahlende, fotogene Erscheinung mehr und mehr zu einem Medienereignis. Die negativen Spuren in der Presse der Anfangsjahre verschwanden nach und nach.

Der erste markante Schritt zu einer Trendwende war ein Interview mit Liselotte Millauer in der *Bild am Sonntag* am 20. April 1975 unter der Überschrift: »Heute mit Bundestagspräsidentin Annemarie Renger, die ganz anders ist als wir glauben«.

Geschickt wurden zu Beginn des Artikels alle Vorurteile gegen die Politikerin zusammengetragen, um in deren Widerlegung dann das Bild der »wirklichen« Annemarie Renger zu zeichnen. Und so begann das Porträt in dem Massenblatt:

»Ja, da haben wir das Jahr der Frau. Und wenn man eine sucht, die es repräsentieren könnte, kommt man sofort auf die Präsidentin des Deutschen Bundestages. Doch es ist eigenartig: Kaum erwähnt man den Namen Annemarie Renger, zucken viele Leute – Männer wie Frauen, Alte wie Junge, Rechte wie Linke – säuerlich zusammen und kommen mit allerlei Vorurteilen: dass sie affektiert sei und arrogant, viel zu wohlfrisiert, etwas verschwenderisch und – man höre und staune – eine Sekretärin!« Millauer fand das deshalb abwegig, weil »Annemarie Renger ja in Wahrheit die Weggefährtin des großen Kurt Schumachers war«.

In dem Bericht über die Präsidentin, nach einem ausführlichen Gespräch mit mir und danach mit Frau Renger, beschrieb die Journalistin deren nicht einfaches Leben.

Ihr Vater Fritz Wildung erzog seine sechs Kinder, vier Jungen und zwei Mädchen, im Sinne der pädagogischen Reformen jener Zeit. Wildung konnte sehr ärgerlich werden, wenn seine Kinder nicht zu ihren Taten und Meinungen standen. Persönliche Würde und Gerechtigkeit gehörte zu den Grundmustern dieser vorgelebten Erziehung. Mit 16 begann die einzige Tochter eine Lehre als Verlagskauffrau. In diesem Verlag verliebte sie sich in Emil Renger, der wie sie in der Arbeiterjugend und im Arbeiter-Sportbund engagiert war. Sie heiratete mit 18 Jahren und Sohn Rolf wurde geboren. 1944 fiel Emil Renger bei Chartres. Drei von Annemarie Rengers vier Brüdern fielen ebenfalls im Zweiten Weltkrieg.

Von 1946 bis 1952 sah man Kurt Schumacher, den ersten Vorsitzenden der Sozialdemokratischen Partei, der im Ersten Weltkrieg seinen rechten Arm verlor und als Folge der Haft im KZ während des Zweiten Weltkrieges ein Bein einbüßte, gestützt auf diese junge, bildhübsche Kriegswitwe. Kurt Schumacher hielt es mit dem Satz von Karl Marx:»Die Philosophen haben die Welt nur verschieden interpretiert. Es kommt aber darauf an, sie zu verändern.« Schumacher paarte Temperament mit geistiger Brillanz, rhetorischer Begabung und einem autokratischen Führungsstil. Den Wahlkampf gegen den CDU-Vorsitzenden Konrad Adenauer verlor Schumacher damals nur knapp.

Ständig um ihn zu sein, bedeutete dauernde intellektuelle Anspannung und physische Beanspruchung. Der damals sechsjährige Sohn Rolf hatte daher wenig von seiner Mutter. 1965 heiratete Annemarie Renger zum zweiten Mal. Als sie Aleksander Loncarevic bei einem Bonner Presseball kennenlernte, war er noch Handelsattaché an der jugoslawischen Vertretung. Die Ost-West-Liebesgeschichte nahm ihren Lauf. Der jugoslawische Diplomat bekam keine Heiratserlaubnis. So quittierte er schließlich den Dienst. Als er die »charmanteste Großmutter« – Annemarie Renger war erst 46 Jahre alt und hatte bereits zwei Enkelkinder – heiratete, wurde er deutscher Staatsbürger und nahm den Namen Renger an. Er hieß von da ab Aleksander Loncarevic-Renger.

Zu Beginn von Annemarie Rengers Amtszeit als Bundestagspräsidentin starb »Sascha« ganz plötzlich an einem Herzinfarkt. Das geschah während eines gemeinsamen Spazierganges auf der Bühler Höhe, wo sich beide erholen wollten. Von da ab lebte sie in der altmodischen Präsidentenvilla am Rhein mit dem Blick auf das Siebengebirge und den Drachenfels. Auf dem stattlichen Grundstück der 1910 erbauten Villa mit dem Türmchen und dem runden Erker und einer Terrasse mit Säulen wurden ein gepflegter englischer Rasen und ein Rosengarten angelegt. Sie kam sich damals recht verloren in dem großen Haus mit den zehn Zimmern vor. Lieber wäre sie in ihrem schönen Haus in Oberwinter geblieben, in dem sie heute wieder wohnt. Aber sie sagte, sie könne nicht zwei Leben leben:»Am Wochenende in einem kleinen Privathaus wohnen und die Woche über im Blickpunkt der Öffentlichkeit stehen. Das geht nicht. Man muss sein privates Leben so einrichten, dass es in den offiziellen Rahmen passt.« Ihre Schwester Lotte führte ihr den Haushalt und auch ihre beiden Boxerhunde leisteten ihr Gesellschaft. An den Wochenenden kamen regelmäßig Sohn Rolf mit seiner Frau Christiane und den mittlerweile drei Enkelkindern zu Besuch.

Liselotte Millauer scheute sich übrigens auch nicht den unseligen Leoparden anzusprechen. Ganz offen, wie es Frau Rengers Art ist, antwortete sie:»Und ich kam mir so schön vor! Jetzt hängt das Biest im Schrank.« Das also war das Ende eines kompromittierenden Kleidungsstückes und der Beginn eines neuen Images.

Eine Parlamentspräsidentin hat eine eher ausgleichende Funktion. Da sie im Bundestag über allen Parteien, die durch die Bundestagsfraktionen vertreten werden, präsidiert, kann sie nicht einseitig für eine Richtung und eine Meinung Partei ergreifen. Die Demokratie funktioniert nach Spielregeln, die den Ausgleich der widerstreitenden Meinungen zum Ziel haben. Auch Minderheiten-Meinungen haben eine Berechtigung, wenn auch die Mehrheit in der Regel siegt. In den Bundestagsausschüssen, wo die Gesetze entstehen, leisten die Parteienvertreter auch die Hauptarbeit. Hier geht es zum Glück nicht nur um die Mehrheit, sondern oft um die besseren Argumente. Hier besteht also die Chance, dass nicht nur Wille, sondern auch Sinn zum Zug kommen. Die Bundestagspräsidentin war Hüterin dieser Ordnung. Sie wachte darüber, dass alle demokratischen Spielregeln eingehalten wurden.

Das bedeutete, dass sie sich in politischen Debatten kaum zu Wort meldete. Wie aber konnte sie dann als politische Kraft und als Persönlichkeit wahrgenommen werden? Wie also und womit trat sie in der Öffentlichkeit in Erscheinung? Das war das Problem und auch eine Aufgabe der Öffentlichkeitsarbeit.

Was das politische Gewicht betrifft, so suchte sie selbst immer nach Möglichkeiten, beraten von ihrem kleinen Stab. Beim politischen Thema »Frau und Gesellschaft« war eher ich ihre Gesprächspartnerin und ihre sozialdemokratischen Kolleginnen und Freundinnen wie Luise Herklotz. Sie nahm sich dieses Themas konsequent an und forderte in ihren Ansprachen immer wieder für Frauen und Mädchen »gleichen Lohn für gleichwertige Arbeit«, »Kontinuität im Beruf«, »bessere Ausbildung« und »eine eigenständige Alterssicherung« und sogar »Gleichberechtigung im Sport«. Eine Frauen-Frau aber war sie nie. Sie übernahm die Aufgabe, sich auch für die Gleichberechtigung einzusetzen. Doch andere Themen liegen ihr auch heute mehr am Herzen. Das konnte ich im Laufe der Zeit feststellen.

Eines Tages starteten wir eine Aktion gegen Frauendiskriminierung, als gleichzeitig mit dem ungleichen Lohn von Männern und Frauen das unselige Thema »Doppelverdiener« wieder Schlagzeilen machte. In den Medien wurde auf Aussage konservativer Politiker hin diskriminiert, wenn in der Familie beide Ehepartner verdienten. Frau Renger bot in dieser Zeit öffentlich an, für eine Frau, die nicht den gleichen Lohn wie ein männlicher Kollege für die gleichwertige Arbeit bekam, einen Musterprozess zu führen. Der ist leider nie zustande gekommen. Ihre Aussagen zu diesem Thema waren klar und deutlich: »Die Benachteiligung der Frauen ist ein Grundübel unserer demokratischen Ordnung.« Gleichheit sei die Voraussetzung von Freiheit und Menschenwürde.

Das Frauenthema zog sich damals quer durch die Fraktionen. Damit mischte sie sich in keinen Parteienstreit ein. Ihr Aufruf zu einem »fairen Wahlkampf« war auch so ein unparteiisches Plädoyer. Sie sprach auch das Thema »Verhältniswahlrecht« an. Was ihr einen großen Abdruck in der *Frankfurter Allgemeinen Zeitung* einbrachte. Sie verteidigte auch ein so unpopuläres Thema wie die »Auslandsreisen der Parlamentarier« mutig in der Öffentlichkeit. Und sie scheute sich nicht, als Sozialdemokratin und gebranntes Kind der Hitler-Diktatur, zum Tod des spanischen Diktators Franco ein Kondolenzschreiben zu veröffentlichen, weil sie damit den Wunsch für eine demokratische Zukunft des Landes sehr diplomatisch verknüpfen konnte. Diese Erklärung für »eine friedliche Zukunft Spaniens in enger Verbindung mit dem demokratischen Europa« kommt mir allerdings noch heute wie ein ziemlicher Eiertanz vor.

Trotz der geschilderten Schwierigkeiten und Einschränkungen war die Parlamentspräsidentin fast jeden Tag in der Presse und in anderen Medien. Durch meine frühere Arbeit und meine Kontakte brachte ich ständig treffende Formulierungen, Pointen und Anekdoten auf die Personalienseiten des *Spiegels* und in andere Blätter. Es wurden so viele Fototermine wie möglich wahrgenommen oder inszeniert, auch wenn es nur galt, eine Kaserne in Hannover auf den Namen Kurt Schumachers zu taufen – was der wohl dazu gesagt hätte – oder den Karnevalsprinzen zu »bützen« (auf Kölsch »küssen«). An das alles erinnere ich mich jetzt beim Durchblättern von alten Presseausschnitten.

Ich weiß noch gut, wie ich ihr einen Termin mit dem Schriftsteller Volker Elis Pilgrim eingebrockt hatte, der gerade seine Streitschrift *Der Untergang des Mannes* präsentierte. Meiner Meinung nach kamen uns unsere Interessen entgegen. Denn ich war sicher, dass ein Foto mit der blonden Annemarie Renger in Verbindung mit diesem Buchtitel und dessen Verfasser abgedruckt werden würde. Die Präsidentin, die schnell zwischen zwei wichtigen Konferenzen zu diesem Fototermin erschien, las schnell, um was es bei diesem Buch ging, und meinte entsetzt: »Ach du liebe Zeit! Ich wusste gar nicht, dass es so schlecht um die Männer steht! Wie schrecklich!« Mit diesem ehrlichen Zitat erschien das Foto von den beiden den nächsten Tag groß im *General-Anzeiger*. Allerdings sieht man ihr auf diesem Bild an, dass sie nicht sicher ist, ob ein solcher Titel sich mit ihrer amtlichen Würde vereinbaren lässt. Aber niemand hat sie kritisiert und ihr das übelgenommen. Im Gegenteil! Und ich hatte Recht behalten.

Ihre große Popularität am Ende ihre Amtszeit verdankte sie auch der Tatsache, dass sie mit jedem sprach, offen und freimütig. Auch Fachzeitschriften bekamen Interviews von ihr, wenn ich mich neben ihrer Trockenhaube sitzend für diese verwandte. So zum Beispiel die Zeitung *Textil und Bekleidung*. Ich musste über die unfreiwillige Komik der ersten Frage lachen, als ich jetzt noch einmal dieses Interview las:
»Frau Renger, als Bundestagspräsidentin sind Sie die erste Frau, die die Rolle des zweiten Mannes im Staate spielt …«
So sehr haben wir alle das männliche System verinnerlicht, dass es

nicht gelingt, die richtigen Worte zu finden bei einer eigentlich für unser Jahrhundert selbstverständlichen Erscheinung!

Als die Fußballmannschaft des Bundestages und die Mannschaft von Funk und Fernsehen zugunsten der SOS-Kinderdörfer nach einer viertägigen Haushaltsdebatte ein öffentlich sehr beachtetes Spiel austrugen, gab Frau Renger den Anstoß. Vor 5000 Zuschauern spielten Abgeordnete gegen Stars wie Heintje, Hans Rosenthal, Michael Schanze und Jürgen Scheller. Scheller, einer der Stars der früheren Lach- und Schießgesellschaft, war mir als guter Freund geblieben aus meinen Tagen als Korrespondentin der Münchener *Abendzeitung*. Über ihn war das Spektakel zustande gekommen. Anschließend, nachdem die Parlamentarier ziemliche Prügel bezogen hatten, wurde eine große Gartenparty gefeiert.

Während ich mich daran erinnere, versuche ich mir die Heli von damals vorzustellen und zu verstehen. Weil sie die Regie für diese wichtige Veranstaltung nicht in andere Hände geben wollte, ist sie bei einem anderen, sehr traurigen Ereignis nicht dabei gewesen. Denn am gleichen Tag wurde in Stuttgart mein Lieblingsonkel Hans beerdigt, der mich als Frontsoldat auf einem kurzen Heimaturlaub im Krankenhaus besucht hatte, als ich dort mit Scharlach in Quarantäne lag. Das war damals der einzige Trost in einer sechswöchigen Gefangenschaft unter lieblosen Fremden gewesen. Onkel Hans, der mich immer zum Lachen gebracht hatte, der so fabelhaft aussah und einen so herrlichen Witz besaß. Mit dem ich in Norddeutschland als »Mannequin« herumgereist war und bei Kunden Jacken aus der Textilfabrik von Hans Rüter vorgeführt hatte, aus Spaß und um damit mein Budget als Studentin aufzubessern.

Wenn das eigene Selbstbewusstsein schwach ist, kann sich das Ego umso besser ausbreiten. Ich konnte in dieser Zeit auch sehr selbstsüchtig und dadurch unbarmherzig sein.

Annemarie Renger gehörte zu den konservativeren Sozialdemokraten und damit zu der Gruppe der »Kanalarbeiter«, die sich regelmäßig im Kessenicher Hof trafen. In dieser Gruppe, die einen erheblichen Einfluss in der Partei hatte und zu der viele prominente Sozialdemokraten gehörten, waren einige Skatspieler. Auch meine Chefin spielte gerne Skat. Und auch das war Stoff für mich für einige kleine bunte Storys in der Presse.

Alle hatten eine vorzeigbare Residenz in Bonn: der Bundespräsident die Villa Hammerschmidt mit einem großen Park und der Bundeskanzler das Palais Schaumburg mit ebensolchen Grünanlagen am Rhein. Sogar der Bundesaußenminister residierte gepflegt auf dem Bonner Venusberg. Frau Rengers Traum von einem angemessenen Schlösschen führte zu einem Briefwechsel mit der Bonner Universität. Und durch meine Initiative kam dieser mit einer Schlagzeile in den Bonner *General-Anzeiger.* »Frau Renger wünscht sich ein Schloss« rauschte es danach durch den Blätterwald. Denn ihre Residenz war eine alte, unbequeme Gründerzeit-Villa, zwar in Rheinnähe, aber an einer weniger prominenten Stelle als die übrigen Residenzen. Und die Universität Bonn ist neben dem großen kurfürstlichen Schloss noch im Besitz des kleinen, bezaubernden Poppelsdorfer Schlösschens, das hinter dem Bonner Bahnhof liegt und auf das die breite Poppelsdorfer Allee zuführt. Das hätte der ehemaligen Arbeitertochter gut gestanden. Aber an eine positive Antwort von »Magnifizenz« hatte niemand im Renger-Stab so recht geglaubt. Bonn war und blieb in dieser Zeit ein Provisorium.

Offenheit, Standfestigkeit und Mut und ein großes inneres Engagement für die Politik sind Wesensmerkmale von Annemarie Renger. Die zwei Jahre, die ich für sie arbeitete, waren Jahre einer erfolgreichen, engen Zusammenarbeit. In ihrer täglichen umfangreichen Post fanden sich immer wieder interessante Details mit Anregungen für meine Öffentlichkeitsarbeit. Sie schickte mir diese Briefe, versehen mit Anmerkungen in grüner Tinte, hinüber in mein Büro in den Pressebaracken, wo ich mit meiner Sekretärin Gerhild Schönfeld arbeitete. Im August 1975 war der Brief einer Anette M. aus Kaiserslautern dabei, die sich als Hochbau-Ingenieurin eine Chance im Öffentlichen Dienst wünschte. Sie schrieb: »Wenn beispielsweise im Stadtbauamt in Kaiserslautern auch einmal eine Frau zum Zuge käme, nachdem die Bauwirtschaft angekurbelt wird und neue Aufgaben für Städte und Kommunen in dieser Beziehung übernommen werden.« Frau Renger vermerkte dazu in Grün auf einem Zettel: »Frau

Ihlefeld, wir sollten verschiedene Frauenfragen zusammenfassen und uns Initiativen überlegen.« Wenn es um damals aktuelle Frauenthemen ging, entwarf ich oft die Rede oder den Artikel oder Teile dazu. Häufig waren für mich mit derartigen Beiträgen umfangreiche Recherchen verbunden – neben meiner übrigen Arbeit, wie Gespräche mit Journalisten führen, Vorbereitung von Veranstaltungen, Artikel für Frau Renger konzipieren, Pressemitteilungen oder Notizen verfassen.

Es war nicht ohne Risiko für mich – wie ich erleben sollte –, für einen hohen Repräsentanten, in diesem Fall eine Repräsentantin zu arbeiten. Denn in dieser Zeit war die Baader-Meinhof-Gruppe aktiv. Ich begleitete Annemarie Renger 1975 am Internationalen Tag der Frau nach Westberlin zu einer Kundgebung, bei der sie die Hauptrednerin war. In ihrer Ansprache erklärte sie, es gäbe überhaupt keinen Zweifel daran, dass die Frauen in der Bundesrepublik im internationalen Vergleich um ihre Gleichberechtigung noch ringen müssten. Sie sei aber gegen eine Politik »allein für Frauen«. Es könne nur eine Politik »für alle Menschen« geben. Ich war innerlich nicht ganz auf ihrer Linie. Ich war schon damals überzeugt, dass bis zur Verwirklichung der Gleichstellung von Männern und Frauen für Letztere noch einiges mehr getan werden musste. Dem Kern ihrer Botschaft, dass es nur eine Politik für alle Menschen geben kann, stimme ich zu. Es kann nur eine Politik geben, die in ihrer Konsequenz letztlich allen Menschen dient.

Nach ihrer Ansprache setzte sie sich auf ihren Platz in der ersten Reihe. Ruhig, wie es ihre disziplinierte Art war, ließ sie die Störungen, die nun oben auf der Bühne stattfanden, vorübergehen. Radikale Feministinnen in Latzhosen, denen die Worte von Frau Renger nicht passten, stürmten eine nach der anderen die Rednertribüne, um sich gegen irgendeine Politik zu empören. Ich saß eine Reihe hinter Frau Renger und wartete ebenso gezwungenermaßen dieses Schauspiel ab. Dabei kam ich mit einer Journalistin ins Gespräch, die gerade von einer Kundgebung aus gleichem Anlass aus Ostberlin gekommen war. Dort waren vor allem Frauen aus Entwicklungsländern aufgetreten. Es sei bei dieser Veranstaltung spannender gewesen als hier, meinte sie. Ich war ja nun am Frauenthema grundsätzlich interessiert und so tauschten wir unsere Visitenkarten aus. Sie wollte nach Bonn kommen und mit Frau Renger ein Interview machen. Aber nicht sie meldete sich kurze Zeit später bei mir. Eines Tages saß ein Beamter vom Militärischen Abschirmdienst (MAD) morgens früh in meinem Büro. Er fragte mich, nachdem ich mich hingesetzt hatte, ob ich eine Frau G. kenne. Ich wollte schon verneinen, als mir mein Gespräch in Berlin einfiel und ich die Visitenkarte hervorkramte. Ich gab sie dem MAD-Mann und berichtete von dieser Begegnung. Es stellte sich anhand der Unterlagen, die in einer konspirativen Wohnung gefunden worden waren, heraus, dass sie zur Baader-Meinhof-Gruppe gehörte. Die Sache hatte sich für mich nach diesem Gespräch erledigt. Aber ich war doch erschrocken, wie schnell ich in gefährliche Zusammenhänge ahnungslos hineingezogen werden konnte.

Wenn ich für Frau Rengers Wahlkampfauftritte ein Redemanuskript hatte liefern müssen, kam es vor, dass sie sich noch in der Nacht nach ihrem Tagespensum an ihre mechanische Schreibmaschine setzte und eigenhändig eine neue Rede tippte. Nicht immer traf ich ihre Intentionen.

Oft musste ich die Politikerin auch auf Reisen und zu Wahlveranstaltungen begleiten. Ich erfüllte die vielfältigen Anforderungen gern, weil ich so viel dabei lernte und sah. Meine Hauptarbeit blieben die ständigen Pressekontakte. Meine offene Pressepolitik war nicht selten eine Gratwanderung. Es ist auch einmal vorgekommen, dass ich am nächsten Tag erschrocken war über das, was ich darüber in der Zeitung las. Hin und wieder lud ich auch zu Hintergrundgesprächen mit der Präsidentin ein, wenn ihre anderen Berater oder ich es für nötig hielten oder sie selbst ein Anliegen hatte. Zu derartigen Gesprächen wurden nur ausgewählte und vertrauenswürdige Journalisten eingeladen. Vieles wurde dann nur »unter 3« – das heißt nicht zur Veröffentlichung bestimmt – erörtert. Diesen Journalisten wurde dadurch ermöglicht, zu einem politisch schwierigen Problem eine richtige Einschätzung zu finden und nicht auf Spekulationen angewiesen zu sein.

Meine letzte Aufgabe in diesen beiden interessanten, arbeitsreichen Jahren war die Organisation der Öffentlichkeitsarbeit für eine Skat-Weltmeisterschaft, für die die Präsidentin die Schirmherrschaft übernommen hatte. Als diese dann im Februar 1977 stattfand, war Annemarie Renger schon Bundestagsvizepräsidentin. Und von da ab waren meine Möglichkeiten, ihr Publizität zu verschaffen, nur noch sehr begrenzt. Ich fühlte mich nicht mehr ausgelastet und auch nicht mehr wohl in der Bundestagsverwaltung.

Eines Tages rief mich Annemarie Renger zu sich. Ihr SPD-Kollege, der Post- und Verkehrsminister Kurt Gscheidle, habe sie gefragt, ob ich die Presse- und Öffentlichkeitsarbeit der Deutschen Bundespost übernehmen würde. Ausgerechnet von der Post!, dachte ich. Was verstand ich schon vom Fernmeldewesen.

Ich sah jedoch sofort die Herausforderung. Immer war ich eine Einzelkämpferin gewesen, allenfalls wie bei der *Constanze*, dem *stern* und im Bundestag von einer Sekretärin unterstützt. Und hier sollte mir die Leitung eines ganzen Referates angeboten werden, dazu noch eines sehr großen und einflussreichen, mit vielen Mitarbeiterinnen und Mitarbeitern. Ich würde Chefin sein in einer männlich geprägten Umgebung und Hierarchie und – mit einer entsprechenden Bezahlung!

Frauen behaupten gerne, dass sie an Macht nicht interessiert sind. Das hat Annemarie Renger nie getan. Ohne Macht – in Ohnmacht – gibt es für Frauen keine Veränderung. Wie sehr Frauen Macht und Öffentlichkeit genießen können, erkenne ich beim Durchblättern meiner alten Presseausschnitte. Man braucht nur die Bilder von ihr von damals zu sehen: Wie sie leuchtete und strahlte!

Mit Annemarie Renger und ihrer Familie, ihrem Sohn Rolf und ihrer Schwiegertochter Christiane und deren drei Kindern blieb ich in Kontakt. Frau Rengers Disziplin und ihr ungebrochenes Engagement für die Sozialdemokratie – auch nachdem sie ein weiterer schwerer Schicksalsschlag mit dem Tod ihres einzigen Sohnes getroffen hatte – bewundere ich.

VI
Im System
Managerin in einem Bundesunternehmen

> Der Reiche und Mächtige ist als Schlachtopfer
> des Fleißes und der Umtriebigkeit ein Sklave
> der Systeme, für deren Funktionstüchtigkeit er
> sorgt. Das Ziel und der Zweck der Armut ist
> hingegen die Freiheit.
>
> Eberhard Straub in der *FAZ* über Sándor
> Márais *Schule der Armen*

Kurt Gscheidle, was für ein großartiger Debattenredner! Sein Beitrag
zur Notstandsgesetzgebung bleibt unvergessen. Im Bundestag hatte
ich ihn hin und wieder angesprochen, wenn ich einen klugen Satz zu
einem gerade aktuellen Thema brauchte. Ich mochte ihn, seinen klaren Verstand, seinen Witz.

Als Bundespost- und Verkehrsminister trug er eine doppelte Bürde:
Diese beiden Ressorts waren, bevor sie der Schwabe im Kabinett von
Bundeskanzler Helmut Schmidt übernahm, von je einem Minister
geführt worden. So ließ er auch die beiden Verwaltungen getrennt,
mit je einem Staatssekretär als Verwaltungschef. Kurt Gscheidle hatte in jedem Ministerium ein Büro mit je einem Stab. Es gab auch
jeweils einen Parlamentarischen Staatssekretär als Vertreter des Postministers und des Verkehrsministers im politischen Geschäft, vor
allem im Bundestag. Und so kam es, dass Kurt Gscheidle auch zwei
Regierungssprecher hatte. Das sind diejenigen, die autorisiert sind,
der Presse in Sachen des Ministeriums Rede und Antwort zu stehen.
Im Verkehrsministerium war es eine Regierungssprecherin – die einzige im Reigen der Sprecher übrigens –, Renate Lotze. Sie heiratete
einen Staatssekretär und hieß dann Wolters. Und so fanden sich in
den Medien zur Zeit meines Amtsantritts Kommentare wie »Minis-

ter Gscheidle umgibt sich mit zwei Frauen« oder »Der Damenflor Gscheidle« …

Dreimal in der Woche, montags, mittwochs und freitags, meistens zur gleichen Uhrzeit, mussten die Regierungssprecher zusammen mit dem Bundespressechef im Saal der Bundespressekonferenz routinemäßig die Vertreter der nationalen und internationalen Presse über Neuigkeiten informieren oder für Fragen zur Verfügung stehen.

Nun wollte Kurt Gscheidle eine weitere Frau in dieser Männerrunde etablieren. Das war eine ungewöhnliche Entscheidung in diesem von Männern regierten Bonn. Und für mich eine große Herausforderung. Diese Herausforderung war umso größer, als es zu jener Zeit bei der Bundespost eine von den Medien sehr beachtete einschneidende Veränderung gab, die für die Presse- und Öffentlichkeitsarbeit zu einem wirklichen Problem wurde: die Einführung des Telefonzeittaktes. Keine sanfte Einführung in einen neuen Stoff also. Und schwierig vor allem, weil ich zum ersten Mal in meinem Leben eine größere Gruppe von Menschen, vorwiegend Männer, führen würde. Und ich würde für die gesamte Öffentlichkeitsarbeit, das Image eines großen Unternehmens – damals noch ein Bundesunternehmen mit einer öffentlichen Verwaltung – zuständig sein.

Ich gebe zu, dass mich zunächst der Umfang dieser Verantwortung schreckte. Außerdem würde mich eine Entscheidung dafür wohl auch für immer von meinem journalistischen Weg abbringen. Meine häufige Unzufriedenheit hing damit zusammen, dass ich schnell vermutete, ich würde von anderen nicht besonders geschätzt und anerkannt. Mein journalistischer Beruf hatte dieses Defizit in der ersten Zeit zum ersten Mal in meinem Leben ausgefüllt. Gleichzeitig war ich überzeugt, dass ich mindestens so viel konnte wie manche Männer in meiner beruflichen Umgebung. Mit kritischem Verstand und aufmerksamen Augen analysierte ich das, was sie leisteten, bewunderte die begnadeten Schreiber, aber sah auch das Mittelmaß. Als Journalistin war mir oft aufgefallen, dass nur wenige Pressereferenten einen wirklich guten Job machten, ihr Haus geschickt und optimal »verkauften« und so zu einem positiven Image ihres Ministers beitrugen. Oft dachte ich beim ungeschickten Taktieren eines Regierungssprechers: »Das kann man aber besser machen!« Und so sah ich in dieser Herausforderung durchaus auch die Probe aufs Exempel. Wenn auch von Natur aus zurückhaltend, melancholisch und oft nachdenklich und wenn auch nicht gerade antriebsschwach, so doch gelegentlich bequem, so gehöre ich nicht zu denjenigen, die sich drücken. Ich fühlte den Anspruch und das Vertrauen und das wog schwer bei meiner Entscheidung. Ein späterer wichtiger Leitsatz von mir, den ich häufig in Seminaren weitergab, lautet: »Wo die Angst sitzt, ist der Weg!«

Ganz früh machte ich die Erfahrung in meinem Berufsleben, dass, wenn ich eine Aufgabe mutig ergriff, die Angst zu einem Schatten verblich und bald ganz verschwand. Dann nämlich, wenn ich einen Bundesminister, den Bundeskanzler oder einen Staatsgast wie John F. Kennedy ansprach, um meine Story zu bekommen. In meinem Privatleben dagegen sprach ich – schüchtern, wie ich eigentlich war – damals nie jemanden an.

Das Ende dieser Überlegungen war, dass ich nach einem Gespräch mit Kurt Gscheidle dessen Angebot annahm. Ich erbat mir allerdings vorher noch einen längeren Urlaub, denn ich wollte nach Naxos und meinen Kopf ordnen, bevor ich mein neues großes Büro mit zwei Sekretärinnen im Vorzimmer betrat. Als ich Ja sagte, ahnte ich in der Tat noch nicht, auf was für ein Abenteuer ich mich da eingelassen hatte. Bereits in Griechenland holte mich die neue Aufgabe ab. Ich wurde immer wieder ans Telefon gerufen. Am anderen Ende der Leitung war Ministerialrat Franz Arnold, der Leiter des Ministerbüros. Der »Zeittakt« schlug in der Öffentlichkeit hohe Wellen. Im Fernsehen würde in wenigen Tagen eine »Pro und Kontra«-Sendung zu diesem Thema laufen. Ein Vertreter des Postministers würde die Rolle des Pro-Anwalts übernehmen. Von seinem Geschick würde abhängen, ob und wie die neue und für die Zukunft der Post so wichtige Tariforganisation überhaupt machbar sein würde. Zu sehr war dieses Thema schon in der Öffentlichkeit eskaliert und zerredet worden. Mein Rat war also dringend gefragt.

Was war das für ein Problem, was steckte hinter dem »Zeittakt«, der damals die Manager der Post in Atem hielt? Bisher hatte sie höchstens mal einen Wirbel in der Öffentlichkeit verursacht, wenn die Erhöhung des Briefportos aufgrund von gestiegenen Kosten beschlossen werden musste. Das ging den damals noch recht verwöhnten Bundesbürgern ans Portemonnaie und die Verbände schrien Zeter und Mordio. Einmal in den 60er-Jahren hatte der damalige Bundespostminister Richard Stücklen – genannt Harun al Richard, weil er möglichst unerkannt, auf jeden Fall unangemeldet bei Postämtern aufzukreuzen pflegte, um zu testen, ob dort gut und kundenfreundlich gearbeitet wurde – sogar seinen Sommerurlaub unterbrechen müssen, als wegen der Erhöhung des Briefportos eine Bundestagssondersitzung einberufen werden musste.

Der Zeittakt aber hatte mit dem anderen Bein der Post, dem Fernmeldebereich, zu tun, der bisher ohne Gebührenerhöhungen immer nur Geld für den Bundeshaushalt eingebracht hatte. Jetzt drohte das anders zu werden. Eine »heilige Kuh«, das unbegrenzte Telefonieren im Ortsnetz für nur eine bezahlte Einheit (23 Pfennig), musste daher geschlachtet werden. Gleichzeitig aber sollten Ferngespräche billiger werden. Dieses neue Tarifsystem aber war nur schwer zu vermitteln. Wusste ich überhaupt, was da auf mich zukam, als ich Ja sagte? Ich wusste es nicht.

Es ging darum, dass die Telefongebühren schon seit einiger Zeit nicht mehr den wahren Unkosten entsprachen und daher auch haushaltstechnisch nicht mehr vertreten werden konnten. In den Ortsnetzen konnte in diesen Jahren für den Preis einer Einheit unbegrenzt telefoniert werden, während bei allen Ferngesprächen die Uhr tickte und mit ihr die Gebühren in den Kasten sprangen. Ferngespräche waren damals teuer und Ortsnetze gab es kleine und große, das heißt Groß-, Mittel-, Kleinstädte und ländliche Gemeinden. Der Ortsteil, in dem mein Haus steht, war damals bei der Gemeindereform nicht mehr zu Bonn geschlagen worden, sondern fiel der neuen Großgemeinde Sankt Augustin zu. Meine Telefonate aber führte ich vorwiegend mit Bonn. Sie waren nach dem damaligen System Ferngespräche. Und das war auch nicht gerecht, verglichen mit Großstädten wie Köln oder Düsseldorf, wo man in einem viel größeren Ortsnetz unbegrenzt telefonieren konnte. Mit Auto oder Straßenbahn bin ich von meinem Wohnort in 15 Minuten im Bonner Stadtzentrum.

Das war der Ist-Zustand im Frühjahr 1977. Nun entstanden aber die Kosten im Fernsprechwesen nicht mehr vorwiegend aus der Distanzüberbrückung, ein Kabel und der Richtfunk transportierten unendlich viele Gespräche und brauchten nur einmal kostenträchtig eingerichtet werden. In den Ortsnetzen dagegen, wo durch die Einrichtung von immer mehr Telefonanschlüssen ständig neue Verteilerstellen und Verbindungen eingerichtet werden mussten, wuchsen die Kosten. Denn die Deutsche Bundespost wollte ihren Kunden natürlich keine überlasteten Telefonnetze und Störungen beim Telefonieren zumuten. Außerdem ergab sich ein ständig steigender Bedarf und damit eine Belastung der Ortsnetze zu bestimmten Tageszeiten, zur Geschäftszeit vor allem. Also wurde das Netz in Ortsbereichen immer weiter ausgebaut, lag aber auch zu bestimmten Zeiten – abends und ganz früh morgens – wieder brach. Während an Feiertagen andere Netzbereiche belastet wurden, die von Wohngebieten zu Wohngebieten. All das drohte die Bilanzen rapide zu verschlechtern.

Die Tariffachleute wollten das ändern und die Kosten wieder dorthin bringen, wo sie entstanden. So fiel ihnen der Zeittakt ein, den es für Fernverbindungen ja längst gab. Im Ortsnetz sollten in Zukunft also Telefoneinheiten im Zeittakt verrechnet werden, im Fernverkehr konnte die Post dadurch die Gebühren pro Einheit erheblich senken. So konnte der Zeittakt auch je nach Belastung des Netzes verlängert werden, zum Beispiel am Abend und in der Nacht bis zum frühen Morgen.

In einer umfangreichen Presseerklärung – zu der Zeit ahnte ich noch nichts von diesem Job – wurde die Gebührenneuregelung angekündigt und sachlich begründet. Nur dass diese Begründung niemand begriff – auch nicht die Journalisten – und auch nicht begreifen wollte. Aufregung ist ja viel einfacher als nachzudenken. Ein Sturm der Entrüstung brach los. Der Postbenutzerverein sah geheiligte Rechte der Telefonkunden in Gefahr. Die Kirchen mischten sich ein, weil

214

sich Omas und Opas nun nicht mehr stundenlang mit ihren Enkelkindern würden unterhalten können und zu vereinsamen drohten. Auch die Abgeordneten mischten sich im Interesse ihrer Wahlkreis-Bewohner ein. Täglich gab es Waschkörbe voll böser Briefe.

Dabei wurde übersehen, dass die älteren Leute ja nicht immer im gleichen Ortsnetz wie ihre Kinder wohnten und durch die Verbilligung der Ferngespräche auch Vorteile haben konnten. Es wurde außerdem übersehen, dass die Tarifreform in erster Linie auch ein Ungleichgewicht zwischen Großstädten und kleineren Gemeinden ausbalancieren sollte, indem sich die Post mit ihren Tarifzonen von den Gemeindegrenzen löste und neue Gebührenzonen einführte: die sogenannten Telefonnahbereiche.

Dieser ganze emotionale Aufruhr, den mein Vorgänger als Jurist und gradliniger Postler ohne Presseerfahrung nicht in den Griff bekommen konnte, drohte die ganze, für die Zukunft notwendige, Tarifreform zu Fall zu bringen. Zu diesem Zeitpunkt betrat ich die Bühne, ahnungslos, was Technik und technische Zusammenhänge betraf.

Wir besprachen also via Satellit nach Griechenland die Pro- und Kontra-Sendung am Telefon und das weitere Vorgehen. Und zum Glück konnte dann in der Sendung die Argumentation des Pro-Anwalts bewirken, dass sich einige Hände, die vorher beim »Dagegen« in die Höhe geschossen waren, nun auf die andere Seite bewegten: Das war die erste geringfügige Bewegung in Richtung Einsicht! Unsere Argumentation konnte überzeugen. Der Weg, auf dem wir nun weitergehen mussten, war beschritten. Doch das arme Mütterchen lauerte weiter vor meiner Bürotür und drohte die Zustimmung des Parlaments für diese Tarifreform zu torpedieren.

Kaum hatte ich mein Büro bezogen und meine Mitarbeiter begrüßt, rotierte ich nur noch am Telefon, vermittelte Gespräche mit Fachleuten, mit dem Minister, den beiden Staatssekretären, gab Hintergrundinformationen, klärte auf, überzeugte von der Notwendigkeit dieses Schrittes, forderte dazu auf, ihn auch unter betriebswirtschaftlichen Gesichtspunkten zu sehen, was man ja gerade von der Wirtschaftspresse und der übrigen Fachpresse erwarten konnte, und veröffentlichte Pressemitteilungen, in denen ich unsere Botschaft immer wieder variierte. Den übrigen Medien machte ich deutlich, dass gerade die Privatleute von der Reform profitieren würden.

Aber gerade die Kirchen, vor allem eine Pastorin, zeigten sich uneinsichtig und agitierten weiter in der Öffentlichkeit gegen die Bundespost.

Zusätzlich zu dieser intensiven Pressearbeit wurde eine größere Summe für die Öffentlichkeitsarbeit bereitgestellt. Mit unserer sehr kreativen Werbeagentur GGK entwickelten wir ein Konzept, das die Reform über Zeitungsanzeigen und Plakate einer breiten Öffentlichkeit verständlich machen sollte. Für dieses Konzept bekam ich von der Leitung des Hauses schnell grünes Licht. Es bestand aus zwei Etappen.

Die erste Etappe lautete: »Was man in 8 Minuten alles sagen kann.« Auf Großplakaten und ganzseitigen Anzeigen in der Tagespresse wurden Texte abgedruckt, die acht Minuten ausfüllten. Das waren Kochrezepte, Kinderreime, Bibeltexte, Märchen, Witze und anderes. Es gab auch einige Texte, die 12 Minuten ausfüllten, denn ab 18 Uhr verlängerte sich der Zeittakt ja.

Etappe Nr. 2 schloss sich an: Ebenfalls auf Großplakaten und Anzeigen wurden beispielhaft Karten von den bisherigen Ortsnetzen und den Bereichen, um die sich jeweils der »Telefonnahbereich« vergrößern würde, gezeigt, sodass sich die Bürger ausrechnen konnten, wo, wie und wodurch sich ihre Telefonate verbilligen würden. Gleichzeitig wurden Aufklärungsbroschüren und Nachschlagehefte mit allen neuen Telefonnahbereichen gedruckt und über Postämter verteilt.

Für diese Kampagne bekamen wir übrigens den Clio, den PR-Oskar. Er sollte nicht die einzige Auszeichnung bleiben, die wir mit unserer Öffentlichkeitsarbeit im Laufe meiner Zeit dort erhielten.

So also war mein Einstieg bei der Post! Ich hatte keine Zeit, zusammen mit meinen Mitarbeitern eine schlüssige Strategie zu erarbeiten, wie wir das Image der Bundespost verbessern wollten. Aber ich lernte in dieser aufregenden Startzeit ungeheuer viel über reaktionsschnelles und aktives Verhalten in der Öffentlichkeit. Natürlich war ich Tag und Nacht für alle Medienleute zu erreichen.

Immer wieder wurden in dieser Zeit vom Minister und vom Staatssekretär kurzfristig Konferenzen einberufen, um Reaktionen und vor allem Aktionen nach unangenehmen Angriffen abzustimmen. Bei allen diesen Besprechungen, die meine Öffentlichkeitsarbeit betrafen, war ich dabei. Nichts wurde in dieser Hinsicht entschieden, von dem ich nichts wusste und zu dem ich nicht gehört wurde. Meine Vorschläge wurden vielmehr erwartet. Dieser Stil unterschied sich deutlich von dem eifersüchtigen »Küchenkabinett« im Renger-Büro.

So sah die Hauptgrundlage für meine Arbeit aus, die meinen Erfolg sicherte. Ich konnte so hinter allem stehen, was ich zu vertreten hatte. Intern kämpfte ich dafür, nur das vertreten zu müssen, was der Wahrheit entsprach, was in die Richtung der Wahrheit führte. Ich hatte dabei den Minister auf meiner Seite und vor allem seinen Bürochef Franz Arnold, einen mutigen, klaren und daher auch mächtigen Mann. Staatssekretär Dietrich Elias dagegen war vorsichtig, um nicht zu sagen ängstlich, und neigte daher mehr zum Verschwommenen, um sich nicht festlegen zu müssen.

Ich blieb so den Journalisten gegenüber immer glaubwürdig, authentisch und überzeugend. Und das war vor allem den Fachjournalisten aus Wirtschaft und Technik gegenüber nicht immer einfach. Denn sie wunderten sich zunächst darüber, dass eine Frau, zudem noch keine Ingenieurin, dieses Amt überhaupt übernehmen konnte. Aber ich denke, im Laufe der Zeit konnte ich sie überzeugen.

Für mich war die wohl schwierigste Aufgabe – weil ich dabei immer wieder über meinen eigenen Schatten springen musste –, dreimal in der Woche auf einem langen erhöhten Podiumstisch zu sitzen, zusammen mit den Vertretern der übrigen Ministerien, den Bundespressechef, damals Klaus Bölling, in der Mitte, Auge in Auge mit den politischen in- und ausländischen Journalisten. Der Bundespressechef war ein mächtiger Mann, Berater des Bundeskanzlers, zudem noch ein Freund von Helmut Schmidt.

Klaus Bölling stand zunächst auf alle Fragen der Journalisten Rede und Antwort in einer einmalig geschickten und bestimmten Art. Wenn es dann aber bei einem Thema direkt an das interne Wissen eines Ressorts ging, kamen wir anderen an die Reihe. In der ersten Zeit betete ich im Stillen, dass keine Fragen aus meinem Bereich gestellt wurden oder dass Bölling sie beantworten konnte. Schon damals hätte ich meinen späteren Leitspruch gebrauchen können: »Wo die Angst sitzt, ist der Weg.« Das war kein angenehmes Gefühl angesichts der Tatsache, dass Presseleute Negativmeldungen vorziehen. Der Ausdruck »man fühlte sich der Meute ausgeliefert« trifft das Gefühl, das ich dort oben hatte, am ehesten. Aber ich muss sagen, es ist immer gut gegangen und ich wurde wohl auch geschont. Denn wenn die Journalisten wollten, konnten sie einen mit immer weiteren Zusatzfragen gefährlich in die Enge treiben.

Wenn der Minister mit einer neuen Entwicklung oder einer Entscheidung vor die Presse treten wollte oder ich ihn dazu gewonnen hatte, fand das meistens im Bundespostministerium, dem Haus mit den hohen viereckigen Säulen an der Adenauer-Allee statt. Dann musste ich die ganze Pressekonferenz selbst eröffnen und leiten. Auch das bereitete mir zunächst schlaflose Nächte. Mehr und mehr jedoch wuchs ich in diese Aufgabe hinein, mehr und mehr fürchtete ich mich nicht mehr davor zu stottern. Ich war damals nicht beredt. Schüchtern wie ich war, formulierte ich in meiner Verlegenheit – wie ich selbst fand – manchmal holprig.

Ich hatte bei diesem neuen Amt eine Rolle zu spielen. Ich konnte nicht mehr einfach ich selbst sein. Das zu lernen, war nicht so einfach für mich. Ich vertrat die Bundesregierung als Sprecherin – jedenfalls im Postbereich – und ich war plötzlich Chefin in einem großen Referat und wurde auch so behandelt. War das ich? Nein! Aber soweit das möglich war, bemühte ich mich, meine Natürlichkeit und meine Offenheit zu bewahren. Mir lag zwar, wie sich bald herausstellen sollte, strategisches Denken, das Entwickeln von Strategien für ein gezieltes Vorgehen in einer Sache, die mir wichtig und richtig erschien, aber weniger das Taktieren, und noch weniger lagen mir Unwahrheiten und Intrigen. Solange ich in einem so großen Haus unter dem Schutz des Ministers stand und zu seinem unmittelbaren Team gehörte, traute sich niemand mir ernsthaft zu schaden. Am ehesten vielleicht Staatssekretär Elias. Aber der misstraute mir wohl vor allem, weil ich nicht vom Fach und keine Ingenieurin war und nicht, weil er mir persönlich schaden wollte.

So gelang mein Start und es begann eine erfolgreiche Zeit für mich. Zu Hause wurde ich weniger und weniger gesehen. Morgens musste ich sehr früh aufstehen, um dem Minister die Pressemappe vorzubereiten. Ich machte den Frühstückstisch und weckte die Kinder, die in die Schule mussten. Abends kehrte ich spät heim, weil es sehr oft noch Abendtermine gab oder auch noch Rücksprachen beim Minister oder Staatssekretär. Meine Kinder hätten mich in dieser Zeit sicher mehr gebraucht. Ich litt unter diesem Gefühl. Vor allem aber litt ich darunter, dass ich sie so selten sah und mehr und mehr den Zugang zu ihnen verlor; zumal es die Zeit der Pubertät und sowieso eine schwierige Zeit war für sie.

Mein Mann hatte einen regelmäßigeren Arbeitstag und kam immer pünktlich nach Hause. Aber er war zu weich, um sich gegen zwei entschlossene Teenager und deren Clique durchzusetzen, die stets unser Haus okkupierte, weil sie hier tagsüber freie Bahn hatte im Gegensatz zu anderen Elternhäusern, wo die Mütter zu Hause waren.

Es geschah auch in dieser Zeit, dass Maria uns verließ, die bis dahin den Haushalt geführt und für die Kinder gesorgt hatte. Maria gründete eine eigene Familie. Sie war nicht zu ersetzen. An eine neue Maria hätten sich die Kinder auch nicht gewöhnt.

In meiner Not fragte ich meine Schwägerin Gisela – die Familie meines Bruders wohnte ganz in der Nähe –, ob meine Kinder nach der Schule mit ihren beiden Kinder zusammen bei ihr Mittag essen könnten. Sie lehnte ab. Sie müsse nach dem Mittagessen einen Mittagsschlaf halten und möchte nicht statt auf zwei Kinder, die zu unterschiedlichen Zeiten aus der Schule kämen, auf vier warten. Ich war enttäuscht.

Und so ist die Wirklichkeit für berufstätige Mütter noch heute in der Bundesrepublik. Die Schule schließt den Unterricht, wann sie will. Jeden Tag kommen die Kinder zu einer anderen Zeit aus der Schule. Und Solidarität zwischen berufstätigen Müttern und Hausfrauen ist nicht sehr ausgeprägt. So behalfen wir uns irgendwie, indem wir die

Versorgung der Kinder vorbereiteten oder Frau Kreuter, die unser Haus in Ordnung hielt, ihnen ein Essen kochte. Als mein Mann pensioniert wurde, hatte diese Improvisation ein Ende. Er hat als Maghrebinier immer gerne und gut gekocht.

So habe ich es selbst und unmittelbar erlebt, wie schwer es Ehepaaren mit Kindern bei uns gemacht wird, wenn auch die Frau eine anspruchsvolle Aufgabe übernommen hat. Es gibt eben unbewussten Neid bei den Frauen, die diesen Weg nicht gehen konnten oder wollten. Und bei vielen Männern neben Unverständnis auch Ablehnung. Sie betrachten diese Entwicklung als bedrohlich für ihre eigene gewohnte Lebensform und ihre machtvolleren Positionen. Von den berufstätigen Frauen in unserem Land wird heute noch ganz entgegen allen Beteuerungen erwartet, dass sie die familiären Pflichten nebenbei lösen oder ganz auf eine eigene Entwicklung verzichten. Noch heute werden berufstätige Mütter in unserem Land als Rabenmütter angesehen. Auch der notgedrungene Einsatz der Frauen im Krieg, während dem unsere Mütter, die Mütter meiner Generation, alles allein geschafft haben, beförderte kein modernes Gesellschaftssystem!

Ich hatte noch das Glück, dass mich mein Mann bei dieser Arbeit immer unterstützte. Jedoch die Organisation des Familienhaushaltes blieb trotzdem mir überlassen. Diese Verantwortung nahm mir niemand ab. Wenn ich heute zurückblicke, sehe ich, dass ich auch in schwierigen Situationen auf meinem Weg nicht innehalten konnte. Es gab etwas in mir, das mich immer weitergehen ließ.

Als ich mit Minister Gscheidle die Konditionen ausgehandelt hatte, versprach er mir, dass ich einen sehr tüchtigen Referenten für die Pressearbeit an die Seite bekommen würde, der als Ingenieur und Postler sich sowohl in der Technik wie auch im Verwaltungsapparat auskennen sollte. Manfred Bergmann war agil, ehrgeizig und für mich immer da, wenn ich ihn brauchte. Er war eine große Hilfe, vor allem bei meinem schwierigen Start.

Bergmann war mein Vertreter in der Pressearbeit. Da ich aber gleichzeitig für Public Relations, also Öffentlichkeitsarbeit, und Human Relations, die Öffentlichkeitsarbeit nach innen, die interne Kommunikation, zuständig war, gab es noch zwei weitere Referenten, Heinrich Graffe und Wilhelm Othmar. Alle drei Bereiche hatten noch mehrere Sachbearbeiter und einige Mitarbeiterinnen, die verwalteten, organisierten, Texte entwarfen.

Die vier Pressesachbearbeiter verfassten vor allem Pressemitteilungen und andere Texte. Sie bereiteten auch für Pressekonferenzen die Pressemappe für die Journalisten vor. Ich hielt sowieso Augen und Ohren offen, nach mitteilenswerten Neuigkeiten aus unserem Haus, die die Post als modernes und fortschrittliches Unternehmen erscheinen ließen. »Aktiv statt reaktiv informieren« blieb mein Grundsatz. Je mehr wir an positiven Dingen melden konnten, umso mehr würden sich die negativen, die Journalisten sowieso immer entdecken, in der öffentlichen Wahrnehmung verlieren. Um diese Informationspolitik durchhalten zu können, hielt ich engen Kontakt mit vielen Bereichen des Hauses.

Regelmäßig nahm ich an der Abteilungsleiterkonferenz mit Minister und Staatssekretär, dem höchsten Führungsgremium, teil. Allen Anregungen, die nicht top secret waren, ging ich dann nach. Die Arbeit, die sich daraus ergab, verteilte ich im Referat.

Natürlich musste ich Pressemitteilungen, wenn sie formuliert waren, mit der zuständigen Abteilung abstimmen, je nachdem, ob sie aus dem Post-, dem Fernmeldebereich, der Postbank, der Bauabteilung oder einer anderen Abteilung stammten: Wenn es um Briefmarken ging, sprach ich mit dem Kollegen aus dem Briefmarkenreferat, wenn es um Fernsehtürme ging, mit den Bauleuten, über neue Technologien mit den Zukunftsforschern, um nur einige Beispiele zu nennen. Bei brisanten Informationen wurden die Meldungen mit Minister oder Staatssekretär abgestimmt.

Das Material, das wir bekamen, musste oft völlig umgearbeitet werden, vor allem, wenn die Entwürfe aus technischen Referaten stammten. Von meinen Pressesachbearbeitern forderte ich Texte, die ich verstehen konnte. Denn dann, so folgerte ich, konnte sie auch der Durchschnittsleser verstehen. Die Gegenbehauptung, dass schwierige technische Zusammenhänge nicht in eine verständliche Sprache umgesetzt werden können, ließ ich nicht gelten. »Alles kann so formuliert werden, dass es auch Lieschen Müller oder Otto Normalverbraucher verstehen kann«, behauptete ich. Oft war das eine nicht einfach zu lösende Aufgabe für die Fernmeldetechniker unter den Sachbearbeitern in meinem Referat. Aber sie lernten es alle. Sie bekamen ihre Entwürfe so lange zurück, bis es klappte.

Sie lernten auch von mir, dass eine Pressemitteilung bis zu einer bestimmten Uhrzeit »am Ticker« sein musste, um die nächste Zeitungsausgabe noch zu erreichen – später im Faxgerät, einer neuen Technologie, die zu dieser Zeit ihren Siegeszug begann und inzwischen fast schon wieder überholt ist. Natürlich lernten sie auch, wie eine Pressemeldung aufgebaut sein musste, damit sie von den Redakteuren in den Nachrichtenredaktionen, Tageszeitungen und Sendern ruckzuck verarbeitet werden konnte. Das hieß, das Wichtigste in den ersten Absatz unterzubringen, das Zweitwichtigste darunter und so fort. Damit der Redakteur die Meldung von unten her kürzen konnte und sie nicht umschreiben musste. In den ersten Absatz mussten natürlich die fünf Ws: wer, wo, wie, wann und warum untergebracht werden, danach erst konnte der Verfasser in weitere Einzelheiten gehen.

Wenn der Postverwaltungsrat, eine Art Aufsichtsrat, in dem Vertreter des Parlaments des Bundes und der Parlamente der Länder sowie der Gewerkschaften vertreten waren, die wichtigsten Vorhaben der Deutschen Bundespost absegnete und zu seiner Versammlung im großen Sitzungssaal mit den Tierfiguren, die die vier Kontinente symbolisieren, zusammentrat, musste ich von morgens bis abends dabei sein und am Ende für die Verbreitung der Beschlüsse sorgen.

Wenn Tarifverhandlungen mit der Postgewerkschaft – die Post hatte damals noch eine eigene Gewerkschaft, die inzwischen in Verdi eingegangen ist – stattfanden, stimmte ich mit meinem Kollegen Hans Jürgen Beck von der Gewerkschaft meistens die Presseerklärungen ab. Wir beide hatten dabei im Gegensatz zu den Tarifparteien nie Probleme. Er ist heute noch mein Freund. Wenn es allerdings hoch herging, durchbrachen keine Informationen die Mauern zwischen den Parteien. Und ich versuchte auf meine Weise, Trendmel-

dungen für die Hintergrundinformation der Presse herauszube-
kommen.

Ein anderer guter und hilfreicher Freund wurde Franz Arnold. Über
ihn, den Leiter des Leitungsstabes, ging damals alles. Wenn es dringend war, hatte ich über ihn uneingeschränkten Zugang zum Minister. Niemals habe ich dieses Recht unnötig ausgenutzt. Meine Anliegen waren dringend, wenn ich unangemeldet kam, und wurden
nicht hinterfragt. Als Arnold selbst zum Abteilungsleiter aufstieg,
wurde die Arbeit schwieriger. Sein Nachfolger ließ mich mit einer
wichtigen Pressesache nicht passieren, auch dann nicht, wenn ich ein
Ministerwort, eine Stellungnahme zu einer negativen Behauptung in
der Öffentlichkeit brauchte. Er wollte, dass alles über ihn lief. Aber
wenn ich mich darauf einließ, bekam ich manchmal keine Antwort.
Als mir dann wegen einer schlechten Presse vom Minister oder
Staatssekretär einmal Vorwürfe gemacht wurden und ich mich verteidigte, bestritt Konrad Schmidt, dass ich ein Gegenstatement vorbereitet und im Ministerbüro, weil ich nicht vorgelassen wurde,
hinterlegt hatte.

Doch lange Zeit gab es die gute Zusammenarbeit zwischen mir und
Arnold. Wir haben nicht nur den Telefonnahdienst gerettet, sondern
noch einige andere Aufreger bewältigt.

Kurt Gscheidle kam aus der Gewerkschaftsbewegung. Der gelernte
Fernmeldemechaniker erhielt als Betriebsjugendleiter ein Stipen-
dium der Gewerkschaft für die Sozialakademie in Dortmund, die er
als Refa (Reichsausschuss für Arbeitsstudien)-Ingenieur abschloss.
1961 zog er als 37-Jähriger in den Deutschen Bundestag ein. Helmut
Schmidt lobte seine »heitere Sachlichkeit« und wollte ihn zu seinem
Nachfolger als Bundeskanzler aufbauen.

Als 1969 ein DGB-Vorsitzender gesucht wurde, einigten sich die
16 Gewerkschaftsbosse auf ihn als Kandidaten. Nur Otto Brenner,
der IG-Metall-Chef, der Mächtigste von allen, wollte Gscheidle
nicht. Die Reformpläne des Schwaben, mit denen er die Position des
Vorsitzenden des Deutschen Gewerkschaftsbundes stärken wollte,
der bisher in seinen Augen ein »Frühstücksdirektor« war, passten
Brenner nicht. Gscheidle wollte die Schwerpunkte Gesellschaftspoli-

tik, politische Bildungsarbeit, Jugendarbeit und Öffentlichkeitsarbeit im DGB stärker ausbauen. Dem Politiker, dessen Wahl sicher schien, geschah nun jedoch ein dramatisches Missgeschick. Und das zerstörte diese Blütenträume auf einmal. Ich glaube, er konnte das nie ganz verwinden. Menschen, die ihn länger und näher kannten als ich, sagten sogar, er sei seit jener denkwürdigen Bundespräsidentenwahl, als zum ersten Mal ein Sozialdemokrat zum Staatsoberhaupt der Bundesrepublik gewählt wurde, ein gebrochener Mann gewesen. Am Vorabend der Wahl von Gustav Heinemann zum neuen Staatsoberhaupt tagte der Bundesvorstand des DGB und entgegen der Zusage wurde der designierte Vorsitzende Gscheidle zu dieser Sitzung nicht eingeladen. Bei einem anschließenden Empfang beim Regierenden Bürgermeister von Berlin gab es darüber eine hitzige Diskussion. Gscheidle verließ wütend den Empfang. Nach dem Besuch in einer seinem Hotel nahe gelegenen Bierbar am Stuttgarter Platz wurde der Politiker niedergeschlagen und ausgeraubt. Gscheidle landete im Krankenhaus. Bei der Bundespräsidentenwahl kam es aber auf jede Stimme an. So überzeugte Gscheidles Freund, Postgewerkschaftsboss Karl Stenger, ihn davon, das Bett zur Wahl zu verlassen. Karl Stenger selbst schob Gscheidle, der einen Verband um den Kopf trug, ins Plenum. So war die Story schnell öffentlich. Und der Verletzte musste auch noch viel Spott ertragen. Am meisten aber traf ihn, dass sein Sohn von Mitschülern hören musste, dass sie seinen Vater »Dummerle« schimpften.

Der Anlass war gefunden, den mit seinen ehrgeizigen Plänen inzwischen unbequem gewordenen Kandidaten wieder loszuwerden, obwohl der bisherige DGB-Chef Ludwig Rosenberg einen solchen Verdacht entrüstet abwehrte: »Wir sind doch kein St.-Cäcilien-Verein!« Gscheidle-Anhänger, die Bosse der kleineren Gewerkschaften, die durch die Reform eine größere Mitsprache erhalten hätten, stellten dagegen fest: Hier wurde »nach den Regeln eines Damenkränzchens« geurteilt. Als die Mehrheit sich zu Ungunsten von Gscheidle zu verschieben schien, verzichtete dieser. Nach außen blieb seine Karriere von diesem Geschehen unbeschadet. Noch im gleichen Jahr wurde er Staatssekretär im Bundespostministerium. Er organisierte

27 Für den Bechtle-Verlag verfasste ich mehrere Anekdotenbände, von Kurt Georg Kiesinger (r. der Verleger Otto Wolfgang Bechtle) ...

28 ... bis Gustav Heinemann.

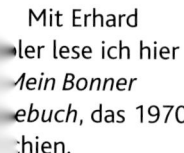

Mit Erhard ...ler lese ich hier ...Mein Bonner ...ebuch, das 1970 ...hien.

30 Auf der Reise zum Staatsbesuch bei dem jugoslawischen Präsidenten Tito unterhie**
Willy Brandt die begleitenden Journalisten mit Anekdoten.

31 Für mein Buch
Willy Brandt in Anekdoten
lieferte mir der damalige
Bundesaußenminister ein**
ge politische Witze sogar
handschriftlich.

**WILLY
BRANDT
in Anekdoter**

Gesammelt von
Heli Ihlefeld
Bechtle

32 Als Journalistin begleitete ich Willy Brandt auf
Auslandsreisen (hier in Wien) und auf Wahlkampf-
tourneen im Sonderzug.

33 Beim Bundespresseball tanzte ich mit Willy Brandt – für den ich seit meiner Schulzeit schwärmte.

34 Bei einem Empfang in der Godesberger Redoute nach Willy Brandts Wahl zum Bundeskanzler

35 Mit meinem Sohn Sebastian – und Rut Brandt

WILLY BRANDT
VORSITZENDER DER SPD

[handschriftlicher Brief]

p.t. Hydra, 27. 1. 79

Lieber Heli,

als ich mich hier Anfang des Monats
ganz zurückgezogen hatte, erreichten
mich über Lothar Deine guten Wünsche,
über die ich mich wirklich sehr
gefreut habe. Es hatte mich böse
erwischt, aber nun spürte alle dafür,

daß ich gesünder sein werde, als
ich es seit Jahren war (allerdings
ohne Nikotin und "nur" noch mit
Rotwein).

Ich wünsche Dir viel Gutes und
sende herzliche Grüße!

W.

36 »Die einzige Liebes-
erklärung, die ich jemals
erhielt, bekam ich viel später, als unsere Geschichte
bereits der Geschichte
angehörte – in seinen
Erinnerungen.« Später ka[m]
es noch einmal zu Grüße[n]
hin und her.

das Ministerium um und formte die damalige Post von einem defizitären Bundesunternehmen zu einem gewinnträchtigen Wirtschaftsunternehmen. 1974 machte ihn Helmut Schmidt zu seinem Doppelminister. 1975 war die Post erstmals wieder aus den roten Zahlen heraus.

In einem Porträt über ihn schrieb ich über die Zäsur in seinem Lebenslauf: »Diese Erfahrung traf ihn im Innersten. Die Spannung, gehalten durch Engagement, wurde gebrochen durch des Gedankens Blässe, einen Zug in die Resignation.« Sein Fraktionskollege Professor Ulrich Lohmar, einer der klügsten Köpfe in der SPD, sagte, dass Gscheidle weiter als »Mann für das Wesentliche galt, für die Probleme unserer komplizierten Industriegesellschaft, der neben klaren Vorstellungen einen überaus festen Willen mitbringt, all das beharrlich und ruhig zu verwirklichen, was er sich in den Kopf gesetzt hat«. Letzteres traf zu der Zeit, als ich zu ihm kam, wohl nicht mehr ganz so zu. Er ließ sich zwar für zwei überaus schwierige Ressorts vom Bundeskanzler in die Pflicht nehmen. Sein persönlicher Ehrgeiz aber war deutlich schwächer geworden. Das aber schmälert keineswegs sein Verdienst um die Deutsche Bundespost, die erst von seinem Nachfolger, dem CDU-Minister Christian Schwarz-Schilling, als gesundes Unternehmen mit sicheren Arbeitsplätzen und einer Belegschaft mit Teamgeist ohne Not in drei Unternehmen und ein Rumpfministerium zerschlagen wurde.

Die Post hatte Kurt Gscheidle ja bereits als Staatssekretär effektiv organisiert. Sie lag ihm als seine berufliche Heimat mehr am Herzen als der Verkehrsbereich. Das Scheinwerferlicht der Öffentlichkeit mochte er seit dem Berliner Zwischenfall nicht mehr. Für öffentliche Auftritte musste ich ihn stets mühsam gewinnen. Er war auch vorsichtiger geworden und zögerte bei allen Entscheidungen. In meinem Bereich musste ich sie ihm oft mühsam mit Arnolds Unterstützung abringen. Dann, wenn es zum Beispiel um eine Image-Werbekampagne für die Post ging. Meistens hatte ich dann auch Staatssekretär Elias nicht auf meiner Seite, der dann natürlich auch immer gefragt wurde.

Ich glaube, der gut aussehende Diplomingenieur hatte ein Problem mit Frauen. Er traute ihnen einfach nichts zu und war wahrscheinlich auch der Meinung, dass sie ins Haus gehörten. Gerne hätte ich mich besser mit ihm verstanden. So aber bekam ich immer Bauchschmerzen, wenn ich zu ihm musste.

Aber ich lernte bald mit der Maschinerie eines großen Apparates umzugehen, suchte und fand darin auch die richtigen Wege, um meine Ziele zu erreichen. Mir ging es dabei immer um die Sache, von der ich überzeugt sein musste. Sah ich einen richtigen Weg für die Öffentlichkeitsarbeit und das Image der Deutschen Bundespost vor mir, ging ich ihn unbeirrt, vermied dabei aber keineswegs diplomatische Umwege. Dabei blieb ich ehrlich in meinen Argumenten.

Die Post war ein straff geführter Apparat. Wenn in dieser Verwaltung ein Vorgang von einem anderen Bereich mitgezeichnet werden musste, machte das immer Sinn. Weil dann auch dieser immer etwas mit der Angelegenheit zu tun hatte. Der Bereichsleiter übernahm durch diese Mitzeichnung auch Mitverantwortung. Wenn es zum Beispiel um eine Maßnahme ging, um in der Öffentlichkeit eine Porto-Erhöhung verständlich zu machen, musste nicht nur ich diesen Vorschlag unterschreiben, sondern auch der zuständige Abteilungsleiter, bevor er zum Staatssekretär und Minister ging. Und so lernte ich sehr schnell, wer für was zuständig war in diesem großen Haus, wer wann gefragt werden musste und was Chefsache war und was nicht. Ich lernte das deshalb so schnell, weil die Zusammenhänge mir immer absolut logisch erschienen. Die Bundestagsverwaltung dagegen hatte ich eher als chaotisch empfunden. Dabei muss man bedenken, dass ich bis dahin derartige Verwaltungen nur vom Hörensagen kannte und wie viele Journalisten auch meine Vorurteile über Beamte pflegte.

Wenn ich morgens an meinen Schreibtisch kam, wurden mir von meinen Sachbearbeitern alle Artikel und Beiträge, in denen die Bundespost erwähnt wurde, ausgeschnitten und mit Datum und Herkunft versehen vorgelegt. Ich sortierte sie dann nach wichtig und unwichtig, machte Unterstreichungen für den Minister, führte Telefonate, um Sachverhalte zu klären. Wenn ich die Pressemappe fertig hatte, ging ich zum Chef. Er war dann meistens sehr aufgeräumt, weil er dann schon sein Sieben-Uhr-Tennisspiel hinter sich hatte.

Immer wieder hatte ich es noch mit einem anderen »Chef« zu tun, dem Stellvertretenden Vorsitzenden des Postverwaltungsrates und Vorsitzenden der Postgewerkschaft. Das war Ernst Breit. Bei ihm fand ich immer ein wohlwollendes Ohr. Ernst Breit ist Friese. Und wie allen Norddeutschen sind ihm viele, d. h. überflüssige Worte zuwider. Während meiner Arbeit bei der Deutschen Bundespost bot mir der Poller-Verlag einen Vertrag an. Da hatte Ernst Breit schon Heinz Oskar Vetter als Vorsitzenden des DGB abgelöst. Ich sollte über den neuen DGB-Chef eine Biografie schreiben. Ich mochte Ernst Breit und seine dröge Art, vielleicht weil ich auch aus Norddeutschland stamme. So freute ich mich über dieses Angebot.

In den Presseausschnitten, die ich im Bundestag besorgte, fand ich nicht viel über Breit. Also musste ich ihn weitgehend selbst nach seinem Leben befragen. Ich erhielt auch ohne Probleme die notwendigen Termine dafür, konnte ihn beispielsweise während längerer Autofahrten begleiten. Aber ich habe noch nie einen Politiker erlebt, der Fragen so knapp beantwortete wie Ernst Breit – in der Regel nur mit »Ja« oder »Nein«. Fragte ich: »Hatten Sie eine schöne Kindheit?«, dann kam die Antwort: »Ja.« »Haben Sie studiert?« »Ja.« So etwa muss man sich dieses Experiment vorstellen. Nie kam ich ohne mehrere Nachfragen an die gewünschten Informationen heran. Aber ich verstand mich auf diese wortlose Art gut mit ihm. Zwischen ihm und Kurt Gscheidle dagegen war die Großwetterlage gestört. Breit traute Kurt Gscheidle nicht über den Weg, obwohl sie ja beide aus dem gleichen Stall kamen, der Postgewerkschaft. Das hing mit alten Machtkonstellationen und typisch männlichen »Spielen der Erwachsenen« zusammen, die zum System gehören. Die aber alle vor meiner Zeit bei der Bundespost lagen. Ich jedenfalls hatte immer einen »guten Draht« zu beiden.

Einmal trat ich als Weihnachtsengel vor die versammelte internationale Presse. Um das zu erklären, muss ich etwas ausholen. Ich hatte ein großes Journalisten-Ereignis von meinen Vorgängern geerbt. Genauer gesagt: Es war seinerzeit »Harun al Richard«, der damit begonnen hatte, alljährlich zur Weihnachtszeit ein Sammelalbum mit

Briefmarken unter die Bonner Journalisten zu verteilen. In diesem gelben Jahresalbum befanden sich die im verflossenen Kalenderjahr erschienenen Marken, Sondermarken und Zuschlagsmarken. Keiner der geladenen Gäste wollte sich diese Kostbarkeit entgehen lassen. Alle kamen zur Weihnachtsfeier in das Ministerium mit den hohen viereckigen Säulen am Eingang in der Konrad-Adenauer-Allee. Ohne Einladung gab es keine Briefmarken. Einladung und Album wurden eins zu eins getauscht. Es kam also darauf an, auf der Einladungsliste zu stehen. Auch ich hatte in meiner Journalisten-Zeit diese Einladung nie versäumt.

Es gab immer gut zu essen – meistens ein Gericht aus der Heimat des jeweiligen Postministers – und natürlich gut und reichlich zu trinken. Zu meiner Zeit waren daher schwäbische Gerichte angesagt wie Maultaschen und Spätzle usw. Es gab eine Rede des Hausherrn und danach einige andere Darbietungen und auch – neben dem Album – die eine oder andere Kontaktgabe wie Kugelschreiber, bunte Streichhölzer, Drucke von alten Stichen, auf denen Postillione in alten Uniformen zu sehen waren, Postkarten mit alten Briefkästen. Es gab aber keine News über das Unternehmen, die hätten die Journalisten dann ja zur Arbeit verpflichtet. Dieser Abend war nur zum Feiern gedacht.

Weihnachten 1977 war ich nun zum ersten Mal Gastgeberin. Die Vorbereitungen waren umfangreich. Ich machte dem Minister einen Redeentwurf, der auf meine Klientel zugeschrieben und möglichst witzig sein sollte. Wir setzten uns im Referat Wochen vorher zusammen, um Ideen für die Weihnachtsfeier zu sammeln und die Aufgaben zu verteilen.

Meine Darbietung als Weihnachtsengel in weißem Gewand, zwei Flügeln aus weißen Federn und langem Locken-Haar folgte in einem anderen Jahr. Für die Aufgabe des Weihnachtsmannes hatte ich meinen Freund, den Kabarettisten Jürgen Scheller von der Münchener »Lach- und Schießgesellschaft« gewonnen. Ich begrüßte als Himmelsbotin die Gesellschaft und kündigte die Ankunft meines Chefs an. Scheller leerte dann seinen prall gefüllten Sack mit beziehungsreichen politischen Sprüchen vor den Augen der Journalisten und den Gastgebern, Ministern, Staatssekretären und anderen wichtigen Vertretern des Hauses. Es gab viel zu lachen. Unsere guten zusätzlichen Einfälle zum Postfest weckten natürlich die Erwartungen für das nächste Jahr. Und wieder näherte sich das Jahr seinem Ende zu und wieder saßen wir im Referat zusammen und zerbrachen uns die Köpfe, wie wir diesmal das letzte Weihnachtsfest übertrumpfen könnten. Da fiel mir ein Bericht von einer Sportseite über einen gut aussehenden Bodybuilder ein, der die Europameisterschaften gewonnen hatte. Dieser Mann war im Hauptberuf Fernmeldetechniker.

Die DBP stand in diesem Jahr mit ihren Gewinnen, die sie dem Bundeshaushalt abliefern würde, besonders gut da. Als Pressereferentin wurde mir von Journalisten, die es eigentlich besser hätten wissen können, immer wieder mal vorgehalten, die Bundespost lebe ja von Steuergeldern. Wie viele Male musste ich erklären, dass das nicht stimmte! Mir kam daher die Idee, diesmal den Journalisten besonders drastisch vor Augen zu führen, dass die Post ein gesundes Unternehmen war mit eigenen Einnahmen und Gewinnen und die daher mit ihren Abgaben an den Bundeshaushalt den Steuerzahler entlastete statt belastete. Ich wollte diesmal nicht nur den starken Fernmelder auftreten lassen, sondern ihn auch noch an die Rückwand des Saales in Überlebensgröße in Body-Building-Position als Symbol der starken Post abbilden lassen. Das »Gemälde« zeigte ihn, wie die Armmuskeln gerade seine Arbeitskleidung mit dem Postlogo sprengten. Es passte sehr gut, dass dieses »Symbol« ein Fernmeldehandwerker war, denn der Fernmeldebereich machte Gewinne und subventionierte damit auch noch unser defizitäres Postwesen.

Der vorsichtige Staatssekretär Dietrich Elias machte den Minister vorher auf das Riesengemälde, das die Post als ertragsstarkes Unternehmen symbolisieren sollte, aufmerksam. Er konnte mein Symbol nicht richtig deuten und befürchtete, dass man es als Angeberei ansehen würde. Also wollte der Chef es vor der Veranstaltung sehen. Und als er es sah, kamen auch Gscheidle Bedenken und zwar so starke, dass er anordnete, das Bild zu entfernen. So wurde das Bild in letzter Minute abgehängt und die Stirnseite des Saales blieb diesmal kahl. Ich war gar nicht glücklich über diese Entscheidung. Ich hatte den Journalisten so viel Humor zugetraut, um diesen Gag zu verstehen. Ganz abgesehen davon, dass mich dieser Spaß einiges Geld aus meinem Etat gekostet hatte. Als dann der Bodybuilder vor der kahlen Wand seine Künste zeigte und seine Uniform sprengte, war der Symbolgehalt nicht mehr so erkennbar und die Vorführung stieß zum Teil auf Unverständnis.

Und noch eine Weihnachtsfeier werde ich nicht vergessen: Es hatte an diesem Tag eine schwierige Sitzung im Postverwaltungsrat gegeben. Kurz vor dem Fest sollte ich plötzlich zum Minister kommen. Erst jetzt hatte er sich mit meinem Redeentwurf beschäftigen können, der mir diesmal besonders geglückt schien. Als ich das Zimmer betrat, merkte ich sofort, dass er angeheitert war. Er hätte eigene Ideen für die Rede und wollte, das ich ihm noch schnell ein paar Fakten dafür beschaffte. Kurze Zeit später kam ich zu ihm zurück, um sie ihm zu bringen. Ich sah, wie er sie auf einen ganz kleinen Notizzettel kritzelte. Er wolle diesmal frei reden, verriet er mir. Offenbar hatte er nach dem Sitzungsstress, um seinen niedrigen Blutdruck etwas zu erhöhen, einen Whisky pur zu sich genommen. Auch mir hatte er einmal dazu geraten. Das sei das beste Mittel zur Erhöhung des Blutdrucks. Ich beobachtete misstrauisch und ahnungsvoll, wie er sich auf diesem winzigen Zettel weitere Notizen machte und auch noch die Ränder vollschrieb. »Der Chef ist ja ein witziger Stegreifredner, wenn er in guter Stimmung ist«, beschwichtigte ich meine innere Stimme.

Der Saal war wie immer voll, als der Minister ihn betrat und bald darauf den Abend mit seiner Begrüßungsansprache eröffnete. Wahrscheinlich war der Ärger im Verwaltungsrat besonders groß gewesen und es war nicht bei dem einen Whisky geblieben. Ich erschrak gleich zu Beginn seiner Rede. Zu genau kannte ich inzwischen seine normale Sprechweise. Es wurde keine witzige Rede, sondern eine langatmige, ermüdende und eintönige und auch nicht immer freundliche gegenüber der Presse. Auf Zeichensprache reagierte er nicht. Und wer kann einen Minister davon abhalten, der meint, eine ernste Rede halten zu müssen!

Die Journalisten wurden unruhig, einige lachten, da sie merkten, was mit Gscheidle los war. Sie nahmen ihm daher die lange Rede nicht übel. Aber der Minister, der die Unruhe mitbekam, wurde grantig. Seine Worte wurden unfreundlicher und unfreundlicher. Nun ja, irgendwann einmal war dann doch Schluss und man konnte zum gemütlichen Teil des Abends übergehen und ich bei meinen ehemaligen Kollegen ein wenig um Verständnis werben für einen abgearbeiteten Politiker nach einer ärgerlichen Verwaltungsratssitzung.

Auch das gehört eben zu den Aufgaben einer Pressesprecherin. Denn immer wieder musste ich für meinen Chef um ein gutes Presse-Wetter werben. Er war nicht bei allen Journalisten beliebt und wurde oft auch von seinen Fraktionskollegen bei diesen madig gemacht, weil er sich selten in der Fraktion blicken ließ und ebenso in seinem Wahlkreis. Als Doppelminister hatte er zu viel zu tun. Aber der »Zuchtmeister der Fraktion« – was für ein bezeichnender Titel –, Herbert Wehner, tolerierte das nicht, unterstützte ihn nicht und behandelte Gscheidle grob, als der den florierenden Postreisedienst retten wollte.

Immer wieder gelang es mir zusammen mit meiner Kollegin aus dem Bundesverkehrsministerium Renate Lotze, diesen schlechten Stimmungsmachern entgegenzuwirken und Gscheidles Image klar zu halten. Er war bestimmt einer der tüchtigsten Minister im Kabinett Schmidt, wenn auch seine Kräfte und damit seine Begeisterung von Jahr zu Jahr mehr nachließen.

Als sich die Ära Schmidt ihrem Ende zuneigte und damit die der SPD, wurde es immer schwieriger für mich, trotz einer finanziell glänzend dastehenden Post, den verantwortlichen Minister als erfolgreichen Politiker in den Medien erscheinen zu lassen. Mit der Postgewerkschaft gab es sowieso immer wieder Konfrontationen. Sie drohte von Zeit zu Zeit, ihn auszuschließen. Nun aber ließen ihn auch noch die eigenen Parteifreunde mehr und mehr fallen und schließlich der Kanzler selbst. Ich habe das Gefühl, dass das in erster Linie an Herbert Wehner lag.

Bis zu dieser Zeit war es mir jedoch immer wieder gelungen, durch immer neue Informationen über die Innovationsfreude der Deutschen Bundespost vor allem die Fachjournalisten auf der positiven Seite zu halten. Dabei gab es zwei erklärte Feinde der Post, die immer wieder versuchten, die Medien auf ihre Seite zu ziehen. Der eine war der Vorsitzende des Postbenutzerverbandes, Wilhelm Hübner, und der andere der Bruder des NRW-Ministers Jochimsen. Jochimsen war ein unermüdlicher Kritiker der Strategie des Fernmeldewesens. Manche seiner Ideen nahmen die spätere Entwicklung mit der Privatisierung vorweg. Sie kamen jedoch zu früh und waren noch nicht realisierbar.

Begierig griff die Presse die Kritik auf, wenn sich einer der beiden zu Wort meldete. Hübner zum Beispiel stritt vehement gegen jede Art von Gebührenerhöhung. So hatte er auch zu den ärgsten Widersachern des Zeittaktes gehört. Jochimsen, selbst ein Ingenieur, maß das deutsche Fernmeldewesen am amerikanischen und wollte den dortigen freien Markt auf das stärker regulierte deutsche System übertragen sehen. Er plädierte dafür, dass die Post eine Blackbox am Ende ihrer Telefonverbindungen einbauen sollte, an die dann Firmen vom freien Markt ihre Geräte anschalten konnten. Damit hätte die Post jedoch nur die Unkosten des Netzes gehabt, aber keine Möglichkeit zu eigenen Einnahmen, ganz abgesehen davon, dass diese Blackbox eine Illusion war. Jedenfalls bestritten Posttechniker deren Machbarkeit. Und ich gab das an die Presse weiter. Heute zweifele ich ein wenig an deren Argumenten. Immerhin haben wir inzwischen einen freien Markt, was die Endgeräte angeht.

Mit allen mir zur Verfügung stehenden Mitteln kämpfte ich damals für eine Post, die heute längst der Vergangenheit angehört: ein Bundesunternehmen, das moderne Technologie auf höchstem Standard für jeden zum gleichen Preis anbietet. Für ein Bundesunternehmen hätte Gewinnemachen nicht zum Selbstzweck werden können und es wäre überprüfbar geblieben. Wie hoch der Standard und die Qualität unserer Infrastruktur im Fernmeldewesen tatsächlich waren, zeigte sich in überzeugender Weise, als ich schon nicht mehr die Bundespost in der Öffentlichkeit »verkaufte«: Als die beiden deutschen Staaten 1989 wiedervereinigt wurden, das Bundesunternehmen Deutsche Telekom das marode, veraltete und unzureichende Telefonsystem der ehemaligen DDR übernehmen musste und es innerhalb kürzester Zeit auf westlichen Standard brachte.

Das Presseecho wurde täglich vom ganzen Haus wahrgenommen und im Leitungsgespräch, an dem ich teilnahm, diskutiert. Der Kampf des Postbenutzers Hübner war häufig Gegenstand strategischer Überlegungen. An dieser Front war ich nicht allein. Auch der Privatkampf des Ingenieurs Jochimsen wurde ernst genommen. Mit unserer Stellungnahme wurde natürlich auch dessen Bedeutung erhöht. Seine Ideen ließen sich bei der damaligen gesetzlich vorgeschriebenen Infrastrukturaufgabe der Deutschen Bundespost gar nicht verwirklichen. Dazu musste erst die Privatisierung durch den Gesetzgeber beschlossen werden, an der viele hinter den Kulissen arbeiteten, vor allem aus ökonomischen Interessen.

Ich selbst war überzeugt, dass eine gesunde Post, die für alle das Straßennetz der Kommunikation in Ordnung hielt und für jeden Bürger und nicht nur für Unternehmen eine finanziell überschaubare Technologie anbot, letztlich die günstigste Lösung sein müsste. Aber dass diese Position nicht mehr lange zu halten sein würde – zu groß waren die gegenläufigen Interessen und zu schnell die technische Entwicklung –, zeichnete sich schon damals ab und wurde von Menschen mit klaren Köpfen, wie Franz Arnold, schon damals ausgesprochen.

Aber noch konnte ich mich mit meiner Presse- und Öffentlichkeitsarbeit aus Überzeugung und nach den bestehenden gesetzlichen Voraussetzungen für das bisherige System einsetzen. Und so rollte mein größtes Fiasko in dieser Zeit auf mich zu. Als sich nämlich ein freier Fernsehreporter auf der Suche nach einer sensationellen Reportage bei mir anmeldete. Er werde eine Magazinsendung über Jochimsens Ideen drehen. In meiner Überzeugung, die besseren Argumente zu haben und dass diese bei einer offenen Pressepolitik letztlich die Waage zugunsten der Post senken würden, versprach ich ihm meine Unterstützung. Ich hatte aber nicht damit gerechnet, dass der Reporter fest entschlossen war, nach dem System der verbrannten Erde zu arbeiten, und einen totalen Verriss der Deutschen Bundespost plante. Ich stellte ihm alle unsere guten Argumente und alle überzeugenden Fachleute zur Verfügung und natürlich auch den Minister selbst. Alle Fernsehaufzeichnungen entsprachen von Inhalt und Qualität meinen Vorstellungen. Und das Interview mit dem Minister zum Abschluss war ausführlich und überzeugend.

Guten Mutes erwartete ich die Sendung. Das Ergebnis war niederschmetternd: Die Deutsche Bundespost war altmodisch, unbeweglich, der neuen Zeit nicht gewachsen, mit überholter Technik usw. Der Journalist hatte einen reinen Jochimsen-Film gedreht und die Interviews mit den Postlern – vor allem das des Ministers – lediglich ausgeschlachtet nach Zitaten, die in den falschen Zusammenhang passten und diese unhaltbaren Behauptungen indirekt zu unterstützen schienen. So auch das Minister-Interview, das nicht gesendet wurde, sondern aus dem ebenfalls nur Zitate gebracht wurden.

Das war kein guter Tag für mich. Denn diesmal wurde mir das Ergebnis angelastet. Ich hätte ahnen sollen, was das für ein Mann sei, und ihm die Türen verschließen müssen. Noch heute weiß ich nicht, ob das der richtige Weg gewesen wäre. Aber ich hätte vielleicht mit den Interviews Bedingungen verknüpfen müssen, da ich diesen Journalisten nicht kannte, zum Beispiel mir zeigen lassen, was von dem Interview des Ministers letztlich gesendet werden würde.

Wenn ich gereizt werde, weiche ich nicht zurück. Diesmal war ich fest entschlossen, diese negative Darstellung und die falschen Behauptungen nicht auf der Post und den Makel nicht auf mir sitzen zu lassen. Zum Glück hatte sich der Journalist so einseitig in seinen Aussagen auf seinen Informanten und Traumtänzer verlassen, dass ihm einige gravierende Fehler unterlaufen waren. Ich verlangte in der nächsten Magazinsendung ein ausführliches Dementi, an dem sich auch die Rechtsabteilung des WDR die Zähne ausbiss. Ich konnte das Dementi juristisch durchsetzen. Was an sich eine Sensation war. Denn das war etwas, was ein öffentlich-rechtlicher Sender mit dem Anspruch auf Unfehlbarkeit eigentlich nicht bereit war zu akzeptieren.

Die Beziehung meines Chefs zur Fraktion wurde unterdessen immer eisiger. Kurz vor seiner Absetzung – als die sozial-liberale Regierung ihrem Ende zuging – setzte eine Kampagne gegen ihn ein, die mit einem bösartigen Artikel in der *Frankfurter Rundschau* von deren Starschreiber Winfried Ditzoleit eröffnet wurde. Dies Kampagne entstand durch gezielte Indiskretionen einiger Parteifreunde

Gscheidles. Der Minister sei amtsmüde, lasse sich überhaupt nicht mehr in seinem Wahlkreis sehen und Schlimmeres war zu lesen. Ich hing von morgens bis abends an der Strippe, um meine ehemaligen Kollegen über Hintergrundinformationen davon abzuhalten, in diese gesteuerte Kampagne mit einzusteigen. Meine Arbeit hatte Erfolg, aber das Ende eines erfolgreichen Politikers wurde damit lediglich herausgezögert.

Zunächst jedoch folgte noch eine ruhige Zeit, in der ich durch meine Öffentlichkeitsarbeit noch einige Pluspunkte für die Bundespost gewann.

Eine viel beachtete Ausstellung in Bonn war die Postkartenkunst. Immer wieder haben sich Maler – in der Vergangenheit zum Beispiel deutsche Expressionisten – an Postkarten versucht, indem sie in einen handgemalten Gruß an einen Freund Briefmarke und Stempel miteinbezogen und so ein kleines Gesamtkunstwerk verschickten. Diesmal gestalteten Gegenwartskünstler Postkarten und schickten sie mit der Post an Freunde. Daraus wurde eine sehr vielseitige Ausstellung. Die kleinen Kostbarkeiten wurden auch verkauft. Der Erlös war für einen guten Zweck. Er ging an die Künstlersozialkasse.

Mit dem Kinderbuchautor Janosch produzierten wir ein herrliches Kinderbuch *Post für den Tiger*. Und für alle Postbenutzer mit Humor entwickelten wir ein Post-Wörterbuch, in dem wir die Postamtssprache ein wenig auf den Arm nahmen und gleichzeitig erklärten. Es war mit witzigen Zeichnungen von dem Karikaturisten Walter Hanel illustriert und erschien unter dem Titel *Kein Postgeheimnis*. In die Einleitung schrieb ich: »Ein wesentliches Kommunikationsmittel des deutschen Postwesens ist die ihm eigentümliche Sprache, das Postamtsdeutsch. Diese besondere Mundart erlaubt den 496 000 Bediensteten der Deutschen Bundespost (so viele waren wir damals alles in allem) sich untereinander und ohne Umschweife und Zweideutigkeiten zu verständigen. Sind Wörter wie Ersttagsstempel, Rückschein oder Selbstbucher nicht von selbstredender Klarheit? Sind Ausdrücke wie Ausnahmenebenanschluss oder Knotenvermittlungsstellenbereich nicht von unerhörter Präzision? Leider aber müssen wir immer wieder feststellen, dass unsere Sprache von weiten Kreisen der Bevölkerung nicht oder nur unzureichend verstanden wird. Für alle, die mitreden möchten, wollen wir deshalb das Postgeheimnis um das Postamtsdeutsch ein wenig lüften. Wir hoffen und wünschen, dass dies zu einem noch besseren gegenseitigen Verständnis beitragen wird. Denn schließlich ist die Förderung der zwischenmenschlichen Verständigung die Hauptaufgabe der Post.« Das sind nur einige Beispiele aus meiner Öffentlichkeitsarbeit. Ein größeres Projekt in diesem Bereich war die Entwicklung des *Postmagazins* durch einen ehemaligen *stern*-Journalisten. Diese Illustrierte erschien einmal im Monat und wurde an Meinungsbildner, an Arztpraxen, an Anwaltsbüros und ähnliche Adressen verteilt und in der Bundesbahn ausgehängt. Das Postmagazin brachte interessante Neuigkeiten und Neuheiten aus der Post zusammen mit anderem Lesestoff. Ich schrieb regelmäßig das Editorial. Auf diese Weise wurde ich meinem Journalistenberuf nicht ganz untreu.

Doch Chefredakteurin war ich neben meinen Hauptaufgaben schon vor dieser neuen Post-Illustrierten. Für die rund eine halbe Million Postler gab es eine Mitarbeiterzeitschrift, die *Telepost*. Auch für die musste ich, da ich ja auch für Human Relations zuständig war, die Verantwortung übernehmen, nach dem Motto »Nur ein überzeugter Mitarbeiter ist ein treuer Mitarbeiter«.

Damit die *Telepost* nicht einfach zur Seite gelegt, sondern auch gelesen wurde, gab es interessante Berichte aus allgemeinen Interessensgebieten, zum Beispiel gab es einen Reiseteil. Wir brachten dort eine Serie über Postgasthöfe und wir beschlossen auch eine Reportage über das norwegische Postschiff, die Hurtigroute auf der Fahrt von Bergen bis zum Nordkap, zu bringen. Und da mich diese Reise schon lange interessiert hatte, übernahm ich selbst diesen Auftrag in meiner Urlaubszeit. Der Zufall wollte es, dass ich mich dazu einer deutsch-französischen Partnerschaft von Postlern anschließen konnte, die in Hannover gegründet worden war. Die Organisatoren dieser Jumelage hatten Ende September 1980 die Kabinen des Postschiffes »Harald Jarl« belegt. Auf dieser Reise lernte ich den Leiter der Bundesbahndirektion Hannover, Bahnpräsident Dr. Ernst Peters kennen, meinen späteren Lebensgefährten. Er reiste als Freund des hannoverschen

Postpräsidenten, Dr. Horst Zech, mit, der später unser gemeinsamer Freund wurde.

In meinen Notizen über diese Reise finde ich auch diese entscheidende Begegnung unter dem Datum 5. Oktober 1980 wieder: »Um 7 Uhr werde ich von Dr. Peters geweckt. Angeblich lohnt sich Harstad. Es nieselt, aber die Luft ist frisch und kräftig. Einige hübsche Holzhäuser. Eines ist zu haben. Die Restaurierung wäre ein Lebenswerk.« Anscheinend hatte ich Dr. Peters gleich für meine Arbeit eingespannt. Denn ich finde noch die Notiz: »Dr. Peters hat Postwagen in Herstade fotografiert.« Am 8. Oktober lese ich: »Nachts um 10 Uhr auf Deck. In Wolldecken gewickelt das Nordlicht beobachtet.« Und zum Schluss: »Der Abschied fällt schwer.«

Auch sonst schrieb ich hin und wieder einen Artikel, wenn ich die Zeit fand, sowohl für das *Postmagazin* als auch für die *Telepost*, um nicht aus der Übung zu kommen.

Außer dass ich Tag für Tag Erfahrungen sammelte in einem reinen Männersystem, gab es für mich in dieser Zeit kaum Berührung mit feministischen Themen. Denn vor allem der Fernmeldebereich wurde von Ingenieuren geführt – Ingenieurinnen gab es so gut wie gar keine. Eine Möglichkeit, meinen Einfluss geltend zu machen, aber gab es doch. Und wenn ich eine Möglichkeit sah, auf das »System« einzuwirken, griff ich zu. Die Friedrich-Ebert-Stiftung gab eine Untersuchung über Frauen in technischen Ausbildungen in Auftrag. Es sollte festgestellt werden, warum Frauen und Mädchen sich kaum für derartige Ausbildungen interessierten. Das liegt wohl vor allem daran, dass Technik bei uns immer als reine Männerdomäne galt. »Frauen verstehen eben nichts von Technik«, behaupten Männer oft. Aber es liegt nicht wirklich an ihren Veranlagungen, sondern an ihrer Sozialisation. Es wurden in diesen Jahren erste Versuche unternommen, an der Technikdistanz junger Frauen etwas zu ändern. Für die genannte Untersuchung wurden Betriebe gesucht, die sich dafür einsetzten, besonders Mädchen für technische Bereiche auszubilden. Und ich plädierte mit Erfolg dafür, dass sich die Post an dieser Untersuchung beteiligte und gezielt Mädchen für ihre Fernmeldehandwerker-Ausbildung warb. Denn jährlich wurden mehrere Tausend

Fernmeldehandwerker bei der Post ausgebildet. Der Versuch mit weiblichen Lehrlingen wurde von mir immer wieder durch Presse- und Öffentlichkeitsarbeit begleitet.

Mit großer Freude hörte ich von unseren fast ausschließlich männlichen Ausbildern, dass Mädchen mindestens genauso gut wie die Jungen waren, nur anfangs etwas aufholen mussten, weil ihnen zu Hause ja nicht so ohne Weiteres zugetraut worden war, dass sie ihr eigenes Fahrrad reparieren konnten. Aber – und das war noch wichtiger – das Klassenniveau stieg sofort, wenn mindestens zwei Mädchen in der Ausbildung dabei waren, und auch das Arbeitsklima wurde besser.

Was mich betraf, so wurde die Luft für mich als Frau erst von dem Moment an rauer, als ich auf Anraten des Chefs begann, mich mit meiner Verbeamtung zu beschäftigen. Als Angestellte hatte man mich auf einer Ministerialratsstelle gerade noch verkraftet. Aber als Beamtin – das gefiel manchem Laufbahnbeamten ganz und gar nicht. Gscheidle hatte seinen Ministerialdirigenten im Personalwesen beauftragt, die Voraussetzungen für diesen Schritt für mich zusammenzustellen. Denn bei einem Regierungswechsel würde ich als Sozialdemokratin – inzwischen, 1978, war ich in die Partei eingetreten – bald auf der Straße stehen. In den Journalismus zurückzugehen, konnte schwierig werden. Und die Unkosten für Familie und Haushalt waren hoch.

Der Abteilungsleiter Personal – selbst ein Seiteneinsteiger – schrieb auftragsgemäß einen längeren Vermerk an den Minister über die Möglichkeiten, aber mehr über die Unmöglichkeiten für mich, Beamtin zu werden. Trotzdem riet mir Gscheidle zu und empfahl mir zu lernen und als Seiteneinsteigerin die Beamtenprüfung vor dem Bundespersonalausschuss abzulegen.

Die Voraussetzungen für eine Beamtenlaufbahn im Höheren Dienst sind normalerweise ein Vollstudium mit Abschluss und eine Referendarzeit. Danach wird man Beamter auf Probe. Über die Prüfung vor dem Bundespersonalausschuss aber war es möglich, wenn man eine entsprechend hoch qualifizierte Berufserfahrung für den in Frage stehenden Beamtenposten nachweisen konnte, Beamtin zu wer-

den. Die Prüfung setzte voraus, dass der Prüfling in allen Rechts-
bereichen Bescheid wusste, wie Bürgerliches Recht, Strafrecht, EU-
Recht, Wirtschaftsrecht und besonders im Verwaltungsrecht und
Beamtenrecht und in dem Bereich, wo man tätig war. In meinem Fall
war das das Post- und Fernmelderecht und Presserecht.

Ich besuchte einen Lehrgang auf der Bundesakademie für öffentliche Verwaltung in Bad Godesberg, der mich in alle Rechtsgebiete in
einem Schnellverfahren einführte. In knappen Ein- bis Zwei-Tages-
pensen wurden die verschiedenen Bereiche dieses umfangreichen
Wissens umrissen. Das, was andere während eines ganzen Studiums
lernten, musste danach gepaukt werden. Büffeln musste man mit der
entsprechenden Literatur selbst, abends und in den Ferien. Ich setzte dafür ein halbes Jahr an. Mehr von meiner Lebenszeit wollte ich
nicht investieren. Danach klappte es oder nicht, beschloss ich.

Am schwierigsten wurde es für mich als Nicht-Juristin, die unzähli-
gen Fachbegriffe und ihre Bedeutung zu lernen. Diejenigen, die mir
am schwersten fielen, sprach ich mit ihrer Bedeutung auf ein Ton-
band. Abends legte ich das Gerät neben mein Kopfkissen. Beim Einschlafen spielte ich diese Bänder immer wieder ab. Selbst wenn ich
den Inhalt der Worte und ihre Bedeutung nicht mehr in mich aufnehmen konnte, blieben sie mit dieser Methode nach und nach hängen. Ich kann sie wirklich empfehlen.

Eine weitere Vorbereitung für die Beamtenprüfung war, mich über
die verschiedenen Prüfungen und Prüfer zu informieren. Ich fragte
Kollegen, die diese Prüfung vor mir abgelegt hatten, um herauszu-
bekommen, auf was ich bei jedem besonders zu achten hatte. Ich versuchte auch zu erfahren, wer in meiner Prüfungskommission sitzen
würde und was ich von den einzelnen Herren – es war natürlich
keine Frau dabei – zu erwarten hatte. Oder was diese gerne hören
würden.

In dieser Zeit machte ich auch die Bekanntschaft unserer einzigen
Spitzenfrau, der Postpräsidentin von Hamburg, die auch vorübergehend Justizsenatorin von Hamburg gewesen war: Eva Leithäuser.
Kurt Gscheidle, der mit ihr befreundet war, hatte mir empfohlen, sie
aufzusuchen. Eva Leithäuser war Personalchefin der Post gewesen,

bevor sie nach Hamburg ging. Ihr Nachfolger Gottfried Bernrath hatte übrigens auch die Beamtenprüfung als Seiteneinsteiger durchgestanden und briefte mich ebenfalls. Eva Leithäuser gab mir gute Ratschläge und versprach mir, mich auch weiter unter ihre Fittiche zu nehmen. Nicht nur, dass sie eine hochintelligente Frau ist, sondern sie verstand es auch mit weiblicher Raffinesse das männliche System zu unterlaufen. So erzählte sie mir, dass sie für Kurt Gscheidle bei ihren Besuchen immer eine kleine Überraschungsgabe dabei hätte. Sie wisse nämlich, dass er das liebe.

Ihr wichtigster Rat für mich in einer männlichen Welt aber war: »Du musst nicht von allen geliebt werden wollen. Entscheidend ist, dass sie dich ernst nehmen!« Damit hatte sie genau meinen wunden Punkt erwischt. Schlaflose Nächte lang konnte ich mir darüber Gedanken machen, warum Abteilungsleiter X mich schräg angesehen oder eine unfreundliche Bemerkung gemacht hatte; oder warum Herr Y meinen Gruß nicht erwidert hatte oder so kurz angebunden war bei meiner freundlichen Anfrage usw. Mein noch immer gestörtes Selbstbewusstsein sog Liebesbeweise gierig auf. Aber das ist eine allgemein weibliche Schwäche, wie mir scheint. Die Worte der erfolgreichen Postfrau nahm ich daher sehr ernst.

Eine andere für mich damals wichtige Erfahrung kam von Franz Arnold, dem ich manchmal meine Herz ausschüttete, wenn ich Ärger gehabt hatte, zum Beispiel mit Staatssekretär Elias, von dem ich so gerne gemocht worden wäre. Arnold fragte mich dann: »Warum nimmst du alles so persönlich?« Ja, warum? Ich dachte darüber nach. Bei Männern gehören all diese Verhaltensweisen zu dem großen Spiel um die Macht: Wie taktiere ich? Wem mache ich Schwierigkeiten? Wen fördere ich? Nur ganz selten geht es um die Sache. Letzteres hatte ich lange geglaubt. Darum nahm ich immer meine ganze Überzeugungskraft zusammen, wenn ich etwas erreichen wollte. Da alles aber ein Spiel um Macht ist, hat einer in diesem System in dem Augenblick versagt, wo eine Sache Ärger bereitet. Denn es geht den Spielern nur um die eigene Karriere, die eigene Macht. Unterstützt werden von ihnen die Mitarbeiter, die dabei nützlich sind. Eine Frau dagegen konnte eigentlich nur stören. Denn war ein Mann freundlich zu ihr oder förderte sie gar, kam er womöglich noch ins Gerede und Gerede schadete …

Ich bemühte mich also von da ab, mich zu wehren, aber Ärger nicht zu nahe an mich herankommen zu lassen, mich nicht mit ihm zu identifizieren. Wie ich das machte, als ich mich ohne Schutz durchsetzen musste, erzähle ich später.

Vom Vorsitzenden des Bundespersonalausschusses wusste ich auf Grund meiner Recherchen, dass er bei der Prüfung gerne auf aktuelle Gesetzesvorhaben einging. Am Tag der Prüfung fand ich in der *Frankfurter Allgemeinen Zeitung* einen langen Einspalter, ziemlich versteckt, mit vielen Einzelheiten über ein geplantes Gleichstellungsgesetz. Bei der Prüfung gelang mir ein guter Einstand, weil ich, als ich genau danach gefragt wurde, darüber gut Bescheid wusste.

Meine Prüfung dauerte lange. Denn an diesem Tag war ein weiterer Prüfling ausgefallen. So stürzten sich die sechs Männer des Prüfungsgremiums in den ganzen zwei vorgesehenen Stunden auf mich. Am schwierigsten wurde ausgerechnet der Teil Postrecht, der von einem Parteifreund bestritten und von dem mir äußerstes Wohlwollen signalisiert worden war. Er stellte leider für mich seine Fragen so unklar, dass ich oft nicht wusste, was er wollte und unsicher wurde. Dabei hatte ich diesen Teil besonders gut gelernt.

Aber alles ging letztlich gut. Ich bestand die Prüfung. Ich wurde zwar nicht gleich Ministerialrätin, sondern wurde zwei Stufen runtergesetzt. Aber das war normal. Nach drei Monaten sollte ich dann Postdirektorin werden, also eine Stufe unter dem »Minrat«, auf den ich dann noch wenigstens ein Jahr warten sollte. Mein Vater hatte das schon stolz vorweggenommen, als ich das Pressereferat übernahm. Schon 1977 erzählte er allen Bekannten: »Heli ist Ministerialrätin geworden!« Er war stolz auf mich. Trotz unserer Sprachlosigkeit stand ich ihm von seinen drei Kindern am nächsten. Ich bin alles in allem wohl doch eine Vater-Tochter.

Als ich wirklich Ministerialrätin wurde, lebte mein Vater nicht mehr. Papa starb wenige Jahre nach meiner Mutter, die sich noch in ihren letzten Lebensjahren von ihm hatte scheiden lassen. Sie wollte damit den Rest ihres vererbten Vermögens retten. Mein Vater konnte nicht mit Geld umgehen bzw. steckte es immer wieder in seine beiden Presseerzeugnisse, den *Messe-Kurier* und den Niedersächsischen Landesdienst. Immer in der Hoffnung, es würde mit den Einnahmen wieder einmal aufwärtsgehen. In seinen letzten Lebensjahren halfen mein Bruder Andreas und ich ihm noch, den *Messe-Kurier* zu verkaufen, damit er davon wenigstens ein kleines monatliches Einkommen hatte. Denn auch seine Lebensversicherung hatte sein Verlag bereits geschluckt. Meine Mutter starb mit 59 Jahren an einem Herzstillstand. Ihr Herz hatte den Kummer und die vielen Schlaftabletten, u.a. Contergan, nicht mehr verkraftet. Das geschah kurz nach der Hochzeit meines Bruders Andreas in Bad Münder. Meine Mutter war bereits im Krankenhaus. Obwohl es ihr schlecht ging, fanden die Ärzte nichts und hatten sie in eine Quarantänestation verlegt, um nach einem Virus zu suchen. Das Tragische daran war, dass wir gerade alle zur Hochzeit in Hannover waren und sie noch einmal hätten sehen können. So telefonierten wir nur mit ihr vor ihrem Tod. Es muss schwer für sie gewesen sein, bei der Hochzeit ihres Lieblings- und »Sorgenkindes« Andreas nicht dabei sein zu können. Sie starb, davon bin ich überzeugt, buchstäblich an gebrochenem Herzen. Auch der Tod meines Vaters an Krebs war einsam und schmerzhaft. Es liegt wohl an mir, dass mein Verhältnis zu Andreas belastet ist. Nehme ich ihm unbewusst übel, dass er mehr von Mama geliebt wurde, obwohl ich so für sie da sein musste? Was kann Andreas dafür? Andreas hat den Jähzorn von meinem Vater geerbt. Ich sehe Papa vor mir, wenn ich, wie es ältere Schwestern oft so an sich haben, sage, was er gerade falsch macht, und hilflose Wut aus ihm herausbricht. War Papas Zorn auch Hilflosigkeit? Wie wenig ich über ihn weiß! Und wie sehr ich ihn gebraucht hätte.

Mein Minister freute sich an meinem Erfolg. Ich sei nun bald »P'dirn« lachte er. Das war die weibliche Abkürzung für »Postdirektor«, die Männer anscheinend immer zu Witzen veranlasst. Na gut. Wenn es ihnen Spaß macht!

So lernte ich in dieser Männerwelt viel über das Frauenthema, aber mehr als passiv Erfahrende denn als Handelnde.

Es gab viele Erfolge für mich in dieser Zeit und wenig Fehlschläge.

Eine Niederlage jedoch traf mich damals hart. Unsere Werbekampagnen mit der bereits vor meinem Start mit der Post unter Vertrag stehenden, sehr innovativen Agentur GGK waren für mich stets eine positive Erfahrung und eine Freude. Unsere Zusammenarbeit war so gut, weil ich das Gefühl hatte, mit einem kongenialen Partner zu arbeiten. Ich begriff ihre Ideen sofort und liebte sie. Das fing mit der Zeittakt-Kampagne an und setzte sich fort mit einem Großplakat nach einem Kindermalwettbewerb und über eine Anzeigenkampagne über die Leistungen der Post. Das Plakat zeigte den ersten Preis des Malwettbewerbs. Eine Anzeigenkampagne erklärte die Leistungen der Post für die Bürger und die Infrastruktur der Bundesrepublik. Immer wieder erhielten wir für unsere PR-Auftritte Auszeichnungen.

Der GGK aber unterlief eines Tages ein gravierender Fehler. Ein anderes Team dieser großen Agentur arbeitete für die Firma Jägermeister. Deren Werbung zeigte immer eine Person aus immer wieder anderen Bereichen, die erklärte: »Ich trinke Jägermeister, weil ...« Und dann kam eine witzige Begründung. Als ich eines Morgens in mein Büro kam, lag auf meinem Schreibtisch eine aufgeschlagene Illustrierte und ich blickte auf eine Jägermeister-Anzeige. Dort erklärte eine Frau: »Ich trinke Jägermeister, weil ich das Paket, das ich bei der Post aufgegeben habe, aufgegeben habe.«

An diesem Tag hatte ich keinen erfreulichen Pressevortrag beim Minister. Das ganze Haus war bald in heller Aufregung wegen dieser »Rufschädigung«. Und das dazu noch durch eine Firma, die bei uns Geld verdiente. Meine vorsichtige Bemerkung, ob man nicht gerade Souveränität beweise, wenn man die Angelegenheit mit Humor nähme, stieß in ein Wespennest. Ich dachte so, aber von da ab nicht mehr laut.

Ich rief bei der Agentur an: Großes Erschrecken auf der anderen Seite der Leitung. Die verschiedenen Teams dort arbeiteten eigenverantwortlich. »Keine gegenseitige Information?«, fragte ich. Offenbar nicht. Man werde alles wiedergutmachen und eine für die Post positive Anzeige in der gleichen Reihe umsonst schalten, wurde mir sofort versprochen. Das kostete die Agentur eine Menge Geld. Ich informierte alle im Haus, die es anging oder die sich darüber aus anderen Gründen aufregten, über diese Zusage. Der humorloseste von allen war der für die Paketpost zuständige Abteilungsleiter Schöll. Vielleicht auch, weil die Paketpost der defizitärste Bereich der Post war und Schöll daher sowieso immer in der Kritik stand. Er hatte nun die Möglichkeit, vorübergehend von diesem Thema abzulenken. Jedenfalls dürstete seine Seele nach Rache. Er wanderte auf Kriegspfad, bis er den Feind erlegt hatte. Und als die für die Post positive Jägermeister-Anzeige bald darauf geschaltet war, besänftigte ihn das keineswegs. Er ruhte nicht eher, bis der PR-Etat neu ausgeschrieben wurde. Ich konnte nur mit Mühe erreichen, denn ich wollte die GGK nicht verlieren, dass diese sich an der Ausschreibung beteiligen durfte.

Trotzdem verlor ich meinen einsamen Kampf. Durch einen bösen Trick flog die GGK schon bei der Vorauswahl raus. Sie konnte eine Bedingung, die neu gestellt worden war, nicht erfüllen. Und Tricks war ich noch nie gewachsen. Die nachfolgende Agentur war schlechter, als ich befürchtet hatte, längst nicht so einfallsreich und eher bieder.

Die Regierung Schmidt wankte 1983 ihrem Ende entgegen. Mein Minister war bereits in Ungnade gefallen. Helmut Schmidt, der immer viel von Kurt Gscheidle gehalten hatte, wollte und konnte ihn nun auch nicht mehr stützen. Der hatte zu viele Probleme. Bundesfinanzminister Hans Matthöfer zeigte sich erschöpft und wünschte sich ein weniger aufreibendes Ressort. In dieser Zeit machte der über Gebühr mit dem Doppelressort belastete Gscheidle einen Fehler: Er bat Schmidt, ihn von einem Ressort zu entlasten und zwar vom Verkehr. Denn er hing ja an der Post. Daraufhin machte der Kanzler kurzen Prozess: Er nahm Gscheidle auch das Postministerium ab und gab es Matthöfer. Das geschah wenige Monate vor dem Ende der sozialliberalen Regierung.

Kurz vor seiner Ablösung war Kurt Gscheidle schon angeschlagen und energielos. Nur noch das Tennisspielen schien ihm Freude zu machen. Diese Zeit nutzte Staatssekretär Elias. Es wurde befunden, dass Presse- und Öffentlichkeitsarbeit eigentlich zwei Bereiche seien und dass aus dem Referat zwei Referate gemacht werden sollten. Eine andere Begründung erhielt ich nicht. Meine Leistung wurde nicht gewürdigt. Diese Niederlage kam nach dem GGK-Fehler. Und ich war traurig darüber. Es half mir auch nichts, dass man im Haus zu munkeln begann, ich solle wie mein Vorvorgänger im Amt des Pressesprechers, Werner Spanehl, eine Direktion bekommen. Ich solle Präsidentin der Direktion Kiel werden, da es bei der Post keine Frauen mehr in den höchsten Positionen gab. Aber vor mir wäre ja wohl zunächst Susanne Söldner, ebenfalls Sozialdemokratin, dran gewesen, die ihr Referat Postreisedienst durch die Zusammenlegung der Bahn- und Postbusse gerade losgeworden war.

Wie auch immer. Alle diese Überlegungen wurden dann ja sowieso durch den Gang der Ereignisse hinweggefegt. Zunächst bekam ich also einen neuen Minister. Und der musste sich zunächst den Medien gegenüber wehren, die behaupteten, dass die Post ein Erholungsposten für den Angeschlagenen sein sollte. Hans Matthöfer legte bei der Post einen denkbar guten Start hin. Seine Art, das Haus zu übernehmen, gewann die Postler auf einen Schlag. Er traf nämlich zunächst keinerlei Entscheidungen, sondern ging von Abteilung zu Abteilung, von Referat zu Referat, stellte Fragen und hörte zu. Er wollte seinen neuen Aufgabenbereich auf diese intensive Art erst einmal kennenlernen. Die leitenden Beamten und ihre Mitarbeiter und Mitarbeiterinnen fühlten sich ernst genommen und lobten ihn.

Auch mir gefiel die Arbeit bei dem neuen Chef. Matthöfer konnte seine Arbeitskraft sehr rationell einsetzen, indem er konsequent delegierte und seinen gut ausgebildeten Mitarbeiterinnen und Mitarbeitern vertraute. Ein Vorgang musste auf einer dreiviertel Schreibmaschinenseite mit allen wichtigen Fakten dargestellt sein. Mit meiner Pressemappe wurde ich jeden Morgen pünktlich empfangen. Ich berichtete kurz, schlug Maßnahmen vor und berichtete von Presseanfragen. Matthöfer hörte aufmerksam zu und sagte am Ende jedes Einzelfalles »Einverstanden« oder auch mal »Nicht Einverstanden«. Es gab bei ihm keine langen Erörterungen, selten musste ich Nachfragen im Haus machen, die neue Rücksprachen notwendig gemacht hätten. Die Termine für den Minister wurden gleichzeitig von dessen Persönlichem Referenten, der immer dabei war, festgehalten. Wenn ich den großen Raum mit Blick auf Vater Rhein verließ, wusste ich, woran ich war und konnte loslegen. Der neue Minister hatte auch ein viel größeres Interesse an Pressekontakten und brachte auch schon ein paar ihm wohlgesonnene Journalisten mit. Immer ein offenes Ohr fand ich, wenn ich ihm vorschlug, mit einem ausgewählten Kreis von Presseleuten bei einem Abendessen ein Hintergrundgespräch zu einem brisanteren Thema zu führen. Es gab ja so viele Möglichkeiten, die von diesem Minister freudig ergriffen wurden.

Die Kehrseite von Matthöfers konzentrierter und entscheidungsfreudiger Arbeitsweise war, dass er sich bei auftauchenden Problemen keine Zeit nahm, diese zu erörtern. »Das ist Ihr Problem!«, hieß es dann knapp. Und »mein Problem« ging so weit, dass einmal, als bei einer Presseveranstaltung, die nicht in Bonn stattfand, etwas, das außerhalb meiner Zuständigkeit lag, nicht rechtzeitig vorbereitet war, und der Minister sehr ungehalten wurde. Er wollte von mir keinerlei Erklärungen hören. Ich wurde verantwortlich gemacht und gerügt. Ein Schuldspruch ohne Verteidigungsmöglichkeit.

Und das machte mich dann wieder einmal traurig. Ich fühlte mich ungerecht behandelt und nicht respektiert. Ich hielt viel von Matthöfer. Aber hielt er auch etwas von mir? Ich glaube nicht. Er machte einmal, als es darum ging, mich zu charakterisieren, die Bemerkung: »Sie sind ein Paradiesvogel!« Ich weiß bis heute nicht, wie er das gemeint hatte. Auf jeden Fall fühlte ich mich dadurch missverstanden. Denn es gehört doch wohl nicht zu den charakteristischen Eigenschaften eines Paradiesvogels, im Job erfolgreich zu sein, oder? Aber vielleicht hatte auch Hans Matthöfer letztlich ein Problem damit, eine attraktive junge Frau in einem »ernsthaften Männerberuf« vorzufinden! Derartige Gedanken gehen mir heute beim Betrachten des Vergangenen durch den Kopf. Aber vielleicht tue ich ihm ja auch Unrecht und bin auf einem Auge blind!

Dann kam ganz plötzlich der Regierungswechsel.

Noch bevor der neue Bundespostminister Christian Schwarz-Schilling sein neues Ressort betrat, ließ ich mich auf das neue Referat

»Öffentlichkeitsarbeit« versetzen, das nach der Teilung noch nicht besetzt worden war. Ich fand, es wäre kein guter Stil, als Sozialdemokratin Pressearbeit für einen CDU-Minister zu machen. Ganz abgesehen davon war damit zu rechnen, dass er für diesen Posten bereits andere Vorstellungen hatte. Das aber war wohl nicht der Fall. Vielleicht hätte er mich sogar behalten, denn ich hatte immer einen guten Kontakt zu Schwarz-Schilling, genannt »Black-Penny«.

Mein Instinkt aber hatte mich trotzdem richtig geleitet. Wie sich nach und nach herausstellen sollte, hatte Schwarz-Schilling den Auftrag von Kanzler Kohl erhalten, die Deutsche Bundespost aufzulösen und ihre Bereiche in die Privatisierung zu führen. Ich aber hatte immer den anderen Weg vertreten mit meiner Öffentlichkeitsarbeit und das Image »eines erfolgreichen Bundesunternehmens mit Infrastrukturaufgaben im Interesse der Allgemeinheit« hochgehalten.

VII
Ab ins Museum
Vom Abstellgleis zurück ins Netz

Nur tote Fische schwimmen
immer mit dem Strom.

Rita Süssmuth

Man war ihm offenbar noch etwas schuldig geblieben: Dr. Düll, klein, rund, mit nur noch wenigen Haaren auf dem Kopf, der die Form eines Baseballs besaß. Wenn er die Bedeutung seiner Worte unterstreichen wollte, dann hob er den Zeigefinger nicht, wie viele Männer in Machtpositionen das zu tun pflegen, in die Höhe, sondern legte den rechten Unterarm auf die Hüfte und streckte von dort den Zeigefinger in Richtung seines Gegenübers. Er schoss sozusagen aus der Hüfte.

»Düllchen« wurde mein erster Abteilungsleiter. Denn nun war ich in der Hierarchie gelandet und nicht mehr direkt dem Minister unterstellt. Es war nur eine kleine Abteilung mit den Referaten Werbung, Öffentlichkeitsarbeit, Marketing und der Projektleitung Museums- und Bibliothekswesen. Das Postmuseum in Frankfurt und die Bibliothek in Bonn waren zwei Sonderstellen mit eigenen Leitern, zwei Aufstiegsbeamten, die besonders gerne regierten.

Als sich Düll seiner Abteilung vorstellte und von jedem von uns etwas über dessen Arbeit hören wollte, begrüßte er uns zunächst – wie es sich gehört – alle namentlich. Danach setzte er zu einem Monolog an über seine Vorstellungen, wobei er ab und zu auf seine besondere Art aus der Hüfte schoss. Und immer wieder flocht er, wenn er eine Zäsur machen wollte, die Anrede »Meine Herren« ein. Ich traute zunächst meinen Ohren nicht und hielt es für ein einmaliges Versehen, denn schließlich war ich in der kleinen Gruppe unübersehbar.

Aber Dr. Düll blieb dabei. Keinem meiner Kollegen schien das aufzufallen. Mein Adrenalinspiegel stieg. Obwohl ich damals eher ein zurückhaltender Mensch war, sprang ich plötzlich auf und erklärte: »Da ich ja hier nicht angesprochen werde, schließe ich, dass ich überflüssig bin und an meine Arbeit gehen kann.« Mein neuer Abteilungsleiter sah mich äußerst irritiert an, bis er begriff. Er entschuldigte sich aber nicht und meinte nur: »Nun, setzen Sie sich bitte wieder hin.« Danach gab er sich aber Mühe, ein- oder zweimal »Meine Dame, meine Herren« in seine kleine Ansprache einzuflechten.

Als wir zwei Jahre später seine »Zur-Ruhesetzung« feierten, drückte mir Düll ein wenig gerührt die Hand und meinte: »Frau Ihlefeld, wir sind doch gut miteinander ausgekommen. Obwohl ich bei unserer ersten Begegnung gedacht habe: Was ist das für eine merkwürdige Person.« Im Unbewussten von vielen, vor allem älteren Männern, sind Frauen eben Menschen zweiter Klasse. Er hatte seinen Fauxpas bis zum Schluss nicht begriffen.

Aber in der Tat, wir waren gut miteinander ausgekommen. Und ich hatte inzwischen einen Weg von einem Abstellgleis zur angesehenen Referatsleiterin für das Museums- und Bibliothekswesen der Deutschen Bundespost zurückgelegt. Dr. Düll hat mir dabei keine Steine in den Weg gelegt, im Gegenteil.

Allerdings hatte ich noch einmal ihm gegenüber Farbe bekennen müssen, während meiner restlichen Zeit als Leiterin der Öffentlichkeitsarbeit. Ich wäre gerne Chefredakteurin der *Telepost* geblieben – schließlich war ich ja für die interne Öffentlichkeitsarbeit ebenso wie die externe zuständig. Die *Telepost* war noch eine letzte Verbindung mit meinem journalistischen Beruf. Solange das Pressereferat noch während einer Weile des Interims von meinem früheren Stellvertreter Manfred Bergmann geleitet wurde, blieb ich das auch unangefochten. Bergmann, selbst Sozialdemokrat, sonnte sich sichtlich in der Nähe des Ministers und machte seine Sache ordentlich. Er hatte bei mir gelernt und außerdem selbst viele Kontakte zu Journalisten geknüpft. Obwohl Bergmann sich zu einem Schwarz-Schilling-Fan entwickelte, ließen es wohl die christdemokratischen Statuten nicht zu, ihm den Job des Pressereferenten offiziell zu übertragen, vor

allem der aus dem schwarzen Münsterland stammende Parlamentarische Staatssekretär Wilhelm Rawe, der inzwischen die Personalpolitik des Hauses bestimmte, hatte etwas dagegen. Der fand schließlich in Frankfurt einen neuen Referatsleiter. Nachdem dieser unser
gesamtes Archiv – wir hatten noch Pressemitteilungen aus der Zeit
von Konrad Adenauer und den CDU-Postministern und natürlich
alles, was danach kam – dem Reißwolf überantwortet hatte, was ihn
in meinen Augen an sich schon disqualifizierte, stellte er sich bald als
Fehlbesetzung heraus. Er kannte die Bonner Presse nicht und fand
auch nicht den richtigen Ton, um mit den in- und ausländischen Journalisten erfolgreich zu kommunizieren.
Aber zunächst übergab ihm Düll im vorauseilenden Gehorsam die
Chefredaktion der *Telepost*, die ein kleines Zusatzeinkommen
bedeutete. Und mir wurde diese Entscheidung vom Herrn Abteilungsleiter nur mit einem knappen Satz schriftlich mitgeteilt.
Obwohl ich damit hatte rechnen müssen, war ich nicht bereit, diesen
herrschaftlichen Stil einfach hinzunehmen. So ließ ich nicht mit mir
umspringen. Man hätte wenigstens vorher mit mir reden und eine
anständige Übergabe vornehmen können. Herr Jung hat übrigen nie
mit mir über die *Telepost* gesprochen. Ich meldete mich also bei meinem Abteilungsleiter an und legte, kühl im Herzen, eine veritable
Szene hin. Wobei ich mir nicht zu fein war – schreien mochte ich
nicht –, mich weiblicherer Mittel zu bedienen. Ich ersparte ihm meine Tränen nicht. Ich bin noch heute stolz darauf, dass sie in diesem
Fall auf Befehl flossen, um meine tiefe Enttäuschung und Empörung
zu dokumentieren. Von da ab behandelte mich Dr. Düll mit Respekt
und hörte auf meine Vorschläge und Worte.
In dieser Zeit begann übrigens auch meine Wanderung durchs Haus.
Als Erstes hatte ich natürlich mein repräsentatives Büro der Pressesprecherin verlassen, in dem noch eine Ledersitzgruppe von meinem
legendären Vorvorgänger Werner Spanehl stand, dem späteren
Hamburger Postpräsidenten. Spanehl galt als Schöngeist und
Bücherwurm. Mit Kurt Gscheidle hat er sich gut verstanden. Um mir
meinen »Abstieg« in eine Dependance zu versüßen, denn noch zog
ich ja freiwillig aus, erbat ich diese Sitzgruppe für mein neues Büro,

das in einer Villa am Rhein untergebracht war. Bevor die Post diese Villa übernahm, hatte hier der Bonner Presseclub residiert, in den man mich damals nicht hatte aufnehmen wollen. Welch eine Ironie des Schicksals! Ich erhielt dort einen großen, schönen Raum, der von Unterabteilungsleiter Jürgen Kanzow geräumt worden war. Kanzow übernahm ein Forschungsinstitut der Post in Berlin. Ich richtete mir diesen Raum wohnlich ein. Hier, etwas ab vom Schuss und mit einer Arbeit, die mir nicht fremd war, hätte ich gut »überwintern« können. Diese Rechnung aber hatte ich ohne den Parlamentarischen Staatssekretär gemacht. Ich freute mich nicht lange an meinem neuen Büro mit Mitarbeitern, die mir vertraut waren, wie vor allem dem PR-Referenten Graffe. Graffe – nicht mehr ganz jung – hatte sich sicherlich auch Hoffnungen auf den PR-Leiterposten gemacht. Eines Tages wurde ich zu Rawe bestellt und ohne Umschweife darüber informiert, dass man mir die Öffentlichkeitsarbeit nicht länger überlassen würde. Der Leiter des Postmuseums in Frankfurt ginge bald in den Ruhestand. Ich könne seinen Posten übernehmen.

Ich hatte keine Ahnung vom Museumswesen und wollte vor allem nicht nach Frankfurt ziehen. Außerdem hätte dann die Stelle dort höher bewertet werden müssen. Meine Familie konnte ich nicht nach Frankfurt umsiedeln, also hätte ich zwischen Frankfurt und Bonn pendeln müssen. Ich zog also die Familienkarte und die stach bei dem katholischen Politiker. Nun war noch ein anderer CDU-Jurist während der sozialliberalen Regierung auf einer Sonderaufgabe geparkt worden, für den eigentlich der Ministerialrat schon fällig gewesen wäre. Diese Sonderaufgabe hieß »Museums- und Bibliothekswesen«. Er bekam das nächste frei werdende Referat und ich die Projektleitung. Von der »P'dirn« zur »Minrätin« war ich noch während Matthöfers kurzer Zeit befördert worden. So ist das in der Politik. Jede Regierung bemüht sich, so viele Posten wie möglich mit den eigenen Leuten zu besetzen. Dieser Abschiebeposten wurde auch durch eine räumliche Veränderung illustriert. Ich bekam eine enge Dachkammer, in einem alten ehemaligen Mietshaus, zwei Häuser entfernt vom ehemaligen Presseclub, und hatte nun auch keine Mitarbeiter und Mitarbeiterinnen mehr. Es gab auch keine Kollegen mehr in der Nähe, mit denen ich ab und zu einen Kaffee hätte trinken können. Ich saß dort ganz allein und ohne Arbeit, denn »leiten« taten ja meine beiden Sonderstellenleiter, der eine das Museums- und der andere das Bibliothekswesen.

Meine Aufgabe bekam der bisherige Leiter des Werbereferates, ein Verwaltungsmann. Denn sein viel größeres Referat sollte der Sohn eines ehemaligen Postpräsidenten bekommen. Die Attacken des selbstbewussten und dynamischen Benno Staab hatte ich in meiner Glanzzeit noch leicht abwehren können, weil er damals als Referent im Postbereich nicht das richtige Parteibuch hatte. Er war ein robuster, aber eigentlich auch ganz netter Kollege. Nach der Teilung der Post in drei Unternehmen brachte er es bis zum Vorstand in der Firma Post.

Nun hatte er also das richtige Parteibuch. Und so wurde er ruckzuck Werbechef der Deutschen Bundespost und der eher furchtsame Guido Stanowski bekam die Ledermöbel und das PR-Referat. Irgendwie hat mich diese Nachfolge besonders getroffen, als ich allein und ohne Arbeit in meiner Dachkammer, eng und mit schrägen Wänden, vor mich hin grübelte. Wegen des üblichen Stühlerückens bekam einer, der in meinen Augen für die PR-Arbeit weniger geeignet war, mein Referat. Als ich bei der Übergabe der Projektleitung meinen bisher dort oben »geparkten« Kollegen fragte, was ich zu tun hätte bei dieser »Sonderaufgabe«, riet mir dieser: »Nur die Vorgänge, die Ihnen der Museumsleiter und der Bibliotheksleiter schicken, abzeichnen und von der linken auf die rechte Seite legen. Wenn Sie nicht über die Vorgänge nachdenken und keine Rückfragen haben, ist das ein angenehmer und ruhiger Posten hier.«

Dazu bin ich nicht gemacht! Ich wäre ja auch normalerweise nie auf den Gedanken gekommen, Beamtin zu werden. Nun hatte ich zwar den großen Vorteil, dass mich niemand »in die Wüste schicken« oder mein Gehalt kürzen konnte, aber trotzdem blies ich Trübsal.

Zu Hause hatte ich nicht mehr viel zu sagen. Meine Kinder, inzwischen im Flegelalter, und ihre Freunde bewohnten das Haus, und wenn ich abends heimkam, hatte ich das Gefühl, mein Mann, der früher nach Hause kam als ich, aber sich nicht wehren konnte, wäre hier auch nur noch geduldet. Meine Aufgabe bestand nun darin, die Clique aus dem Wohnzimmer in die Räume meiner Kinder zu scheuchen.

Für meine Kinder – vor allem für Sebastian – sollte nun die Protestzeit beginnen. Sie nahmen an Friedenskundgebungen und Sebastian auch an den Demonstrationen zur Startbahn West in Frankfurt und in Wackersdorf in Bayern teil. Er kämpfte auch gegen die »Faschos« in der Anti-Fa und ich hatte Angst um ihn. Ich konnte aber nichts tun. Als ich ihn später fragte, warum er gleich so weit links gedriftet sei bei einem eher sozialdemokratisch orientierten Elternhaus, antwortete er mir: »Das war eure Schuld! Hättet ihr mich nicht auf ein so schwarzes, katholisches Gymnasium geschickt, wo ich mich politisch immer meiner Haut wehren musste, wäre ich in meiner Jugend vielleicht nicht so extrem gewesen.«

Wir hatten Sebastian seinerzeit am Kardinal-Frings-Gymnasium angemeldet, weil es das einzige Gymnasium in unserer Nähe war, wo Altgriechisch unterrichtet wurde. Wir alle hatten uns ja auf der griechischen Insel Naxos fest verwurzelt. Sebastian hatte dort als kleiner Junge alte Scherben gesammelt und sich in unserer Ferienwohnung ein kleines Museum eingerichtet. Hobby hatte ihm bei der Beschriftung geholfen. Hobby und ich hatten großes Interesse an der Archäologie. Daher wünschten wir uns, dass Sebastian Archäologie studieren würde. Für den jedoch waren das nur Knabenspiele gewesen. Inzwischen ist er längst nach ganz anderen Ufern aufgebrochen. Als er damals die »Schwarzen« nicht mehr aushielt, wechselte er die Schule.

Die Protestzeit meiner Kinder habe ich – vom »Bauch« her – nicht wirklich verstanden. Ich akzeptierte sie, war auch stolz auf ihr Engagement, aber ich teilte ihre Gefühle nicht. Konnte es nicht. Ich war im Krieg groß geworden. Und wir Kriegskinder waren gewöhnt, dass alles bagatellisiert wurde, sogar wir selbst. Große Emotionen wurden als Übertreibungen, »Hysterie« unterdrückt, oft mit den Worten: »Nimm dich nicht so wichtig!« Oder: »Anderen geht es viel schlechter!« Daher konnte ich die Emotionen meiner Kinder nicht verstehen. Meine Kinder lebten in dem Widerstand, den ich eigentlich hätte spüren und leben müssen. Der aber meiner Generation von der älteren Generation ausgetrieben worden war.

Ich beschloss den Rat meines Vorgängers nicht zu befolgen. Zunächst besuchte ich die Bibliothek, die im Haupthaus des Ministeriums untergebracht war, und ließ mir dort alles zeigen und erklären. Und weil mich das Museum mehr interessierte, fuhr ich danach ein- bis zweimal in der Woche nach Frankfurt am Main. Ich zeichnete Vorgänge auch nicht einfach ab, sondern besprach sie jeweils mit meinen Sonderstellenleitern und forderte Änderungen je nach meinen eigenen Vorstellungen. Dass ich mir das Leben dadurch nicht leichter machte, sollte sich bald herausstellen.

Der Bibliotheksleiter war ein Giftzwerg. Wie bei den meisten kleinwüchsigen Männern musste er diesen Mangel durch besonders betontes Selbstbewusstsein kompensieren. Er hatte sich als Sachbearbeiter auf diesen Posten hochgearbeitet. Wenn ich mit ihm Veränderungen erörterte, an denen er keinerlei Interesse hatte, reagierte er freundlich und entgegenkommend, um diese Wünsche oder Forderungen ebenso schnell wieder zu vergessen. Es gab in der ganzen Bibliothek keinen ausgebildeten Bibliothekar. Das musste anders werden. Aber wie, unter diesen Umständen? Wenn ich ihm zu anstrengend wurde, meldete er sich einfach bei Rawe an und dachte sich irgendwelche Unmöglichkeiten über mich aus, die dieser wahrscheinlich begierig aufsog. Aber seine Tage in der Bibliothek waren gezählt. Er ging auf den Ruhestand zu.

Daher richtete ich mein Augenmerk zunächst einmal mehr auf das Museum, denn dort sollte ein Neubau entstehen. Der berühmte Architekt Behnisch hatte den Wettbewerb für unseren Museumsneubau gewonnen. Er sollte am Schaumainkai, wo viele berühmte Museen aufgereiht sind, entstehen, neben dem alten Postmuseum, einer alten Gründerzeitvilla. Während des Krieges waren die Objekte des Berliner Postmuseums, das noch von Generalpostmeister Stephan errichtet worden war, vor den Bomben gerettet worden. Nach dem Krieg wurden sie in der alten Villa in Frankfurt ausgestellt. Wie – darüber hatte man sich offenbar nicht allzu viele Gedanken gemacht. So wurden einfach einfallslos historischer Telefonapparat neben

Telefonapparat und Briefkasten neben Briefkasten, mit Herkunft und Jahreszahl beschriftet, ausgestellt. Es gab ein paar hübsche alte Schreibwerkzeuge und natürlich eine Briefmarkensammlung.

Ich fragte den Museumsleiter, ob er sich schon Gedanken gemacht habe, wie er das moderne neue Museum – im Altbau würde vor allem die Verwaltung und das Archiv untergebracht werden – einrichten wollte. Die Frage hatte er sich offenbar noch nicht gestellt, denn ich bekam keine befriedigende Antwort. Man fand das Museum ja schön, so, wie es war. Hier gab es vor allem Postler, die in ihre alten Gerätschaften verliebt waren, aber von moderner Museumsdidaktik noch nicht viel wissen wollten. Das Museum fand zwar sein Publikum, vor allem die Briefmarkensammlung, aber ich stellte mir mehr vor. Ich sah vor mir eine didaktische Aufbereitung der Entstehungsgeschichte des Postwesens und der technischen Entwicklung der Kommunikation bis in die Zukunft – also mit einem Schuss Science fiction. Eine Aufbereitung, die den Schulkindern die Faszination der Technik vermittelte und die Romantik des alten Thurn-und-Taxisschen Postwesens; ein Abenteuerplatz für Junge und Junggebliebene; ein Platz, an dem Schulkinder mit ihren Lehrern den Schulunterricht mit anderen, spannenden Mitteln fortsetzen konnten.

Also verlangte ich eine Ausschreibung zur Gestaltung der Ausstellung. Meine Vorstellungen stießen auf Unverständnis. Meine Anordnungen wurden nicht umgesetzt. Ich kehrte nach Bonn zurück und informierte meinen Vorgesetzten von den Einzelheiten des Bauvorhabens und der Notwendigkeit, das neue, architektonisch herausragende gläserne Bauwerk mit einer entsprechenden professionellen Einrichtung zu versehen. Dr. Düll sah die Notwendigkeit ein. Ich forderte einen Sachbearbeiter, der mir helfen sollte, meine Pläne umzusetzen, der die Verbindung zu Frankfurt halten und den Fortschritt am Bau verfolgen sollte. In Bonn sah man ein, dass ein derartig kostspieliges Vorhaben wie dieser Neubau mehr Aufmerksamkeit erforderte, und ich bekam meinen Sachbearbeiter. Nicht viele bewarben sich für die ausgeschriebene Stelle. Postgeschichte galt als verstaubt und ich stand ja nicht mehr in der Gnadensonne. Ich entschied mich für einen jungen Ingenieur, der sich sehr motiviert gab, mir tatkräftig zur Seite zu stehen. Später, zur Zeit des neuen Museumsleiters, als meine Auseinandersetzungen mit Frankfurt immer härter wurden, schlug Holzer sich auf die Seite der Museumsmannschaft. Mir stand also noch einiges an anstrengenden Erfahrungen bevor.

Zunächst aber musste ich mich mit der Ausschreibung der Leitung meiner beiden Sonderstellen beschäftigen. Für die Bibliothek hatte ich inzwischen – ebenfalls mit Dülls Unterstützung – eine Bibliothekarin gewonnen. Anette Röhrig-Golbuie, Tochter eines Ex-Postlers und Mutter von zwei Kindern, band ich als Sachbearbeiterin gleich mehr an mich. Frau Golbuie entwickelte sogleich Pläne für die Modernisierung der Bibliothek. Bei der bald danach ausgeschriebenen Bibliotheksleitung machte der sehr engagierte junge Bibliothekar Rainer Brauer das Rennen. Neue Ideen kamen in den eingeschlafenen Laden. Vor allem sollte erst mal eine computergestützte Bibliotheksverwaltung in Auftrag gegeben werden. Die Entwicklung dieses Systems zeigte sich damals langwieriger, weil komplizierter, als wir zunächst gedacht hatten. Aber trotzdem liefen hier die Geschäfte bald zu meiner Zufriedenheit und ich konnte mich der Auswahl der neuen Leitung in Frankfurt zuwenden.

Es gab viele Männer – Frauen sah ich keine –, die sich um den Posten des Museumsleiters bewarben. Ich hatte viel Arbeit, alle Unterlagen zu studieren und die besten auszusieben. Einige bestellte ich ins Ministerium. Schließlich blieben drei übrig. Der Staatssekretär, der nicht mehr Elias hieß, hatte sich ausbedungen, die endgültige Wahl zu treffen. Zwei schienen besonders qualifiziert, Dr. Thomas Werner und ein weiterer Museumsmann, der in seiner Konzeption mehr aus der Richtung der Wissenschaftsmuseen kam und daher mein Favorit war. Unsere Vorstellungen kamen sich am nächsten. Die zwei stellten sich vor. Zu meinem – späteren – Pech entschied sich der Staatssekretär für Dr. Werner. Denn eines Tages sollte ich mir wünschen, ich hätte geschickter taktiert, um meinen Favoriten durchzusetzen. Da war ich dann aber schon im schlimmsten, zähesten, zeitaufwendigsten Kampf meines Lebens um die Durchsetzung meiner Ziele – ein harter Lernprozess.

Die Geschichte der Post ist spannend. Sie beginnt mit den Kurieren

in den vielen Kriegen, die Nachrichten von Krieg oder Niederlage
brachten, setzt sich fort mit der Briefpost von Thurn und Taxis,
einem Privatunternehmen, das für Fürsten und Könige arbeitete, um
schließlich einen Höhepunkt zu finden in dem mächtigen Generalpostmeister Heinrich von Stephan, der das Fernmeldewesen einführte und damit die ersten Frauen in Lohn und Brot brachte: das
Fräulein vom Amt. Dabei war Stephan kein Frauenfreund. Wie fast
alle damals war auch er überzeugt: Die Frau gehört ins Haus. Aber er
folgte einfach seinem Instinkt. Damals mussten Telefongespräche in
sogenannten Verbindungsstellen gestöpselt werden. Frauen hatten
die angenehmeren Stimmen und eigneten sich daher besser für den
Kundenkontakt. Wenn ein Fräulein vom Amt dann heiratete, musste sie allerdings aus dem Dienst ausscheiden.

Bei meiner neuen Arbeit interessierte mich vor allem, über die Ver-
mittlung von Geschichte das Interesse der Bürger an der heutigen
Post zu wecken. Kurz: Die Historie als Mittel der Öffentlichkeitsarbeit nutzen.

In Frankfurt gab es nicht die einzige historische Sammlung der Post.
Die einzelnen Direktionen hatten auch einiges an alten Geräten in
ihrem Fundus und gaben diese höchst ungern an das Bundespost-
museum in Frankfurt ab. Sie wollten selbst damit Ausstellungen
machen. Es gab auch einige Direktionen, die eigene Dauerausstel-
lungen hatten. Im Nürnberger Verkehrsmuseum gab es eine ganze
Postabteilung. Dort waren vor allem viele Postfahrzeuge, Paket-
wagen, sogar alte Postbusse und Eisenbahnwaggons und auch die
meisten Exponate aus der Nazizeit zu sehen. An einigen Fahrzeugen
fand ich helle Farbflecke auf dem Postgelb und erkannte zu meiner
Verwunderung, dass der Reichsadler übermalt worden war. Dass
die Reichspost mit der Reichsbahn zusammengearbeitet hatte und
in den Postwaggons Juden in Konzentrationslager transportierte,
davon wollte man nun erst recht nichts mehr wissen. Ich aber forderte Wahrheit und Klarheit. Nicht ganz mit dem von mir gewünschten Erfolg. Aber wenigstens wurde auf Anfragen nichts mehr
vertuscht. Ein junger Historiker erhielt von mir einen Forschungs-
auftrag zu diesem düsteren Kapitel der Postgeschichte.

In Berlin gab es noch eine weitere große Sammlung, in der vor allem Exponate aus der Zeit der Anfänge von Rundfunk und Fernsehen zu finden waren. Aus meiner Projektleitung war auf mein Betreiben inzwischen ein Referat geworden. Über die beiden Sachbearbeiter, Holzer und Anette Golbuie, gingen die Weisungsstränge von meinem Referat über das Museum in Frankfurt oder auch direkt an die verschiedenen Postdirektionen. Denn es gab auch in Stuttgart, Hamburg, Hannover und Koblenz kleinere Sammlungen, die man nach meiner Auffassung auch dort zeigen sollte, um überall die Post populärer zu machen. Nicht jeder potenzielle Interessent konnte schließlich nach Frankfurt reisen. Finanziell ging es der Post damals gut und so konnte ich die notwendigen Mittel für Ausstellungen beantragen und erhalten. Das Hauptproblem allerdings waren die Personalkosten. Später, nachdem ich in den USA gewesen war, dachte ich an freiwillige Helfer, pensionierte Postler mit Liebe zu ihrem alten Dienstherrn und seine Tradition. Da aber hatte ich die Rechnung ohne die deutsche Bürokratie gemacht.

Wir hatten gute Kontakte zur Offenbacher Kunsthochschule geknüpft. Dort gab es unter Professor Manfred Eisenbeiß eine Klasse, die sich mit der Gestaltung der neuen Medien befasste. In ihnen sah ich auch Aspiranten für die Gestaltung des neuen Museums. Die Ausschreibung für die Gestaltung des neuen Postmuseums in Frankfurt gewann dann aber Professor Hans Christian Röglin. Die Offenbacher entwickelten dafür später die Wortgestaltung für das Museum.

Wir hatten einen neuen Abteilungsleiter: Benda, ein junger Karriere-Jurist, der vorher den Stab von Bundespostminister Christian Schwarz-Schilling geleitet hatte. Er tastete sich nach Juristenart vorsichtig an die neuen Verantwortungen heran. Dadurch war er mir in meinem sich langsam anbahnenden Kampf mit dem Dickschädel Werner nicht besonders hilfreich. Werner, den ich im privaten Zusammentreffen durchaus witzig und charmant gefunden hatte, war in der beruflichen Arbeit durch nichts zu beeindrucken. Ein interaktives, zukunftweisendes Museum wollte er nicht. Er war Historiker, eigentlich Kunsthistoriker. Er schien seinen Museumsetat vor allem für beziehungsreiche Kunstobjekte anlegen zu wollen, wie zum Beispiel das berühmte Hummer-Telefon des Surrealisten Dali. Werner ersteigerte es ohne Rücksprache mit mir auf einer Kunstauktion für das neue Postmuseum in Frankfurt.

Benda meinte jedes Mal, wenn ich ihm von den Fortschritten des Museumsbaus und meinen Schwierigkeiten mit dem Museumsleiter berichtete, unbeeindruckt: »Sie müssen sich durchsetzen!« Doch als es schließlich darum ging, weil ich keinen anderen Ausweg mehr wusste, mich mit disziplinarischen Maßnahmen Werner gegenüber durchzusetzen, versagte Benda mir die Unterstützung.

Ich sah eine andere Art von Museum für Frankfurt vor mir als Werner. Ich hatte von den Wissenschaftsmuseen in Amerika gehört, wo über authentische, funktionierende Objekte interaktiv der technische Fortschritt vermittelt wird. Ich wollte nicht mehr dieses übliche historische Museum, wo die Aufgabe ausschließlich im Sammeln, Archivieren, den Bestand pflegen und darauf hocken bleiben, gesehen wurde, ob Besucher kamen oder nicht.

Um Munition, Eindrücke und Vorbilder für das neue Museum und seine Ausstellung zu bekommen, für das Technik-Museum – denn die Briefpost war ja weitgehend im Nürnberger Verkehrsmuseum ausgestellt und auch zu altmodisch, wie ich fand –, wollte ich nach Amerika reisen. Mit Hilfe unseres Vertreters an der Deutschen Botschaft in Washington entwickelte ich ein Reiseprogramm zu den bedeutenden Wissenschafts- und Technologiemuseen von Nord nach Süd: Boston, Chicago, New York, Washington, Orlando, Miami. Für jede Station hatte ich, da die Reise ja auch mit einem erheblichen Klimawechsel verbunden war, zwei Tage vorgesehen. Mein Abteilungsleiter strich von jeder Station einen Tag. Hätte er bei einem männlichen Kollegen eine derartig an die Substanz gehende Sparmaßnahme auch gewagt? Und ich war gewiss nicht der einzige Ressortleiter bzw. -leiterin, die/der eine aufwendige Reise unternehmen wollte. Schon damals gab es viele internationale Kontakte.

In Boston und Chicago sah ich Wissenschaftsmuseen mit großen umfangreichen Ausstellungen. In Chicago beispielsweise einen umfangreichen Weltraumbereich, wo der Flug zum Mond in einer echten Rakete für Besucher äußerst eindrucksvoll simuliert wurde. In New York machte das »Info-Quest« mit Zukunftstechnologien im Kommunikationsbereich und funktionierenden Robotern in Science-fiction-Gestalt großen Eindruck auf mich. In Washington dann sah ich ein riesiges, wenn auch etwas altmodisches Postmuseum. Die vielen ehrenamtlichen Helfer, Postler im Ruhestand, führten mit Stolz und innerer Anteilnahme durch die Postgeschichte, angefangen mit den Postreitern und der Zeit des Wilden Westens. In Orlando sah ich Cape Kennedy mit den authentischen Weltraumfahrzeugen. Und nicht weit entfernt davon erlebte ich den Zukunftsteil von Disneyland »Epcot«: eine riesige Zukunftslandschaft, in der man mit speziellen Fahrzeugen durch Ausstellungen über und unter Wasser und durch die Luft bis in den Weltraum schwebte. Ich erlebte moderne Städte der Zukunft, wo Roboter die Hausarbeit verrichteten.

Am Abend dieses mit Eindrücken prall gefüllten Epcot-Tages checkte ich in ein Hotel in Miami ein. Am nächsten Tag gegen Abend sollte ich nach Europa zurückfliegen. In einer langen Schlange am Counter dieses großen Hotels brach ich ohnmächtig zusammen. Mein Kreislauf hatte dieses mörderische Programm mit den Klimaschocks von kalt in Boston bis feuchtheiß in Miami nicht mehr verkraftet.

Die Eindrücke in Amerika unterstützten meine Idee vom interaktiven, technischen Museum mit Exponaten, die in die Zukunft weisen. Ich war nun erst recht überzeugt, dass, wenn sich ein technisches Unternehmen, wie es die Post inzwischen weitgehend war, ein eigenes Museum leistete, dann musste es der Öffentlichkeitsarbeit dienen. Es sollte das, was dieses für die Allgemeinheit leistete, veranschaulichen. Mit vielen Anregungen kam ich zurück. Ich berichtete Professor Röglin und seinem Team von meinen Erfahrungen und meldete meine Wünsche für die Ausstellung an. Werner aber sagte kategorisch Nein zur Zukunft. Ein Museum befasse sich mit Historie. Basta. Vor der Gegenwart müsse Schluss sein. Auch die neuen didaktischen Medien, die ich mir vorstellte, fanden nur begrenzt seine Zustimmung. Er hatte andere Ideen, in der vor allem die bildende Kunst eine Rolle spielte. Was für mich wiederum eine elitäre Spielerei zu sein schien, die dem Sinn dieses Museums nicht entsprach.

Zur gleichen Zeit wurde in Bonn ein neues Postministerium in Rheinnähe gebaut. Dafür war im Architektenentwurf in der Lobby eine kleine Ausstellung skizziert worden. Was dort gezeigt werden sollte, darüber hatte sich bisher noch niemand Gedanken gemacht. Ich beschloss hier die Fortsetzung meines Museums aufzubauen, den Zukunftsteil. Auch hier kamen genügend Menschen vorbei, die sich etwas Spannendes anschauen sollten: die moderne Kommunikation. Ich wollte zeigen, wie die Telekommunikation heute funktioniert, über Satellitenfunk zum Beispiel. Kleine Modelle sollten per Knopfdruck so viel Gegenwartstechnik wie möglich spielerisch erfassbar machen. Bevor andere Abteilungen sich noch mit dem Thema Ausstellung befassten, hatte ich diese Idee schon an höchster Stelle absegnen lassen. Das Team von Professor Röglin stand nicht nur zur Museumseinrichtung zur Verfügung, sondern nun auch für diese Ausstellungsplanung im neuen Bundespostministerium. Im letzten Moment meldete noch das Briefmarkenreferat sein Interesse an. Warum nicht! Die Zahl der Briefmarkensammler ist groß, daher versprach eine Briefmarkenausstellung zusätzliche Besucher.

Es war eine arbeitsreiche Zeit mit viel Stress, voller Reibungen an allen Fronten, denn ich hatte ja nun nicht mehr den Minister im Rücken, sondern stattdessen eine Menge Neider und vor allem Bedenkenträger. Unterstützt wurde ich bei meinen Zielen durch das bevorstehende Jubiläum der Post. Mit dieser 500-Jahr-Feier wollte sich die DBP in der Öffentlichkeit präsentieren. Junge Beamte wie Günther Bilgmann fanden hier ein Spielfeld, um sich zu profilieren. Die Beratungsfirma von Christian Klär, dem ehemaligen Manager eines Großunternehmens, wurde für das Jubiläum angeheuert, das auf die Alte Thurn- und Taxissche Briefpost zurückgeführt wurde. Ich gehörte mit meinem Museumsreferat mit in die Arbeitsgruppe, die nun gebildet wurde, und steuerte ebenfalls viele Gedanken und Ideen bei – mehr als mein Museumsleiter in Frankfurt. Werner vielmehr bockte wie immer bei meinen Zusagen, für Veranstaltungen einiges aus dem historischen Fundus beizusteuern.

Schließlich bot sich Klär, mit dem ich mich gleich gut verstanden hatte, als Mediator für uns beide an. Es wurde ein Verständigungsgespräch zu dritt geführt, in dem es Klär schließlich gelang, die Brisanz aus unserem Dauerstreit herauszunehmen.

Ich machte mir immer wieder Gedanken, warum ich es mit Werner, mit dem eine fruchtbare Zusammenarbeit viel Interessantes hätte ermöglichen können, so schwer hatte. Ich glaubte irgendwann, dass er es nicht ertragen konnte, eine Frau als Vorgesetzte zu haben. Später sah ich dann aber zu meiner Beruhigung, dass mein männlicher Nachfolger als Werners Vorgesetzter ähnliche Probleme mit ihm hatte.

Mein Misstrauen dem männlichen Machtgehabe gegenüber hatte sich im Laufe der Jahre verfestigt. Immer wieder machte ich zum Beispiel die Erfahrung, in vorwiegend männlich besetzten Konferenzen nicht wahrgenommen oder übergangen zu werden. Strikt weigerte ich mich für Gäste von außen, wenn keine Mitarbeiterin in erreichbarer Nähe war, Kaffee zu kochen. Das mussten dann schon die männlichen Kollegen übernehmen. Und ebenso strikt weigerte ich mich, als Protokollschreiberin »missbraucht« zu werden. Es sei denn, es wurde beschlossen, dass sich alle Konferenzteilnehmer beim Protokollschreiben abwechselten. Versucht wurde beides immer wieder, vor allem von ranghöheren Sitzungsteilnehmern. Von denen handelte ich mir mit meiner Weigerung gelegentlich erstauntes und verärgertes Stirnrunzeln ein. Das aber bestärkte mich nur.

Bei den regelmäßigen Abteilungskonferenzen mit Düll und später mit Benda machte ich immer wieder eine Beobachtung, die man übrigens auch in Fernsehrunden, dann, wenn Frauen in der Minderheit sind, machen kann: Es kam bei Diskussionen, in denen es um die Lösung eines Problems ging, immer wieder vor, dass ich einen brauchbaren Vorschlag machte. Der aber wurde dann gerne einfach übergangen und die Diskussion von Mann zu Mann weitergeführt. Wobei sich vor allem Benno Staab, der Werbechef, in kreativ scheinenden Assoziationen verströmte, ohne dass man am Ende wusste, was er nun eigentlich wollte. Ich dagegen pflegte mich nur zu Wort zu melden, wenn ich eine sachlich fundierte Lösung des Problems beizutragen hatte. Schaukämpfe überließ ich gerne den Männern. Obwohl ich als einzige Frau in dieser sechsköpfigen Männerrunde nicht zu übersehen war, hatte ich es oft schwer, zu Wort zu kommen. Hatte ich schließlich meinen Lösungsvorschlag, ohne dabei auf ein Echo zu stoßen, angebracht, erlebte ich es immer wieder zu meiner großen Verblüffung, nachdem mehrere Wortmeldungen abgearbeitet waren, dass nun von einem Mann exakt der gleiche Vorschlag gemacht wurde. Mit einem großen Unterschied: Diesmal stürzten sich alle auf die Lösung des Problems. Am Anfang protestierte ich manchmal, indem ich schüchtern in die Runde warf: »Das habe ich doch gerade eben gesagt!« Das wurde aber dann ebenfalls überhört. Später unterließ ich diese Bemerkung und wunderte mich nur noch. Und schließlich tat ich auch das nicht mehr.

Zum Richtfest des neuen Postmuseums kam Minister Schwarz-Schilling nach Frankfurt, um die Festansprache zu halten. Die Auftakt- und Begrüßungsworte sprach der damalige Frankfurter Postpräsident Albensöder, den ich noch gut als Abteilungsleiter aus den Runden bei Postminister Kurt Gscheidle kannte. Ich hatte ihn mir gegenüber stets als anmaßend empfunden. Albensöder erklärte nun, er freue sich besonders, dass der »Herr Minister mit seinen Herren« eigens aus Bonn gekommen sei. Ich zuckte bei diesen Worten zusammen. Denn schließlich war ich ja vor allem die zuständige leitende Beamtin, die am meisten zu diesem Bauwerk beigetragen hatte. Das wusste Albensöder aus verschiedenen Gesprächen mit mir und zu übersehen war ich auch nicht und im Rang vergleichbar mit »den Herren« überdies.

Ich bin kein Fan des männlichen Hierarchie-Gehabes, keine Freundin von Äußerlichkeiten, sondern schätze Teamarbeit und gleiche Augenhöhe, aber Unterschiede, die nur zwischen Männern und Frauen gemacht werden, ein sozusagen »natürliches« Machtgefälle, das schätze ich noch viel weniger.

In Berlin, der Stadt des alten, von Generalpostmeister Heinrich von Stephan gebauten Postmuseums, das zu der Zeit noch durch die Mauer für Westler unerreichbar war, gab es in der Urania eine Ausstellung, die der Erneuerung bedurfte. Mit dem für die Berliner Direktion zuständigen Leiter für Öffentlichkeitsarbeit Brecht beschloss ich, diese hochinteressante Sammlung, die vor allem die Anfänge von Rundfunk und Fernsehen umfasste, in neuem Glanze erstrahlen zu lassen. So arbeitete ich mit dem wieseligen, hellwachen Brecht zusammen und half ihm, einen interessanten Ort für die Berliner Direktion zu kreieren. Meine Vorstellung war hier auch im Sinne der Öffentlichkeitsarbeit, einen nostalgischen Ort für Einladungen, Empfänge und Vorträge zu schaffen. Damals ahnten wir noch nicht, dass ziemlich bald schon das alte Gebäude mit der großen Kuppel, das Heinrich von Stephan als Museum gebaut hatte, wieder zur Verfügung stehen würde.

Während meiner für diese Pläne notwendigen Aufenthalte in Berlin besuchte ich meinen alten Bonner Kollegen, Jürgen Kanzow, Leiter unseres Forschungszentrums. Bei ihm wollte ich mich vor allem über die Möglichkeiten und Themen für meine Ausstellung im Bundespostministerium informieren. Kanzow war neben Franz Arnold einer der eigenständigsten Köpfe bei der Post, ein Mann, der sagte, was er dachte, und präzise eigene Vorstellungen von dem hatte, was die deutsche Telekommunikation im 3. Jahrtausend leisten musste.

Als ich Kanzow von meinen Ideen vom interaktiven Postmuseum in Frankfurt erzählte, gewann ich einen einflussreichen Verbündeten. Er oder sein Vertreter nahmen von nun ab an unseren regelmäßigen Arbeitsgruppensitzungen zur Planung der neuen Ausstellung in Frankfurt teil. Diese Arbeitsgruppe befasste sich sowohl mit dem Museum als auch mit der Ausstellung im neuen Bundespostministerium. Nun endlich wurden meine Vorstellungen von einem interaktiven Museum, in dem junge Menschen ein fesselndes Lernfeld ähnlich den amerikanischen Wissenschaftsmuseen fänden, nicht nur verbal, sondern tatkräftig mit Exponaten und finanziellen Beiträgen unterstützt.

In diesen Tagen aber ging die Lebenszeit der guten alten Post zu Ende. Organisationspläne wurden zunächst hinter den Kulissen hin und her gewälzt. Es wurde gemunkelt und gekungelt. Und jeder fragte sich: Was soll am Tage X aus mir werden. So auch ich.

Aber ich sah das gelassen, denn für mich bot sich dadurch die Chance eines neuen Anfangs. Vom Bibliothekswesen, bei dem ich mit Hilfe der tüchtigen Anette Golbuie eine elektronische Bibliotheksverwaltung einrichten konnte, und auch vom Museumswesen hatte ich genug. Alles, was in meinen Augen interessant war, hatte ich inzwischen geschafft – Kompromisse eingeschlossen. Aber es war eine schwierige Zeit gewesen.

Diese ganze letzte Zeit war überhaupt eine Zeit voller Schwierigkeiten und Depressionen für mich. Mein Mann Hobby war ganz plötzlich nach einem 14-tägigen Aufenthalt im Krankenhaus auf der Intensivstation gestorben. Die Nachricht von seiner lebensgefährlichen Vergiftung der Harnwege und eines Herzstillstands hatte mich bei meiner Ankunft in Naxos durch meinen Sohn Sebastian erreicht. Ich flog sofort mit ihm nach Bonn zurück. Abwechselnd mit unseren beiden Kindern hatte ich dann an seinem Bett gesessen. Nun plagten mich Schuldgefühle, und ich vermisste ihn. Ich war lange Zeit traurig und verstört.

Den Bezug des neuen Ministeriums mit meiner Ausstellung sollte ich noch erleben. Es wurde ein Erfolg. Und auch dem Minister gefiel sie offenbar sehr. Die Eröffnung des neuen Postmuseums sollte mich dagegen schon nicht mehr auf diesem Posten vorfinden.

Als Mitglied der sozialdemokratischen Betriebsgruppe und auch der Postgewerkschaft wehrte ich mich gegen die Pläne der CDU-Regierung, ein gesundes Bundesunternehmen – was man zu der Zeit von der Bundesbahn beispielsweise nicht sagen konnte – zu zerschlagen. Ich fand jedoch die Aktionen der Postgewerkschaft halbherzig und ohne Überzeugskraft. Hatten sich die Verantwortlichen dort schon damit abgefunden, in der Hoffnung, einen schönen Posten in einem neuen Unternehmen zu ergattern? Das fragte ich mich. Man hätte viel Geld in eine Aktion investieren müssen, um den Bürgern zu vermitteln, was diese Post für sie bedeutete. Sie hatte den Auftrag, für jeden zu gleichen Preisen Infrastrukturleistungen im Fernmeldewesen wie auch bei der Brief- und Paketpost zu erbringen. Es war in meinen Augen nicht damit zu rechnen, dass der Bürger die gleichen überschaubaren und gerechten und letztlich auch nicht billigeren Angebote bei privatisierten Postunternehmen und neuen Konkurrenzen erhalten würde. In einer Sitzung mit dem Gewerkschaftsvorsitzenden Kurt van Haaren machte ich Vorschläge, wie eine bessere, überzeugendere und dadurch hilfreichere Kampagne entwickelt werden könnte. Wieder einmal hörte niemand zu.

Dann sprach sich plötzlich im Hause herum, dass es für die drei neuen Bundesunternehmen, Deutsche Telekom, Deutsche Post und Deutsche Postbank sowie das Restministerium inzwischen Organisationspläne gab. Es bestünde die Absicht, hieß es, jeden Leiter oder jede Leiterin der bisherigen Deutschen Bundespost – das Management also – selbst vorschlagen zu lassen, in welches der drei Unternehmen und an welcher leitenden Stelle sie in Zukunft zu arbeiten wünschten. Die Abteilungen und Referate hatten Namen und Inhalte, sodass sich jeder darüber Gedanken machen konnte.

Tatsächlich ging kurz danach ein Formular an alle Referatsleiter mit der Bitte, drei Wünsche zu äußern, welches Referat in einem der vier neuen Häuser man gerne übernehmen würde. Beigefügt waren die Organigramme dieser Häuser, aus denen auch hervorging, wie groß die jeweiligen Referate, nun Fachbereiche genannt, waren. Jeder Leiter und natürlich auch die wenigen Leiterinnen hatten also wie im Märchen drei Wünsche frei. Und einer davon sollte nach Möglichkeit erfüllt werden.

Meine Seele war in dieser Zeit eigentlich nicht offen für Märchen. Die große Hilfe und der Lichtblick waren, dass sich mein Freund Ernst Peters in dieser Zeit wegen seiner schlimmen Bandscheibe als Bundesbahnpräsident in Hannover in den vorgezogenen Ruhestand versetzen ließ und nach Bonn umzog. Ich fragte mich, was ich wählen sollte. Mit Ernst sprach ich darüber. Es gab interessante Möglichkeiten im gesamten Bereich Marketing für mich, bei jedem der drei Unternehmen. Bei einem der drei hätten sie mich zur Chefin der Werbung, der Öffentlichkeitsarbeit oder der Presse machen müssen. Zumal bei den neuen Unternehmen das Parteibuch nicht mehr die entscheidende Rolle spielen konnte. Und die jeweiligen Unternehmenschefs würden ja auch keine Politiker mehr sein.

Mich aber reizte das alles nicht mehr. Ich musste nichts mehr beweisen. Aber ich wünschte mir eine ganz neue Aufgabe. Ich glaube, kaum einer der männlichen Kollegen hat meine Wahl verstehen können. Aber Ernst verstand mich, als ich auf einen für viele sicher abwegigen Gedanken verfiel.

Es war die Zeit, da öffentliche Unternehmen und Organisationen erstmals per Gesetz eine Frauenbeauftragte vorgeschrieben bekamen. Bundespostminister Schwarz-Schilling hatte bereits eine Beamtin, eine Juristin, für diese Aufgabe im Ministerium benannt. Leider bewegte Frau Dr. Astrid Reiche nur wenig, hatte wenig eigene Ideen und war vor allem zu abhängig von ihren männlichen Vorgesetzten. Jedenfalls hatte Schwarz-Schilling diesen Schritt noch vor anderen Bundesministerien vollzogen. Entsprechend sorgte er dafür, dass nun auch in den Organisationsplänen der drei neuen Unternehmen Frauenbeauftragte vorgesehen wurden.

Ich hatte einen guten Draht zu den Organisatoren des Hauses und fragte dort an, ob diese neuen Einheiten eigenständige Fachbereiche sein würden. Das könnte man so machen, wenn ich zum Beispiel Interesse an einem solchen Job hätte, bekam ich zur Antwort. Ich müsste ihnen das nur sagen. Daraus dann gleich eine Stabsaufgabe zumachen, wie mein Vorschlag dann lautete, wollte man dann aber lieber der neuen Unternehmensleitung überlassen.

Sicher gab es gegen meine Idee auch starke Einwände von wohlmeinenden Ratgebern. Denn groß würde dieser Fachbereich sicher nicht sein können. Ernst Peters, ein Mann mit großer Durchsetzungsgabe, meinte, es würde von mir abhängen, was ich daraus machte. Außerdem würde ich doch nun, wo er in Bonn sei, doch wohl nicht mehr so viel wie bisher arbeiten wollen!

Also gut, dachte ich. Und bei welchem der drei Unternehmen? Natürlich bei der Telekom, dem finanzstärksten, zukunftsorientiertesten und damit modernsten Teil der Post. Ich füllte also meinen Fragebogen aus und schrieb nur einen Wunsch hinein. Ich war dabei sicher, dass man ihn mir erfüllen würde: Frauenbeauftragte bei der Deutschen Telekom.

VIII
Wie mache ich das Unmögliche möglich
Gleichstellung von Mann und Frau

Frauen sind die Chance Nr. 1.

Tom Peters, amerikanischer
Unternehmensberater

Da saß ich nun in meinem kleinen Zwei-Zimmer-Büro in einer der
Dependancen der Deutschen Telekom. In dem ersten kleineren
Raum saß Helga Schirmer, die ich zu meinem Abenteuer hatte überreden können. Sie hatte damals, als ich noch Leiterin der Presse- und
Öffentlichkeitsarbeit war, mein Büro perfekt organisiert und mir
stets hilfreiche Ratschläge gegeben, wenn es darum ging, mir Seiteneinsteigerin Spezifika der Deutschen Bundespost zu erklären. Ich
hatte sie nun als einzige Sachbearbeiterin – eine Mitarbeiterin wurde mir nicht zugestanden – gewinnen können. Da saß ich also und
fragte mich: Wie fange ich *das* nun an?
Zu zweit waren wir für die Aufgabe zuständig, für die Gleichstellung
von Mann und Frau zu sorgen, in einem riesengroßen Unternehmen
mit an die 130 000 Mitarbeitern, davon ein Drittel Frauen. Da die
Telekom zu jener Zeit ein von Technikern, von Ingenieuren, geführ-
tes Unternehmen war und Frauen in der Bundesrepublik sehr selten
Ingenieurwissenschaften studierten, war der weibliche Anteil in
allen Führungsetagen rudimentär. Frauen saßen bei der Telekom
zum weitaus größten Teil im mittleren Verwaltungsdienst und hatten
eine kaufmännische Lehre absolviert. Frauen hatten bei der Telekom
also buchstäblich nichts zu sagen. Es gab im oberen Management
0,7 Prozent Frauen und im mittleren 2,1 Prozent. Und wie stand es
mit meinen Kompetenzen, die es mir ermöglichen sollten, an dieser
hoffnungslosen Schieflage überhaupt nur das Geringste zu ändern?

Was hatte ich mir nur dabei gedacht, als ich mich auf dieses Spiel einließ, das ich nur verlieren konnte?

Ich hatte nicht nachgedacht, sondern mich auf mein Gefühl, auf
meine Intuition eingelassen. Nun musste das Denken also nachgeholt werden. Was wollte ich erreichen? Eine vollständige Veränderung
der Unternehmenskultur! Meine Vision saß sozusagen in meinem
Hinterkopf. Nein, ich war kein Paradiesvogel, wie Hans Matthöfer
gemeint hatte – aber eine Traumtänzerin, die war ich schon. Aber
Veränderung der Wirklichkeit ist nicht ohne Träume möglich, trös-
tete ich mich.

Zunächst musste ich mir meine Kompetenzen ansehen. Ich begann
beim Ausgangspunkt: dem Grundgesetzartikel 3 »Gleichheit vor
dem Gesetz«, Absatz 2: »Männer und Frauen sind gleichberechtigt.«
Hatte das Wirkung auf ein Wirtschaftsunternehmen? Auf ein Bundesunternehmen schon. Aber das würden wir ja nicht allzu lange
bleiben. Dieser Grundgesetzartikel wurde zwar als ein Auftrag an
den Gesetzgeber angesehen und, wie ich fand, an unsere gesellschaftliche Ordnung, hatte uns Frauen aber noch nicht allzu weit
gebracht. Es gab einige Gesetzesnovellen. Und es gab die Entscheidung, dass die Bundesverwaltungen aus dem Gleichheitsgrundsatz
Konsequenzen ziehen sollten. Dafür gab es »Richtlinien zur beruflichen Förderung von Frauen in den Bundesverwaltungen«, die gerade neu gefasst worden waren. Sie enthielten den Auftrag, dort für
eine stärkere Beteiligung von Frauen zu sorgen, wo sie unterreprä-
sentiert sind, also in der Führung und natürlich auch in der Technik.
Noch gehörte ja die Telekom als Bundesunternehmen zu den Bundesverwaltungen. Bei den drei neuen Bundesunternehmen waren
bei ihrer Gründung gleich Frauenbeauftragte miteingeplant worden. Und unsere Organisatoren waren sogar noch einen Schritt
weitergegangen und hatten auch bei unseren mittleren Verwaltungs-
behörden, den Post- und Fernmeldedirektionen in den Bundesländern, Frauenbeauftragte vorgesehen. Allerdings nur halbherzig,
denn diesen wurden keine Arbeitsanteile zugestanden. Sie erhielten
diesen Bereich als zusätzliche Aufgabe zu einem anderen Arbeitsfeld,
ohne Anerkennung einer Arbeitszeit.

Generell, so stellten Helga und ich bei unserer Bilanz fest, hatte die Telekom für Frauen mit Familien zumindest Möglichkeiten, die nicht jedes Unternehmen der freien Wirtschaft seinen Angestellten bot und die dem Konto Frauenförderung gutgeschrieben werden konnten. Es gab 1. Urlaub ohne Bezüge zur Kindererziehung für die Beamten und Beamtinnen mit Arbeitsplatzgarantie bis zu zwölf Jahren und für Tarifkräfte bis zu sechs Jahren. (Ich fand diese Regelung jedoch von vorneherein kontraproduktiv. Denn in dieser langen Zeit konnte alles bisher Gelernte vergessen und der Anschluss verpasst werden. Und Karriere war mit derartigen Berufspausen sowieso nicht zu machen.) 2. Urlaub ohne Bezüge zur Weiterbildung. 3. Gleiche Bezahlung für gleiche Tätigkeit, während 1989 überall in der Wirtschaft in vergleichbaren Berufssituationen Frauen ein Drittel weniger verdienten als Männer. 4. Gleiche Aus- und Fortbildungschancen.

Und schließlich schrieben die Richtlinien noch etwas vor, das mich etwas Mut schöpfen ließ: Frauenbeauftragte hatte unmittelbares Vortragsrecht bei der Geschäftsleitung. Ich sah hier sofort meinen Hebel, um die Dinge in Bewegung zu bringen – da die Organisatoren ja leider nicht meinem Vorschlag gefolgt waren, meinen neuen Arbeitsbereich direkt als Stabsaufgabe dem Vorstandsvorsitzenden des neuen Unternehmens zuzuordnen oder zumindest dem Personalvorstand. Das hätte wohl zu viel Neid, Ärger oder Unverständnis bei den meisten leitenden Männern erregt.

Ich saß also in der Linie, das heißt zwischen Personalvorstand und meinem Fach gab es noch einen Geschäftsbereichsleiter, der hieß Müller und war mein Vorgesetzter. Und ich war auch noch für das Sozialwesen der Deutschen Telekom zuständig. Da die Organisatoren vergessen hatten, diesen wichtigen Bereich einem Fachbereich zuzuordnen, beschloss Herbert Müller, diesen auch noch meinem Minifachbereich zu unterstellen. Ich war fassungslos: die Frauenförderung – ein Sozialfall!

Ich verstand auch – außer, was meinen gesunden Menschenverstand anging – nichts vom in Gesetze und Verordnungen gefassten Sozialwesen. Von nun an wurden wir beide mit Arbeit überschüttet, die wir gar nicht leisten konnten. Das Postunternehmen hatte dafür einen großen Fachbereich eingerichtet, mit mehreren Sachbearbeitern. Die Organisatoren hatten es sich bei ihrer Planung im Fall der Telekom so leicht gemacht, weil beschlossen worden war, die sozialen Aufgaben der drei neuen Unternehmen durch eine eigene Institution, genannt das Direktorium, gemeinsam regeln zu lassen. Dort saßen Vertreter der Telekom, der Post und der Postbank. Aber das Gesetz der Logik, dass neue Einrichtungen weitere Verwaltungen nach sich ziehen und dass Bürokratien weitere erzeugen, war nicht bedacht worden. Denn das, was im Direktorium ausgebrütet wurde, bedurfte ja schließlich einer Anlaufstelle in den Unternehmen, wo es für alle Mitarbeiter und Mitarbeiterinnen »per Verfügung« umgesetzt werden konnte, wo auch Probleme eingebracht und ans Direktorium weitergegeben werden konnten.

Mein erster Einsatz bestand also darin, meinen Geschäftsbereichsleiter und meinen Personalvorstand, der auf den ermutigenden Namen Freundlieb hörte, davon zu überzeugen, dass mir diese Arbeit aus verschiedenen Gründen wieder abgenommen werden musste. Mein Hauptgrund war, dass ich die Aufgabe der Frauenbeauftragten nicht mit irgendeiner »Bedürftigkeit« vermischt sehen wollte. Gleichberechtigung, Gleichwertigkeit verlangte nach gleicher Augenhöhe – nicht nach Unterstützung. Meine Vision war eine Unternehmenskultur, die auf gegenseitigem Respekt und tatsächlichen und selbstverständlichen gleichen Chancen von Männern und Frauen beruhte. Mein Ziel war, dass eines Tages, wenn all das selbstverständlicher Alltag sein würde, mein Fachbereich sich erübrigen und wieder abgeschafft werden konnte. Wie meilenweit war ich davon noch entfernt!

In dieser ersten, nicht gerade sehr ermutigenden Zeit gelang mir immerhin in direktem Gespräch, indem ich mein »unmittelbares Vortragsrecht« bei Herrn Freundlieb ausnutzte, dass eine Verfügung an alle Abteilungen geschickt wurde mit der Aufforderung, mich überall da, wo ich Auswirkungen auf mein Thema sah, zu beteiligen. Auswirkungen sah ich natürlich in allen Bereichen des Personalwesens, auch in der Werbung und der Öffentlichkeitsarbeit, ebenso in der Organisation, in den Kundenbereichen, auch im Finanzbereich und in der Ausbildung. Ich glaubte, durch diese Beteiligung würde ich einen großen Einblick in alle Bereiche des Unternehmens erhalten und viele Ansatzpunkte für Einwirkungsmöglichkeiten finden. Ich dachte damals auch noch: Ober sticht Unter. Und mit einer solchen Verfügung hätte ich so etwas wie das Ei des Kolumbus gefunden. Ich dachte ... Aber darauf komme ich noch zurück.

Ich schildere das so ausführlich und chronologisch, um jedem Menschen und vor allem jeder Frau in einer vergleichbaren Situation zu zeigen, dass man nicht verzweifeln soll, wenn man etwas verändern möchte; aber eine Vision, danach eine Strategie und einen langen Atem, die braucht man schon. Dann kommt man an sein Ziel, zumindest sehr weit auf dem Weg dorthin. Wenn es dann noch gelingt, die Erfahrungen bei einem derartigen Unternehmen nicht in der Mehrzahl als Niederlagen zu registrieren, sondern sie als Blumen am Wegesrand zu pflücken, erleiden das eigene Selbstbewusstsein und das eigene Selbstvertrauen nicht allzu viel Schaden.

Irgendetwas trieb mich auf diesem Weg immer weiter. Denn es gab gerade in dieser Anfangsphase zentnerschwere Mühseligkeiten und dadurch Augenblicke, in denen Helga und ich uns ansahen und fragten: Was soll das alles? Können wir unsere Kraft und Zeit nicht besser einsetzen, als sie hier so sinnlos zu opfern?

Aber das alles war nicht sinnlos. »Das Leben wird vorwärts gelebt und rückwärts verstanden.« Heute geht es mir genauso beim Rückblick auf diese fast zehnjährige Arbeit, bei der ich mich für das Recht der Frauen auf Gleichstellung in allen Bereichen einsetzte. Aber heute sehe ich auch beinahe fassungslos, wie es einer CDU-Frauenministerin mit eigener Kraft und mit Unterstützung gelingt, all das umzusetzen, was wir vor drei Jahrzehnten schon als Mangel angesehen, gewünscht und in öffentlichen Auftritten immer wieder laut gefordert hatten. Oft ohne Aussicht auf Erfolg, weil das in reinen Frauenversammlungen geschah, denn die machthabenden Männer vermieden diese Veranstaltungen. Wie konnte es uns da gelingen, sie vom Nutzen unserer Vorschläge zu überzeugen! Oder wir mussten zusehen, wie sie von machthabenden Männern zerredet wurden. Es ist wohl so, dass die Zeit reif sein muss für Veränderungen, beziehungsweise die Menschen dafür reif sein müssen. Aber ohne das ständige Fordern und Formulieren der gewünschten Veränderung wäre sie nicht möglich. All das, was vorher ohne einen durchschlagenden Erfolg getan wurde, war nicht umsonst getan, sondern gehörte zum »langen Bohren dicker Bretter« oder besser zum Umpflügen eines sehr harten Bodens, damit er endlich Früchte bringen kann.

Die Verfügung vom Personalchef des Hauses mit dem Inhalt, mich, die Frauenbeauftragte, an allem, was wichtig ist vor allem für die Mitarbeiter und damit auch die Mitarbeiterinnen – heute nennt man das Mainstreaming – zu beteiligen, verschwand in Aktenordnern oder Schubladen oder Papierkörben. Hatte sie irgendeiner der gemeinten Herren überhaupt zur Kenntnis genommen? Ich sah jedenfalls keinerlei Reaktionen.

Also fing ich an, mich aufzuregen. Zum Beispiel, als eine große Anzeigenserie, geschaltet von unserer Abteilung für Öffentlichkeitsarbeit, in Tageszeitungen erschien, die das Image des neuen Bundesunternehmens Telekom unterstützen sollte unter dem Slogan »Der Erfolg hat viele Väter«. Abgebildet sah man auf diesen ganzseitigen Anzeigen unter anderem eine ernsthafte Männerrunde, mit einer Sekretärin, augenscheinlich bei einer Problemlösung, man sah auf einer anderen eine Reihe von Technikern, die irgendetwas installierten, Raketen, die abgeschossen werden sollten, man sah auch eine feiernde Managerrunde mit einer neugierigen Putzfrau im Hintergrund, die außer, dass hier ein männlicher Erfolg gefeiert wurde, auch noch suggerieren sollte, dass Männer keine festen Arbeitszeiten kennen und Tag und Nacht für das Unternehmen da sind …

»Wieso hat der Erfolg nur Väter?«, fragte ich erbost beim Chef unserer Werbeabteilung Günther Bilgmann an, der außerdem noch ein Parteifreund war. Es erfolgte keine Reaktion. Und meine Bitte unter Hinweis auf die Freundlieb-Verfügung, mich doch bei Vorstellung von derartigen Werbekampagnen einzuladen, verhallte ebenfalls ungehört.

Die Deutsche Telekom bekam mit der Wiedervereinigung eine große Aufgabe, die sie in relativ kurzer Zeit erfolgreich bewältigte: den

Aufbau eines Telefonnetzes in den Neuen Bundesländern, das beide Teile Deutschlands auf gleichem Niveau miteinander verband. Außer einem funktionierenden Abhördienst hatte es in der DDR so gut wie nichts dieser Art gegeben. Die Ingenieure der Telekom konnten sich voll auf diese Aufgabe, ganze Landstriche zu vernetzen, also eine funktionierende Infrastruktur zu schaffen, konzentrieren. All das, was sich dann in der freien Marktwirtschaft dort entwickelte, konnte sich auf diese Infrastruktur stützen, ähnlich wie ein LKW-Unternehmen auf ein Straßennetz.

Der Fernmeldebereich der DDR-Post, wie die dortige marode Wirtschaft überhaupt, aber hatte eine Errungenschaft, die wir West-Frauen gerne gehabt hätten: Betriebskindergärten, damit die Mütter dort berufstätig bleiben konnten. Ich machte mir inzwischen auch Gedanken über Kindergärten für unsere Mitarbeiterinnen. Und dort in Halle, Leipzig, Dresden, Berlin und überall gab es sogar Ganztagskindergärten und Tageskrippen in den Betrieben. Ich erfuhr hinten herum, dass die drei Unternehmen bei ihren Direktoriumssitzungen für das Sozialwesen darüber berieten, diese Einrichtungen zu schließen. Und nicht einmal zu derartigen Besprechungen wurde ich eingeladen, obwohl ich in dieser Zeit sogar noch für das Sozialwesen zuständig war und ich meine Teilnahme dringend anmeldete. Immer wieder suchte ich das Gespräch mit meinem Geschäftsbereichsleiter Herbert Müller, der zum Direktorium gehörte. »Die Frauen in den Neuen Ländern sind froh, wenn sie nicht mehr arbeiten müssen und sich mehr um ihre Kinder kümmern können«, behauptete er einfach. Ich fand das zynisch und bewies ihm anhand von statistischen Zahlen, erfasst vom Bundesfamilienministerium, das Gegenteil. Die Frauen in der DDR fühlten sich eigenständig und unabhängiger mit einem eigenen Beruf und wollten ihre Arbeit nicht aufgeben. Heute, da das Geschrei in unserem Land groß ist, weil so wenige Kinder geboren werden, wird festgestellt: Es sind besonders wenige in den Neuen Bundesländern. Wie schlau war man doch damals gewesen! Noch heute will man(n) den wahren Grund nicht erkennen.

Wenn ich dann keine Ruhe gab, fügte Müller noch hinzu, im Direktorium sei man der Meinung, Kindergärten seien in Deutschland

Aufgabe der Kommunen und außerdem eine Selbstverpflichtung der Kirchen. Gleichzeitig machten sie die ehemaligen DDR-Kindergärten als Orte madig, wo bereits kleine Kinder indoktriniert wurden. Was machen die Kirchen mancherorts denn anderes?

Dort drüben war doch noch so viel aufzubauen. Für geschlossene Ganztagskindergärten konnte doch gar nicht so schnell durch die Kommunen ein Ersatz geschaffen werden, sagte ich. Sie zu diesem Zeitpunkt bereits zu schließen, käme doch einer Katastrophe gleich. Neue zu eröffnen würde doch so viel Zeit in Anspruch nehmen. Derartig in die Enge getrieben, berief sich Müller dann auf die Meinung seiner Kollegen von den anderen beiden Unternehmen. Er könne da nichts machen.

Nicht einmal beim Personalrat fand ich Unterstützung, und auch beim Hauptpersonalrat nicht, obwohl hier an der Spitze eine Frau stand. Veronika Altmeyer wollte wohl in dieser Männerwelt noch weiter Karriere machen und fand ein paar beruhigende Worte für mich. Sie werde mit dem Vorstand reden. Hat sie das getan?

Generell empfinden Personal- und Betriebsräte die Aufgabe einer Frauen- oder Gleichstellungsbeauftragten als zu ihnen gehörig. Frauenbeauftragte sollten gewählt und damit abhängig werden. Das sei keine Managementaufgabe. Da bin ich anderer Meinung. Schon damals wollte ich keine Klagemauer sein für benachteiligte Frauen, geduldet von den Chefs und von den Vertretern der Arbeitnehmerseite nicht ernst genommen. Ich wollte die Personalpolitik des Hauses in Bezug auf Gleichstellung von Männern und Frauen aktiv mitgestalten.

Meine Startzeit scheint fast eine Beweisführung für die Unmöglichkeit zu sein, ein derartiges Ziel zu erreichen. Was für Kraft es kostete, von dieser Verliererstraße herunterzukommen! Und welche Hartnäckigkeit! Die Hartnäckigkeit habe ich von meinem Vater geerbt, sie steckt wohl in meinen Genen. Ich muss tief in meinem Inneren von der Notwendigkeit dieser Arbeit überzeugt gewesen sein. Denn ein Glaubensbekenntnis habe ich vorher nicht dafür abgelegt. Ich wollte es einfach einmal versuchen. Mehr nicht. Nun führte mich offenbar ein innerer Stern.

Die Herren im Direktorium heckten sogar noch Schlimmeres aus als die Schließung der Betriebskindergärten der DDR-Post. Ich erfuhr, dass ein Papier, eine verbindliche Aufgabenbeschreibung für das Direktorium erarbeitet werden sollte. Dort sollte ausdrücklich vermerkt werden, dass Kindereinrichtungen nicht zu den Aufgaben des Sozialwesens der drei Unternehmen und damit des Direktoriums gehörten.

Das aber wollte ich unter allen Umständen verhindern. Die anderen beiden Unternehmen wollten sich diesen Anspruch unbedingt vom Halse schaffen. Dabei beschäftigten beide wesentlich mehr Frauen als die Telekom. Schließlich gelang mir, nur für die Telekom den Zusatz zu diesem Beschluss zu erreichen, dass für uns die Einrichtung von Kindergärten möglich sein würde, wenn das »betrieblich erforderlich« sein sollte. Das war weitsichtig von mir gehandelt. Denn später, als wir auf Wunsch und unter Druck von Mitarbeiterinnen Kindergartenprojekte entwickelten, konnte ich mich auf diesen Zusatz berufen. Wenn ich daran denke, wie damals die beiden großen Frauen-Arbeitgeber des Bundes – die Post mit 50 Prozent und die Postbank mit 70 Prozent – im Voraus, ohne Not, sich gegen die Interessen ihres Personals festlegten, wird mir wieder einmal bewusst, wie sehr man in großen Wirtschaftsunternehmen die Augen offen halten muss.

Meine Freundin und Sachbearbeiterin Helga Schirmer – ein paar Jahre älter als ich – war des Kämpfens und der vielen Arbeit müde. Sie blieb beim Bereich Soziales, als ich diesen endlich abgeben konnte. Mein bisheriger Geschäftsbereichsleiter Herbert Müller, zuständig für Arbeits- und Tarifrecht, behielt diesen nun neu entstandenen Fachbereich, der danach auch sofort mit genügend Personal ausgestattet wurde, und gab meinen Bereich an seinen Kollegen Dr. Gottfried Herbig ab, der für Personal allgemein zuständig war. Ich hatte Herbert Müller offenbar zu viele Nerven gekostet, denn freiwillig gibt sonst kein Mann einen Teil seiner »Truppen« ab. Ich entwickelte für mich – nun frei für die gewählte Aufgabe und da ich nicht mehr weiter Karriere machen wollte, was ich bei entsprechendem Verhalten sehr wohl hätte tun können – die Devise: »Wenn ich zur einen Tür herausgegangen bin, komme ich zur anderen wieder herein.«

Angelika Intven wurde auf eigenen Wunsch meine neue Sachbearbeiterin. Sie ahnte damals wohl noch nicht, wie viel Arbeit sie sich damit einhandelte. Aber Spaß hatten wir zum Glück auch. Sie kannte sich im Personalbereich gut aus, war tüchtig, konnte gut organisieren und hat einen nüchternen, sachlichen Verstand. Für mich war sie damals die ideale Ergänzung, wenn wir uns auch hin und wieder auseinanderdividierten. Dann, wenn ich wieder einmal glaubte, alles sei machbar. In einer eingefahrenen Bürokratie war es das eben offenbar nicht. Doch das würde ich nie akzeptieren. Meine Überzeugung lautete: Auch Gesetze kann man ändern. Traumtänzerinnen kosten eben Nerven.

Es musste nun ein Zeichen gesetzt werden, das fühlte ich. Mit dem Personalvorstand auf meiner Seite, den ich immer direkt konsultierte, wenn es mir notwendig erschien, beschloss ich, auf die Personalverantwortlichen der Telekom direkt einzuwirken. Von meinem neuen Geschäftsbereichsleiter, Dr. Herbig, der nicht aus der Post kam und sich daher noch unsicher fühlte, wäre diese Idee nur zerredet worden, fürchtete ich. Ich aber sah, dass fast alle Führungskräfte noch nicht wirklich etwas von Frauenförderung gehört hatten, den Grundgesetzartikel 3, Absatz 2 als »Poesie« betrachteten, auch überhaupt nicht von diesem Thema hören wollten, weder zu Hause noch im Betrieb, wo sie fürchteten, sich dadurch nur Konkurrenz heranzuziehen.

Mit Freundliebs Unterschrift wurden die Personalverantwortlichen der Telekom aus den Direktionen zu dem Symposium »Frauenförderung zur Gewinnung qualifizierten Führungsnachwuchses« eingeladen. Der Personalvorstand schrieb im Vorwort unserer Broschüre, die im April 1991 einige Monate nach dem Symposium erschien: »Telekom bietet für Männer und Frauen gleiche Chancen. Gleichwohl ist unser Unternehmen in den Führungsetagen noch überwiegend eine Männergesellschaft geblieben. Auch die Verantwortlichen der Deutschen Bundespost Telekom müssen sich überlegen, wie sie Frauen für Führungsverantwortung gewinnen. Aus diesem Grund sollten sich alle, die Personal zu führen haben, rechtzeitig mit Themen wie ›Karriereplanung für Frauen‹, ›Flexible Arbeitszeiten‹ und ›Frauenfördermaßnahmen‹ vertraut machen.« Ich hatte mit dem

Frauenführungsthema begonnen, weil ich damals noch glaubte, dass Frauen mit Führungsverantwortung andere Frauen nachziehen würden. Zu diesem Thema hielt Professorin Sonja Bischoff ein viel beachtetes Referat in unserer Führungsakademie in Bad Honnef.

Mein Ex-Chef Herbert Müller gab mir bei dieser Gelegenheit einen honorigen, wenn auch vielleicht nicht ganz ehrlichen Abschied aus seinem Bereich, dankte mir, dass ich »dies erste Symposium im Bereich der Deutschen Bundespost angeregt und vorbereitet« hatte: »Und ich danke ihr (Heli Ihlefeld) ganz besonders dafür, dass sie in der schwierigen Anfangssituation bei der Generaldirektion Telekom sogleich in die Arbeit der Frauenbeauftragten aktiv eingestiegen ist und gleichzeitig auch noch die Sozialangelegenheiten für die DBP Telekom mitbetreut hat. Sie war im Übrigen auch die Erste, die für ihren Fachbereich eine Tagung bei den Oberpostdirektionen nach der Bildung des neuen Unternehmens durchgeführt hat.«

Das stimmte! Ich hatte sogleich damit begonnen, meine Ziele festzulegen, indem ich die Frauen, die nebenamtlich für ihre Direktionen die Aufgabe der Frauenbeauftragten übernommen hatten, nach Bonn einlud. Mit diesen Referentinnen und Sachbearbeiterinnen besprach ich mein weiteres Vorgehen. Das Hauptergebnis dieser Beratungen kündigte ich auf diesem Symposium an: Die Entwicklung eines Frauenförderkonzeptes für die Deutsche Telekom.

Bei meiner Begrüßungsansprache formulierte ich offensiv und selbstbewusst meine Überzeugung: »Wir sollten nicht länger von falschen Voraussetzungen ausgehen, die uns das Nachdenken und In-Frage-Stellen überalterter und fest eingeprägter Bilder zu ersparen scheinen.« Diese bestimmte und nicht mehr tastende Art, an Probleme heranzugehen, hatte ich mit meinem Lebensgefährten Ernst Peters erörtert. Der sich als Karrierebeamter bei der Deutschen Bahn AG nie gescheut hatte, die Dinge beim Namen zu nennen, und dafür dort hoch angesehen war.

Beim Lesen meiner 15 Jahre alten Sätze empfinde ich, wie zeitgerecht sie heute noch sind, da wir fassungs- und hilflos vor der Tatsache zu stehen scheinen, dass Deutschland ein kinderarmes Land geworden ist.

Ich fuhr fort: »Ich meine die noch vor einigen Jahren in Untersuchungen und Umfragen sich bestätigende Annahme, dass Frauen
eigentlich nicht so recht wollten. Damals sahen sie noch ihre Hauptaufgaben in der Familie und bei der Kindererziehung. Und als Aufgabe des Mannes galt, für das Familieneinkommen zu sorgen, ›Er-
nährer‹ zu sein … Denn so wenig bewusst heute noch in unserer
durch Männer bestimmten Gesellschaft die Chancengleichheit zwischen Männern und Frauen vermisst wird, so wenig wurde in den
70er-Jahren und in den Jahren davor die Fähigkeit bei den Frauen
entwickelt, das Unbehagen, das sie generell in der Abhängigkeit vom
Mann in ihrer Fremdbestimmtheit, ohne eigenes Einkommen, spürten, zu analysieren. Die Forderung nach Chancengleichheit wurde
zwar ausgesprochen, aber ›frau‹ dachte damals noch, mit neuen Gesetzen, einer rechtlichen Gleichstellung, würde das andere, die gleichen Chancen im Leben, ganz allmählich kommen. Lösungen wie
vor allem die Einführung von Quoten wurden damals auch von der
Mehrzahl der Frauen strikt abgelehnt.
Das ist nun deutlich anders geworden. Das heißt, es muss nicht mehr
darüber gestritten werden, ob Frauen Chancengleichheit – das bedeutet Chancengleichheit in Beruf und Familie – wirklich wollen, ob
sie sich für den Beruf und vor allem für eine berufliche Karriere
ebenso eignen wie der Mann oder ob ihre eigentliche Aufgabe die Familie und die Betreuung der Kinder sei. Dieses Thema ist erledigt.
Und ich spreche auf der Grundlage jüngster Forschungsergebnisse …
Frauen wollen beides: Familie und Beruf oder umgekehrt. Und wenn
sie – und das ist meines Erachtens der entscheidende Punkt – den
Beruf mit Karrieremöglichkeiten sonst nicht haben können, verzichten sie auf die Familie, zumindest aber auf Kinder. Und das ist ein
Trend, den man sehr ernst nehmen muss. Denn unser Gesellschaftssystem besteht auf dem Generationenvertrag, und der wird mit dieser Entwicklung in Frage gestellt, wenn mit … der Chancengleichheit nicht endlich Ernst gemacht wird.
Der Gesinnungswandel der Frauen für die lebenslange Berufstätigkeit ist verbunden mit dem Interesse an einer qualifizierten Ausbildung, mit einer daraus resultierenden qualitativen Aufgabe und mit

Mitsprachemöglichkeiten am Arbeitsplatz. Das sich daraus entwickelnde steigende Selbstbewusstsein führt, weil die gesellschaftliche Wirklichkeit mit dem Bedürfnis und dem Anspruch der Frauen (wie flexible Arbeitszeiten, Teilzeit ohne Karriereknick, Kindertagesstätten, Mithilfe des Partners im Haushalt, Wiedereinstiegschancen der Frauen in den Beruf) nicht Schritt hält, zum Verzicht auf Kinder. Daraus wird deutlich, dass unsere Zukunftssicherung, unsere Gesellschaft also letztlich, davon abhängt, ob wir die Arbeitswelt frauenfreundlicher und vor allem familienfreundlicher machen und ob der Mann bereit ist, seinen Beitrag zur Familie zu leisten.

Diese Trendwende scheint mir so gewichtig, da ein Unternehmen wie das unsere nicht im gesellschaftlich luftleeren Raum existieren kann. Es gibt also auch aus unternehmerischer Sicht einleuchtende Gründe, warum die Telekom sich gerade jetzt, wo es für sie durch die Wiedervereinigung so viele schwerwiegende Probleme gibt, auch noch mit dem Thema ›Frauenförderung‹ ernsthaft und konsequent befassen sollte. Für ein Unternehmen wie die Telekom wird es dabei … von existenzieller Bedeutung sein, ob es mit am Anfang dieser Entwicklung ist oder am Schluss. Potenzialerschließung am Anfang heißt nämlich: die Besten für sich, für die eigene Firma zu erhalten. Frauenförderung heißt grundsätzlich aber auch, motivierte und dadurch beständige qualifizierte Arbeitskräfte für das Unternehmen zu gewinnen, damit sich die Investitionen in die Arbeitskraft aufrechnen. Es ist inzwischen erwiesen, dass Frauen, die durch flexible Arbeitszeiten und Fortbildung während des Erziehungsurlaubs, durch Wiedereinstiegs-Seminare und Betriebskindergärten unterstützt werden, weit weniger bereit sind als Männer, zum Beispiel wegen besserer Bezahlung oder auch eines weiteren Karriereschritts die Firma zu wechseln.«

So hatte ich bereits mit diesen Eingangsworten mein Programm und einen großen Teil der Inhalte des zukünftigen Frauenförderkonzeptes der Telekom auf diesem Symposium vorgestellt. Heute scheint dem Unternehmen zwar gut ausgebildetes, motiviertes und beständiges Personal nicht mehr so wichtig zu sein. Auch die Telekom hat inzwischen viel Personal abgebaut. Jüngere Kräfte sind billiger. Sie können auch noch ausgequetscht werden wie Zitronen. Doch der Grundsatz, die besten Kräfte fürs eigene Unternehmen zu gewinnen und erfahrene Kräfte zu halten, muss wieder an Bedeutung gewinnen.

Die Broschüre, die im R. v. Deckers-Verlag unter dem Titel *Frauen sollen führen* erschien, fand außerhalb der Telekom Beachtung. Ein Echo auf das Symposium mit seinen verschiedenen Inhalten wie Karriereplanung, Arbeitszeitmodelle und Personalmarketing mit der Zielgruppe Frauen war dagegen bei der Telekom nicht auszumachen. Die Personalchefs hatten oft ihre Vertreter geschickt, oder die Vertreter der Vertreter. Und das waren meistens Frauen. Die Chefs haben dann wahrscheinlich nicht zugehört, wenn diese ihnen später berichteten. Sie haben vielleicht sogar noch ihre Witze darüber gemacht. Ich kenne derartige dumme Bemerkungen aus all den Jahren zur Genüge.

Ich blieb bei meiner Linie. Mein nächster großer Schritt, das Frauenförderkonzept, wurde vorbereitet. Zunächst gab ich eine große Untersuchung bei der Firma Kammerer in Auftrag: eine Befragung aller Mitarbeiterinnen über ihre Arbeit, ihre Funktion, ihren Status, ihre Zufriedenheit am Arbeitsplatz, ihre Familienverhältnisse, ihre Wünsche und Forderungen. Auch das brisante Thema »sexuelle Belästigung am Arbeitsplatz« wurde nicht ausgespart. Hierfür wurde eine offene Frage vorgesehen. Was ich hier zu lesen bekam, war oft deshalb erschütternd, weil Chefs, die die von ihnen abhängigen Frauen nachhaltig belästigten, offenbar nie den Kürzeren zogen. Immer wurden die Frauen versetzt. Da die Befragung anonym war, gab es Einsichten, aber keinen Handlungsbedarf aus diesen Einzelschicksalen für mich.

Inzwischen war die Wiedervereinigung vollzogen und auch die der beiden Fernmeldebereiche von West und Ost. Die Befragung konnte daher sogleich auch in den Neuen Bundesländern durchgeführt werden. Die Ergebnisse differierten in einigen Bereichen zwischen West und Ost. So gab es beispielsweise in den Neuen Bundesländern bei der Telekom viel mehr Frauen mit technischer Ausbildung. Auch wollten fast alle Frauen dort unbedingt berufstätig bleiben und zeigten keinerlei Interesse an einem mehrjährigen Familienurlaub, der

bei der Telekom ja möglich war. Die Frauen übten auch qualifiziertere Tätigkeiten aus, wenn auch kaum in Spitzenfunktionen. Was auch auffiel, war, dass die vielen technisch ausgebildeten Frauen meistens in der Verwaltung gelandet waren. Es hieß, wegen ihrer familiären Pflichten seien sie nicht so gut zum Außendienst geeignet. Auf eigenen Wunsch begleitete ich den Privatkundenvorstand Gallist auf einer Reise in die Neuen Bundesländer, zur Direktion Rostock. Der dortige Präsident – er wurde bald darauf wegen seiner Stasi-Mitgliedschaft abgesetzt – rief seine Abteilungsleiter zusammen und deren Stellvertreter, seine ganze Führungsriege also. Mein Erstaunen war aber doch groß, als ich feststellte, dass keine Frau in dieser Mannschaft war. »Warum ist unter Ihren Abteilungsleitern keine einzige Frau?«, fragte ich den Direktionsleiter. Seine Antwort verblüffte mich sehr: »Aber wir sind gut zu unseren Frauen!«
Das Ergebnis der Umfrage gab uns viele Aufschlüsse. Vieles bestätigte meine Erwartungen. Ich berief die zweite Konferenz der Frauenbeauftragten aus den Direktionen ein und diskutierte in Arbeitskreisen das Ergebnis und die Schlüsse, die daraus zu ziehen waren. Wir erkannten, dass ein Frauenförderkonzept Maßnahmen vorsehen musste, um 1. mehr Frauen in technische Berufe zu bringen und 2. mehr Frauen in Führungspositionen, dass es 3. familienfreundliche Maßnahmen enthielt, 4. Teilzeit und flexible Arbeitszeitmodelle vorsah, 5. Weiterbildungsmaßnahmen für Frauen und 6. Maßnahmen zur Veränderung der Unternehmenskultur.
Für alle diese Bereiche wurden Arbeitsgruppen gebildet. Bei der nächsten Konferenz sollten die Grundlagen des Frauenförderkonzepts vorliegen. Die Frauenbeauftragte von Berlin hatte zu der Zeit aus Familiengründen noch einen Teilzeitarbeitsplatz. Ihr Sohn war inzwischen größer und selbstständiger geworden. So erbot sich Irmgard Grünberg, wieder auf einen vollen Arbeitsplatz zurückzugehen und ihren Chef in Berlin zu fragen, ob er diese halbe Stelle für die Koordination dieser Arbeit zur Verfügung stellen würde. Das klappte. Auf diese Weise erhielt ich eine weitere »halbe« Sachbearbeiterin. Mir war für meinen kleinen Fachbereich mit dem neuen Personalhaushalt zudem eine Mitarbeiterin zugestanden worden, die die

ganze Schreib- und Verwaltungsarbeit übernehmen und mich und Angelika Intven entlasten konnte.

Die meisten Frauenbeauftragten aus den Direktionen waren, obwohl sie umfangreiche andere Aufgaben hatten, engagiert bei der Sache. Nach dem nächsten Treffen stand ein umfangreiches Konzept. Die Juristin und Powerfrau Barbara Bertrang, Referatsleiterin in der Oberpostdirektion Freiburg i. Br., die später von uns allen die größte Karriere bis in die Führungsebene eins machen sollte, erbot sich, mit mir zusammen dem Konzept den letzten Schliff zu geben und wasserdichte, sinnvolle Formulierungen zu erarbeiten. Ich sehe uns beide noch am Wochenende in meinem Garten bei Bonn sitzen und diskutieren und schreiben – jede in ihrer Ecke – und zum Abschluss fröhlich unser Weinchen trinken. Barbara erzählte dann mit ihrer tiefen Stimme haarsträubende Geschichten und schüttelte dabei ihre blonde Löwenmähne.

Es wäre schön gewesen, wenn wir nun am Ende der Fahnenstange angekommen wären mit unserem Frauenförderkonzept. Aber wir waren jetzt erst an ihrem Anfang. Zunächst einmal mussten alle betroffenen Bereiche im Hause beteiligt werden. Und das war bei einem so umfassenden Werk, in dem zu den einzelnen Kapiteln nicht nur Ziele aufgeschrieben worden waren, sondern zugleich eine Reihe von möglichen Maßnahmen, die zu diesen Zielen führen sollten, keine kleine Arbeit. Mein Geschäftsbereichsleiter musste das Begleitschreiben an die verschiedenen Vorstandsbereiche unterschreiben. Diese Gelegenheit nutzte Gottfried Herbig bei unseren wöchentlich stattfindenden Bereichsbesprechungen, um mit meinen Kollegen Fachbereichsleitern, die sich mit dem Thema Gleichstellung noch nie beschäftigt hatten, Satz für Satz des Entwurfs kritisch unter die Lupe zu nehmen.

Es entwickelte sich eine ungeheure Erbsenzählerei. Und das zog sich wochenlang hin, weil Herbig auch nicht bereit war, dazu extra Besprechungen einzuberufen. An jeder Formulierung wurde gedoktert. Sie wurden verwässert mit »würden« und »könnten« und anderen Möglichkeitsformen. Ich litt und stritt und kochte oft innerlich vor Wut. Diese Rangelei hatte in meinen Augen zum großen Teil nichts mehr mit den Inhalten zu tun, sondern nur noch mit Wichtigtuerei. In dieser Zeit bekam ich ein Magengeschwür. Da endlich riss mir der Geduldsfaden und ich suchte die Auseinandersetzung mit meinem Vorgesetzten, der bei diesem Theater immer wieder betonte, er wolle mir nur helfen, mein Ziel zu erreichen. Ich zeigte meinen Ärger deutlich – ganz gegen meine sonst diplomatische Natur – und erklärte, mir das nicht länger gefallen zu lassen. Das wirkte. Und ich wurde wieder gesund.

Als wir dann die Antworten aus dem Haus alle in Händen und schließlich – so weit vertretbar – eingearbeitet hatten, begann ich ein zweites Mal, mich mit Barbara, der Juristin, an die Texte zu setzen, um dort, wo es durch diese ganze Korrektur-Leserei notwendig geworden war, wieder Klarheit zu bekommen.

Danach ging der gesamte Entwurf an den Hauptpersonalrat, denn dessen Zustimmung wollten wir unbedingt haben. Weitere mühselige Besprechungen folgten. Nun erst konnten wir den Entwurf über meinen Personalvorstand an das Vorstandsbüro schicken mit der Bitte, den Entwurf des Frauenförderkonzeptes dort auf die Tagesordnung zu setzen. Ich selbst wollte ihn einbringen.

Irgendwann danach wurde er auf die Tagesordnung gesetzt. Ich begründete vor den Vorständen anhand von Statistiken und der Auswertung unserer umfangreichen Mitarbeiterinnenbefragung die Notwendigkeit eines solchen Frauenförderkonzeptes mit konkreten Handlungsvorschlägen. Der Hauptpersonalrat habe bereits zugestimmt und es würde einen positiven Eindruck in der Öffentlichkeit machen, also das Image verbessern, wenn der Vorstand der Telekom zusammen mit dessen Arbeitnehmervertretung ein solches umfassendes Konzept verabschiedete.

Es folgte eine längere Diskussion, die sich kaum mit den Inhalten des Entwurfs befasste, sondern eher männliche Glaubensvorstellungen über die Rolle der Frau in unserer Gesellschaft enthielt. Sie gipfelte in folgender Erklärung eines Vorstandes: »Wenn mit dem Frauenförderkonzept nicht erreicht werden kann, dass meine Sekretärin besser bezahlt wird (bei der Telekom geschah das damals noch nach BAT-Tarifen), ist das ganze Konzept nichts wert!«

Ich hatte aber den Vorstandsvorsitzenden Helmut Ricke auf meiner Seite und den Personalvorstand Wilhelm Freundlieb. Und so gaben die Herren schließlich ihren Segen. Amen!

Das Konzept ging, nachdem es als Broschüre in gedruckter Form vorlag, an alle Verantwortungsträger der Telekom mit der Bitte, die darin enthaltenen Maßnahmen, soweit sie für den jeweiligen Bereich in Frage kamen, umzusetzen. So fanden die Technik-Vorstände Vorschläge, wie sie mehr Frauen für die technischen Berufe gewinnen konnten, nämlich, indem ihre Ausbildungsbereiche ausdrücklich um weiblichen Nachwuchs warben, in die Schulen gingen, Girls days veranstalteten oder Praktika und Stipendien für Ingenieurstudentinnen anboten.

Es hätte aber alle meine bisherigen Erfahrungen widerlegt, wenn die Frauenbeauftragten bei den Direktionen nun alsbald emsige Umsetzungsaktivitäten hätten feststellen können. Die übersichtlich gestaltete und, wie ich fand, anregende Broschüre verschwand offensichtlich wieder einmal in den Schubladen. Ging sie wirklich, wie angeordnet, von den Oberpostdirektionen an alle Ämter? Und dort? Wurde sie an alle Dienststellen weiterverteilt? Ich besuchte in der Bonner Telekom-Zentrale eine ganze Reihe von Geschäftsbereichen. Viele erweckten den Eindruck, noch nie von diesem Frauenförderkonzept gehört, geschweige denn es gelesen zu haben.

Die Erkenntnis reifte in mir: Die Notwendigkeit, diesen Vorstandsbeschluss umzusetzen, musste allen zuständigen Stellen noch deutlicher vermittelt werden. Ich beschloss eine Bereisung aller Direktionen.

Bei diesen zahlreichen frustrierenden Bemühungen all die Jahre fand ich immer wieder einen Engel, der mir doch noch half, einen guten Schritt voranzukommen. Diesmal erschien er in Gestalt meines Personalvorstandes. Und das kam so:

Bei meinen zahlreichen Treffen mit den Frauenbeauftragten der Direktionen hatte ich jedes Mal das Klagelied gehört: »Wir brauchen Arbeitsanteile für diese Tätigkeit, sonst können wir nicht genug tun.« Angelika Intven hatte sehr schnell eine Vorlage an die Organisatoren fertiggemacht und wir schickten den entsprechenden Antrag los. Als der Personalhaushalt für die gesamte Telekom vom Vorstand

verabschiedet worden war, stellten wir fest, dass die Herren pro Direktions-Frauenbeauftragte ganze 0,1 Prozent Anteile genehmigt hatten. Für die ganz großen Direktionen waren es sogar ganze 0,2 Prozent. Aber nun gab Freundlieb mir einen Rat, der seinem Namen alle Ehre machte und mein Leben mit einem Schlag sehr erleichtern sollte. Er riet mir, diese Arbeitsanteile nicht mit dem Gießkannenprinzip über die Direktionen zu verteilen, sondern daraus ganze Dienstposten zusammenzurechnen. Ich wusste ja damals nicht einmal, dass man das durfte. Und diese Rechnung ergab vier ganze Dienstposten! So wurden die Gebietsfrauenbeauftragten geboren, eine für den Norden, eine für die Mitte, eine für Südwest und eine für den Süden. Und der Vorstand für die Neuen Bundesländer, Pällmann, einst Bundesbahnvorstand und Freund von Ernst Peters, den ich in diesen Tagen aufsuchte, um ihm mein Frauenförderkonzept ans Herz zu legen, spendierte mir dazu einen Dienstposten für die Neuen Bundesländer aus seinem »Personaltopf«. So erhielt ich plötzlich fünf weitere Mitarbeiterinnen, alles Vertreterinnen des Höheren Dienstes, die als mein verlängerter Arm in die Direktionen hineinwirken sollten und dazu auch die notwendigen Kompetenzen bekamen, wie unmittelbares Vortragsrecht vor den Geschäftsführungen und alle anderen Rechte wie Überwachung der Einhaltung der Frauenförderrichtlinien der Bundesregierung (Stellenausschreibungen, Einstellungen, Beförderungen, Fortbildung, Teilzeitbeschäftigung, Wiederaufnahme der Erwerbstätigkeit), Vorschläge zur Verbesserung der Situation von Frauen, Mitwirkung bei allgemeinen Regelungen, die insbesondere Frauen betreffen, Beratung und Unterstützung von Frauen. Zugestanden hatte man(n) mir nun auch einen Referentendienstposten, sodass mein Fachbereich nun bald aus einer Referentin, einer Sachbearbeiterin und einer Mitarbeiterin plus die halbe Sachbearbeiterin in Berlin, die das Frauenförderkonzept betreute, und den fünf Gebietsfrauenbeauftragten, die nun ausgeschrieben und besetzt wurden, bestand. So ließ sich arbeiten!
Ich besuchte eine Direktion nach der anderen. Diese Besuche wurde von der jeweilig zuständigen Gebietsfrauenbeauftragten und den Direktionsfrauenbeauftragten vorbereitet. Es gab vor allem ein Ge-

spräch mit den Ansprechpartnerinnen, eine Erfindung der ersten Stunde, die sich bewähren sollte. Die Frauenbeauftragten der Direktionen, die nun natürlich weiter ohne Arbeitsanteile waren, hatten sich von Anfang an in den zu diesen Direktionen gehörenden Ämtern sogenannte Ansprechpartnerinnen ausgeguckt, die ihnen melden sollten, wenn in ihren Häusern irgendetwas geschah, was den Richtlinien der Frauenförderung nicht entsprach oder unserem Frauenförderkonzept zuwiderlief. Die wurden bei meinen Besuchen zusammengerufen. Die Treffen gaben mir stets einen großen Einblick in das Klima vor Ort Frauen gegenüber und in deren Probleme. Im Gespräch mit den Direktionspräsidenten und deren Abteilungsleitern – das war der Hauptprogrammpunkt – stellte ich dann das Frauenförderkonzept vor und handelte Maßnahmen aus. Fast jeder Präsident ließ sich zu einer konkreten Zusage herbei.

Und doch: In der ersten Zeit wurde ich immer wieder überrascht durch Widerstände, die ich nicht verstand. Meine sachlichen Argumente sprachen doch für meine Vorschläge! Das Unternehmen würde von mehr Chancen für viele der tüchtigen Mitarbeiterinnen eindeutig profitieren. Diese Widerstände hatten mit menschlicher Vernunft nichts zu tun, stellte ich nach und nach fest. Sie saßen viel tiefer – im Unbewussten und zwar bei Männern wie bei Frauen.

Sicher, ich begegnete auf meinem Weg, die Kultur eines großen Unternehmens schrittchenweise zu verändern, auch einigen Männern, die ehrlich erklärten, gegen den Feminismus zu sein. Sie wünschten offen, dass alles so bliebe wie bisher. Die Frau gehöre in die Familie und der Mann ins Berufsleben. Sie begründeten es schlicht damit, dass Frauen Kinder bekommen. Diese Sorte Männer aber war sichtlich im Aussterben begriffen. Ich traf mehr und mehr auf Kollegen, die mir Unterstützung zusagten, wenn ich sie dann aber beanspruchte, das Gegenteil taten. Und es gab wieder andere, die sich weigerten, Unterschiede in den Chancen für Männer und Frauen zu sehen. Aber trotzdem schaffte ich es immer, Maßnahmen aus dem Konzept für die Direktionen auszuhandeln.

Als ich anfing, die Telekom-Direktionen zu bereisen, um die Präsidenten und ihre leitenden Mitarbeiter von der Notwendigkeit zu überzeugen, das Frauenförderkonzept zügig umzusetzen, stieß ich in Düsseldorf auf einen Direktionsleiter, der in seinen Begrüßungsworten vor seiner versammelten Mannschaft allen Ernstes erklärte, seine Direktion benötige diese Maßnahmen nicht, denn bei ihm sei Chancengleichheit vorhanden und eine Selbstverständlichkeit. Seine Frauenbeauftragte sah das zwar anders und traute sich auch, das auszusprechen. Aber er ließ ihre Worte einfach nicht gelten. Dieser Präsident war kein Einzelfall, aber der einzige, der das so kategorisch erklärte. Zum Glück verabschiedete er sich sehr bald an diesem Tag unter Hinweis auf dringende Termine, und so konnte ich mit anderen weiterdiskutieren, darüber, woran es in dieser Direktion besonders mangelte und welche Schritte als Erstes ergriffen werden sollten.

So zog ich von Direktion zu Direktion, jeweils mit Unterbrechungen. Denn auch in Bonn gab es genug zu tun. Ich musste Augen und Ohren offen halten, um mitzubekommen, was gerade für Frauen mit ihren besonderen Problemen bei wichtigen Maßnahmen nicht genügend berücksichtigt wurde. Inzwischen hatte ich so viele Kontakte im Haus geknüpft, vor allem auch zu anderen Vorstandsbereichen, dass ich meistens rechtzeitig erfuhr, wann es notwendig wurde, den Finger zu heben: »Vergesst nicht, die Frauenbeauftragte einzubeziehen!« Mithilfe meiner nun recht stattlichen Frauschaft, dem größeren Fachbereich und den vier Gebietsfrauenbeauftragten, konnte ich derartige Termine nun gut verteilen. Jede von ihnen bekam neben dem Gebiet in der Bundesrepublik, das sie jeweils zu betreuen hatte, noch einzelne Themen und Projekte aufgetragen. Die eine war für Teilzeit und Telearbeit zuständig, die andere für Führungskräfteentwicklung, die dritte für Weiterbildung. Von Stund an begannen ihre Klagen, sie hätten zu viel zu tun.

Die zahlreichen Probleme, die wir beim Umsetzen der Ziele des Frauenförderkonzeptes bekamen durch das Nicht-Verstehen oder Nicht-Verstehen-Wollen der Telekom-Manager, erklärte ich mir mit der jahrhundertealten Sozialisation, der Rollenverteilung zwischen Männern und Frauen, die die Erkenntnismöglichkeiten einschränkte. Ich nenne es »das System«. Das System ist überall und ganz besonders in den Köpfen. Und wenn sich ein bisschen was bewegt,

7 Als Pressesprecherin von Bundestagspräsidentin Annemarie Renger wechselte ich die Fronten ...

8 ... und wurde schließlich Managerin in einem Bundesunternehmen.

9 Mein Team bei der Bundespost erlaubte sich mit diesem Plakat einen Spaß mit mir.

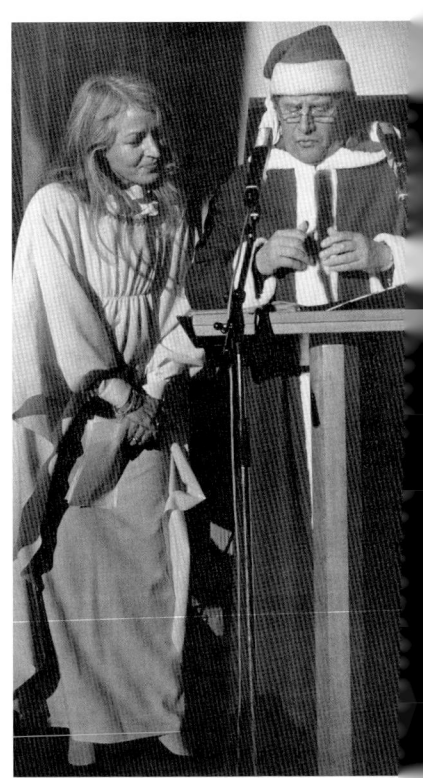

40 Als Leiterin der Presse- und Öffentlichkeitsarbeit der Deutschen Bundespost

41 Einmal trat ich als Weihnachtsengel
(mit Jürgen Scheller) vor die versammelte
internationale Presse.

42 Mit »meinem« Minister Kurt Gscheidle
bei der Vorführung des Bildfernsprechens

43 Als Leiterin des Museumswesens versuchte ich neue Wege zu gehen (hier mit Minister Christian Schwarz-Schilling).

Ernst Peters, mein späterer Lebensgefährte, war Leiter der Bundesbahndirektion Hannover.

45 Die Insel Naxos wurde uns eine zweite Heimat.

46 Bundestagspräsidentin Rita Süßmuth, die Schirmherrin unseres Frauenförderpreises, auf der Frauenmesse »top '97« in Düsseldorf (l. Personalvorstand Heinz Klinkhammer)

47 Sie besuchte auch den großen Stand des »Forum Frauen in der Wirtschaft«, zu de sich die Frauen- und Gleichstellungsbeauftragten größerer Wirtschaftsunternehmen zusammengeschlossen hatten.

dann tritt wieder so jemand auf wie die Fernsehansagerin Eva Herman, die uns überzeugen will, die Rollen von Männern und Frauen seien naturgegeben und wunderbar.

Immer wieder aber traf ich auch auf Kollegen, mit denen ich auf Sachebene kommunizieren konnte. Sie verstanden, was ich sagte, nahmen meine Vorschläge ernst, versprachen und leisteten auch Unterstützung. In der Niederlassung Traunstein wurde das Frauenförderkonzept seit 1993 bereits mit Erfolg zum regelmäßigen Bestandteil der Führungstätigkeit und des beruflichen Alltags. Dort trafen sich seitdem im vierteljährlichen Abstand der Niederlassungsleiter, der Betriebsrat und die Ansprechpartnerin, um Maßnahmen zur Frauenförderung zu planen und zu kontrollieren. Dazu gehörten dann die Einrichtung von flexiblen Teilzeitarbeitsplätzen und von Job-Sharing, die Übermittlung von Unternehmensinformationen für beurlaubte Kräfte und Unterstützung des Wiedereinstiegs, spezielle Computerlehrgänge für Frauen und Förderung von Frauen im Rahmen von anderen Weiterbildungsmaßnahmen wie Rhetorikkursen.

Diese Kollegen, die unsere Arbeit verstehen, sind unsere natürlichen Verbündeten. Nie habe ich daher diese generelle Kampfansage von bestimmten Feministinnen gegen das männliche Geschlecht für richtig gehalten und unterstützt. Männer und Frauen sind an erster Stelle Menschen – mit gleichen Begabungen und Möglichkeiten. Das Ziel muss sein, sich auf Augenhöhe begegnen zu können. Und nur gemeinsam können wir wirklich etwas verändern.

Bei einer Konferenz von Expertinnen in Paris, zu der ich einige Jahre später gehören sollte, sprach der französische Staatspräsident Jacques Chirac bei dem Empfang im Élysée-Palast von der »Parität« zwischen Männern und Frauen. Diese Worte elektrisierten mich. Ja, das sollte das Ziel sein!

Bei meinen Direktionsbesuchen war der zweite Teil, das Gespräch mit den sogenannten Ansprechpartnerinnen, die ehrenamtlich tätig waren, immer sehr aufschlussreich und daher wichtig für mich. Dieses Informationssystem funktionierte. Wir hauptamtlichen Frauenbeauftragten erfuhren auf diese Weise, dass zum Beispiel in den Neuen Bundesländern die technisch ausgebildeten Frauen von den

»Wessi«-Ingenieuren, die den Aufbau des neuen Netzes in den Neuen Bundesländern leiteten, nicht ernst genommen wurden. Oder: Als die erste Welle des Personalabbaus begann, versuchten die Verantwortlichen es zunächst bei der vermeintlichen Schwachstelle, bei den Mitarbeiterinnen, die aus der Familienphase zurückkehrten, um deren Einarbeitung in die Computersoftware zu sparen. Die Vorgesetzten versuchten im Einverständnis mit dem Personalrat diese Frauen zu überreden, eine Abfindung zu akzeptieren und bei der Telekom auszuscheiden. Oft wurden diese Versuche von der eigenen Familie unterstützt. Eine längst gewünschte Anschaffung konnte so ermöglicht werden. Diese Abfindungen waren nicht sehr hoch und die Frauen verloren damit einen sicheren Arbeitsplatz. Als ich davon hörte, veranlasste ich die Gebietsfrauenbeauftragten sofort zu intervenieren. Sehr oft geschah das mit Erfolg. Das waren Beispiele üblicher Benachteiligungen, so wie sie in jedem Betrieb vorkommen. Frauen und Technik – das ergab neue Denkanstöße. Das war nicht nur so eine Marotte von mir. Es gab eine interessante Studie dazu, die ich gelesen hatte. Alles, was zu dem Frauenthema neu auf dem Markt erschien, studierte ich genau und verarbeitete es. So gab es inzwischen Beweise dafür, dass gemischte Führungsteams erfolgreicher sind.

Den Managern wollte ich vermitteln, dass gemischte Teams besser, motivierter und erfolgreicher – ablesbar am Umsatz – arbeiten. Ich wollte ihnen klarmachen, dass Frauen besondere Fähigkeiten mitbringen, die dem Betrieb zugute kommen und den Geschäftserfolg verbessern können. Dieses Thema sprach ich besonders bei meinen Terminen bei den einzelnen Vorständen an. Auch hier machte ich stetig meine Runde.

Auf diese Weise erfuhr ich bei meinem Besuch beim Technik-Vorstand Hagen Hutzsch, dass er gerade dabei war, sogenannte Produkt-Innovations-Teams (PIT) ins Leben zu rufen. Diese sollten die Aufgabe haben, sich neue technische Dienstleistungen einfallen zu lassen. Sofort erklärte ich Hultzsch, dass diese Teams erfolgreicher arbeiten würden, wenn jeweils Frauen dabei sind, da sich Männer und Frauen anscheinend gegenseitig anspornen und auch andere

Stärken und Schwächen haben. Sie ergänzen sich so ideal. Er erklärte sich bereit, das auszuprobieren. Meine weitergehende Idee – da ich ja immer nach schlüssigen Beweisen für meine Theorien suchte –, einem gemischten Team ein weiteres Team, bestehend aus Männern, und ein drittes Team aus Frauen gegenüberzustellen und dabei zu untersuchen, welche von den dreien am effektivsten arbeiteten, übernahm er leider nicht.

Nach dem Gespräch mit dem Vorstand verabredete ich mich mit seinem für die PIT-Teams zuständigen Fachbereichsleiter. Dieser versprach mir, mich über die Arbeitsergebnisse der gemischten Teams zu unterrichten. Bereits nachdem das erste Team seine Arbeit abgeschlossen hatte, war klar, dass meine Idee funktionierte. Es entstanden Vorschläge für neue Dienstleistungen, die vor allem unseren weiblichen Kunden entgegenkommen würden. Es erschien offensichtlich, dass im technischen Dienstleistungsbereich Frauen einen anderen, oft praxisnäheren Zugang haben. Der Fachbereichsleiter war begeistert. Es war nicht immer einfach, Frauen mit technischem Sachverstand zu finden. Aber die Herren gaben sich von nun an große Mühe.

Ein anderer Gedanke, der uns in unserem Frauenteam bei unseren monatlichen Besprechungen kam, war, dafür zu sorgen, dass Frauen stärker in den technischen Kundendienst, den technischen Vertrieb, eingebunden werden. Zwar arbeiteten viele Frauen als Mitarbeiterinnen im sogenannten nachgeordneten Bereich. Sie verkauften einfache Geräte und nahmen Reparaturen an. Aber dort, wo es um umfangreiche technische Einrichtungen ging, um innerbetriebliche Netze, um Systeme zum Beispiel für eine große Organisation, also um Geschäftskunden, dort arbeiteten nur Männer, die den technischen Sachverstand scheinbar »gepachtet« haben.

Nicht berücksichtigt wurde dabei, dass Frauen in der Regel beziehungsorientierter sind und sich daher besser in die Wünsche von Kunden einfühlen können als ausgebildete männliche Ingenieure. Ingenieure sind oft Tüftler und in die Technik verliebt. Sie wollen den technischen Glamour verkaufen. Der ist ihnen wichtiger als das, was für einen Kunden sinnvoll ist. Frauen verstehen schneller, was der Kunde sucht oder wirklich braucht. So stieß unsere Überlegung, Frauen für den Geschäftskundenvertrieb bei der Telekom zu schulen, auf offene Ohren bei den fortschrittlicheren Chefs. Die Aktion »Frauen für den Vertrieb«, an der die Gleichstellungsbeauftragte beteiligt war, wurde ein großer Erfolg. Sowohl bei den Frauen der Telekom selbst, die damit eine größere berufliche Chance bekamen, als auch bei den Chefs durch die besseren geschäftlichen Ergebnisse. Gemischte Teams arbeiten einfach erfolgreicher! Von dieser Überzeugung war ich nicht mehr abzubringen.

Seit wir ein so stattliches Team waren, hatte ich für unsere Arbeit einen anderen Namen durchgesetzt: Wir nannten uns nicht mehr Frauen-, sondern Gleichstellungsbeauftragte. Frauenbeauftragte – das klang so nach Ombudsfrau, fand ich, wie eine Klagemauer, zu der »frau« ging, wenn sie benachteiligt worden war. Eine Frauenbeauftragte bemüht sich, andere zu ihren Rechten zu verhelfen. So wurde die Aufgabe nach den Richtlinien für Frauenbeauftragte in den Bundesunternehmen auch aufgefasst. Ich sah die Notwendigkeit, wenn sie die Dinge verändern sollte, diese Aufgabe anders und umfassender, vor allem strategisch anzugehen. Eine Gleichstellungsbeauftragte spielt nach meiner Vorstellung in einem Wirtschaftsunternehmen eine aktive Rolle. Sie entwickelt Ziele und Strategien, um die Gleichstellung von Männern und Frauen im Unternehmen zu verankern. Das heißt, eine Unternehmenskultur zu schaffen, die auf gleicher Augenhöhe, gleichen Chancen besteht. Die Bezeichnung »Beauftragte für Chancengleichheit«, die ich in manchen Unternehmen, wie zum Beispiel bei der Deutschen Lufthansa, fand, gefiel mir ebenfalls nicht. Gleiche Chancen bedeuten noch nicht: tatsächliche Gleichstellung!

Als der Mobilfunk seinen Siegeszug begann, bemerkte ich, dass unsere Handy-Werbung von wichtigen Geschäftsmännern in dunklen Anzügen und mit Aktenkoffern beherrscht wurde. Was für eine begrenzte Sichtweise, dachte ich. Wo war die Zielgruppe der Kundinnen? Zwar hassten die meisten Frauen das laute »wichtig, wichtig Getue« in der Öffentlichkeit von Handy-Trägern damals, aber man musste ihnen dieses neue Gerät nur anders schmackhaft machen. Ich sah genug berufstätige Mütter in meiner Umgebung, die schnell einmal zu Hause anriefen, um zu hören, ob ihre Kinder dort wohlbehalten gelandet waren, ob sie ihre Schularbeiten machten. So etwas war ein Werbethema, dass Frauen interessieren musste. Stattdessen sah ich in unserem Film und Fernsehspots damals nur dunkel gekleidete Chefs mit ihren Büros von unterwegs telefonieren. Nur einmal tauchte eine Frau auf. Diese aber war hoch zu Ross. Sie nahm per Handy die Information in Empfang, dass er am Abend mehrere Geschäftskunden zum Essen mitbringen würde. Ich schüttelte den Kopf: Diese Welt entsprach doch nicht der Wirklichkeit. Und ich gab meine Eindrücke und Vorschläge an die Verantwortlichen im Hause weiter. Sie reagierten kaum. Ich glaube, ich ging vielen ganz schön auf die Nerven!

Bei einer internen Veranstaltung des Privat- und des Geschäftskundenbereichs wurde eine neue Methode der Kundenanalyse vorgeführt. Mit anderen Worten: Es wurde gezeigt, wie unser Unternehmen herausbekam, was unsere Kunden haben wollten und was nicht. Ich meldete mich zu Wort und fragte, ob sie bei der Befragung auch nach Kunden und Kundinnen differenzieren würden. Leichtes Stirnrunzeln beim zuständigen Vorstand, der gerade vortrug: »Nein! Wieso?« Und er setzte seinen Vortrag fort.

Einmal versuchte ich mittags in der Kantine, unseren Bereichsleiter für Presse- und Öffentlichkeitsarbeit davon zu überzeugen, dass bei Anzeigen darauf geachtet werden sollte, dass sie auch bei »Frau« ankämen. So würden beispielsweise Autos von Frauen – und es gäbe inzwischen einen großen Anteil von Auto-Käuferinnen – nach anderen Kriterien gekauft als von Männern. Das Gleiche sei auch von Kundinnen der Telekom zu erwarten. Er wischte meine Bemerkung unwillig mit den Worten vom Tisch: »Ach was. Auto ist Auto.« Inzwischen haben wohl alle großen Autofirmen die Notwendigkeit erkannt, bei ihrer Kundenanalyse nach Kunden und Kundinnen zu differenzieren. Denn inzwischen gibt es sogar Autos, die extra für die Zielgruppe »Frauen« entwickelt wurden.

Wir Gleichstellungbeauftragten kämpften an allen »Fronten«. Im Unternehmen gab es mittlerweile Bestrebungen, auch im Sinne des

Personalabbaus, mehr Teilzeitarbeit auch in höheren Ebenen einzuführen, vor allem flexible Teilzeit. Teilzeit gab es bisher bei uns vor allem als Halbtagsangebot – vormittags –, das von Müttern bevorzugt wurde, deren Kinder mittags aus der Schule kamen. Teilzeitarbeit existierte daher nur bei Mitarbeiterinnen aus dem mittleren Dienst. Es sollte aber verschiedene Formen von Teilzeit geben, stundenweise, tageweise, wochenweise und auch halbjährliche. Ebenso wurde bei der Telekom die Möglichkeit der Telearbeit diskutiert, weil wir ja auch unsere Kunden von dieser Möglichkeit überzeugen wollten. Denn schließlich boten wir ja als Unternehmen die Voraussetzungen für Telearbeit, die Infrastruktur, an.

Flexible Teilzeit und Telearbeit waren wichtige Themen für mich. Sie gehörten auch zum Inhalt unseres Frauenförderkonzeptes. Ich fand, auch negativen Themen, wie Personalabbau, kann man positive Seiten abgewinnen. Wenn mehr Teilzeitmöglichkeiten auch für höherwertige Dienstposten eingerichtet würden, behielten die Menschen ihren Arbeitsplatz und konnten sogar bei Bedarf ihre Stundenzahl und damit ihren Verdienst wieder erhöhen. Auf der anderen Seite bot sie Müttern und Vätern die Möglichkeit, sich mehr um ihre Kinder kümmern zu können. Beispielsweise konnten sie an zwei Tagen in der Woche zu Hause bleiben und den Rest der Woche musste die Familienarbeit anders organisiert werden. Flexibilität und Phantasie waren so natürlich auch bei den Mitarbeitern und Mitarbeiterinnen gefragt. Derartige Lösungen erforderten ein Geben und Nehmen von Betrieb und Arbeitnehmern. Auch ältere Mitarbeiter konnten durch flexible Teilzeit entlastet werden.

Von unseren Organisatoren aber wurde bezweifelt, dass so Personalabbau möglich sein würde. Dabei hatte VW das mit der Viertagewoche längst vorgemacht. In höheren Bereichen – vor allem bei Männern – würde man sich nicht auf diese flexible Teilzeit einlassen, meinten sie. Daraufhin ließ ich eine meiner Gebietsgleichstellungsbeauftragten in einer der überschaubaren Niederlassungen eine Umfrage starten: Ob und welche Stundenzahl und Arbeitszeitregelung die einzelnen Mitarbeiter in Teilzeit akzeptieren würden oder sich gar wünschten. Diese Umfrage ergab bei einigen hundert

Mitarbeitern immerhin eine Einsparung von 11 Dienstposten. Bundesweit wäre mit dieser Methode eine Menge einzusparen gewesen und viele Menschen hätten die Telekom nicht verlassen müssen. Und zudem wäre noch vielen Müttern und Vätern geholfen worden.

Man diskutierte derartige Möglichkeiten, die von uns immer wieder ins Gespräch gebracht wurden, nicht einmal ernsthaft. Sie erschienen den männlichen Führungskräften wohl einfach zu kompliziert. Wer hat gesagt: Wo ein Wille ist, ist auch ein Weg?

Telearbeit war eine andere große Chance, um die Vereinbarkeit von Beruf und Familie zu erhöhen. Im Unternehmen wurde eine Arbeitsgruppe eingerichtet, und ich setzte mühsam durch, dass wir beteiligt wurden. Der Gesamtbetriebsrat – inzwischen war die Telekom ein Privatunternehmen geworden und hatte statt eines Hauptpersonalrates einen Gesamtbetriebsrat – machte Schwierigkeiten bei der Einführung der Telearbeit. Das sei Heimarbeit, und dagegen hätten ja die Gewerkschaften nicht umsonst jahrzehntelang gekämpft. In der Arbeitsgruppe wurde ausgehandelt, dass Telearbeit nur dann zulässig sein würde, wenn der Mitarbeiter mindestens zwei Tage in der Woche am Arbeitsplatz erschien.

Für mich war keine Verständigung mit dem Gesamtbetriebsrat möglich. Meine Meinung, dass für eine begrenzte Zeit für Mütter mit sehr kleinen Kindern Telearbeit sehr hilfreich sein könnte, weil sie dadurch die ganze Woche zu Hause bleiben konnten, wurde einfach nicht akzeptiert. Das war mir alles viel zu plakativ und wenig menschen- und situationsgerecht.

Im Zusammenhang mit dieser Telearbeitsdiskussion geschah ein weiteres Ärgernis für mich: Als schließlich mit dem Gesamtbetriebsrat ein bescheidenes Pilotprojekt mit ganzen 80 Telearbeitsplätzen ausgehandelt worden war. Denn als sich auch Frauen mit kleinen Kindern, die ihre hoch qualifizierte Arbeit gerne behalten wollten, sich dafür anmeldeten, waren alle 80 Plätze schon an Männer vergeben. Sie hatten sich nämlich als »Versuchskaninchen« gleich am Anfang der Diskussion eintragen lassen dürfen. Sie waren einfach näher an den Informationen gewesen als ich und meine Gebietsgleichstellungsbeauftragte, Simone Herzmann, die als ausgebildete Ingenieurin für dieses Thema in meinem Team zuständig war. Viele enttäuschte Frauen kamen nun zu mir und beklagten sich. Ich hatte sie ja auch schon vorher immer vertrösten müssen, wegen der mit dem Gesamtbetriebsrat noch nicht abgeschlossenen Regelung. Und ich? Ich konnte wie so oft nichts machen. Das waren die Augenblicke meines größten Frustes.

Und als ob das nicht schon gereicht hätte, entwickelte sich zum gleichen Thema noch eine große Auseinandersetzung mit einer Frau, einer Kollegin aus dem gleichen Geschäftsbereich, die den Sprachendienst leitete. Gibt es tatsächlich keine Solidarität zwischen Frauen? Der Sprachendienst war im Fernmeldetechnischen Zentralamt in Darmstadt untergebracht. Dort arbeiteten zwei junge Mütter als Übersetzerinnen, die beide von Heidelberg aus einen weiten Anfahrtsweg hatten. Sie hörten von der Telearbeitsdiskussion und fanden, dass sie ihre Arbeit durch die Vernetzung der Computer auch sehr gut tageweise von zu Hause leisten konnten. Ihr unmittelbarer Vorgesetzter in Darmstadt war damals sofort damit einverstanden. Und die beiden nahmen sich regelmäßig längere Übersetzungen mit nach Hause. Die Sprachendienstleiterin in Bonn war, als sie davon erfuhr, mit der Regelung nicht einverstanden und machte sie wieder rückgängig. Und ich war wieder einmal hilflos.

Das waren dann Tage, da wollte ich den ganzen Krempel am liebsten hinschmeißen. So einfach war das mit dem Hinschmeißen als Beamtin nicht. Aber ich war so voller Enttäuschung, dass ich mir meinen Frust in einem zynischen Text über das männliche System von der Seele schrieb:

»Frauen halten weiterhin die Männer für ihre Herren und Meister. Im Beruf rivalisieren sie daher nicht mit männlichen Konkurrenten, sondern nach Möglichkeit mit anderen Frauen. Sie kämpfen damit um die Gunst der Herrscher.

Frauen benutzen subversive Techniken in diesem Konkurrenzkampf und gehen damit bis zur Selbstzerstörung, wenn nur die Konkurrentin nicht siegt. Sie schreiben sich die Solidarität unter Frauen auf ihre Fahnen, um unter deren Schutz alte Rollenspiele in neuer Umgebung weiterspielen zu können. Dazu inszenieren sie das Chaos, weil sie darin ihre Spielchen besser verbergen können. Auch diese Spiele sind Machtspiele. Aber sie wollen nach wie vor durch die Gunst der Herren an die Macht, an eine indirekte Macht. Sie wollen durch sie herrschen nicht kraft eigenen Vermögens. Denn das sind sie von alters her gewohnt.

Sie intrigieren manchmal sogar um der Intrige willen. Sie tun es scheinbar nicht mit einem klaren Ziel, so wie es bei den Männern leicht zu erkennen ist. Diese nämlich streben die Machtposition an – aber nicht die vermittelte Macht, sondern die eigene.

Frauen denken negativ aus der Erfahrung der unterdrückten Kaste heraus. Sie handeln daher defensiv und destruktiv.

Frauen denken nicht zielgerichtet. Weil im System nicht sie es sind, die die Richtung angeben, können sie nur gegen die Strukturen arbeiten – aber im Hintergrund – oder mit den Strukturen und dabei ihre Chance suchen oder sie verpassen. Wenn Letzteres geschieht, verfallen sie gerne in Resignation.

Denn die Ziele der Männer sind nicht ihre Ziele. Und daher verstehen sie die Strukturen des Systems nicht und wollen sie auch nicht verstehen. Und wollen sie auch nicht übernehmen. Da die Männer aber die Herrscher sind, beugen sie sich und akklamieren aus Opportunismus, um auf ihre Stunde zu warten.

Männer denken systemkonform, weil ihre Ziele mit diesen Strukturen verbunden sind. Ihr Leben verläuft systemadäquat. So funktionierte beispielsweise auch der Kolonialismus. So wie im Kolonialismus verhielten sie sich bisher auch immer den Frauen gegenüber.

Frauen leben in einer von Männern kolonialisierten Welt. Sie sind die Sklavinnen – die schönen fürs Bett, die übrigen für die Arbeit zu Hause und im Beruf. Das sind die Arbeitsbienen. Wenn Frauen ihre Pflicht erfüllt haben, werden sie abgelegt.

Sie werden nicht, wie es Männer unter sich machen, am Ende mit ehrenvollen Titeln, Pfründen und Ämtern abgefunden. Denn dort gilt: Wie du mir, so ich dir. Ein derartiges Opportunitätsdenken braucht Mann Frauen gegenüber nicht anzuwenden. Denn diese sind ja nur die Sklavinnen des Systems. Sie werden für die Unterhaltung und für die Arbeit gebraucht. Und natürlich auch für die Erhaltung des eigenen Stammes, und damit der eigenen Macht.

Daher gibt es in dem System auch Bereiche, die von Frauen freigehalten werden. Da, wo es um Herrschaftswissen geht, um Geld, Macht und Erfolg. Das Ganze ist wie ein Spiel, wie Schach zum Beispiel. Wer es am besten beherrscht, hat gewonnen. Ganz selten in der Geschichte hat sich eine Frau die Mühe gemacht, die Spielregeln zu lernen und zu beherrschen. Dann konnte es auch ihr gelingen, sich einen Platz in der Geschichte des männlichen Systems zu schaffen. Und eine andere Geschichte gibt es bis heute nicht. Außer einigen mühsamen Versuchen mit Geschichtsschreibung von Feministinnen.

Eher aber verlief es in derartigen Fällen so: Unerschrockene Sklavinnen, die sich die Spielregeln zunutze machten, wurden für diese Unbotmäßigkeiten bestraft. Erst recht geschah das, wenn sie versuchten sie auf ihre Ansprüche hin umzuformen.

Sicher, es gab und gibt auch milde und gütige Herrscher in diesem System, die bereit sind, bis zu einem gewissen Grad ihren Sklavinnen Freiheiten zu erlauben, als Dank für deren Treue oder gute Leistungen. Diese Freiheit endet immer dort, wo das System eine größere Freizügigkeit und Machtfülle einer Sklavin nicht mehr duldet. Dann bekommen ihre Herrscher selbst Schwierigkeiten mit ihrem System.

Dann gibt es noch Sklavinnen, die herausgehoben und als Heilige verehrt werden. Sie sollen dem System Farbe geben, seine Menschlichkeit dokumentieren, den Aberglauben der Herrscher beruhigen. Denn auch die Herrscher spüren die Magie der Mütter, der Erdkräfte. Diese heiligen Frauen haben die Aufgabe, das Schicksal günstig für die Herrscher und ihr System zu stimmen, die Ängste der Menschen aufzufangen, ihre Emotionen zu fokussieren. Wenn sie diese Aufgabe erfüllt haben, werden sie meistens ebenfalls abgeschafft, so wie Johanna von Orleans.

Dann gibt es auch noch die weiblichen Maskottchen. Auch sie sollen dem System Farbe geben. Sie dürfen repräsentieren und den Herrschern als Symbole ihrer Macht dienen. Ihr Einfluss ist nur ein vermeintlicher und ihre Macht ist abgeleitet und jederzeit wieder rückholbar. Auch sie werden abgeschafft, wenn sie aufmüpfig werden, oder unansehnlich, und ihre Schuldigkeit getan haben. Dann wird ein neues Maskottchen, ein neuer Glücksbringer, benötigt. Die emotionale Abhängigkeit eines Herrschers von seinem Maskottchen aber wird vom System geahndet.«

So schrieb ich. Habe ich eine Variante von Abhängigkeit der Frauen vom System vergessen? Auch in diesem zynischen Text deutet sich an, dass schließlich auch die Männer Opfer oder Sklaven ihres eigenen Systems werden, das uns in den Untergang treiben wird.

Ich blieb also auf meinem Arbeitsplatz und musste feststellen, dass auch meine Direktionsbereisungen nicht den großen Durchbruch brachten. Aber mit meinem größeren Team konnten nun auch unsere Kreise größer gezogen werden – intern und extern. Einen gewissen Durchbruch schafften wir intern mit einem genialen Einfall.

Ziemlich am Anfang meiner Arbeit als Frauenbeauftragte unternahm ich eine Reise nach Schweden, weil dort, wie ich wusste, die Frauenförderung und die Gleichberechtigung zwischen Männern und Frauen bereits fortgeschritten war. Ich besuchte dort unsere Schwesterfirma Swedish Telecom und einige andere Industrieunternehmen, von denen ich Gutes gehört hatte, wie das große Versicherungsunternehmen Trygg Hansa, die IBM und die Autofirma Volvo. Volvo galt als besonders vorbildlich. Ich wollte wissen, wie die Schweden das machten, und Anregungen für meine Arbeit bekommen.

Wenn auch in der schwedischen Wirtschaft die meisten Posten im höheren Management von Männern besetzt waren, so gab es dort doch Verhältnisse, von denen ich nur träumen konnte. Ich bekam viele Anregungen und neues Wissen mit, das mir half, meine Überzeugungsarbeit besser leisten zu können. Und ich dachte damals: »So geht es auch – und viel besser.«

Bei all diesen positiven Projekten von familienfreundlichen Maßnahmen bis hin zur Karriereförderung von Frauen entdeckte ich bei der Swedish Telecom einen Gleichstellungspreis, den Elfriede Andree-Preis. Elfriede Andree war als erste Telegrafin 1850 bei Televerket angestellt. Und sie trat in der Politik für die gleichen Rechte von Frauen und Männern ein. Ich maß diesem Preis damals nicht

viel Bedeutung bei. Er wäre höchstens eine Verzierung, ein Schmuck-
stück für die eigentliche Arbeit, fand ich.

In den regelmäßigen Besprechungen mit meinem Team überlegten
wir immer wieder, wie wir uns im Unternehmen mehr Aufmerksamkeit für unsere Arbeit verschaffen konnten. Und etwas widerstrebend griffen wir den Gedanken einer Auszeichnung auf, nach
dem schwedischen Vorbild. Unsere Öffentlichkeitsarbeit ging auf
diese Idee sofort ein, die sie ja finanzieren musste. Uns vom Gleich-
stellungsteam war wichtig, dass es eine schöne Trophäe sein musste,
die ausgelobt werden sollte, und es sollte ein Wanderpokal sein. Und
die Preisträger mussten auch etwas für sich bekommen, das sie
behalten konnten, wünschten wir. Wir konferierten danach mit der
Öffentlichkeitsarbeit und deren Werbeagentur und Folgendes wurde festgelegt: Eine moderne Trophäe in Form eines gläsernen Frau-
enkopfes sollte 1. Preis und Wanderpokal sein. Dazu bekamen die
Gewinner eine silberne Anstecknadel und eine gemeinsame
Wochenendreise an einen interessanten Platz und natürlich eine
Urkunde. Der 2. und der 3. Preis und vielleicht noch ein Sonderpreis
erhielten dann nur noch Anstecknadel und Urkunden. Wer aber
würde diese Frauenförderpreise überreichen?

Ich wünschte mir: Rita Süßmuth, Bundestagspräsidentin und zweite Person im Staate. Frau Professor Süßmuth hatte bereits einmal im
Hause referiert und großen Eindruck gemacht. In unserem interessanten Vortragsprogramm, das Mitarbeiterinnen und Mitarbeitern
der Telekom den Gedanken der Gleichstellung näherbringen sollte,
hatte neben Frau Süßmuth auch bereits die Sprachwissenschaftlerin
Senta Trömel-Plötz aus Amerika über weibliche und männliche
Sprache referiert. Andere sollten folgen.

Der Bundestagspräsidentin hatte es bei uns gefallen, auch weil das
Auditorium sehr groß und begeistert gewesen war. Und so ließ ich
bei ihr anfragen, ob sie die Schirmherrschaft für unseren Frauenförderpreis übernehmen würde. Sie sagte sofort zu und auch, dass sie
den Preis jedes Mal selbst überreichen wollte. Für ihre Ansprache
jedoch erbat ihr Büro Unterstützung bei mir. Ich versprach einen
Redeentwurf mit Bezug auf die Telekom-Probleme vorzubereiten.

Und ich durfte, so wurde mir zugesagt, da auch alles hineinschreiben, was mir am Herzen lag. Eine wunderbare Absprache! Auf diese Weise unterstützte Frau Süßmuth unsere Arbeit auf einmalige Weise. Genial aber war die Idee unseres Frauenförderpreises vor allem deshalb, weil ich mit der zweitwichtigsten Person in unserem Staate eine Attraktion anbot. Sodass die Ausschreibung des Preises alle zwei Jahre auf reges Interesse stieß vor allem bei den leitenden Herren. Leiter von Niederlassungen und andere Stellenleiter waren plötzlich sehr interessiert daran, dass sich ihre Teams in der Frauenförderung hervortaten. Sie wollten unbedingt einen Preis erhalten, um auf ein Foto mit Frau Süßmuth zu kommen. Unser Wanderpokal wurde so von Jahr zu Jahr populärer. Die Zahl der Bewerbungen wurde jedes Mal größer. Und je mehr Projekte es gab, umso effektiver wurde natürlich die Frauenförderung.

Die Fotos von der Preisverleihung kamen auch in unsere Hauszeitschrift, den *Telekom Monitor*, und natürlich auch in die Lokalpresse, sowohl in Bonn als auch in den Heimatorten der preisgekrönten Teams. Die Ideen, die im Sinne des Frauenförderkonzeptes verwirklicht wurden, waren zum Teil äußerst kreativ und vorbildhaft: So entwickelte ein Frauenvertriebsteam eine Software, um Kunden und vor allem Kundinnen besser betreuen zu können. Eine neue Form der Kundenkartei. Eine Auskunftsstelle, die vorwiegend aus Frauen zum Teil mit kleinen Kindern bestand, entwickelte eigenständig ihren Dienstplan. Kein Vorgesetzter musste mehr eingreifen. Es herrschte Teamgeist und der Dienstplan wurde auf die Bedürfnisse der Einzelnen abgestimmt. Kolleginnen sprangen selbstverständlich ein, wenn Not an der Frau war, ein Kind krank wurde oder es andere schwierige Umstände gab. Des Weiteren entstanden Elterninitiativen für Ganztagskindergärten, Teilzeitmodelle, die von Frauen und Männern akzeptiert wurden, um Familienpflichten übernehmen zu können, Frauenführungstrainings, es gab ein Ehepaar, das sich einen Führungsposten teilte, um abwechselnd bei seinem kleinen Sohn sein zu können, und vieles mehr. Das Projekt »E-Quality Team«, diese preisgekrönte Idee, machte schließlich sogar in der ganzen Telekom Schule.

Eine Broschüre wurde von uns gedruckt, in der alle Initiativen, die bei der Telekom einen Frauenförderpreis erhalten hatten, abgebildet und beschrieben waren. Wenn ich außerhalb meines Unternehmens über unsere Arbeit referierte und meine Gedanken zur Gleichstellung und zum geschäftlichen Erfolg vortrug, hatte ich damit einen herrlichen Fundus für eindrucksvolle Beispiele auf den verschiedensten Gebieten. So wurde die Verleihung des Frauenförderpreises zu einem Ereignis im Unternehmen und zu einem wirklichen Promoter der Gleichstellung.

Und doch, mir, die ich ehrgeizige Ziele hatte, kam das in diesem großen Unternehmen alles nur wie Tropfen auf den heißen Stein vor. Ich wünschte mir so sehr, dass sich unsere Unternehmenskultur von einem von Männern dominierten Arbeitsklima zu einem partnerschaftlichen verändern sollte. Alle täglichen Probleme, mit denen wir bei unserer Arbeit konfrontiert wurden, bis hin zur sexuellen Belästigung am Arbeitsplatz, forderten oft unsere ganze Aufmerksamkeit und unser ganzes Engagement. So tauchte plötzlich aus dem Nichts eine pornografische Benutzeroberfläche auf Computern auf, die Mitarbeiterinnen verstörte. Es war ganz schwer, die Verursacher zu finden, zu bestrafen und diese Belästigung abzustellen. Zum Glück gab es männliche Computer-Spezialisten, die ebenso empört waren und uns halfen.

Wir bekamen einen neuen Personalvorstand. Freundlieb wollte in den verdienten Ruhestand gehen. Sein Nachfolger sollte Frerich Görts werden, der ein tüchtiger Leiter des Stabs von Ex-Bundespostminister Schwarz-Schilling gewesen war. Ich hatte ihn noch zu meiner Museumszeit erlebt und in ihm immer einen zuverlässigen Gesprächspartner gefunden. Ich versprach mir nun von einem jüngeren Vorstand noch mehr und tatkräftigere Unterstützung als von dem freundlichen Freundlieb, einem Herrn alter Schule, der so kurz vor dem Ausscheiden nicht mehr allzu viel Ehrgeiz in seine Arbeit investierte und zudem einen Büroleiter hatte, dem mehr daran lag, mit den anderen führenden Männern als mit mir gut auszukommen. Termine bei Freundlieb waren daher in letzter Zeit schwer zu haben gewesen für mich. Ich versuchte gleich von Anfang an, Görts über meine Arbeit und deren Ziele zu informieren und ihn dafür zu gewinnen. Görts sagte mir in unserem ersten Gespräch, das noch vor seinem Amtsantritt stattfand, auch zu, dass ich an seinen Vorstandsbesprechungen mit seinen Geschäftsbereichsleitern teilnehmen dürfte. Daran lag mir viel, weil ich auf diese Weise über alle wichtigen Vorhaben im Personalbereich direkte Informationen bekäme und ich mich so, wenn nötig, schneller einschalten konnte. Ohne das waren wir in unserem Team immer auf Indiskretionen von anderen angewiesen und verloren dadurch zu viel Zeit.

Doch diese Zusage wurde schnell wieder rückgängig gemacht, als die Hierarchie offenbar dagegen protestierte und sich andere sich wichtig fühlende Fachbereichsleiter zurückgesetzt fühlten. Ich hatte nun einmal eine umfangreiche Querschnittsaufgabe! Und die ganzen Jahre musste ich darum kämpfen, dieser Querschnittsaufgabe gerecht werden zu können, weil ich bis zum Schluss nur in seltenen Einzelfällen direkt an Maßnahmen beteiligt wurde, bei denen es auch aus der Sicht der Gleichstellung Handlungsbedarf gab.

Da ging es zum Beispiel um die Bildung eines »Goldfischteiches«. Das hieß, es wurden Kräfte benannt, von denen man(n) überzeugt war, dass sie sich für Führungsaufgaben eignen würden, und die daher für diese besonders trainiert werden sollten. Frauen jedoch befanden sich nicht in diesem »Teich«, obwohl es bei uns in der Zentrale inzwischen viele hoch qualifizierte tüchtige Nachwuchsfrauen gab. Sie gehörten doch mindestens ihrem Anteil entsprechend zu diesen »Goldfischen«. Und das ist nur eines von vielen Beispielen.

Wenn ich ein Thema einzubringen hätte, so wurde ich von Görts beruhigt, dürfte ich am Vorstandsgespräch teilnehmen. Von da ab bemühte ich mich regelmäßig darum, ein Thema anzukündigen. So brachte ich u.a. das Kindergartenthema ein, da mir von meinen Gebietsfrauenbeauftragten aus einigen Gegenden des Bundesgebietes dringender Bedarf signalisiert worden war. Ich berief mich auf meine seinerzeit von mir durchgesetzte Formel der »betrieblichen Notwendigkeit«. Das wurde nun allerdings wieder eine endlose Geschichte. Ich wollte generell grünes Licht für derartige Vorhaben, wenn das vor Ort notwendig erschien. Aber mein früherer Geschäftsbereichsleiter Herbert Müller, der zuständig war fürs »Soziale«, lehnte jedes Mal ab und schob die Schuld daran auf andere. Ein Bedenkenträger fand einen anderen, auf den er sich berufen konnte. Ich lief von Pontius zu Pilatus, um mit dem angeblichen Neinsager zu diskutieren. Das war wie Schattenboxen, denn niemand war es schließlich gewesen. Eine Zusage bekam ich zunächst trotzdem für keines der verschiedenen Kindergartenprojekte.

Beim Vorstandsvorsitzenden wurde ein Bereich »Unternehmenskultur« eingerichtet. Der neue Leiter war Hartmut Reck, ehemaliger Geschäftsführer der CDU-Bundespartei, von der Telekom später weggelobt nach Nordrhein-Westfalen ins Team von Jürgen Rüttgers. Auch dort konnte er sich nicht lange halten. Reck, ein smarter Zeitgenosse, nahm sich richtig viel Zeit für mich und mein Anliegen. Ich brachte wunderbare Ideen ein. Reck schien Feuer und Flamme. Alles wollte er unterstützen. Auf die daraufhin von meinem Bereich entwickelten Papiere kam nie eine Reaktion. Auf meine Nachfragen kamen ebenfalls keine Antworten. Ein weiterer Termin bei ihm verlief ähnlich, nur nicht mehr ganz so enthusiastisch von meiner Seite. Geschehen ist nichts.

Ich wollte eine zweite große Mitarbeiterinnen-Befragung nach so vielen Jahren starten, um zu erfahren, ob unsere Arbeit im Unternehmen inzwischen spürbare Effekte gehabt hatte. Die Abstimmung im Haus zu dieser Befragung erwies sich dieses Mal als höchst problematisch. Als wir die Fragen endlich mit anderen Bereichen abgestimmt hatten und die Mittel zur Befragung bereitstanden, als wir außerdem sogar den Gesamtbetriebsrat endlich überzeugt hatten, dass niemandem ein Schaden entstehen und man alles total anonym halten würde (eigentlich war der Betriebsrat aus grundsätzlichen Überlegungen überhaupt dagegen gewesen), da erreichte uns völlig unerwartet ein Stopp-Zeichen von der Öffentlichkeitsarbeit. Für Mitarbeiter-Befragungen seien sie zuständig. Kein Geschäftsbereich, kein anderer Vorstandsbereich dürfe bei Telekom so etwas machen. Diese Absage war definitiv und endgültig, denn sie kam vom Leiter der Öffentlichkeitsarbeit Hans Jürgen Kindervater, einem mächtigen Mann. Der Vorstandschef, der inzwischen Ron Sommer hieß, stand hinter ihm.

Ich war außer mir. Wie sollte ich in meinem Jahresbericht die Schwachpunkte unseres Unternehmens in Sachen Gleichstellung aufdecken, wie Erfolge messen, wie dem Vorstand und seinem neuen Vorsitzenden Vorschläge für notwendige Veränderungen in Sachen Unternehmenskultur machen können ohne konkrete Zahlen und Fakten! Ich dürfe meine Fragen an die regelmäßig von der Öffentlichkeitsarbeit initiierte Mitarbeiterbefragung anhängen, wurde mir stattdessen zugesagt. Wie schwach dieser Trost war, sollte sich nur allzu bald herausstellen. Susanne Baumgärtl, die Gebietsfrauenbeauftragte Südwest, wurde von mir in die Arbeitsgruppe für die Mitarbeiterbefragung geschickt. Sie hatte unsere Mitarbeiterinnenbefragung vorbereitet. Susanne Baumgärtl kam ziemlich schnell wieder zurück mit folgendem Bescheid: Sie solle nur von Fall zu Fall eingeladen werden, denn die Arbeitsgruppe dürfe, um effektiv zu bleiben, nicht zu groß werden. Wir sollten unsere Fragen schriftlich vorlegen.

Wie so etwas ausgehen würde, kannte ich aus leidvoller Erfahrung. Ich bestand darauf, bei der nächsten Besprechung mit meinem Thema auf die Tagesordnung gesetzt und eingeladen zu werden.

Als ich mit meinem Punkt nach längerem Palaver schließlich an der Reihe war, erklärte der Arbeitsgruppenleiter, ein junger Schnösel, sie hätten viel zu tun, ich möchte mich bitte kurzfassen. Das hätte er besser nicht getan. Ich sagte ihm knapp aber deutlich meine Meinung und diskutierte ausführlich meine Wünsche mit der Vertreterin des Meinungsbefragungsinstituts. Bei ihr fand ich im Übrigen offene Ohren. Sie verstand mein Anliegen sofort. Allerdings war die Anzahl der Fragen, die uns zugestanden werden konnte, so gering, dass uns das Ergebnis der Befragung nicht die gewünschten Aufschlüsse bringen konnte.

Es war vor allem der Technik-Dienste-Vorstand Hagen Hultzsch, mit dem ich gute Arbeitskontakte pflegte. Er war mit einer Ärztin verheiratet und verstand daher das Problem berufstätiger Frauen oder jener Frauen, die gerne berufstätig sein möchten, besser als viele andere Manager. Er hatte die Idee, aus dem ganzen Bundesgebiet die

Frauen aus seinem Bereich einzuladen und mit ihnen über ihre Wünsche und Probleme zu diskutieren. Dafür stellte er einen ganzen Arbeitstag zur Verfügung. Verschiedene Programmpunkte wurden vorgesehen. Am Ende dieses bemerkenswerten Tages stellte Hultzsch befriedigt fest: »Ich habe viel gelernt.« Es war aber auch für mich hochinteressant gewesen.

Das Hauptproblem seiner Frauen war, dass sie in diesem technischen Vorstandsbereich in absoluter Minderheit waren und dadurch erst recht keine Chancen zum Aufstieg bekamen. Hultzsch entschied daraufhin, dass er »seinen« Frauen aus seinem Budget ein berufsbegleitendes Training und Coaching (BBC) spendieren werde. Das sollte mit dem Ziel geschehen, dass Frauen nach diesem zweijährigen Training nachprüfbar in ihrer Karriere weiterkämen. Das hieß, sie erhielten so bald wie möglich eine Führungsaufgabe. Mein Bereich sollte sich um dieses BBC-Trainingsprogramm kümmern.

Wir machten eine begrenzte Ausschreibung, die »Ilse Martin und Partnerinnen« gewann. Frau Martin entwickelte in Zusammenarbeit mit uns ein so vorbildliches Frauenführungstrainingsprogramm, dass es andere Vorstandsbereiche für ihre Frauen später übernahmen. Denn ich sorgte nun dafür, dass diese Idee mit dem »Frauentag« nun auch von allen anderen Vorständen aufgegriffen wurde. Als nächster folgte der Finanzvorstand. Das Vorbild der Kollegen führte dazu, dass sich auch die übrigen Vorstände nicht mehr länger sträubten und dem guten Beispiel folgten.

Das BBC sah folgendermaßen aus: Die jungen und ambitionierten Frauen aus dem Technik-Dienste-Bereich erhielten jeweils mehrere Einzelcoachings und sie trafen sich über zwei Jahre verteilt an mehreren Wochenenden zu Gruppentrainings. Die Ergebnisse waren unübersehbar. Wir waren so stolz auf diese Gruppe von Frauen, dass wir sie baten, auf der Düsseldorfer Frauenmesse das Coaching-Programm vorzustellen. In einzelnen Spielszenen zeigten sie dann, was Frauen im Arbeitsleben erwartet und wie sie damit klarkommen und sich durchsetzen können. Mit Ilse Martin stellten wir danach das BBC-Programm in seinen Inhalten vor. Es erregte große Aufmerksamkeit und wurde für uns ein Erfolg.

Alle nun nacheinander in den verschiedenen Vorstandsbereichen durchgeführten Frauentage brachten für deren Mitarbeiterinnen ihren besonderen Bedürfnissen entsprechende Angebote: So erhielt der Technik-Netze-Bereich eine Frauenquote für seinen Goldfischteich, der Geschäftskundenbereich das Trainings-Programm »Frauen für den Vertrieb« usw. Es war jedes Mal ein großer Arbeitsaufwand für unser Team einen solchen Tag vorzubereiten und durchzuführen, vor allem in den Vorstandsbereichen mit einem hohen Frauenanteil, wie dem Privatkundenbereich und unserem eigenen, dem Personalbereich. Aber für die Frauen der Telekom war es ein bundesweit sichtbares Zeichen, dass wir daran arbeiteten, die Kultur im Unternehmen in ihrem Interesse zu verändern.

Kreativität und gute Ideen sind für jede Arbeit nützlich. Wir wären ohne sie gar nicht klargekommen. Hilfreiche Ideen zu finden, bedeutet nicht, sie alle selbst zu haben, aber es heißt, sie zu erkennen, wenn sie einem angeboten werden, und sie weiterzuentwickeln. Die besten Ideen entstehen in Teamgesprächen, Brainstormings und in Offenheit. Aber auch das ist noch nicht alles. Engagement ist notwendig, Hartnäckigkeit, strategisches Denken. Und last but not least: Die Fähigkeit zu lachen. Denn ist nicht letztlich alles, was wir tun, ein Spiel?

Bevor das BBC entwickelt wurde, bot die Führungsakademie mit unserer Unterstützung ein Frauenführungstraining an. Es hatte keinen so kontrollierbaren Effekt wie das BBC, aber es diente dazu, Frauen in den höheren Ebenen mehr Selbstbewusstsein, Sicherheit und Durchsetzungsvermögen zu vermitteln. Es wurde bei Frauen ein sehr beliebtes Training und hat vielen in ihrer Karriere geholfen.

Neben dem berufsbegleitenden Training und Coaching (BBC) und den Frauenführungstrainings wurde von uns ein Trainingsprogramm entwickelt, das uns auch außerhalb des Unternehmens großen Erfolg brachte, eigentlich sogar mehr als innerhalb. Wir nannten es »Fair bringt mehr«.

Der Samen zu diesem Projekt wurde bereits in meiner Anfangszeit als Frauenbeauftragte in dem hin und wieder sich ergebenden Gedankenaustausch mit Christian Klär gelegt, mit dem ich ja in meiner

Museumszeit zusammengearbeitet hatte. Klär war inzwischen weiter bei der Telekom als Berater tätig. Ich fand bei ihm vor allem ein offenes Ohr für mein Hauptproblem bei der Gleichstellungsarbeit: Das Unbewusste bei Männern und Frauen, das es mir so schwer machte, die Unternehmenskultur signifikant zu verändern.

Es gab zu dieser Zeit im Fernsehen einen Spot zur Verkehrserziehung, »Der siebte Sinn«, der das Ziel hatte, anhand von guten Beispielen die Verkehrsteilnehmer zu einem fairen Verhalten im Straßenverkehr zu motivieren. Ich sammele, so sagte ich in einem unserer Gespräche zu Klär, Szenen aus dem Berufsalltag, die Beispiele dafür sind, wie sich Männer oft unfair oder dominant Frauen gegenüber verhalten und Frauen dagegen unterwürfig und zu angepasst. Ich würde dieses Verhalten so gerne sichtbarer machen, denn den meisten fällt es gar nicht auf. Klär fielen daraufhin die Verkehrsspots ein. Man könne doch Filmszenen zeigen mit derartigen typischen Verhaltensweisen und dazu die möglichen Verbesserungen.

Ich griff diese Idee sofort auf. Doch bis sie umgesetzt war, musste noch ein langer Weg zurückgelegt werden. Der Gedanke, alltägliche Begebenheiten im Berufsleben in bildlichen Szenen zu verdeutlichen, verlockte mich außerordentlich: das Gefälle in der Wahrnehmung der Bedeutung von Männern und Frauen zu zeigen, die generell andere Sichtweise, die unterschiedliche Kommunikation, die andere Körpersprache, die schlechteren Chancen, die mangelnde Respektierung von Frauen, ihre anderen Bedürfnisse, die fehlende Bewusstheit für das alles und noch vieles mehr. In Gesprächen auch mit meinem damals noch kleinen Arbeitsteam und mit Christian Klär vertiefte ich diese Gedanken.

Diese unbewussten Verhaltensweisen und Wahrnehmungen, die eine Veränderung vor allen anderen Gründen so schwer machen, gibt es natürlich nicht nur bei der Telekom, dachte ich, sondern ganz bestimmt in allen anderen Betrieben auch. Solche Filme würden daher auch Frauen in anderen Unternehmen helfen können, mehr Spaß an ihrer Arbeit zu haben, sich anerkannter zu fühlen. Sie sollten daher als Lehrmaterial zu verkaufen sein. Eine Vermarktung verminderte gleichzeitig die enormen Kosten. Damit eine solche Produktion als

Lehrmaterial anerkannt würde, brauchten wir ein professionelles Gremium, das dieses Projekt begleitete.

Doch zunächst sammelte ich in Gesprächen, aus der Literatur und aus meinem eigenen Erfahrungsschatz Episoden, die gemeingültig und damit geeignet für ein Training für mehr Fairness im Umgang zwischen Männern und Frauen im Berufsalltag. So fand ich es auch folgerichtig, dass »Fair bringt mehr« in Zusammenarbeit mit einem Mann entstand. Das schützte uns davor, in unserer Sichtweise einäugig zu sein, und bewahrte uns davor, nicht ernst genommen zu werden.

Es gibt Männer, wie man nicht nur am Beispiel des Unternehmensberaters Christian Klär sieht, die durchaus in der Lage sind, die mangelnde Symmetrie von Männern und Frauen im Berufsleben wahrzunehmen. Mit Intelligenz allerdings hat diese Fähigkeit nicht so viel zu tun, eher mit der Möglichkeit zu sehen und zu reflektieren. Und zum Sehen braucht man nicht so sehr den Kopf. Immer wieder traf ich mich mit Klär und wir tauschten Erfahrungen und Beispiele aus. Langsam entstand das Drehbuch für einen Film mit einer Spielhandlung. Als das erste Drehbuch stand, wurde der »Aufsichtsrat« für das Projekt ins Leben gerufen. Er bestand u. a. aus einer Vertreterin des Bundesministeriums für Bildung und Wissenschaft, einer aus dem Frauen- und Familienministerium, der Wirtschaftsprofessorin Sonja Bischoff, einer Vertreterin aus dem Weiterbildungsgremium der Wirtschaft, einem unserer Ausbildungsfachleute und mir als Gleichstellungsbeauftragter der Telekom als Vorsitzende.

Nachdem wir das Drehbuch überarbeitet hatten, drehte Klär eine Probeszene. Nachdem diese diskutiert worden war, erhielt die Firma Klär den Auftrag, den Film »Bewerben Sie sich, Frau Adam!« zu produzieren.

Wie es mir gelang, an verschiedenen Stellen und auch über einen eigenen Etat meine zahlreichen oft auch aufwendigen Projekte zu finanzieren, damit möchte ich meine Leserinnen und Leser nicht langweilen. Da die Situation von Jahr zu Jahr anders war bei der Telekom, sind meine Beispiele nicht für andere anwendbar. Nur so viel sei gesagt, dass ich immer mit großer Flexibilität und Aufmerksamkeit an diese Aufgabe herangehen musste. Jeder Betrieb und jede Organisation haben ihre eigenen Budget-Gesetze. Nur wiederholen kann ich: Visionen, Ziele, Situationsanalysen, Pläne zum Umsetzen der Ziele müssen gemacht werden. Ein strategisches Vermögen ist daher wichtig, aber auch erlernbar mit der Zeit.

Produzent Klär gewann eine Top-Regisseurin und diese wieder bekannte Fernsehdarsteller. Der Drehort war Köln. Ich fuhr hin und wieder zu den Dreharbeiten. Die gesammelten typischen Szenen aus dem Berufsalltag waren in eine Spielhandlung eingefügt worden. Die Handlung war in wenigen Worten folgende: Ein Fachleiter soll zum Abteilungsleiter aufsteigen und sieht einen seiner Gruppenleiter als seinen Nachfolger vor. Allerdings müsse die Stelle noch regulär ausgeschrieben werden, sagte er diesem. Die Kollegin des Gruppenleiters beschließt jedoch, sich ebenfalls zu bewerben. Der Chef, der sich an seine Zusage gebunden fühlt, versucht ihr das auszureden. Ob sie denn keine Kinder wolle usw. Frau Adam weist jedoch auf die Spielregeln hin. Das Ende der Geschichte: Frau Adam bekommt den Job, weil sie besser qualifiziert dafür ist.

Nach dem Film entstand ein umfangreiches Arbeitsbuch, das Anleitungen gibt, wie mit den drei Filmsequenzen in einem Seminar in einer weiblich-männlich gemischten Gruppe am besten gearbeitet werden kann. Meine Idealvorstellung ist, dass Arbeitsteams mit Hilfe dieses Programms Gruppenarbeit machen, damit sie lernen, besser und fairer miteinander umzugehen. Der Gedanke, viele kleine Spots zu entwickeln, wurde im Laufe der Zeit, vor allem aus Kostengründen, fallen gelassen. Und schließlich macht schon die Story des Films deutlich, wie es im normalen Berufsalltag bei den Karrierewegen von Männern und Frauen läuft. Ein positives Ende für die Frau, wie in unserem Film, gibt es in den selteneren Fällen. Das gute Ende soll vor allem Frauen vermitteln, dass es sich lohnt zu kämpfen.

Als nun alles fertig war, ergab sich alsbald bei der Telekom ein großes Problem. Unsere Ausbilder und unsere Personalentwickler sahen keinen Anlass, das Trainingsprogramm einzusetzen. Ich konnte mit Engelszungen reden, es half nichts. Es gab allenfalls vage Versprechungen für die Zukunft. Das Unbewusste war stärker. Es duldete keine Veränderung und ließ daher die Einsicht nicht zu, dass ein derartiges Programm in einem Unternehmen viel bewegen würde. Es gab ein paar aufschlussreiche Probe-Workshops mit Arbeitsteams, um das Arbeitsbuch auszuprobieren und notfalls einige Korrekturen anzubringen.

Ich konferierte immer wieder mit dem Leiter unserer Führungsakademie und er versprach, den Film einzusetzen. Aber auch im Jahresprogramm unserer Führungsakademie fand »Fair bringt mehr« keinen regelmäßigen Platz. Diese Enttäuschung kam nach all den Erfahrungen der vergangenen Jahre vielleicht nicht ganz unerwartet. Wir setzten den Film natürlich überall dort ein, wo wir konnten und genügend Einfluss hatten. Einige meiner Frauen ließen sich für dieses Programm als Trainerinnen ausbilden.

Wir stellten »Fair bringt mehr« später auf der Düsseldorfer Frauenmesse in einem großen Forumsraum vor. Ich bildete mit einigen prominenten Frauen eine kleine Einführungsdiskussionsrunde und berichtete über die Entstehungsgeschichte. Zunächst herrschte, wie das auf einer Messe normal ist, ein Kommen und Gehen, als dann aber der Film gespielt wurde, herrschte vollkommene Ruhe und große Aufmerksamkeit unter den vielen Frauen in dem voll besetzten Raum. Anschließend gab es großen Beifall. Das war Beifall von berufener Seite und er freute mich sehr. Meinem Ziel jedoch kam ich damit nicht sehr viel näher.

Die Frauen- und Gleichstellungsbeauftragten größerer Wirtschaftsunternehmen hatten sich zu einem »Forum Frauen in der Wirtschaft« zusammengeschlossen. Wie es dazu kam, werde ich noch berichten. Von diesen Firmen kauften die meisten unser Programm, aber auch andere Unternehmen und Organisationen interessierten sich für »Fair bringt mehr«. Die Bundesanstalt für Arbeit setzte es zum Beispiel flächendeckend in ihrer internen Ausbildung ein. Doch ein Phänomen war unübersehbar auch bei anderen Unternehmen: Das, was Männern mit Hilfe von Frau Adam bewusst gemacht werden sollte, ihre unterschwellige Unterschätzung von Frauen, ihre Vorurteile, auch das Konkurrenzgefühl, verhinderte den Durchbruch des Programms. Dabei ist es noch heute genauso aktuell. Für mich ist das im Rückblick eine der wenigen wirklichen Enttäuschungen.

Bei meinen Vorträgen und den Vorstellungen des Programms außerhalb der Telekom machte ich die unterschiedlichsten Erfahrungen. Es gab vor allem unter dem Führungspersonal Gruppen, bei denen die Männer nach dem Film protestierten und meinten, die Szenen im Film seien »maßlos übertrieben«, während die wenigen Führungsfrauen unter ihnen dagegenhielten: »Übertrieben? Untertrieben!« Auch das war für mich ein Beweis für die Notwendigkeit eines solchen Instrumentes, um unterschiedliche Sichtweisen und ein anderes Bewusstsein vermitteln zu können.

Hoch qualifizierte junge Frauen, die direkt von der Universität zur Telekom kamen und durch unser Assessment gingen, in dem ich oft zu den Prüfern gehörte, schienen zu glauben, dass es keinerlei Diskriminierung von Frauen mehr gibt. Als ich einer Gruppe, die bei der Telekom zu Referendaren ausgebildet wurde, den Film zeigte, waren die jungen Männer aufmerksam bei der Sache. Sie nahmen sich die Geschichte zu Herzen, während ihre Kommilitoninnen meinten: Das sei ja alles übertrieben und sie fänden das Vorgehen (den Kampf um die ausgeschriebene Stelle) von Frau Adam unfair. Ich hätte sie gerne einige Jahre später wieder getroffen! Ob sie dann auch noch dieser Meinung waren?

Hier zeigte sich übrigens eine Entwicklung, die ich im Laufe der Jahre immer wieder feststellte: Junge Frauen erkennen zu Beginn ihres Berufslebens häufig nicht mehr die Notwendigkeit der Gleichstellungsarbeit. Sie beschäftigten sich augenscheinlich nicht mit Statistiken und anderen Fakten, die die Problematik deutlich widerspiegeln. Zum Beispiel, dass Frauen bei gleicher Tätigkeit auch heute noch ungefähr ein Drittel weniger verdienen als ihre männlichen Kollegen. Nach Professorin Sonja Bischoff zeigt sich erst jetzt ein leichter Trend zur Veränderung.

In meinen letzten Jahren als Gleichstellungsbeauftragte sollte ich die Erfahrung machen, dass die neue Generation der hervorragend ausgebildeten jungen Frauen die Notwendigkeit meiner Arbeit oft nicht nur bestritt, sondern sich manchmal sogar scheute, mit mir in einen

Zusammenhang gebracht zu werden. Glaubten sie, ihre männlichen Vorgesetzten würden das missbilligen und ihre Karriere könnte dadurch Schaden nehmen? Beispiele wie mein späteres Mentoring-Projekt scheinen das zu bestätigen.

Ein drittes derartiges Beispiel ist der Frauen-Stammtisch bei der Telekom. Von Beginn meiner Tätigkeit an hatte ich mich bemüht, in der Zentrale der Telekom einen Stammtisch für Führungsfrauen ins Leben zu rufen. Ich wollte dort mehr über ihre Probleme erfahren und hören, für was ich mich stärker einsetzen musste. Alle diese Versuche schliefen nach anfänglicher Begeisterung schnell ein. Frauen haben durch die Doppelbelastung in Beruf und Familie oft keine Zeit für ihre ureigenen Interessen. Sie engagieren sich lieber für andere als für sich selbst, während Männer das seit Jahrhunderten tun und ihre Karriere an erste Stelle setzen.

Die engagierte Juristin und Vorbildfrau aus Hamburg Helga Stödter hatte einen Verein ins Leben gerufen, der sich »European Women Management Development Network« (EWMD) nennt. Diese Organisation, die Frauen im Management verbindet, unterstützte ich finanziell über die Telekom. Dafür durften zehn Frauen der Telekom beitragsfrei Mitglieder werden. Ich lud die jungen Führungsnachwuchsfrauen bei der Telekom ein und machte ihnen noch einmal den Stammtisch-Vorschlag, der ein Forum für wichtige Informationen für sie werden und Unterstützung für ihre Karriere bringen sollte. Meine Idee war, dass ihn die zehn Frauen organisieren könnten, die dafür beitragsfrei Mitglieder im EWMD würden. Ich bekam ein äußerst positives Echo auf meinen Vorschlag. Dieser Stammtisch wurde dann auch eine selbstständige Einrichtung. Nur wurden hier nie Themen behandelt, die die Situation der Frauen analysierten und Veränderungen ermöglichten. Die Organisatorinnen luden vielmehr Referenten ein, die sich stets nur zu allgemeinen Managementthemen äußerten.

In einem Vortrag über Unternehmenskultur sprach der junge Referent immer nur in männlichen Begriffen, wie »Manager« oder »Mitarbeiter« oder »Herren«. Als ich ihn schließlich – etwas ärgerlich – darauf aufmerksam machte, dass auch die Sprache zur Unternehmenskultur gehöre und wenn Frauen nicht angesprochen würden, diese sich auch nicht mit gemeint fühlten, da war das den jungen Frauen sofort unangenehm. Und sie diskutierten über die »richtige Sprache« mit mir und nicht mit dem Referenten.

Ich hatte bei dieser Stammtischgründung auch vorgeschlagen, er könne auch dazu dienen, dass sich junge Führungsfrauen gemeinsam für ihre Interessen in der Zentrale direkt an Ron Sommer wenden könnten. Zum Beispiel für flexible Arbeitszeit, Teilzeit oder auch Telearbeit, vor allem dann, wenn sie Kinder hatten. Denn derartige Regelungen hingen in der Zentrale immer noch von den jeweiligen Vorgesetzten ab und waren bei diesen in den allermeisten Fällen verpönt. Ich aber hatte darauf so gut wie keinen Einfluss. Umso mehr versprach ich mir von derartigen gemeinsamen Aktionen. Aber dazu fanden sich die jungen Frauen nicht bereit. Ein Bewusstseinsproblem bei Frauen ist die mangelnde Solidarität. Sie erschienen einzeln bei mir, wenn sie persönlich ein Problem hatten.

Widersprüchliche Wahrnehmungen von Frauen? Fehlender Mut? Unklare Ziele? Woran lag das alles?

Je mehr ich intern auf die verschiedenste Weise an der schnellen Durchsetzung meiner Ziele gehindert wurde, umso mehr suchte ich die Aufmerksamkeit außerhalb für unsere vielen Ideen und Projekte. Meine Strategie lautete: Durch Wahrnehmung der Öffentlichkeit und durch entsprechende Medienberichte über das, was bei der Telekom geschah, wird die Wahrnehmung intern gestärkt. Je mehr Werbung außen für unsere Programme, umso mehr Interesse intern für sie!

Die Frauenbeauftragte von Schering in Berlin war eines Tages am Telefon und machte mir den Vorschlag, dass wir uns gegenseitig zum Gedankenaustausch und gegenseitiger Unterstützung mit Gleichstellungsbeauftragten von anderen großen Unternehmen treffen sollten. So wurde das »Forum Frauen in der Wirtschaft« gegründet. Eine von uns war jeweils Gastgeberin für die Übrigen in der Gruppe. Zweimal im Jahr fand in einem anderen Unternehmen ein Treffen statt. Die Telekom erfuhr so, intern durch Berichte in der Mitarbeiterzeitschrift, dass es auch andere Großunternehmen gab, die sich der Thematik »Gleichstellung« annahmen, wie die Deutsche Lufthansa, die Bundesbahn, die Deutsche Bank, die Commerzbank, Philips, Höchst, Mercedes, VW, Merck, der Frankfurter Flughafen. Und immer neue Unternehmen stießen zu uns. Wir lernten voneinander und konnten unsere Ideen in unseren Häusern besser durchsetzen, weil wir zum Beispiel argumentieren konnten: »VW macht das schon lange so!«

Und wieder einmal klingelte das Telefon. Gabriele Zimmermann meldete sich und berichtete von dem Projekt, auf dem Düsseldorfer Messegelände alle zwei Jahre nach schwedischem Muster eine Frauenmesse stattfinden zu lassen. Sie wollte mit einer Delegation nach Schweden reisen, um sich »Kvinör kan« anzusehen, ob ich Lust hätte, mitzukommen. Ich sagte zu. Später berichtete ich im Forum von den schwedischen Eindrücken und wir beschlossen, uns möglichst alle an der ersten Düsseldorfer Frauenmesse, der »Top 91« zu beteiligen. Für die Messe war die Beteiligung dieser Großunternehmen sicher ein wichtiger Durchbruch für ihr Vorhaben. Wir bekamen einen prominenten Platz für alle unsere Stände zusammen und konnten uns so auch schon mit unserem Zusammenschluss präsentieren. Jede Firma zeigte, was sie für Frauen tat, aber auch ihre Produkte, besonders diejenigen, die sie für Frauen interessant fand. Unsere Gruppe fand großes Interesse bei den zahlreichen Besucherinnen und den wenigen Besuchern. Viele prominente Politikerinnen kamen. Wir hatten bald – bei den nächsten Frauenmessen – unser eigenes Forum, in der jede unserer Firmen Veranstaltungen bestritt. Auch daran nahm viel Prominenz teil, allen voran Bundestagspräsidentin Rita Süßmuth, dann Petra Kelly, Petra Schürmann, Patricia Aburdene, Senta Trömel-Plötz, Sabine Christiansen, ~~Hilde~~ Hildebrandt … Und natürlich immer wieder Vorstände aus den verschiedenen großen Unternehmen.

Wir hatten viel Arbeit mit der Vorbereitung der Veranstaltungen und der Gestaltung unserer Stände. Aber es machte allen viel Spaß.

Als in der Wirtschaft die Zeit des Sparens einsetzte, mussten die Frauenthemen oft als erste daran glauben. Also sparten die Firmen auch an der Messe-Beteiligung. Obwohl hier so viel private Eigeninitiative der Mitarbeiterinnen hineinfloss und die Frauenmesse ein Unternehmen höchstens einen Bruchteil von anderen Messe-Beteiligungen kostete. So wurde das Projekt Frauenmesse, trotz größter Wertschätzung bei den Besucherinnen, eingestellt. Unser Forum beteiligte sich nun jedes Mal an der Frauenmesse, die alle zwei Jahre stattfand, solange es die Messe gab. 1999 war die letzte Frauenmesse. Die Messeleitung fand, der geschäftliche Erfolg sei nicht groß genug.

Unser Ziel »Mehr Frauen in die Technik« blieb all die Jahre ein schwieriges Unterfangen. Mit Helga Ebeling aus dem Bundesministerium für Forschung und Technologie, zeitweise gehörten Bildung und Wissenschaft auch noch zu diesem Ressort, traf ich mich immer wieder und wir tauschten Probleme und Ideen aus. Wir denken auf einer Wellenlänge. Unsere Verständigung war problemlos. Die andere funktionierte sozusagen auf Zuruf. Ideen schienen auf beiden Seiten nie zu versiegen. Helga Ebeling betreute eine Reihe von interessanten Projekten vor allem im europäischen Raum. Mit ihrem Budget und meinen Finanzierungsquellen bei der Telekom konnten wir ein großes Projekt ins Leben rufen. Und das wollten wir auch. Wir wollten erreichen, dass sich junge Mädchen endlich mehr für Technik interessierten und erkannten, dass es hier für sie großartige Berufschancen gab. Auf Vorschlag von Helga ergänzte uns Annelore Chaberny, Frauenbeauftragte der Bundesanstalt für Arbeit, zum Triumvirat.

Die Initiative »Frauen geben Technik neue Impulse« wurde geboren. Der Grundgedanke war der gleiche wie jener, der mich damals veranlasst hatte, Vorstand Hagen Hultzsch für seine Produkt-Innovations-Teams Frauen vorzuschlagen. Frauen haben ein anderes Verhältnis zur Technik, sind nicht so sehr von Technik an sich fasziniert wie Männer, sondern legen mehr Wert auf deren Nutzen und Verfügbarkeit im Alltag.

Wir verteilten die Kosten für diese Initiative auf die drei Häuser: Das Ministerium für Bildung, Forschung und Technologie würde den größten Teil übernehmen. Die Telekom stellte vor allem die technische Ausstattung für das Projekt und die Bundesanstalt für Arbeit kam für die Werbung auf. Das Logo für die Initiative entstand alsbald: Ein Bildschirm mit einem lächelnden roten Mund. Strenge Feministinnen kritisierten es leider bald als zu »sexistisch«. Aber wir blieben dabei. Es transportierte auf einfache Weise unser Anliegen, die Technik durch weibliche Ideen zu verändern. Frauen geben Technik neue Impulse. Nicht mehr, aber auch nicht weniger.

Den Weg dieser Initiative bis in die heutige Zeit mit all ihren Aktionen, aber auch einigen Fehlschlägen zu schildern, würde ein eigenes Buch füllen. Leider brachte ihr großer Aufwand auch mit ehrenamtlichem Engagement durch einen Beirat von Fachfrauen bis heute nicht den erhofften Durchbruch. Eingefahrene Denkmuster sind hartnäckiger, als wir ahnten. Der Gedanke, dass Technik auch etwas für Frauen ist, brachte in einem anderen Erziehungssystem, nämlich dem der DDR, viel mehr Ingenieurinnen hervor als wir mit all unseren Bemühungen in den alten Bundesländern in einem festgefrorenen Rollenverständnis. Erfolgreich war die Aktion mit der Zeitschrift *Brigitte*, die aus der Initiative »Frauen ans Netz« entstand. Heute bewegen sich viel mehr Frauen, auch ältere, im Internet.

Mit einem Kollegen, dem meine Gedanken sofort einleuchteten, organisierte ich mit Hilfe der Initiative eine Produkt-Review. Ein Team der Telekom hatte eine neue Büroverwaltung entwickelt, die auf der CeBIT in Hannover vorgestellt werden sollte. Ich besorgte die Technikerinnen über die Geschäftsstelle der Initiative an der Bielefelder Fachhochschule. Sie testeten dieses neue Produkt auf seine Praktikabilität. Was dabei herauskam, befriedigte den Entwickler außerordentlich: Unnötiger technischer Schnickschnack wurde gespart, wichtige Gesichtspunkte wurden eingebracht und die Kosten des Ganzen reduziert. Leider habe ich nie gehört, dass ein ähnliches Experiment wiederholt worden ist.

Die europäische Konferenz mit der größten Auswirkung auf unsere Arbeit war »Total E-Quality« in Como am Lago di Como. Ich kann mir keinen schöneren Konferenzort als dieses altmodische Hotel direkt am See vorstellen. Für mich waren die vielen Erfahrungsberichte und Untersuchungen, die hier vorgetragen wurden, vor allem auch aus Amerika, die Bestätigung meiner jahrelangen Überzeugung: In den zahlreichen Vorträgen von Experten und Expertinnen aus aller Welt wurde nachgewiesen, dass eine konsequente Gleichstellungspolitik, die eine Unternehmenskultur der gleichen Augenhöhe zwischen Mann und Frau zum Ziel hat, den Unternehmenserfolg steigert. Die Wissenschaftlerin Gillian Shapiro stellte dazu ihre Untersuchung »Equality Driven Total Quality« vor. Sie hatte zahlreiche internationale Unternehmen befragt. Die Deutsche Telekom, die in dieser Zeit das Total Quality Management einführte und bereits über ein umfassendes Frauenförderkonzept verfügte, war eines der von Shapiro untersuchten Unternehmen. Como war für mich eine Offenbarung. Ich fühlte mich wie elektrisiert. Denn Total Quality Management war ein neues ganzheitliches, auf Business Excellence ausgerichtetes Managementsystem. Darauf werde ich noch ausführlicher eingehen.

Zurück in der Bundesrepublik traf sich sehr bald die kleine deutsche Delegation, bestehend aus zwei Unternehmerinnen des Jahres, je einer Vertreterin des Hessischen Instituts für Wirtschaft, des Arbeitgeberverbandes und des Deutschen Gewerkschaftsbundes, dem Forschungsbereich der Bundesanstalt für Arbeit und mir als Vertreterin eines großen Unternehmens, um zu überlegen, wie wir das Erfahrene in unserem Land umsetzen konnten. Wir sahen in den Erkenntnissen von Como die Möglichkeit, einen Paradigmenwechsel in der Personalpolitik anzustoßen.

Der Gedanke, dass eine konsequente Gleichstellungsarbeit zur Qualitätsverbesserung führt, so überlegten wir, sollte mit Hilfe eines Prädikats über die Medien in deutsche Wirtschaftsunternehmen getragen werden. Wir entwickelten ein »Total E-Quality Prädikat« für nachweisbare durchgehend auf Gleichstellung beruhende Personalpolitik in Unternehmen. Wir erarbeiteten in mehreren Treffen einen Fragebogen dafür und bildeten eine unabhängige und unparteiische Jury. Der Verein Total E-Quality gründete sich, zu dem wir auch noch Vertreterinnen aus dem »Forum Frauen in der Wirtschaft« holten, auch meine Freundin Helga Ebeling aus dem Bundesministerium für Bildung und Forschung und eine Vertreterin aus dem Bundesfrauenministerium. Den Vorsitz des Vereins übernahm die Unternehmerin Eva Roer. Ich wurde ihre Stellvertreterin. Die Formulierung der Satzung stammt weitgehend von mir.

Bis zu meinem Ausscheiden aus der Telekom blieb ich im Vorstand dieses Vereins. Auch über diese Gründung, die Arbeit des Vereins, die Firmen, die ein Prädikat bekommen haben, aber auch über die zahlreichen Querelen im Laufe der Jahre ließe sich ein Buch füllen.

Diese und noch einige andere Initiativen hatten Auswirkungen auf das Image der Telekom als frauenfreundlicher Betrieb und wirkte sich auf diese Weise auch intern aus. Die Bedürfnisse von Mitarbeiterinnen bei uns wurden eher wahrgenommen und ihre Karrierechancen stiegen. Die Manager der Telekom verstanden auch nach und nach, dass ein Augenmerk auf Kundinnenbedürfnisse gerichtet werden sollte, will man(n) »Business Excellence« erreichen. Unsere Arbeit fand im Unternehmen Beachtung und Anerkennung.

Endlich hatten wir auch eine Frau in der ersten Führungsebene: Barbara Bertrang, die blonde Powerfrau, die mir sehr bei der Endfassung des Frauenförderkonzeptes und auch sonst immer wieder geholfen hatte, wurde die erste Präsidentin der Telekom. Sie übernahm die Direktion Stuttgart. Sie hatte einen mächtigen männlichen Mentor, ihren Vorgänger-Präsidenten in Stuttgart. Aber schließlich geht es Männern mit Karriere nicht anders. Glück gehört zu Talent und Arbeitsleistung.

In den Jahren unserer Arbeit hat sich die Zahl der Führungsfrauen bei der Telekom zwar vergrößert, aber mehr im Mittleren Management. Die gläserne Decke war weiter aus bruchsicherem Glas. In den Vorstand ist bis heute keine Frau eingerückt, nur in den Aufsichtsrat eine als Vertreterin der Arbeitnehmerseite. Das war meine spätere Nachfolgerin Maud Pagel. An dieser gläsernen Decke hat sich bis heute nichts geändert, auch in den Unternehmen meiner Kolleginnen aus dem »Forum Frauen in der Wirtschaft« nicht.

Durch meine immer wieder gepflegten direkten Vorstandskontakte, die sehr unterstützt worden waren durch die bereits geschilderten »Frauentage«, hatte ich dort überall einen guten Einblick über die jeweiligen Möglichkeiten für Frauen. Bei meinem eigenen Vorstand, Frerich Görts, von dem ich so viel erhofft hatte, war ich sehr bald am Ende der Fahnenstange angekommen. Das lag einmal wohl an seiner eigenen Unsicherheit und zum anderen an seinem Büroleiter, der es verstand, das Vakuum auszufüllen. Ich glaube, dass ich mich an diesem Vertreter des männlichen Geschlechts durch meine ständigen Bemühungen um Verständnis und Unterstützung und die darauffolgenden immerwährenden Enttäuschungen so erschöpft habe, dass ich seinen Namen in die tiefsten Tiefen meines Unbewussten versenkte. Mir fällt er einfach nicht mehr ein, je länger ich auch darüber nachdenken mag.

Gerade, weil der Personalvorstand selbst so viel Schwäche zeigte in seiner ganzen Liebenswürdigkeit, gelang mir bei ihm in den wenigen Momenten, wo ich ihn unter Zeugen für eine für mich wichtige Entscheidung gewinnen – um nicht zu sagen festnageln – konnte, der für meine Arbeit grundsätzlich bedeutsamste Schritt: die Vergrößerung meines Teams auf insgesamt 31 Frauen. Kein anderes Unternehmen hatte für die so wichtige Aufgabe der Gleichstellung ähnlich viel Personal zur Verfügung gestellt bekommen. Die Telekom stand damals kurz vor der Privatisierung. Ich berief mich auf ein für die Bundesverwaltungen gerade verabschiedetes Gesetz, das für jede Dienststelle ab 1000 Angehörige eine Frauenbeauftragte vorsah. Ich bekam zwar nur eine regionale Frauenbeauftragte für drei Außenstellen. Aber mit diesem Team ließ sich arbeiten.

Doch mein sinnloser Kampf mit dem Büroleiter meines Personalvorstandes ging weiter und zermürbte mich. Zwischendurch verlor ich die Lust und dachte an Ausstieg. Zu meinem Programm auf der 4. und vorletzten Frauenmesse hatte ich meinen Personalvorstand zu einer Podiumsveranstaltung eingeplant und seine Zusage schon Wochen vorher erhalten. Ich hatte ihm alles vorbereitet, inklusive Ansprache und Unterlagen für die Diskussionsthemen. Am Vormittag dieses Tages, an dem ein großer Teil meines Teams auf der Messe in Düsseldorf im Höchsteinsatz war, erreichte mich der Anruf seines Vorzimmers: Herr Görts könne leider nicht teilnehmen. Keine Begründung. Ich telefonierte sofort mit seinem Büroleiter: Das sei unmöglich. »Warum?«, fragte der zurück. Die Erklärung, die ich dann bekam, konnte ich kaum glauben: Auf einer der Vorstandssitzungen sei beschlossen worden, Vorstände sollten nur bei Veranstaltungen auftreten, an denen gleichrangige Persönlichkeiten teilnähmen. Ob die Bundestagspräsidentin etwa nicht dem Level von Herrn Görts entspräche, ganz abgesehen von einigen Bundes- und Landesministerinnen, fragte ich zurück. Darauf bekam ich keine Antwort. Es blieb dabei.

Am späteren Nachmittag dann, nachdem ich unseren Personalvorstand vor der Podiumsveranstaltung fadenscheinig hatte entschuldigen müssen, tauchte plötzlich Herr Görts im Freizeitlook an unserem Stand auf. Offensichtlich wollte er sich die Veranstaltung, die Frauenmesse also, einmal inkognito ansehen, die ich – mit Recht – als hochrangig bezeichnet hatte.

Ich aber war nun erst recht verärgert! Gleich nach der Messe schickte ich ein Fax an Ron Sommer, in dem ich die Frage stellte, ob es zuträfe, dass Vorstände nur an Veranstaltungen teilnehmen dürften, an denen gleichrangige Persönlichkeiten teilnähmen, und ob die Bundestagspräsidentin diese Kriterien nicht erfülle. Darauf bekam ich zunächst keine Antwort.

Dafür rief mich einige Tage später Meinhard Meinel an, der mit seinem Geschäftsbereich im Personalwesen für alle Managementkräfte zuständig war. Er war es, der die außertariflichen Konditionen auszuhandeln hatte, und er betreute die Assessment Center, in denen der Management-Nachwuchs ausgewählt wurde. Meinel sagte zu mir am Telefon: »Ich möchte mit Ihnen über die Bedingungen verhandeln, unter denen Sie bereit sind, aus der Telekom auszuscheiden.«

IX
Ende gut, alles gut?

Beurteile deinen Erfolg und prüfe,
was du aufgeben musst oder musstest,
um ihn zu bekommen.

Dalai Lama

Ich sitze mit einer Moderatorin etwas erhöht an der Stirnseite eines großen Raumes in der ehemaligen Landespostdirektion Berlin. Mir gegenüber sitzen »meine« 30 Frauen und als Gast die Vertreterin des Gesamtbetriebsrats – dort für Gleichstellung zuständig – Maud Pagel. Ich sagte zu mir: Du hast einen Fehler gemacht! Wenn ich mich als Vorgesetzte einer solchen Diskussion schon aussetze, dann hätte ich die Diskussionsleitung nicht einer fremden Frau überlassen sollen, die von unseren Problemen keine Ahnung hat. Wenn ich das mit Ernst besprochen hätte, wäre sein Rat gewesen: Tu das nicht! Du wirst als Vorgesetzte demontiert! Setz dich keiner Diskussion aus, die dein Vorgehen und damit deine Anordnungen im Nachhinein in Frage stellt! Ernst hatte mich ja schon kritisiert, als er durch Zufall erfuhr, dass ich mich mit meinem ganzen Team duzte: »So etwas darf man niemals machen!«, sagte er, der gute Chef alter Schule. »Du verlierst deine ganze Autorität!«
Fassungslos sah ich, wie hinten am Ende des Raumes, der mir, groß und voller Frauen wie er war, wie ein Riesentribunal vorkam, auch die schöne sanfte Gunna Sanjohanser, Regionale Gleichstellungsbeauftragte aus München, sich nach einigen anderen erhebt und anklagend sagt: »Heli, du hast immer von Teamarbeit gesprochen. Und du hast bei unserem Kindergarten anders entschieden, als ich es wollte.«
Vor ihr hatten eine ganze Reihe anderer aus meinem Team meinen Führungsstil, mein Vorgehen, in einer aufgebrachten Weise kriti-

siert. Und die Moderatorin ließ alle unqualifizierten und vom Thema abweichenden Wortmeldungen und unhaltbaren Behauptungen einfach zu.

Was war geschehen? Die »Regionalen« hatten Probleme mit ihren diversen Amtschefs, konnten sich so, wie ich es verlangte, nicht bei ihnen durchsetzen, bekamen keine Termine bei ihnen und wenn, dann waren sie ängstlich und trauten sich nicht, ihren männlichen Chefs etwas abzuverlangen. Die jeweiligen Gebietsfrauenbeauftragten, die ihnen Hilfe und Rückhalt bieten sollten, machten das nicht alle auf die richtige Weise. Es gab auch Meinungsverschiedenheiten zwischen einigen »Regionalen« und in einem Bereich zwischen den »Regionalen« und ihrer Gebietsfrauenbeauftragten. Über E-Mail hatten sich viele schon bei mir gemeldet. Ich gab dann Antwort und verstärkte damit die Konfusion, weil meine Meinung zu dem jeweiligen Problem möglicherweise anders lautete als die der Gebietsfrauenbeauftragten. Ich hatte daher beschlossen, eine Tagung einzuberufen und die Probleme auszudiskutieren. Ich hörte im Vorfeld auch, dass einige mit mir Probleme hatten, ohne es mir am Telefon offen zu sagen. Frauen grummeln gerne im Hintergrund, schimpfen über andere, statt ihren Ärger an die richtige Adresse zu richten. Da kam meine Referentin, die den Auftrag hatte, die Tagung vorzubereiten, mit dem Vorschlag, eine neutrale Moderatorin anzuheuern. Ich war dagegen, aber sie ließ nicht locker, andere aus meinem Team unterstützten sie.

Und da sitze ich nun und weiß noch nicht, wie ich es jetzt richtig machen soll. Schließlich ergebe ich mich in mein Schicksal. Ich höre mir den ganzen Ärger an, der sich nun über mir entleert. Bei der Debatte kristallisiert sich heraus, dass die Frauen eine andere Vorstellung von Teamarbeit haben als ich. Sie verstehen Teamarbeit als Mitbestimmung. Ich aber sehe sie als Delegation von Verantwortung und als einen Meinungsbildungsprozess für mich durch eine offene Diskussion, bei dem aber zum Schluss ich entscheiden muss. Nachdem ich nun in Einzelfragen und -vorwürfen Rede und Antwort gestanden und alles angehört habe, sage ich nun deutlich, wie ich Teamarbeit verstehe: Ich habe die Verantwortung und daher werde auch ich entscheiden über die Politik meines Fachbereichs und die damit zusammenhängenden Fragen.

Danach ist Ruhe.

Und keine Desorientierung und kein befürchtetes Chaos trat nach dieser Tagung in Berlin ein, sondern das Gegenteil: Ruhe und Vertrauen. Unser Team arbeitete von nun an engagiert, fast reibungslos und sehr motiviert zusammen. Wie gut und eng diese Zusammenarbeit nun funktionierte, zeigt am besten mein Abschied von der Telekom. Dabei war ich zum ersten Mal in meiner Zeit als Gleichstellungsbeauftragte richtig unsicher gewesen. Und dann half mir mein Engel, der mir sagte: Hör zu! Bleib ruhig! Reg dich nicht auf! Am Schluss war ich stolz auf mich.

Wieso war ich eigentlich immer noch bei der Telekom? Immer wieder hatte ich doch bei all diesen unbegreiflichen Widerständen, den fruchtlosen Einsätzen – und trotz einiger Erfolge – die Anwandlung: Ich will gehen! Aber wie? Jetzt bot sich mir die Chance.

Zu Zeiten des ärgsten Frustes hätte ich über den Anruf des Personalmanagers Meinel vielleicht gejubelt. Jetzt ahnte ich, woher der Wind wehte, und das weckte sofort meinen Widerstandsgeist. Ich sprach mit Meinel, aber ich sagte, dass ich nicht die Absicht hätte, mich abfinden zu lassen und das Unternehmen zu verlassen. Mein Verdacht, dass Görts und vor allem sein Büroleiter dahintersteckten, verstärkte sich.

Ron Sommer hatte ein halbes Jahr zuvor Helmut Ricke abgelöst. Ich hatte mich sofort nach dem Machtwechsel zu einem Gespräch bei ihm angemeldet, um ihn von der Notwendigkeit meiner Arbeit zu überzeugen und auch um zu hören, ob er diese Arbeit nicht vielleicht in seinem Stab würde ansiedeln wollen. Auf den Termin für dieses Gespräch aber musste ich lange warten.

Nach dem Gespräch mit Meinel folgte sehr bald das Gespräch mit Ron Sommer. Der Vorstandsvorsitzende zeigte mir, nachdem er mir einen Platz an einem kleinen Tisch ihm gegenüber angeboten hatte, als erstes mein Fax, das ich nach der Frauenmesse abgesandt hatte – offenbar hatte Sommers Büro es bis zu unserem Termin zur Seite gelegt und erst kurz vorher bei Görts um eine Stellungnahme gebeten. Sommer fragte, was das zu bedeuten habe. Ich erklärte es ihm. Er sagte, einen derartigen Beschluss gäbe es nicht. Ich berichtete ihm, dass man mich nun, da Görts von meinem Fax erfahren habe, offensichtlich loswerden wollte. Darum werde er sich kümmern, sagte Sommer. Ich mochte ihn vom ersten Moment an, als er sich in einer großen Konferenz seinen Führungskräften vorgestellt hatte. Unser Gespräch dauerte eine halbe Stunde. Ich erklärte ihm, wie ich meine Arbeit auffasste und welche Ziele ich verfolgte und bat ihn um Unterstützung, die er mir zusagte. Ich sagte ihm nun auch, dass Gleichstellung eine Querschnittsaufgabe sei, die Einblick und Überblick erfordere und daher als Stabsaufgabe besser beim Vorstandsvorsitzenden oder Personalvorstand angesiedelt sein sollte. »Beim Personalvorstand, wenn dieser einverstanden ist!«, antwortete er knapp. Dann war unser Gespräch beendet.

Nie wieder wurde ich nach meinen Bedingungen zum Ausscheiden gefragt. Ich fragte mich – allerdings nur kurz –, ob ich des Teufels sei, mir diese schöne Gelegenheit entgehen zu lassen, mit einer schönen Abfindung vorzeitig in den Ruhestand gehen zu können, statt diesen Knochenjob freiwillig weiterzumachen.

Aber dann wurde Frerich Görts plötzlich abgelöst. Dr. Heinz Klinkhammer kam an seine Stelle und alles wurde anders für mich. Mit ihm – klein, voller Energie und guter Laune – begann für mein Team und mich eine erfolgreiche, befriedigende Zeit. Mein Fachbereich wurde Stabsaufgabe beim Personalvorstand, wie Sommer es gesagt hatte. Dr. Klinkhammer stimmte diesem Vorschlag gleich bei unserem ersten Gespräch zu. Er hatte sich über Frauenförderung und Gleichstellung offensichtlich auch noch nicht viele Gedanken gemacht. Aber er konnte zuhören und war entscheidungsfreudig. Von nun ab gab es keine kleinlichen Einwände mehr von einem Geschäftsbereichsleiter, von dem ich keine wirkliche Unterstützung zu erwarten hatte! Stabsstelle zu werden war mein zweiter entscheidend wichtiger Coup in all den Jahren. Nach dem mit den Regionalen Gleichstellungsbeauftragten.

Ich gehörte nun in Klinkhammers unmittelbaren Bereich und bekam daher immer einen Termin bei ihm, wenn ich ihn brauchte.

Der Neue gab fast allen meinen Vorschlägen grünes Licht, und wenn ich mich mal mit einem Vorhaben irgendwo festgefahren hatte, kam von ihm eine gute Idee, um die Angelegenheit wieder flottzumachen. Er unterstützte mich, wo immer ich seine Unterstützung brauchte. Nur als es um meine Nachfolgerin ging, fanden wir keinen gemeinsamen Weg.

Mein dritter und letzter großer Coup, ein entscheidender Schritt, um meiner Vision von einer Unternehmenskultur näherzukommen, in der Männer und Frauen bei gleicher Be- und Entlohnung gleichberechtigt ihre Fähigkeiten einbringen können, wäre ohne Dr. Klinkhammer kaum gelungen. Aber ich will der Zeit nicht vorauseilen. Die Deutsche Telekom führte bereits 1994 das Total Quality Management (TQM) ein. Das ist eine das gesamte Unternehmen betreffende Managementmethode. Jede Aufgabe, jede Abteilung, jeder Bereich wird involviert. Daraus folgt: Alle haben mit ihr zu tun. Niemand wird ausgespart, auch das obere Management nicht. Die Verzahnung wird auf das Kundenziel ausgerichtet. Intern im Unternehmen ist der eine Bereich Kunde vom anderen. So hat zum Beispiel die Personalentwicklung Kunden in den Vertriebsbereichen. Das heißt, in diesem Fall hat sie zum Beispiel für den Geschäftskundenvertrieb bedarfsgerechte Weiterbildung anzubieten und zu organisieren. Das Ziel von TQM ist: Qualitätsverbesserung bei gleichzeitiger Zeitersparnis und Kostenreduzierung. Scheinbar ein Circulus vitiosus. Das Hauptziel ist bei diesen Bemühungen Business excellence, das heißt, die Besten in der Branche zu werden. Und das wird erreicht durch ein kompliziertes Kontrollverfahren im ganzen Unternehmen, durch das festgestellt werden kann, wo auf diesem Weg sich das eigene Unternehmen gerade befindet. Die Total-Quality-Prinzipien, nach denen das System ausgerichtet ist, lauten: Führung, Kundenorientierung, motivierte Mitarbeiter und Mitarbeiterinnen, Zusammenarbeit mit Lieferanten. Und bei allen diesen Feldern geht es um kontinuierliche Verbesserung.
Ich sah in diesem neuen System, nachdem ich auf jener Konferenz in Como gelernt hatte, es zu verstehen, die Lösung für meine mühseli-

ge Überzeugungsarbeit im Unternehmen. In Como hatte ich begriffen, dass TQM nur optimal funktionieren kann, wenn die Unternehmenskultur auf Gleichstellung beruht. Ein gemischtes Führungsteam – in dem Frauen mit ihren Stärken wie Einfühlungsvermögen, Kommunikationsfähigkeit, Kontaktfähigkeit, Teamfähigkeit und Planungs- und Organisationsvermögen integriert sind – arbeitet mit Sicherheit erfolgreicher als ein einseitig männliches. Mitarbeiter insgesamt sind nur dann optimal motiviert, wenn auch den stärker an Familienproblemen orientierten Mitarbeiterinnen entgegengekommen wird, mit Telearbeit, Teilzeit und Kinderunterbringungsmöglichkeiten. Die Kunden insgesamt sind nur dann zufrieden, wenn auch die Wünsche der Kundinnen berücksichtigt werden, wie zum Beispiel bei der Entwicklung von Autos. Und das nicht nur mit der Einrichtung von Schminkspiegeln!

Die Vorstellung elektrisierte mich, dass über dieses neue Managementsystem, auf das die Telekom nach und nach eingestellt wurde, meine Vision von einer partnerschaftlichen Unternehmenskultur sich verwirklichen könnte. Unser Management wurde Schritt für Schritt in Lehrgängen in TQM geschult. Und ich sorgte nun dafür, dass mein ganzes Team, alle 30 Frauen, in Total Quality Management ausgebildet wurde. So hatte jede von uns eine überzeugende Argumentationsbasis bei ihrer täglichen Arbeit für die Gleichstellung. Es gab zwei Möglichkeiten der Ausbildung: TQM-Manager oder TQM-Assessor. Die Assessoren hatten die Aufgabe, für die jeweiligen Bereiche des TQM die Zahlen und Fakten zu sammeln und anhand der Methode festzustellen, wo das eigene Team auf dem Weg zu Business excellence stand.

Auf unserem neuen Weg wurde meine Euphorie sehr bald durch die Erkenntnis relativiert, das Theorie und Praxis nicht immer einswerden können. Die männliche Art zu denken und zu handeln ist vor allem auf Einfluss, Wirkung und Karriere ausgerichtet. Das hatte ich schon lange begriffen. Sie ermöglicht es, die neue Methode mithilfe der heutigen technischen Medien perfekt zu demonstrieren. Bei der Umsetzung in die Praxis jedoch haperte es bei vielen Männern. Nur ein Beispiel: Bei der von TQM zur Mitarbeiter-Motivation empfohlenen Technik gehört das regelmäßige Mitarbeitergespräch. Um als Chef solche Gespräche erfolgreich zu führen, muss man erkennen können, dass Mitarbeiter und Mitarbeiterinnen möglicherweise unterschiedliche Bedürfnisse haben, dass ein Karriere orientierter Mann etwas anderes zu seiner Motivation braucht als eine Frau, die zu Hause Kinder hat. Dieses konnten die meisten Kollegen, mit denen wir es auf diesem Weg zu TQM zu tun hatten, nicht begreifen. Und so wurde ich mit meinem aus der Praxis geschulten Verstand bei meiner Überzeugungsarbeit oftmals dennoch nicht verstanden. Und so ging es meinen Frauen auch oft.

Über TQM und Total E-Quality Management hielt ich in Theorie und Praxis intern und extern viele Vorträge. Qualitätsmanagement und Gleichstellung war mein Hauptthema in meinen letzten Jahren bei der Telekom und auch noch danach. Die Regionale Gleichstellungsbeauftragte Elfriede Bieroga, eine Betriebswirtin, hatte die besten Ideen und Umsetzungsvorschläge für das allgemeine TQM-Konzept. Mit ihr zusammen veröffentlichte ich in der Schrift der Professorin Gertraude Krell *Chancengleichheit durch Personalpolitik* den Aufsatz »Praxisbeispiel Telekom: Projekt ›Einrichtung von E-Quality-Teams‹«. Ihr gelang es auch, im Vorstandsbereich Technik Netze ein Projekt zu starten, das die Einsetzung von Total E-Quality Teams in Niederlassungen und anderen Bereichsstellen zum Ziel hatte.

Dieses Projekt dehnten wir auf andere Vorstandsbereiche aus. Eine interne Broschüre erschien über die Vorteile und Arbeitsweise derartiger Teams. Unser Modell fand außerhalb der Telekom viel Beachtung. Nach ihm sollten in den verschiedenen Bereichen der Telekom Arbeitsgruppen gebildet werden, in denen der jeweilige Leiter, der Personalchef, der Betriebsrat, die Gleichstellungsbeauftragte und abwechselnd Fachleiter je nach Thema berieten, wie sie Einzelmaßnahmen aus dem Frauenförderkonzept umsetzen konnten. Zum Beispiel wurde überlegt, was zur Vereinbarkeit von Familie und Beruf getan werden konnte oder wie in einer bestimmten Frist mehr Frauen eine Führungsposition erhielten und so weiter. Das erste Total E-Quality Team mit nachweisbar positiven Ergebnissen erhielt durch die Hand von Bundestagspräsidentin Rita Süßmuth den Frauenförderpreis überreicht. Diesmal war auch zum ersten Mal ein Vorstand mit unter den Prämierten, der Technik-Netze-Vorstand Gerd Tenzer.

Die Idee des Total E-Quality Teams fand extern auch deshalb viel Beachtung, weil in dieser Zeit vom Europarat das »Gender Mainstreaming« verabschiedet wurde (1998). Gender Mainstreaming beschreibt »die Organisation, Verbesserung, Entwicklung und Evaluierung politischer Prozesse mit dem Ziel, eine geschlechtsbezogene Sichtweise in allen politischen Konzepten, auf allen Ebenen und in Phasen der politischen Entscheidung einzuführen und alle Beteiligten einzubeziehen.« Was war Total-Equality anderes. Nur hatte es den großen Vorteil, dass es mit dem Wirtschaftlichkeitsaspekt verbunden wurde und dadurch für Unternehmen von großem Interesse sein musste.

Um in der Praxis endlich einen großen Schritt weiterzukommen, denn die Zeit meines Ausscheidens rückte näher, plante ich einen zweiten Vortrag im Vorstand. Der erste war der zum Frauenförderkonzept gewesen. Diesmal wollte ich darstellen, was die Einführung des Frauenförderkonzepts in all den Jahren mit all der Arbeit gebracht hatte, mit dem Fazit: zu langsam, zu ineffektiv! Durch diese Feststellung wollte ich zwei Entscheidungen des Vorstandes erreichen.

Vorschlag Nummer eins: Im Zusammenhang mit den durch TQM eingeführten Mitarbeitergesprächen wurde bei der Telekom der Abschluss von Zielvereinbarungen verknüpft. Jeder Manager hatte mit seinem Vorgesetzten Zielvereinbarungen für das kommende Jahr abzuschließen. Von der Erfüllung dieser Zielvereinbarungen hing die »Variable« ab, die der Manager am Jahresende neben seinem Gehalt ausgezahlt bekam. Die Höhe dieser Summe schwankte also je nach Erfüllungsgrad der Zielvereinbarungen.

Ich wollte, dass die im Frauenförderkonzept enthaltenen Maßnahmen in die Zielvereinbarungen aufgenommen wurden. Mir wurde damals erwidert, das sei doch nicht zu »controllen«. Ich aber hielt dagegen, dass das sehr wohl möglich sei. Wenn ein Spitzenmanager beispielsweise das Ziel bekam, vor einem realistischen Hintergrund die Anzahl seiner Führungsfrauen im Team zu erhöhen, sei das Ergebnis sehr wohl zu »controllen«.

Vorschlag Nummer zwei: Hierbei ging es darum, den weiblichen Führungsnachwuchs erkennbarer zu machen. Denn immer wieder erhielt ich die scheinheilige Antwort von Kollegen, sie würden ja gerne eine Frau nehmen für den freien Führungsposten, aber sie fänden keine. Daher wollte ich, dass Spitzenmanager der Telekom Mentoren für qualifizierte junge Frauen werden. Meine These lautete: Je mehr Managerinnen wir in unserem Unternehmen haben, umso mehr Frauen ziehen diese nach. Allerdings erst, wenn Frauen den Anteil der kritischen Masse von 20 Prozent erreicht haben. Bis dahin würden sie sich oftmals als »Ausnahmeerscheinungen« ihren männlichen Förderern verpflichtet und in anderen Frauen eher die Konkurrenz sehen.

Für den Manager bedeutete ein solches Mentoring, sich neben seiner vielen Arbeit noch aktiv um eine junge Frau zu kümmern, sie regelmäßig vor allem in Karrierefragen zu beraten, ihren Weg und Aufstieg zu verfolgen und wenn notwendig tatkräftig zu unterstützen. Mentoren sollten nach meiner Vorstellung Männer sein, denn dann könnten diese dabei auch noch erfahren, wie eine junge Frau denkt, wie sie ihre Schwerpunkte setzt, wie sie Probleme löst und wie sie kommuniziert. Letzteres ist von besonderer Bedeutung. Die Sprachbarrieren zwischen Männern und Frauen wurden in den letzten Jahren von Wissenschaftlerinnen wie Senta Trömel-Plötz und Deborrah Tannen untersucht und beschrieben.

Dabei geht es nicht in erster Linie um die weiblichen und männlichen Begriffe. Diese sind allerdings für ein Klima, für die Kultur im Unternehmen wichtig. Frauen fühlen sich nur wirklich gemeint, wenn es zum Beispiel in der Betriebszeitschrift in einem Editorial statt »Liebe Mitarbeiter« »Liebe Mitarbeiterinnen und liebe Mitarbeiter« heißt, wenn man von »Fachbereichsleitern und Fachbereichsleiterinnen« spricht usw. Als ich damals für die Gleichstellung zuständig war, konnte ich weitgehend durchsetzen, dass auf die Sprache, vor allem bei der Anrede geachtet wird. Heute stelle ich fest, dass die männliche Sprachkultur sich wieder durchsetzt bei der Telekom. Es geht bei den Sprachbarrieren aber vor allem darum, dass Führungskräfte erkennen, dass sich der weibliche vom männlichen Kommunikationsstil unterscheidet. Männer sprechen geradeheraus, wenn es um ihre Bedürfnisse geht. Das finden Frauen oft unsensibel. Sie gehen eher auf den anderen ein, da sie durch ihre Sozialisation beziehungsorientiert sind, und umschreiben vorsichtiger ihre Wünsche. Sie hoffen verstanden zu werden, was leider oft nicht der Fall ist. Es ist ein weiter Weg, in einem Unternehmen diese Erfahrungen zu vermitteln. In regelmäßigen Gesprächen aber können ein männlicher Mentor und ein weibliches Mentee viel darüber voneinander lernen.

Der Weg in den Vorstand war mit Hindernissen gepflastert. Wieder wollten die für die Tagesordnung der Vorstandssitzungen Verantwortlichen mich nur schriftlich berichten lassen. Mehrfach lief ich an verschiedenen Stellen auf. Schließlich ebnete mir Klinkhammer den Weg. Ich sprach über eine halbe Stunde, zählte Fakten auf, beschrieb die Liste der weniger erfolgreichen Bemühungen, nannte Zahlen. Ich wurde diesmal durch Zwischenfragen kaum unterbrochen. Das war wohl der Disziplin zu danken, die bei Ron Sommer herrschte. Nur fiel mir auf, dass die Gesichter der Vorstände gespannt und seltsam freudlos wirkten. Als ich geendet hatte, erwartete ich eine Diskussion, in der womöglich alles zerredet werden würde. Aber Ron Sommer sagte nur knapp: »Dann machen wir es halt so!« Ich war total verblüfft und schaute um mich, ob nicht doch noch irgendein Einwand kam. Alle schwiegen. Ich machte die Abschiedsgeste und verließ mit stolz geschwellter Brust den Raum.

Ich dachte: Nun endlich wird sie Wirklichkeit werden, die Unternehmenskultur auf Augenhöhe. Vor allem durch die Zielvereinbarungen würde es vorangehen. Mit diesem Vorstandsbeschluss konnte ich deutliche Schritte, Maßnahmen erreichen, die für mein Team im ganzen Bundesgebiet zu überprüfen sein würden. In meinem jährlichen Bericht würde ich Erfolge dokumentieren können. Zu früh gefreut!

Mit diesem Vortrag im Telekom-Vorstand und dieser Entscheidung war leider keinesfalls meine Hauptarbeit getan. Sie kam erst. Denn niemand wollte diese Vorstandsentscheidung zur Kenntnis nehmen. Ich konnte das nicht begreifen. Das Gewicht einer solchen Entscheidung hatte ich mir ganz anders vorgestellt. So jedenfalls erlebte ich es damals bei den Abteilungsleitersitzungen bei Kurt Gscheidle. Damals wurde der Wortlaut der Entscheidungen an alle Zuständigen versandt, versehen mit Terminen zur Umsetzung.

Schließlich – ich hatte nicht gedacht, dass es meine Aufgabe sein könnte, für die Umsetzung eines Vorstandsbeschlusses zu sorgen – lud ich auf Klinkhammers Rat hin alle Personalchefinnen der Telekom aus dem gesamten Bundesgebiet nach Bonn ein. Im Personalbereich gab es eine ganze Reihe von Frauen auf einem Managementposten. Mit ihnen würde ich den richtigen Weg für die Umsetzung von derartigen Zielvereinbarungen finden. Ich fand diese Idee glänzend!

Und wiederum landete ich einen Blindgänger. Klinkhammers Gedanke war gewesen, dass besonders bei diesen Führungsfrauen die Entscheidung des Vorstandes auf fruchtbaren Boden fallen würde. Und dass die Personalchefinnen mich in dieser Sache aufgeschlossen und einfallsreich unterstützen würden. Dieser Gedanke lag doch zumindest nahe! Sie hatten ja auch die direktesten Möglichkeiten, eine derartige Neuerung auszuprobieren. Klinkhammer ließ sich bei dieser Konferenz durch seinen Geschäftsbereichsleiter Manfred Bobke vertreten, der mir und meiner Arbeit zwar wohlgesonnen, aber nicht durchsetzungsfähig genug war für mein Anliegen. Der Hauptbestandteil der Diskussion beschränkte sich auf Feststellungen wie »Das geht nicht, weil …« anstatt »Das ist schwierig, aber so oder so könnte es funktionieren« oder »Wir finden den richtigen Weg«. Das Thema wurde von den Frauen einfach nicht in die Hand genommen. Nach meiner »Stammtisch«-Erfahrung war das das zweite Mal, dass Frauen mir in den Rücken fielen.

Natürlich schrieb mein Fachbereich nun alle Vorstände an mit einem Hinweis auf die von uns erarbeiteten Möglichkeiten und der Bitte, den Vorstandsbeschluss umzusetzen. Bis zu meinem Ausscheiden aus der Telekom kam mir kein einziger Fall zu Ohren, wo das geschah!

Zur Vorstandsentscheidung Nummer zwei erlebte ich ein großes absurdes Theater. Damit hatte ich überhaupt nicht gerechnet.

Der Begriff Mentor stammt aus der griechischen Mythologie. Odysseus bat seinen gebildeten Freund Mentor, sich während seiner Abwesenheit seines Sohnes Telemachos anzunehmen. So wurde der Mentor Synonym für einen erfahrenen Menschen, der für einen jüngeren Menschen Erzieher und Berater ist. Bisher haben im Berufsleben normalerweise Männer informelle Mentoren, da Frauen in männlichen Seilschaften nicht vorkommen und kaum so etwas wie einen väterlichen Freund finden, denn darüber würde ja sofort geklatscht. In dieser Welt voller Neid haben sie so weniger Chancen Karriere zu machen. Aus diesem Grund wurde für Frauen nun ein formelles Mentoring-Programm entwickelt.

Bei uns sollte sich das Projekt zwar nicht auf Vorstandsebene abspielen, aber immerhin auf den Führungsebenen 1 und 2. Schließlich nahm ich das Projekt selbst in die Hände, schrieb sämtliche Vorstandsstäbe an und bat sie um Entsendung eines Vertreters in die Arbeitsgruppe »Mentoring für Frauen«.

Vorhang auf! Das absurde Theater begann:

Ich betrat den Konferenzraum und fand in meiner neuen Arbeitsgruppe nur Frauen vor. Die männlichen Büroleiter hatten die Angelegenheit unter dem Stichwort »Frauenfragen« abgelegt und ihre weiblichen Referenten entsandt. Nachdem ich die Sitzung eröffnet hatte und um Wortmeldungen bat, erklärten die Damen unisono – offenbar von ihren Chefs gut präpariert und gewohnt der Stimme ihres Herrn zu folgen –, sie wollten kein Mentoring-Programm nur für Frauen. Sie fänden das den Männern gegenüber unfair. Es sollte eines für Männer und Frauen sein.

Ich war wohl zu sehr überrascht und auch verletzt, als dass ich klar und eindeutig hätte reagieren können. Meine Frage, warum es wohl so wenig Frauen in oberen Führungspositionen gäbe, leitete eine ziemlich unsinnige kontroverse Diskussion ein, die ich sehr bald beendete, indem ich die Sitzung mit der Ankündigung schloss, beim nächsten Mal in dieser Runde den gleichen Vortrag zu halten wie dem Vorstand. Langmütig wie ich nun einmal war, dachte ich, das müsste auch diese jungen Frauen überzeugen – die alle aufgrund ihrer guten Ausbildungs-Abschlüsse als Referentinnen bei der Telekom eingestellt und nun als eifrige Arbeitsbienen für ihre männlichen Chefs tätig waren, ohne allzu große Karrierechancen allerdings. Das aber ahnten sie offenbar noch nicht. Das war das Seltsame bei dieser neuen Generation von hoch qualifizierten Frauen: Sie glaubten fast alle, sie hätten die gleichen Chancen wie ihre männlichen Kollegen. Alle würden erst später erkennen, dass das nicht so war, dann, wenn ihre Studienkollegen an ihnen vorbeigezogen sein würden und sie außerdem noch auf Kinder verzichtet hätten.

Ich hielt mein Versprechen und wartete bei der nächsten Arbeitsgruppensitzung mithilfe von Folien mit Zahlen und Fakten auf. Die anschließende Reaktion war indes nicht anders als die erste. Sodass später bei der Betrachtung des ganzen Spiels für mich der Schluss nahelag, dass alle von ihren Chefs vorher eingeschworen worden waren. In diesem Moment jedoch fühlte ich mich hilflos. Zum Glück lässt mich meine Intuition selten im Stich. Mir fiel das Diamond-Projekt ein, dessen schwedische Vertreterinnen in den nächsten Tagen unsere Gäste sein würden. Zusammen mit ihnen beteiligten wir uns an einem internationalen Mentoring-Programm. Und auch mit dem »Forum Frauen in der Wirtschaft« planten wir zu der Zeit ein betriebsübergreifendes Programm. Ich entschloss mich, die sehr engagierten Diamond-Frauen mit meiner Arbeitsgruppe zusammenzubringen und sie Überzeugungsarbeit leisten zu lassen.

Die schwedische Delegation erklärte meiner Gruppe die Vorteile und Notwendigkeit von Mentoring-Programmen für Frauen in der Wirtschaft und diskutierte engagiert mit ihnen. Nun gab es etwas Bewegung in meiner Gruppe. Vor allem Sigrid Hoffmann, die mit mir zusammen die Schrift »Frauen sollen führen« nach meinem ersten internen Symposium 1990 herausgegeben hatte, wechselte die Fronten. Aber die Situation blieb mir zu unklar und risikoreich für mein Vorhaben. Also Schnitt!

Die nächste Projektgruppensitzung verlief kurz und schmerzlos. Ich legte den Damen ein Papier vor, das die Juristin Susanne Baumgärtl aus meinem Team erarbeitet hatte. Inhalt war ein Konzept für das Projekt. Die Damen könnten jetzt noch Änderungswünsche einbringen, erklärte ich dazu. Aufregung in der Runde, nachdem sie das Papier zur Kenntnis genommen hatten: Wieso? Man wolle doch kein Mentoring-Programm nur für Frauen! Diesmal ließ ich mich nicht mehr aus der Ruhe bringen, sondern erklärte kühl: Das sei aber nun mal der Vorstandsbeschluss und danach hätte ich mich zu richten. Es blieb den Arbeitsgruppenmitgliedern nichts anderes übrig, als sich zu fügen. Ich ließ einfach keine Wortmeldungen zu einer Grundsatzdiskussion mehr zu. Nach eineinhalb Stunden konnte ich die Sitzung schließen. Unser Mentoring-Programm stand und wurde nun in Angriff genommen.

Martina Dolderer, meine Referentin im Fachbereich, übernahm die Federführung für das Projekt. Wir holten uns mittels einer begrenzten Ausschreibung professionelle Hilfe für das Projekt. Das Pilotprojekt sollte mit jeweils einem Mentee aus jedem Vorstandsbereich beginnen und je einem aus den sechs Bezirken der Telekom. Wieder einmal schrieben wir die verschiedenen Stäbe an und außerdem die Bezirksleitungen mit der Bitte, uns Vorschläge für ihre ersten Mentees zu machen, für die wir dann männliche hochrangige Mentoren finden wollten.

Schlusspointe: Mehrere der Referentinnen, die in meiner Arbeitsgruppe gegen das Konzept protestiert hatten, bewarben sich als Mentees.

Mentoren wie Mentees wurden gecoacht, das heißt über die gemeinsame Arbeit informiert und beraten. Regelmäßig kam die Gruppe in Bonn zusammen und wir konnten uns über ihre Fortschritte informieren. Das Mentoring-Programm lief erfolgreich an.

Unsere verschiedenen Projekte – intern wie extern – liefen inzwischen zu meiner Zufriedenheit. Aber die Gebietsgleichstellungsbeauftragten klagten bei unseren regelmäßigen Treffen über Arbeitsüberlastung. Sie mussten ja auch die Regionalen Gleichstellungsbeauftragten führen, die wiederum zum großen Teil zu ihrer normalen Arbeit in den Niederlassungen auch noch zusätzliche Projekte aus unserem Bereich betreuten.

Ein mehrtägiges hochprofessionelles Seminar des Kommunikationsspezialisten Schulz von Thun über Gruppenarbeit und Gruppensteuerung, an dem ich mit den Gebietsfrauenbeauftragten teilnahm, half diesen bei der besseren Führung und Motivation ihrer »Regionalen« unter der Einbeziehung der Ansprechpartnerinnen.

Aber ich hatte noch keine Idee, welches von unseren Projekten ich aufgeben sollte, um sie wirklich zu entlasten. Jedes einzelne erschien mir wichtig. Als die Klagen nicht aufhörten, beschloss ich unsere zweite Wochenendklausurtagung in unserer Führungsakademie in Bad Honnef einzuberufen. In der ersten hatten wir gemeinsam die Vision für unseren gesamten Bereich formuliert. »Bei der Telekom wird Qualität gelebt. Dabei ist es selbstverständlich, dass alle, Frauen und Männer, ihre Potenziale an dem für sie richtigen Platz gleichgestellt und unabhängig von Hierarchien einbringen. Dafür arbeiten wir.« Wir hatten das, was erreicht werden sollte, als Fakt dargestellt, denn es handelte sich ja um eine Vision. Das betrifft sicher auch den ersten Satz. Dahinter stand mein Ziel, uns selbst abzuschaffen. Wo haben je männliche Arbeitsteams gemeinsam eine Vision entwickelt mit dem Ziel, sich selbst abzuschaffen!?

In dieser zweiten Klausurtagung wollte ich mit meinem Team erarbeiten, welche Projekte wir aufgeben sollten. Wir machten das sehr gründlich. Jede sollte ihre Projekte der Reihe nach ihrer Bedeutung auflisten. Danach sollten sie sagen, welches sie aufgeben möchten. Das Ergebnis überraschte mich eigentlich nicht: Keine wollte eines ihrer Projekte aufgeben, weil sie ihnen alle als zu wichtig erschienen. »Dann werden wir eben unser gemeinsames Projekt, die nächste Frauenmesse, aufgeben, um das Team zu entlasten«, erklärte ich. Ich merkte, wie alle schluckten. Aber keine protestierte. Es dauerte aber nicht lange, da kam eine nach der anderen zu mir und diskutierte die Wichtigkeit der Messe mit mir. Eine gemeinsame Aussprache führte bald darauf zu der Erkenntnis, dass wir trotz des großen Arbeitsaufwands alle zu viel Spaß an der Messe hatten, um auf sie zu verzichten.

Im Innersten hatte ich, als ich die Klausurtagung einberief, mit diesem Ergebnis gerechnet. Aber nun konnte sich keine mehr bei mir über die Arbeitsüberlastung beklagen. Ich fand mich listenreich wie Odysseus.

Auf dem Höhepunkt des Festes soll man gehen. Mein Entschluss stand fest: Ich wollte die Möglichkeit ergreifen, die noch für Beamtinnen bestand, und zwei Jahre früher in den Ruhestand gehen. Ich wollte endlich mehr Zeit haben für das gemeinsame Leben mit Ernst. Und ich wollte Vorträge halten bei den zahlreichen Veranstaltungen, die es zu der Zeit zum Thema Gleichstellung gab, um meine Erfahrungen weiterzugeben, vor allem zum Thema »Gleichstellung und Qualität«.

Die Quintessenz meiner Arbeit war:

- Eine Vision entwickeln.
- Daraus schrittweise Ziele ableiten.
- Verbündete suchen.
- Nicht aufgeben, hartnäckig sein.
- Wo die Angst sitzt, ist der Weg.
- Aus Rückschritten Fortschritte machen.
- Strategisch Denken ist die Grundvoraussetzung.

Nach diesen Erfahrungen und Regeln hätte ich noch eine Weile erfolgreich weitermachen können. Ich ließ mich daher noch kurz vor Schluss bei der Telekom zur Vorsitzenden »Von Taten statt Worten« wählen, einer Gesellschaft, gegründet nach einem Schweizer Vorbild, die für Gleichstellung in der Wirtschaft warb. Aber auch diesen Vorsitz gab ich bald auf. Mein Gefühl war: Nun sind andere dran. Ich wollte mein eigenes Leben wieder haben. Das sollte jedoch nach Ernsts unerwartetem Tod nach einem Jahr ganz anders werden, als ich es mir vorgestellt hatte. Ich machte auf schmerzhafte Weise die wichtige Erfahrung: Es gibt für uns Menschen nur den Augenblick.

Der Abschied von meiner Arbeit als Gleichstellungsbeauftragte wurde zu einem großen Fest und brachte für mich unvergessliche Augenblicke.

Mein Team organisierte eine Symposium Unter dem Titel: »Total E-Quality Management – ›Frauen sind die Chance Nr. 1‹«. Auf diesem Symposium, zu dem viele externe Gäste geladen waren, sprach Prof. Dr. Gertrud Höhler zum Thema »Die Bedeutung von Frauen für die deutsche Wirtschaft«, Lars Thomsen über »Trends und Entwicklungen der Arbeitskultur auf dem Weg ins 21. Jahrhundert«, Prof. Dr. Walter Hollstein über »Anspruch und Wirklichkeit – Rollenverständnis von Männern im Wandel«. Anschließend fand eine Podiumsdiskussion zum Thema »Frauen sind die Chance Nr. 1«, an der Personalchef Dr. Heinz Klinkhammer, die drei Referenten und ich teilnahmen. Moderiert wurde die Runde von meiner Freundin Barbara Bertrang, damals noch Leiterin der Direktion Stuttgart.

Zum Schluss hielt mein Chef eine bewegende Abschiedsrede, Dr. Klinkhammer sagte etwas, was mich besonders freute: »Sie haben die Aufgabe übernommen, bei der Deutschen Telekom die Frauenförderung als Element einer zukunftsorientierten Personalpolitik zu gestalten und gegen Widerstände durchzusetzen.« Er zählte unsere Projekte auf. Innerlich schmunzeln musste ich bei seiner Feststellung: »Als Vorstandsvorsitzende des Betreuungswerks der Deutschen Bundespost ist es Ihnen mit zäher Ausdauer und Überzeugungskraft gelungen, altehrwürdige Satzungen zu verändern und neben bedürftigen Waisen auch die sogenannten Sozialwaisen die Unterstützung des Betreuungswerks zu sichern. Ein wirklich nicht leichtes Unterfangen.« Dahinter verbargen sich die unehelichen Kinder alleinerziehender Mütter. Es war tatsächlich unglaublich schwierig und langwierig gewesen, in diesen Selbsthilfeverein der Postunternehmen ein wenig moderne Zeit hineinwehen zu lassen.

Zum Schluss meinte Dr. Klinkhammer: »All das geht Ihnen viel zu langsam. In einem Interview haben Sie einmal Ihre Vision beschrieben: Sie wünschen sich, dass die Gleichstellungsbeauftragte eines Tages nicht mehr gebraucht wird.« Er schloss: »Sie haben die Belange der Frauen und die Gleichstellung bei der Telekom ein ganzes Stück vorangebracht und sich um das Unternehmen sehr verdient gemacht.«

Die Frauen aus meinem Team sangen danach: »Für dich soll's rote Rosen regnen«. Und jede überreichte mir eine rote Rose.

X
Das Ziel: Der friedliche Mensch

> Das höchste Wachstum besteht darin, mit so
> viel Freude Ja zu sagen, wie ein Kind Nein sagt.
> Das ist eine zweite Kindheit. Und der Mensch,
> der mit enormer Freiheit und Freude Ja sagen
> kann, ohne Zögern, ohne Vorbehalte, ohne
> Bedingungen – eine einfache und simple Freu-
> de, ein einfaches und simples Ja –, der ist zum
> Weisen geworden.
>
> Osho

Ich war auf der Suche nach meinem Vater. Hatte das etwas mit dem
Krieg zu tun? Der Krieg hatte ihn mir genommen. Der Frieden sollte ihn mir wiederbringen. Aber er war mir fremd geworden. Also
suchte ich nach einem neuen Vater und heiratete einen Mann, der
14 Jahre älter war als ich. Als wir uns liebten, nannte ich ihn oft zärtlich »Väterchen«. Ich sah mir alles mit offenen Augen an und reflek-
tierte über meine Enttäuschungen. Durch meinen Beruf sah ich viel
von der Welt und ich begann, Männer für alles verantwortlich zu
machen, für den Krieg, für Ungleichheit und Benachteiligungen. Ich
erkannte das System.
Ich glaubte dann, Kinder würden mir mehr Bodenhaftung geben.
Auch das war letztlich eine Illusion. Denn meine Kinder wurden früh
selbstständig und gingen ihren eigenen Weg. Und ich suchte weiter.
Ich traf Ernst Peters, Leiter der Bundesbahndirektion, einen strahlenden und fürsorglichen Mann.
Auch Ernst, mit dem ich fast 20 Jahre zusammenlebte, war älter als
ich und außerdem eine Führungsfigur. Durch ihn erfuhr ich noch
einmal Autorität, während ich mich gleichzeitig als Frau in einer
männlich bestimmten Berufswelt durchs System boxte. Ich lernte,
dass Ernst nicht mein Herr, sondern mein geliebter Partner war. Wir

beide erkämpften diesen Weg. Als ich langsam begriff, was Liebe ist und dass sie Selbstliebe voraussetzt, war er müde geworden und starb ganz plötzlich. Ein Teil von ihm blieb bei mir. Das verdanke ich der Liebe.

Ich erkannte, dass wir Menschen lernen müssen, unseren eigenen Weg zu finden und dabei selbstbewusst und selbstständig zu werden. Niemand bietet uns Halt, sondern wir finden ihn in uns selbst. Erst dann erfahren wir, dass wir nicht allein sind. Wir sind mit allem verbunden und nun beginnen wir die Sprache des anderen zu verstehen: der Mann die Sprache der Frau, die Mutter die des Kindes, der Nachbar die der Nachbarin, der Mensch die des Fremden.

»Natürlich sind wir alle Menschen. Wenn wir begreifen, dass wir in einem System gefangen sind, können wir endlich anfangen, auf unsere innere Stimme zu hören und jenseits von Kastendenken Respekt vor dem anderen Menschen empfinden lernen, welcher Rasse, Religion und welchem Geschlecht er auch angehören mag. Wir können dann Liebe, Mitgefühl und Güte für andere entwickeln.«

Diese Zeilen von mir finde ich in den Papieren, die sich gerade in den letzten Jahren bei mir angesammelt haben. Nachdem ich mich aus dem Beruf zurückgezogen hatte, um um Ernst zu trauern, nahm ich mir damit die Zeit, über das Leben nachzudenken.

Ich fand bei dieser Arbeit zwei Achsen, die durch meine Zeit führen: Die eine besteht aus dem schrittweisen Erkennen dessen, was Krieg – der Zweite Weltkrieg – für mich und mein Leben bedeutete, das begleitet wird von dem wachsenden intensiven Wunsch nach Frieden, innen wie außen. Der Wunsch nach einem Frieden, der größer ist als alle Vernunft, größer als der mühsam gehaltene Frieden zwischen Völkern, Nationen oder Religionen – der politische Frieden. Ich lernte dabei wahrzunehmen, was dem Frieden dient und was zur Zerstörung führt.

Die andere Achse ist das langsame Erkennen der Ungleichheit in unserer Gesellschaft, des Machtgefälles zwischen Männern und Frauen, das begleitet wird von meinem zunehmenden Einsatz für eine Gesellschaft der gleichen Augenhöhe. Beim Wahrnehmen der Mechanismen, die ein Patriarchat krampfhaft aufrechterhalten und der Frau als Gebärerin die ewig dienende Rolle zuschieben will, erkenne ich ein System, das sich durch die Jahrtausende in den Köpfen der Menschen, der Völker dieser Welt festgeschrieben hat, ins Unbewusste gesunken ist und von dort Männer wie Frauen bestimmt und unglücklich macht. Dieses System trägt eine zerstörerische Kraft in sich, die in den Untergang führt.

Aus dem Krieg kommend, zum Frieden wandernd, zum inneren Frieden zunächst, und dabei das System erkennend und den Weg in die Freiheit suchend. So sehe ich mein Leben. Ich sehe die Verbindung zwischen Krieg und dem System und das Ziel, zu einer Freiheit zu finden, die zum Frieden führt.

Ich kam aus dem Krieg und verstand wie die meisten meiner Generation zunächst den Frieden nicht, auch nicht den Unterschied zwischen Diktatur und Demokratie. Denn niemand erklärte das dem Kind. Ich wusste auch nicht, was Politik bedeutet. Und ich verstand von Anfang an nicht, dass Männer und Jungen wichtiger und besser sein sollten als Frauen und Mädchen. Stand hinter diesem Zweifel auch die Tatsache, dass es letztlich Männer waren, die dieses große Chaos angerichtet hatten?

Was Demokratie und was Frieden bedeuten, weiß ich nun längst. Beides hat mit den Menschenrechten zu tun. Und diese wiederum bedeuten: Männer und Frauen sind ebenbürtig, sind *gleich*berechtigt. Sie sollten sich auf gleicher Augenhöhe begegnen.

Heute sehe ich deutlich: Der Weg zum Frieden führt nur über eine Gesellschaft, in der Männer wie Frauen als Menschen geachtet werden. In der Jeder und Jede den anderen und die andere respektiert als Mensch, der fähig ist, bewusst und verantwortungsvoll seinen Lebensweg zu gehen.

Die tiefste Kluft öffnet sich seit Jahrtausenden in der Welt, in fast allen ihren Gesellschaften, zwischen den beiden Gruppen, die eigentlich geboren sind, einander zu lieben – zwischen Männern und Frauen. Hier verläuft im Bewusstsein der Menschen der »Andreasgraben«, der die Existenz der Menschheit gefährdet.

Wenn diese Kluft geschlossen wird, ist der Weg zum Frieden frei. Dann könnten alle Menschen in Respekt voreinander und in Liebe zueinander ihre Fähigkeiten einbringen, um gemeinsam eine friedliche Weltordnung zu finden.

Die westlichen Länder haben sich auf den Weg gemacht, das Gefälle zwischen dem männlichen und dem weiblichen Geschlecht abzubauen. Demokratie fängt in der Familie an. Und wenn der Mann seine Frau nicht wirklich respektiert – und natürlich auch umgekehrt –, dann schätzt die Mutter ihre Tochter weniger als ihren Sohn, die Söhne fühlen sich ihren Schwestern überlegen und zuletzt verlieren sie noch den Respekt vor ihrer Mutter.

Wie kann ein derartiges Gefälle von wert und weniger wert zu Harmonie und Frieden in der Familie führen? Und in der Großfamilie? Zwischen den Generationen? In der Kommune? In der Gesellschaft? In einem Volk? In der Welt?

Kinder lernen von den Eltern, von den Erwachsenen, Menschen generell in gut und böse, klug und dumm, wert und weniger wert, schön und hässlich, reich und arm, Erfolgreiche und Versager einzuteilen und sich nach diesen Kategorien abzugrenzen. Der Respekt vor dem anderen Menschen, dem anderen Lebewesen und die Liebe zu ihm bleibt dabei schnell auf der Strecke.

Das System wurde von Männern erfunden, weil sie Macht wollten. Macht, das hieß, die Möglichkeit haben zu entscheiden, ohne auf die Wünsche anderer Rücksicht nehmen zu müssen. Das ist sehr egoistisch gedacht. Aber es ist festzustellen, dass Männer sich inzwischen in ihrem eigenen System gefangen haben. Sie haben nun jedoch Angst, ihre Macht zu verlieren, für die sie so viel getan haben und immer noch tun. Männer haben bei diesen Machtspielen häufig verlernt, sie selbst zu sein. Und: Sie haben ihre Gefühle verschenkt, indem sie sie ganz an die Frauen delegierten. Sie sind dadurch nur umso mehr von den Frauen abhängig geworden, vor allem dann, wenn sie älter werden und sie nach ihrem eigenen System und dessen Spielregeln ihre Macht jüngeren Männern überlassen müssen. Dann nämlich sind sie oft hilflos und wissen nichts mehr mit sich und dem Leben anzufangen. Das führt bei den ganz Mächtigen dazu, dass sie sich am Ende ihres Lebens noch von dem Vorstand in den Aufsichtsrat wählen lassen.

Die Forschung hat inzwischen festgestellt, dass wir nicht als rein männliche oder rein weibliche Wesen auf die Welt kommen. Die äußeren Geschlechtsmerkmale können da oft täuschen und manch ein »Mann« hat sich im Laufe seines Lebens durch Operation in eine »Frau« und umgekehrt verwandeln lassen. Ich könnte auch noch über die xx-Chromosomen, die eine Frau bestimmen, und die xy-Chromosomen, die einen Mann bestimmen, philosophieren. Denn es gibt bei ihnen auch andere Varianten. Schon daraus aber ergibt sich logischerweise, dass ein Mensch beides – das Männliche und das Weibliche – in sich trägt. Mehr oder weniger ausgeprägt noch wahrscheinlich, bevor diese Varianten verabsolutiert werden durch die Sozialisation, den Einfluss der Gesellschaft, in der wir leben. Erst durch sie wurde so etwas wie ein »richtiger Mann« und eine »richtige Frau« als Leitbild geschaffen. Und das gerade führt zu starken Verdrängungsprozessen. Wir wollen dem Ideal entsprechen und schieben unsere weiblichen oder männlichen Anteile ins Unbewusste. Und von dort spielen sie uns ständig Streiche. Man könnte auch sagen: Sie spucken in die Suppe unseres Lebens.

Wir sind mit uns selbst erst dann im Einklang oder in Harmonie, wenn wir beide Seiten akzeptieren und integrieren. Da wir beides in uns tragen, könnten Frauen Männer und Männer Frauen wunderbar verstehen, wenn sie nicht eine Seite abspalten, verleugnen und in den Keller ihres Bewusstseins abschieben würden. Denn wir verstehen nur das nicht und bekämpfen es vehement, was wir an uns selbst nicht wahrhaben wollen – unsere Schattenseiten. Wir kämen einen ganzen Schritt weiter in unserer Entwicklung, wenn wir uns das, was wir ablehnen und bekämpfen, aufmerksam anschauen und uns dabei fragen würden, warum uns gerade das Betragen eines anderen so abgrundtief »sauer« macht. Dann nämlich ist der Andere unser Spiegel. Und das bietet uns die große Chance, etwas über uns zu erfahren, was wir noch nicht wussten. Und wenn wir das tun, können wir es auch annehmen. Und haben einen wichtigen Schritt getan, um uns selbst respektieren zu können.

Vor dem Schritt zu diesem wichtigen Prozess steht aber zwischen Männern und Frauen noch das System und sein Machtgefälle. Solange wir von der – zumindest unbewussten – Annahme ausgehen, dass Männer mehr wert sind als Frauen, werde ich mich als Frau nicht wertschätzen und ein Mann seine weiblichen Anteile, wie Empathie, nicht wahrnehmen wollen. Und das ist auch heutzutage kein Hirngespinst. So zeigt zum Beispiel eine amerikanische Studie, dass in Europa weibliche Führungskräfte anders wahrgenommen werden als männliche. Beispielsweise kann man bei einer schriftlichen Beurteilung ohne Namensnennung erkennen, ob eine Frau oder ein Mann beurteilt wurde.

Die in Jahrtausenden von Männern geschaffene Kultur prägt das Gesellschaftsleben mit seinen Gesetzen, Spielregeln, Ritualen und Rollenverteilungen. Die Rollenverteilungen zwischen Männern und Frauen werden ernsthaft erst in den letzten Jahrzehnten in Frage gestellt – zu zaghaft –, aber nicht das System selbst. Das würde nur möglich, wenn wir systematisch unsere Wahrnehmung verändern würden. So erfolgen Veränderungen nur schrittchenweise durch gezielte Förderung von Frauen, die inzwischen ebenso gut ausgebildet und qualifiziert sind wie Männer. Diese Veränderungen werden durch die alten Machtgefüge überdeckt und behindert. Denn das System und die Wahrnehmung der Geschlechter sind tief eingeprägt wie tiefe Fahrspuren in einen lehmigen Untergrund, die Fahrzeuge nicht mehr verlassen können.

Auf diese Weise haben Frauen leider keine Möglichkeit, an einer neuen Weltordnung maßgeblich mitzuwirken. Das aber ist ein unwiederbringlicher und unvertretbarer Verlust an Potenzial in allen Bereichen. Denn Frauen sind vielleicht die unvoreingenommenen und auf jeden Fall unverbrauchteren Kräfte unserer Zeit. Und sie haben eine andere Kreativität. Kreativität ist heute für ein Unternehmen wichtiger als Kapital. Die Kreativität der Frauen ist auch in der Politik ganz bestimmt unverzichtbar. Wären mehr Frauen in Krisengebieten in Machtpositionen, würde möglicherweise in vielen Fällen eher der Weg des Verhandelns und der gegenseitigen Akzeptanz, des Respekts vor der Andersartigkeit des vermeintlichen Gegners beschritten. Warum also kommt kaum ein Mann auf die Idee, weiblichen Sachverstand bei der Lösung von Konflikten und Problemen hinzuzuziehen? Und das, obwohl Untersuchungen im Management längst erwiesen haben, dass gemischte Teams, in denen Frauen möglichst paritätisch Seite an Seite mit den Männern arbeiten, die besseren kreativeren Leistungen erbringen.

Vor allem in den letzten Jahren meiner Tätigkeit als Gleichstellungsbeauftragte habe ich mich in Projekten zusammen mit meinem Team mit aller Kraft bemüht, diesen Synergieeffekt einer anerkannten ebenbürtigen Teamarbeit für das Unternehmen Deutsche Telekom im Interesse seines wirtschaftlichen Erfolges zu erreichen.

Männer und Frauen sind ebenbürtig – beide sind Menschen! Dieser Grundsatz und diese Grundvoraussetzung sollte in großen Lettern in unsere Köpfe geschrieben werden. Ohne sie ist Friede in unserer Welt nicht machbar.

Stattdessen tritt man(n) in der Gleichstellung von Mann und Frau ziemlich auf der Stelle. Vorsätze werden halbherzig umgesetzt. Maßnahmen greifen daher nicht und werden schnell wieder vergessen. Zu wenige Männer stehen hinter ihnen und letztlich auch zu wenige Frauen.

Es gibt viele Gründe, warum nur wenige Männer von sich aus bereit sind, die geltenden Spielregeln zu verändern. Folgende sind mir vor allem aufgefallen:

1. Gewohnheit. Gewohnheit vermittelt ein Gefühl der Sicherheit. Veränderung macht Angst.
2. Macht. Dieses System bietet Männern Komfort und Zugang zur Macht.
3. Rollenbilder. Alte, oft unbewusste Rollen-Vorstellungen existieren in den Köpfen von Männern und Frauen.
4. Konkurrenzangst. Bisher mussten Männer nur mit männlichen Kollegen um wichtige Positionen wetteifern. Nun kommen noch hochqualifizierte junge Frauen hinzu.
5. Verständnisschwierigkeiten. Männer verstehen die Notwendigkeit des Wandels nicht. Sie lernten bisher bereits in der Kindheit, dass sie keine Gefühle zeigen dürfen. Dafür sind Mädchen und Frauen zuständig. Der Mann wiederholt, was er als Junge erfahren hat: die Abwertung seiner Gefühle und die Zuweisung der Emo-

tionalität an die Frauen. Damit ist logischerweise die Abwertung des Weiblichen schlechthin verbunden. Damit ist allerdings der Gang zum Psychotherapeuten vorprogrammiert. Denn Frauen wünschen von ihrem Partner heute privat und beruflich emotionale Offenheit. Männer begreifen nicht, was sie von ihnen wollen. Privat gehen daher viele Beziehungen wieder auseinander. Im Berufsleben entstehen Groll, Angst und Ohnmachtsgefühle.

Seit ich die Telekom verlassen habe, hat sich sicherlich einiges zugunsten der Frauen verändert. In Deutschland haben wir sogar eine Kanzlerin. In vielen Berufen rücken Frauen zwar langsam, aber sichtbar in führende Stellungen vor. Noch allerdings scheint ein Karrierebewusstsein mit dem Verzicht auf Kinder verbunden zu sein.

Wenn wir es weltweit betrachten, so scheinen wir der Ebenbürtigkeit der Geschlechter nicht nähergekommen zu sein, sondern uns eher weiter von ihr zu entfernen. Umso mehr sehe ich mit Sorge, dass dieses Thema von jüngeren Frauen selbst kaum wahrgenommen wird. Wie ist es sonst zu erklären, dass wir immer noch über Themen wie ausreichende Kindergartenplätze und Ehegattensplitting streiten müssen und eine beherzte Frau wie die Frauen- und Familienministerin und mehrfache Mutter Ursula von der Leyen von den Medien angegriffen wird, anstatt dass diese sie mit aller Macht in ihren Reformvorhaben unterstützen? Denn das waren schon Themen, als ich noch als politische Journalistin arbeitete.

Schon damals fanden wir es ungerecht, dass Familien ohne Kinder mit einer nicht-berufstätigen Hausfrau durch das Ehegattensplitting steuerlich mehr entlastet wurden als eine alleinerziehende berufstätige Mutter. Ich selbst, Mutter zweier kleiner Kinder damals, habe ja hier beschrieben, welche Antwort ich von der Frauenministerin bekam, als ich ihr sagte, dass ich es als ungerecht empfand, dass ich meine Haushaltshilfe, obwohl ich ohne sie nicht hätte arbeiten können, nicht von der Steuer absetzen durfte.

Das System ist hartnäckig und Veränderungen erfolgen nur sporadisch und können so leicht wieder rückgängig gemacht werden.

Frauen insbesondere in den westlichen Ländern werden zunehmend selbstbewusster. Und die jungen Männer möchten mehr Zeit für ihre

Familien haben und verdrängen ihre weibliche Seite nicht mehr so konsequent wie die Generationen vor ihnen. Wie oft beobachte ich heute junge Väter, die ihre Babys vor dem Bauch in einem Tuch tragen oder mit ihren kleinen Kindern am Strand spielen. Sie gehen fürsorglich, liebevoll und zärtlich mit ihnen um. So können wir heute doch hoffen, dass sich eine Veränderung anbahnt und das Jahrtausende alte System zerbrochen wird zugunsten einer Gesellschaft, in der Männer und Frauen fähig sind, gleichberechtigt und partnerschaftlich das berufliche wie familiäre Leben zu teilen, ebenso wie die Macht. Die Macht, die notwendig ist, um positive Veränderungen möglich zu machen. Die gerecht verteilte Macht, die es erlaubt, dass beide, Männer wie Frauen, ihre Fähigkeiten und ihre ganze Kreativität einbringen, um gemeinsam eine friedlichere Welt zu schaffen, in der die natürlichen Ressourcen nicht zerstört werden und in der auch die nachfolgenden Generationen noch glücklich leben können.

Es scheint fast schon zu spät zu sein für unsere Erde. Die Schritte in dieser Richtung müssen sehr bald und bewusst erfolgen. Sie sind Voraussetzung für eine Zeit der friedlichen und gerechten Ordnung in einer globalen Welt. Diese Schritte sollten mit klaren Zielvorstellungen gemacht werden. Und ein wichtiger Schritt ist die Parität und gleiche Augenhöhe von Männern und Frauen überall. Damit eine Gesellschaft entsteht, die erkennt, dass wir alle Teile eines großen Organismus sind, der uns dieses Leben schenkt und am Leben erhält. Eine Gesellschaft, in der Menschen leben, die auch sich selbst lieben und Verantwortung für sich übernehmen.

Bildnachweis

1–15, 17, 18, 19 (Felicitas Rummel), 20–22, 27, 30 u. 32 (Hilmar Pabel), 31, 33 (Presse- und Informationsamt der Bundesregierung), 34 (Bruno Waske), 36, 37 (frandsen/fib), 38 (Peter Mitchell), 39, 40, 41 (Dieter Bauer), 42–43 (Max Malsch), 44 (Bundesbahndirektion Hannover), 45, 46–47 (Messe Düsseldorf): Archiv der Autorin; 16, 23, 26, 29 Georg Munker; 24, 28 dpa/Peter Popp; 25, 35 Sven Simon.

Dank

Meinen Kindern Katharina und Sebastian danke ich für ihre Liebe und Verständnis. Elfriede Schepmann, Angelika Intven, Simone Herzmann, Inge Schnitzke und all den anderen aus meinem Team bei Telekom danke ich für jahrelange engagierte, kreative und treue Zusammenarbeit. Barbara Bertrang und Helga Ebeling, die meine Arbeit begleitet und unterstützt haben, danke ich für ihre Freundschaft, Hans Jürgen Beck für guten Rat und den vielen Frauen und Männern, die uns geholfen und gefördert haben, für ihre Unterstützung.

Namenregister

Elisabeth Noelle-Neumann
Die Erinnerungen

Große Momente eines ereignisreichen Lebens

Die Grande Dame der Meinungsforschung prägte das Leben in Deutschland mit. 1947 gründete sie mit ihrem Mann das Institut für Demoskopie Allensbach, das sich der Erforschung der öffentlichen Meinung und ihrer Wirkung auf Politik und Gesellschaft widmet. Sie beriet die Bundeskanzler Konrad Adenauer, Ludwig Erhard und Helmut Kohl.

»Elisabeth Noelle-Neumann hat sich hier selbst ein Denkmal gesetzt.«　　　　　FAZ

»... nicht nur Chronik eines bewegten und bewegenden Lebens, sondern auch Reflexion über die Deutschen, ihre Werte im Wandel, und ab und zu erlauben die Kapitel auch einen Blick in tiefere Seelenschichten.« Deutschlandradio

320 Seiten mit Fotos, ISBN 978-3-7766-2485-4
Herbig

Lesetipp

BUCHVERLAGE
LANGENMÜLLER HERBIG NYMPHENBURGER
WWW.HERBIG.NET